westermann

ZEIT FÜR GESCHICHTE

Wurzeln unserer Identität

Niedersachsen Qualifikationsphase

Pflicht- und Kernmodul erarbeitet von
Dr. Thomas Hertfelder

Wahlmodule erarbeitet von
Prof. Dr. Christian Bunnenberg
Pof. Dr. Hans-Jürgen Döscher

Mit Beiträgen von
Daniela Arnold, Christine Eckl, Jochen Pahl,
Dr. Jelko Peters, Dr. Steffi Kaltenborn, Utz Klöppelt

Herausgeber der Reihe
Prof. Dr. Ulrich Baumgärtner

ZEIT FÜR GESCHICHTE

Wurzeln unserer Identität

Niedersachsen
Qualifikationsphase

Dies ist das Zeichen für einen Webcode. Webcodes enthalten zusätzliche Unterrichtsmaterialien, die der Verlag in eigener Verantwortung zur Verfügung stellt. Um Webcodes zu nutzen, muss im Internet auf der Seite des Verlages (www.westermann.de/webcode) der entsprechende Mediencode in das Suchfenster eingegeben werden, z. B. SDL-36879-001.

westermann GRUPPE

Druck A[1] / Jahr 2022
Alle Drucke der Serie A sind im Unterricht parallel verwendbar.

Redaktion: Christoph Meyer
Druck und Bindung: Westermann Druck GmbH, Georg-Westermann-Allee 66, 38104 Braunschweig

ISBN 978-3-507-**36879**-8

INHALT

M1 „Sie tragen die Buchstaben der Firma – aber wer trägt den Geist?“
Karikatur von Thomas Theodor Heine, in: „Simplicissimus“, 21.3.1927

Die Weimarer Republik – ein Gespenst aus der Besenkammer?

Wenn wir in Deutschland auf das 20. Jahrhundert zurückblicken, so erscheint die Weimarer Republik zunächst einmal wie ein fernes, kurzes Zwischenspiel. Die Republik war 1918/19 nach dem Zusammenbruch des Deutschen Kaiserreichs auf revolutionäre Weise gegründet worden und nach nur 14 Jahren bereits wieder am Ende. Mit der Übergabe der politischen Macht an Adolf Hitler am 30. Januar 1933 begann die Errichtung einer Diktatur, deren menschenverachtende Politik Europa und die Welt in einen totalen Krieg und einen beispiellosen Völkermord führte. In einem besiegten und zerstörten Deutschland stellten sich nach 1945 daher zwei Fragen besonders dringlich: Wie konnte es zu dieser geschichtlichen Katastrophe kommen? Und welche Vorkehrungen können wir treffen, um ein erneutes Abgleiten der Demokratie in die Diktatur zu verhindern?

Bei ihrer Suche nach Antworten auf diese Fragen haben sich Historikerinnen und Historiker lange auf das politische System der Weimarer Republik konzentriert. Sie haben zum Beispiel vermeintliche Mängel der Weimarer Verfassung von 1919 festgestellt, das zersplitterte Parteiensystem betrachtet und einen schlecht funktionierenden Parlamentarismus analysiert. Und sie haben vor allem den Missbrauch eindringlich herausgearbeitet, den maßgebliche politische Kräfte in der Weimarer Republik ab 1930 mit der Verfassung und dem Parlament getrieben haben. Der politische Rahmen der Republik, so lautete – vereinfacht gesagt – eine erste Antwort, war nicht krisenfest. Er hat es möglich gemacht, dass in Krisenzeiten radikale, demokratiefeindliche Parteien Fuß fassen und am Ende erfolgreich nach der Macht greifen konnten.

Diese tatsächlichen oder vermeintlichen Mängel des politischen Systems der ersten deutschen Demokratie hatten bereits die 65 Väter und Mütter des Grundgesetzes, die sich allesamt noch lebhaft an die Weimarer Republik erinnern konnten, vor Augen, als sie in den Jahren 1948/49 eine Verfassung für die Bundesrepublik Deutschland erarbeiteten. In der Tat unterscheidet sich das Grundgesetz in manchen Bereichen markant von der Verfassung der Weimarer Republik von 1919. Während der ersten Jahrzehnte der noch jungen Bundesrepublik bekundeten Politikerinnen und Politiker gerne, es gelte die „richtigen Lehren“ aus der Weimarer Republik zu ziehen und die damaligen Fehler zu vermeiden. Man war sogar so sehr davon überzeugt, mit dem Grundgesetz die richtigen „Lehren aus Weimar“ gezogen zu haben, dass das Grundgesetz als ein „Erfolgsmodell“ 1990 auch auf das wiedervereinigte Deutschland übertragen wurde. Danach geriet die Weimarer Republik in der öffentlichen Debatte fast in Vergessenheit. Wir hatten ja, so schien es, aus ihr gelernt.

Diese Sichtweise hat sich grundlegend geändert, seit wir auch in Deutschland wieder mit politischem und religiösem Fundamentalismus, mit Populismus und Rechtsradikalismus, mit Terrorismus und Hass auf das „Establishment“, aber auch mit Strategien gezielter Desinformation konfrontiert sind. Hält, so fragen viele, unsere liberale Demokratie diesen Herausforderungen Stand?

„Auf leisen Sohlen“, so schrieb vor diesem Hintergrund der Historiker Andreas Wirsching in einem Zeitungsbeitrag, schleiche „ein Gespenst in die deutsche Debatte ein, das man auf immer in der Besenkammer der Geschichte abgelegt zu haben glaubte: Es ist das Gespenst der ‚Weimarer Verhältnisse‘“. In der Tat wurde die politische Debatte in jüngerer Zeit immer häufiger von besorgten Blicken in die deutsche Geschichte begleitet – verbunden mit der eindringlichen Warnung vor einer Rückkehr „Weimarer Verhältnisse“. Zwar haben die an der Debatte um die „Weimarer Verhältnisse“ beteiligten Historikerinnen und Historiker davor gewarnt, vorschnelle historische Parallelen zwischen der Gegenwart und den Jahren 1919 bis 1933 zu ziehen. Doch bleibt die Frage, wie Freiheit und Demokratie gegen ihre Gefährdungen und Widersacher zu sichern seien, ein hochaktuelles Thema. Bei ihrer Beantwortung stehen heute – anders als in den jungen Jahren der Bundesrepublik – weniger die Probleme des politischen Systems im Mittelpunkt als vielmehr die gesellschaftlichen Verhältnisse, die zur Gefährdung der Demokratie damals geführt haben – und heute wieder führen. Mehr denn je richtet sich der Blick daher heute auf die Gesellschaft der Weimarer Republik. Er richtet sich zugleich aber auch auf den gesamten Epochenzusammenhang, den wir als „Moderne“ bezeichnen. In dieser Perspektive bietet uns die Weimarer Republik weit mehr als ein Lehrstück vom Scheitern einer Demokratie. Die Weimarer Republik präsentiert sich nämlich als ein Laboratorium der Moderne, in dem alle Merkmale dieser Epoche, in der wir uns heute befinden, in ihrer Widersprüchlichkeit und Zweischneidigkeit überdeutlich hervortreten. In einer Zeit der Politisierung der Massen wurde der dynamische, rasante Wandel, der die Epoche der Moderne überall auszeichnet, von den einen als Fortschritt und Zukunftsverheißung bejubelt, von den anderen als Bedrohung erbittert bekämpft. Zugleich löste dieser Wandel, der durch den Ersten Weltkrieg und drei schwere Wirtschaftskrisen beschleunigt wurde, eine fundamentale Verunsicherung aus – ein Gefühl, auf brüchigem, schwankendem Boden zu stehen.

Die politischen Heilslehren des Nationalsozialismus und des Kommunismus haben mit einfachen Rezepten eine Erlösung versprochen: die Erlösung von den Widersprüchen der modernen Welt, die in der Weimarer Republik besonders hart aufeinandergeprallt sind. Stehen wir heute wieder an diesem Punkt? Ob das „Gespenst aus der Besenkammer“ in unsere Gegenwart zurückkehrt, liegt nicht zuletzt in unserer Hand. Auch deshalb verdient die Weimarer Republik unser waches Interesse.

Leitfragen

- **Welche Vorstellungen haben Sie von der Weimarer Republik?**
- **Wie ist die anhaltende Faszination, die die Weimarer Republik immer noch auslöst, zu erklären?**
- **Wie erklären Sie die Begriffe „modern“ und „Moderne“? Was kennzeichnet Ihrer Ansicht nach eine Zeit als „modern“?**
- **Welche Prozesse und Faktoren sind nach Ihrer Auffassung geeignet, eine freiheitliche Demokratie zu zerstören?**

1. Die Novemberrevolution

Europa am Ende des Ersten Weltkrieges

Der Erste Weltkrieg und sein Ende 1918/19 löste in ganz Europa eine Welle politischer Umbrüche aus. Sie betrafen zunächst einmal die Staatsform. Vor Ausbruch des Krieges existierten in Europa nur drei Republiken, nämlich Portugal, Frankreich und die Schweiz, alle anderen Staaten waren Monarchien. Ende 1918 war die Anzahl der Republiken in Europa auf 13 gestiegen, unter ihnen Polen, die Tschechoslowakei, Ungarn, Deutschland, Estland, Lettland und Finnland. Der Grund für diese ruckartige Republikanisierung Europas bestand ganz einfach darin, dass unter dem Druck des Krieges eine ganze Reihe von Monarchien wie Kartenhäuser zusammengestürzt waren und der Zerfall der monarchischen Vielvölkerreiche Österreich-Ungarn, Russland und Türkei zur Gründung neuer Nationalstaaten geführt hatte, die sich im Zuge der Verfassungsgebung, etwa in Polen, der Tschechoslowakei und Ungarn, in der Regel eine republikanische Staatsform gaben.

Ein zweiter großer Umbruch, den der Krieg mit sich brachte, bestand in einer rapiden Demokratisierung und Parlamentarisierung. In allen beteiligten Staaten hatte der Erste Weltkrieg die Massen nicht nur mobilisiert, sondern auch politisiert und damit überall in Europa den Anspruch und das Recht auf politische Teilhabe vorangetrieben. So wurde zum Beispiel in Schweden, Dänemark, Großbritannien, Italien, Belgien, Luxemburg und Deutschland das Wahlrecht deutlich ausgeweitet, und die meisten Staaten, vor allem in den oben genannten Republiken, führten die parlamentarische Regierungsform ein. Im Ergebnis war die parlamentarische Demokratie in Europa nach dem Ersten Weltkrieg der Normalfall, sie war das Modell der Zukunft, wenngleich nicht überall auf der Grundlage eines gleichen Wahlrechts für Männer und Frauen.

M1 Europa nach dem Ersten Weltkrieg

Revolution in Deutschland

Deutschland erlebte in den Jahren 1918/19 am Ende des Ersten Weltkrieges alle drei der hier genannten politischen Umbrüche, nämlich den Sturz der Monarchie mit der Einführung der republikanischen Staatsform, die Demokratisierung des Wahlrechts und die Parlamentarisierung der Regierung, auf besonders dramatische Weise, nämlich in Form einer Revolution: Die Revolution von 1918/19 begründete die Weimarer Republik. Die Frage, ob bereits im Verlauf dieser Revolution die Weichen falsch gestellt wurden und ob die Weimarer Republik also an einer Art Geburtsfehler litt, wurde über Jahrzehnte hin heftig diskutiert, ist aber heute in den Hintergrund getreten. Heute richtet sich der Blick vor allem auf die Gesellschaft der Weimarer Republik, und für die war die Revolution allerdings von großer Bedeutung. Man kann die Revolution in drei Phasen unterteilen.

1. Phase: Zusammenbruch

Die erste Phase, die Phase des Zusammenbruchs, begann am 28./29. September 1918, als die militärische Führung des Deutschen Kaiserreichs einräumte, dass der Weltkrieg verloren sei. Diese Nachricht wirkte auf die deutsche Öffentlichkeit wie ein Schock – verblendet von der Kriegspropaganda war man noch wenige Wochen zuvor fest von einem deutschen „Siegfrieden" überzeugt gewesen. Nun schlug die Stimmung um. Ein aufgestauter Überdruss am Krieg brach sich bei den Menschen Bahn, und die Forderung nach einer sofortigen Beendigung des Krieges wurde im Verlauf des Oktobers immer lauter. Als die Seekriegsleitung in dieser angespannten Situation der Hochseeflotte den militärisch sinnlosen und mit der Regierung nicht abgestimmten Befehl zum Auslaufen gab, war dies der Funke, der das Pulverfass entzündete: Die kriegsmüden Matrosen in den deutschen Seekriegshäfen verweigerten den Befehl. Es folgten Meutereien, Streiks und Massendemonstrationen zunächst in den Hafenstädten, dann in den Städten des Binnenlandes. Matrosen, Soldaten und Arbeiter organisierten sich spontan in sogenannten „Räten", die die Macht über einzelne Kommunen und Betriebe übernahmen. Binnen weniger Tage breitete sich die revolutionäre Bewegung, die vor allem von Arbeitern, heimkehrenden Soldaten und Teilen des Bürgertums getragen wurde, im ganzen Reich aus. Drei Forderung standen im Mittelpunkt: Sofortiger Friede, Demokratisierung und die Abdankung des Kaisers.

Zeitgleich mit dem Eingeständnis der Niederlage drängte die Oberste Heeresleitung auf

M2 ***„Es lebe die sozialistische Republik"***
Matrosen auf dem Kriegsschiff „Prinzregent Luitpold" in Kiel, Foto, Anfang November 1918

die Einbeziehung von Parlamentariern der demokratischen Parteien in die Regierung – aus dem einfachen Kalkül heraus, auf diese Weise die Verantwortung für die Niederlage einer vom Parlament gebildeten Regierung zuschieben zu können. Eine solche Regierung kam tatsächlich am 3. Oktober 1918 unter dem badischen Prinzen Max von Baden zustande, die auf Drängen der Militärs gleich am folgenden Tag dem amerikanischen Präsidenten Woodrow Wilson ein Ersuchen um Waffenstillstand übermittelte. Als dieser aber die Entmachtung der deutschen Militärführung und eine Demokratisierung Deutschlands als Vorbedingung für einen Waffenstillstand forderte, schwenkten die Militärs um und verlangten eine Fortsetzung des Krieges unter äußerster Anspannung aller Kräfte. Soweit sollte es jedoch nicht mehr kommen. Unter großem außen- und innenpolitischen Druck beschloss der Reichstag in der letzten Oktoberwoche die entscheidende Änderung der Verfassung, die das parlamentarische Regierungssystem festschrieb: Von nun an konnte die Regierung vom Reichstag gewählt werden; der Weg war frei, dass Parlamentarier in die Regierung eintreten konnten.

Hinweis

Auf den Seiten 38–39 befindet sich ein biografischer Exkurs über Matthias Erzberger.

Am 9. November 1918 überschlugen sich die Ereignisse: Am Mittag gab Max von Baden ohne die ausdrückliche Einwilligung des Kaisers dessen Abdankung bekannt und übergab das Amt des Reichskanzlers an den Vorsitzenden der Sozialdemokratischen Partei, Friedrich Ebert (1871–1925). Am frühen Nachmittag proklamierte der Sozialdemokrat Philipp Scheidemann (1865–1939) von einem Balkon des Reichstags aus die „deutsche Republik", zwei Stunden später rief der Revolutionär Karl Liebknecht (1871–1919) vom Balkon des Berliner Schlosses die „freie sozialistische Republik" aus. Diese doppelte Ausrufung der Republik warf ein grelles Licht auf eine der schweren Belastungen der Revolution von 1918/19 wie der Weimarer Republik überhaupt. Sie bestand in der schon 1917 vollzogenen politischen Spaltung der Arbeiterbewegung in einen gemäßigten Flügel, den die Mehrheitssozialdemokratie (MSPD) mit Friedrich Ebert und Philipp Scheidemann repräsentierte, und eine radikalere, pazifistische Bewegung, die sich 1917 als Unabhängige Sozialdemokratische Partei Deutschlands (USPD) zusammengeschlossen hatte und deren linkem Flügel Liebknecht angehörte.

M3 ***„Der Kaiser hat abgedankt"*** *Extra-Ausgabe (Ausschnitt) des „Vorwärts" vom 9. Novemberr 1918*

Vorwärts
Berliner Volksblatt.
Zentralorgan der sozialdemokratischen Partei Deutschlands.

Der Kaiser hat abgedankt!

Der Reichskanzler hat folgenden Erlaß herausgegeben:
Seine Majestät der Kaiser und König haben sich entschlossen, dem Throne zu entsagen.

Die Abdankung des Kaisers und auch aller anderen Monarchen in den deutschen Einzelstaaten löste unterschiedliche Gefühle und Reaktionen aus. Auf die Führungsschichten, besonders im Militär und im Adel, wirkte der Untergang der alten monarchischen Ordnung wie ein Alptraum: Für sie schien mit dem Kaiser eine ganze Welt unterzugehen. Weite Kreise des Bürgertums wurden von einer fast panischen Angst gepackt, dass nun in Deutschland ein bolschewistisches Gewaltregime nach russischem Muster ans Ruder kommen könnte. In dieser offenen Situation fiel der linken Revolutionsregierung, die unter der Führung des MSPD-Chefs Friedrich Ebert am 10. November die Macht übernommen hatte, die undankbare Rolle des „Konkursverwalters" zu. Schon am 11. November unterzeichnete eine deutsche Delegation unter der Leitung des Zentrumsabgeordneten Matthias Erzberger (1875–1921) in Frankreich den Waffenstillstand – der Erste Weltkrieg und damit die erste Phase der Revolution waren beendet.

2. Phase: Entscheidungen

Die zweite Phase der Revolution, die Phase der Entscheidungen, war bestimmt von den sich verschärfenden Gegensätzen innerhalb der Linken. Denn während für Friedrich Ebert und die MSPD nun die Vermeidung eines Bürgerkriegs und die rasche Stabilisierung der Verhältnisse oberste Priorität hatte, suchten der linke Flügel der USPD und der radikale Spartakusbund die Revolution auf der Straße weiterzutreiben, die Betriebe in Arbeiterhand zu überführen und eine „Diktatur des Proletariats" zu errichten. Da die Regierung über keine wirklichen Machtmittel verfügte, traf Ebert eine folgenschwere Entscheidung: Um den Ausbruch von Bürgerkrieg und Chaos zu vermeiden, entschloss er sich zur Zusammenarbeit mit der ehemals kaiserlichen Armee. Die Armee stellte sich der neuen Regierung zur Verfügung und erhielt dafür die Zusicherung, dass die bestehenden Befehlsverhältnisse, also die Stellung der Offiziere, nicht angetastet würde. Hier zeichnete sich neben der Spaltung der Arbeiterbewegung bereits während der Revolution ein zweites Problem ab, das die Republik fortan belasten sollte: In der Weimarer Republik entwickelte sich die Reichswehr zum Staat im Staate, zu einer Armee also, die sich der demokratischen Reichsregierung nur bedingt unterordnete. Ausgerechnet am 24. Dezember 1918, dem ersten Weihnachtsfest im Frieden, sah sich Ebert gezwungen, von seiner Abmachung Gebrauch zu machen und ließ Truppen auf revoltierende Arbeiter schießen.

Teile der radikalen Linken schlossen sich um die Jahreswende 1918/19 in Berlin zur Kommunistischen Partei Deutschlands (KPD) zusammen, die sogleich zum Boykott der Wahlen zur Verfassungsgebenden Versammlung, zum gewaltsamen Umsturz und zur Errichtung einer „Diktatur des Proletariats" nach russischem Vorbild aufrief. Als im Januar 1919 linke Revolutionäre und Arbeiter das Berliner Zeitungsviertel besetzten und zum Sturz der sozialdemokratischen Regierung aufriefen, ließ diese den Aufstand (auch „Spartakusaufstand" genannt) von einem massiven Militäraufgebot, das die Regierung eilig zusammengezogen hatte, blutig niederschlagen. Mitglieder eines rechtsradikalen „Freikorps" – eines paramilitärischen Freiwilligenverbandes entlassener Kriegsteilnehmer – nahmen im Verlauf des Aufstands zwei prominente Mitglieder der Kommunistischen Partei Deutschlands (KPD), Karl Liebknecht und Rosa Luxemburg (1871–1919), gefangen und ermordeten sie nach Verhören und Misshandlungen. Von nun an hafteten Ebert und seiner Partei in der Sicht der radikalen Linken der Ruf des Verrats an.

Auch auf dem ökonomischen Feld fielen wichtige Entscheidungen. So hatten sich Gewerkschaften und Arbeitgeber bereits zu Beginn der Revolution auf einen Kompromiss geeinigt: Unter dem Druck der revolutionären Entwicklung erkannten die Arbeitgeber die Gewerkschaften als „berufene Vertretung der Arbeiterschaft" an, sie erklärten sich unter bestimmten Bedingungen mit der Einführung des Achtstundentages bei gleichem Lohn einverstanden und sicherten den entlassenen („demobilisierten") Soldaten die Rückkehr auf ihre alten Arbeitsplätze zu. Im Gegenzug akzeptierten die Gewerkschaften die bestehende Wirtschaftsordnung und kündigten die Zusammenarbeit mit den Unternehmern bei der Klärung wichtiger sozialpolitischer Fragen an. Die hierzu eigens gegründete „Zentralarbeitsgemeinschaft der industriellen und gewerblichen Arbeitgeber- und Arbeitnehmerverbände Deutschlands" galt als wichtiges Signal für eine künftige „Sozialpartnerschaft" zwischen Kapital und Arbeit, wie es sie zuvor im Kaiserreich nicht gegeben hatte. An diesen sozialpolitischen Kompromiss knüpften sich, vor allem auf Gewerkschaftsseite, große Hoffnungen. Dass diese in den folgenden Jahren bitter enttäuscht werden sollten, gehörte ebenfalls zu den großen Belastungen der Republik.

Heftig umkämpft war schließlich die Frage der künftigen politischen Ordnung der neu errichteten Republik. Im November hatten sich in al-

M5 ***Rosa Luxemburg (1871–1919)***
Undatiertes Foto

M4 ***Spartakus-Aufstand in Berlin***
Straßenkämpfe im Zeitungsviertel, Berlin, Foto, 5. Januar 1919

Info

Räterepublik

Staatsform, die unterprivilegierte Bevölkerungsschichten (z. B. Arbeiter, Bauern, Soldaten) direkt an der Macht beteiligt. Gewählte Delegierte bilden einen Rat, der alle Entscheidungsbefugnisse besitzt und ausführende, gesetzgebende und richterliche Gewalt in seiner Hand vereinigt. Die Gewaltenteilung ist damit aufgehoben. Die Räte sind ihrer Wählerschaft direkt verantwortlich und jederzeit abwählbar. Das Rätesystem bildet somit ein Gegenmodell zur parlamentarischen Demokratie.

len größeren Städten des Reiches sogenannte Soldaten-, Arbeiter- und Bauernräte mehr oder weniger spontan gegründet. Dabei handelte es sich um direkt gewählte Versammlungen von Soldaten und Arbeitern, Bürgern und Bauern, die die gesetzgebende (legisilative) und die ausführende (exekutive) Gewalt in ihrer Hand zu vereinigen suchten. In der labilen Situation nach dem Zusammenbruch der alten Ordnung verstanden sich die Räte als revolutionäre Organe der staatlichen und wirtschaftlichen Selbstverwaltung, deren Mitglieder durch die Wählerschaft jederzeit abberufen werden konnten. Ihre Aufgaben sahen sie vorwiegend darin, zum einen die dringlichsten Probleme in dieser Übergangszeit zu regeln, insbesondere die Versorgung der Bevölkerung sowie die Gewährleistung von Sicherheit und Ordnung, zum andern aber auch die Demokratisierung der Verwaltung und des Militärs voranzutreiben. Oftmals traten sie außerdem für die „Sozialisierung" großer Betriebe und Industrien, d.h. deren Überführung in gesellschaftliches Eigentum ein – also für eine Revolution der ökonomischen Verhältnisse.

Allerdings zeigte sich rasch, dass die Räte auf die Zusammenarbeit mit der traditionellen staatlichen bzw. kommunalen Verwaltung und deren Fachkenntnisse und Erfahrung elementar angewiesen waren. Die wichtige Frage, ob in Deutschland ein solches System von „Räten" neben oder anstatt von klassischen Parlamenten errichtet werden sollte, war im Winter 1918/19 ein heftig umkämpftes Thema. So nannte sich die sechsköpfige revolutionäre Übergangsregierung in Berlin, die sich aus je drei Vertretern von SPD und USPD zusammensetzte, „Rat der Volksbeauftragten". Eine wichtige Grundsatzentscheidung traf im Dezember 1918 der in Berlin tagende Kongress der Arbeiter- und Soldatenräte: Mit großer Mehrheit stimmte der Kongress gegen die Etablierung eines Rätesystems als Grundlage einer sozialistischen Republik und für die Abhaltung allgemeiner Wahlen zu einer Verfassunggebenden Versammlung . Diese Wahlen fanden bereits am 19. Januar 1919 statt und beendeten die zweite Phase der Revolution. Die Grundsatzentscheidung des Rätekongresses hatte die von einer radikalen linken Minderheit weiter vorangetriebene Revolution abgebremst und kanalisiert: Nun lag die Entscheidung bei den Bürgerinnen und Bürgern, die auf dem Wege der freien und gleichen Wahl über die Zukunft der Republik bestimmten sollten.

M 6 ***Weibliche SPD-Abgeordnete 1919***
Bei den Wahlen zur Nationalversammlung 1919 hatten Frauen zum ersten Mal aktives und passives Wahlrecht. Insgesamt gehörten 37 Frauen der Nationalversammlung an, Foto, Weimar, 1919.

3. Phase: Verfassungsgebung

Radikale Experimente und Verfassungsgebung – so könnte man die dritte Phase der Revolution beschreiben. Die Wahlen zu der in Weimar tagenden Nationalversammlung am 19. Januar 1919 bilden allein schon deshalb einen Wendepunkt auf dem Weg zur Demokratie, weil bereits im Zuge der Novemberrevolution auch die Frauen das Wahlrecht erhalten hatten und von diesem Recht nunmehr rege Gebrauch machten; zudem war das Wahlalter von 25 auf 20 Jahre abgesenkt worden. Damit gehörte das Deutsche Reich – nach Finnland (1906), Norwegen (1913) und Dänemark (1915) – zu den ersten europäischen Nationen, die das allgemeine gleiche Wahlrecht auf die Frauen ausdehnten; weitere europäische Staaten folgten in den 1920er- bis 1940er-Jahren.

Bei den Wahlen zur Nationalversammlung erteilten die Bürgerinnen und Bürger der revolutionären Politik der Linken eine klare Absage: Mit 37 % der Stimmen ließ die MSPD ihre linke Konkurrenz, die USPD (7,6 %) weit hinter sich, gefolgt von der linksliberalen Deutschen Demokratischen Partei (DDP, 18,5 %) und der Partei der Katholiken, dem Zentrum (19,7 %). Mit

M 7 ***Sitzverteilung in der Nationalversammlung von 1919***

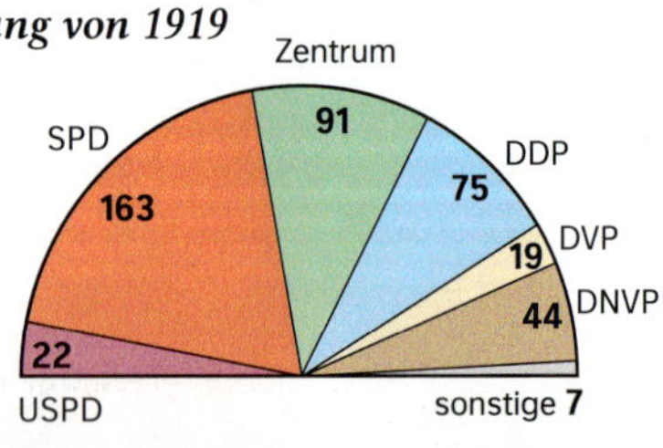

großem Abstand folgten die monarchistische Deutschnationale Volkspartei (DNVP, 10,3 %) sowie die nationalliberale Deutsche Volkspartei (DVP, 4,4 %), während die KPD die Wahl boykottierte. MSPD, DDP und Zentrum bildeten in der Weimarer Nationalversammlung die „Weimarer Koalition". Die Weimarer Koalition – das war ein Kompromiss zwischen gemäßigter Arbeiterbewegung, bürgerlichen Demokraten und dem fortschrittlichen Flügel des Katholizismus. Die Abgeordneten der Nationalversammlung, darunter erstmals 37 Frauen, arbeiteten im Nationaltheater zu Weimar vom 6. Februar bis 31. Juli 1919 eine Verfassung für die deutsche Republik aus. In das beschauliche Städtchen Weimar hatten sie ausweichen müssen, weil linke Bewegungen in der Hauptstadt versuchten, die Revolution weiterzutreiben. Vor allem im Ruhrgebiet, in Berlin und in Mitteldeutschland brachen Unruhen und Massenstreiks aus, die auf eine Kontrolle der Betriebe durch die Arbeiter abzielten. Auch in Süddeutschland standen manche Städte zeitweilig am Rande des Bürgerkriegs. So endete in München der zweimalige Versuch linker, revolutionärer Gruppierungen, im Frühjahr 1919 eine bayerische „Räterepublik" nach russischem Vorbild zu etablieren, in einem Blutbad zwischen revolutionären Kämpfern und einrückenden Soldaten. Allein dieses blutige Experiment kostete 600 Menschen das Leben.

Das Ergebnis der Revolution

Das Ergebnis der Revolution von 1918/19 ist zwiespältig. Auf der einen Seite hatte die Revolution in der deutschen Bevölkerung tiefe Gräben von Enttäuschung und Misstrauen, Angst und Hass aufgerissen. So war die politische Spaltung der Arbeiterbewegung durch den Gang der Ereignisse vertieft worden, und sie wurde durch den gegenseitigen Vorwurf des Verrats fortan weiter gepflegt: Dass eine sozialdemokratische Regierung auf Arbeiter hatte schießen lassen – diese Anklage von links begleitete die SPD durch die ganze Weimarer Republik wie ein Schatten. Das Bürgertum wiederum behielt die Umsturzversuche der radikalen Linken in traumatischer Erinnerung und hegte fortan eine übersteigerte Furcht vor Revolution, „Bolschewismus" und Bürgerkrieg. Von dieser Furcht sollte die radikale Rechte, die der neuen demokratischen Ordnung von Anfang an mit Hass und Gewalt entgegentrat, noch über das Ende der Republik hinaus profitieren. Die alten Eliten des Kaiserreichs in Militär, Verwaltung, Justiz und Wirtschaft hatten aus Furcht vor einer weiteren Radikalisierung des Landes der sozialdemokratischen Übergangsregierung ihre Zusammenarbeit angeboten und damit ihre Machtpositionen über die Revolution hinweg in die junge Republik hinein retten können: Die Struktur des Militärs blieb weitgehend unangetastet, und bei den Behörden sowie der Justiz fand kein nennenswerter Personalaustausch statt. Das Privateigentum an den Produktionsmitteln, die kapitalistische Wirtschaftsordnung also, für deren Abschaffung die Sozialdemokraten seit Jahrzehnten gekämpft hatten, blieb zur Enttäuschung der Linken erhalten. Die schwere Wirtschaftskrise, die angespannte Versorgungslage nach dem verlorenen Krieg, die Notwendigkeit der Wiedereingliederung hunderttausender von Soldaten in den Wirtschaftsprozess und die Reparationsforderungen der Siegermächte – all diese Faktoren hatten die regierenden Sozialdemokraten davon abgehalten, in der prekären Lage der Jahre 1918/19 eine grundlegende Neuordnung der Wirtschaft vorzunehmen, wie sie das Parteiprogramm von 1891 eigentlich vorsah.

Auf der anderen Seite aber war im November 1918 die alte monarchische Ordnung erstaunlich schnell und ohne größere Widerstände zusammengebrochen: 22 Monarchen einschließlich des Kaisers, der nach Holland floh, hatten abgedankt und damit den Weg freigemacht für eine demokratische Neuordnung. Somit hinterließ die Revolution 1918/19, die aus einer Matrosenmeuterei hervorgegangen war, nicht nur die oben genannten Belastungen. Sie hinterließ den Deutschen vor allem eine neue, republikanische Verfassung, und sie eröffnete ihnen damit die unerhörte Chance, ihr politisches Zusammenleben künftig auf einer freiheitlichen, demokratischen und sozialen Grundlage zu regeln. Trotz der genannten Belastungen und anderer Schwierigkeiten, die noch hinzukommen sollten, war diese Chance nicht gering.

1. **a)** ●●○ Stellen Sie mithilfe des Textes die Ursachen für die Novemberrevolution zusammen. Verwenden Sie dabei die Betrachtungsebenen politisch, ökonomisch, sozial und militärisch.
b) ●●● Erklären Sie mit eigenen Worten die Unterschiede zwischen Rätesystem und parlamentarischer Demokratie und diskutieren Sie ihre jeweiligen Vor- und Nachteile.
c) ●●○ Stellen Sie die Faktoren, die die Republik von Beginn an belasteten, in Stichworten zusammen.
→ Text

9. November 1918: Die Republik wird ausgerufen

M8 Die „Deutsche Republik"

Am 9. November 1918 gegen 14 Uhr rief Philipp Scheidemann die „Deutsche Republik" aus. Der folgende Text wurde von Philipp Scheidemann für seine 1928 erschienenen Memoiren nachträglich angefertigt:

Arbeiter und Soldaten! [...]
Der Kaiser hat abgedankt. Er und seine Freunde sind verschwunden. Über sie alle hat das Volk auf der ganzen Linie gesiegt! Der Prinz Max von Baden hat sein Reichskanzleramt dem Abgeordneten Ebert übergeben. Unser Freund wird eine Arbeiterregierung bilden, der alle sozialistischen Parteien angehören werden. Die neue Regierung darf nicht gestört werden in ihrer Arbeit für den Frieden, in der Sorge um Brot und Arbeit. Arbeiter und Soldaten! Seid euch der geschichtlichen Bedeutung dieses Tages bewusst. Unerhörtes ist geschehen. Große und unübersehbare Arbeit steht uns bevor.
Alles für das Volk, alles durch das Volk! Nichts darf geschehen, was der Arbeiterbewegung zur Unehre gereicht. Seid einig, treu und pflichtbewusst! Das Alte und Morsche, die Monarchie ist zusammengebrochen. Es lebe das Neue! Es lebe die Deutsche Republik!

Zit. nach: Wolfgang Lautemann/Manfred Schlenke (Hg.), Günter Schönbrunn (Bearb.), Geschichte in Quellen Band 5: Weltkriege und Revolutionen 1914–1945, München: Bayerischer Schulbuch-Verlag 1975 (2. Aufl.), S. 114.

M9 „Die freie sozialistische Republik"

Gegen 16 Uhr proklamierte Karl Liebknecht am 9. November 1918 auf einer Massenversammlung vor dem Berliner Stadtschloss die „Sozialistische Republik":

Der Tag der Revolution ist gekommen. Wir haben den Frieden erzwungen. Der Friede ist in diesem Augenblick geschlossen. Das Alte ist nicht mehr. Die Herrschaft der Hohenzollern, die in diesem Schloss jahrhundertelang gewohnt haben, ist vorüber [...].
Parteigenossen, ich proklamiere die freie sozialistische Republik Deutschland, die alle Stämme umfassen soll, in der es keine Knechte mehr geben wird, in der jeder ehrliche Arbeiter den ehrlichen Lohn seiner Arbeit finden wird. Die Herrschaft des Kapitalismus, der Europa in ein Leichenfeld verwandelt hat, ist gebrochen [...].
Wir müssen alle Kräfte anspannen, um die Regierung der Arbeiter und Soldaten aufzubauen und eine neue staatliche Ordnung des Proletariats zu schaffen, eine Ordnung des Friedens, des Glücks und der Freiheit unserer deutschen Brüder und unserer Brüder in der ganzen Welt. Wir reichen ihnen die Hände und rufen sie zur Vollendung der Weltrevolution auf.

Zit. nach: Wolfgang Lautemann/Manfred Schlenke (Hg.), Günter Schönbrunn (Bearb.), Geschichte in Quellen Band 5: Weltkriege und Revolutionen 1914–1945, München: Bayerischer Schulbuch-Verlag 1975 (2. Aufl.), S. 115.

1. a) ●●○ Fassen Sie die wichtigsten Aussagen der Reden von Scheidemann (M8) und Liebknecht (M9) zusammen und vergleiche sie diese miteinander.
b) ●●● Vergleichen und beurteilen Sie die Aussageabsichten der beiden Redner.
c) ●●● Die Rede von Philipp Scheidemann existiert als Audiodatei (siehe Link unten), der Text wurde 1924 nachgesprochen. Hören Sie sich die Rede an und führen eine Quellenkritik durch.
→ Text, M8, M9, www.dhm.de/lemo/kapitel/weimarer-republik/revolution-191819.html (Dauer: 3:56 min)

2. a) ●●● Recherchieren Sie in arbeitsteiligen Gruppen, wie heute wichtiger Personen der Revolution von 1918/19 (Friedrich Ebert, Philipp Scheidemann, Karl Liebknecht, Rosa Luxemburg) gedacht wird. Stellen Sie ihre Ergebnisse in kurzen Referaten vor und erstellen dazu eine Präsentation in einem digitalen Format. Beurteilen Sie das Gedenken und die Würdigung der Personen.
b) ●●○ Ermitteln Sie den Ort, wo Karl Liebknecht die freie sozialistische Republik ausrief. Beschreiben Sie, wie an diesen Ort später erinnert wurde.
→ Text, M9, Internet

Die Revolution 1918/19 – zeitgenössische Quellen

M10 „Arbeiter! Arbeiterinnen!"

Streikaufruf der Unabhängigen Sozialdemokratischen Partei Deutschlands vom 16. Januar 1919:

Arbeiter! Arbeiterinnen!
Ungeheuerliches geschieht seit Tagen in Berlin. Das Proletariat hat als unterdrückte Klasse unter der Herrschaft der Bourgeoisie viel erlitten, namentlich unter dem schändlichen Sozialistengesetz. Aber weder unter Wilhelm I. noch unter Wilhelm II. hat so der weiße Schrecken gewütet wie jetzt.
Grausiges hat sich heute ereignet. Mit Entsetzen wendet sich jedes menschlich fühlende Herz von den Gräueltaten dieses Tages ab. Ein grässlicher Meuchelmord ist an Karl Liebknecht und Rosa Luxemburg verübt worden. [...]
Arbeiter! Arbeiterinnen!
Das, was man heute den Spartakisten und den Unabhängigen antut, kann morgen euer Los sein. Auch ihr Arbeiter, die ihr euch zu der Partei der Rechtssozialisten zählt, seid der Reaktion und der Militärkaste verdächtig. Der Hass des Bürgertums und der Reaktion wird sich genauso gegen euch, eure Organisationen wie gegen die Arbeiterschaft im Allgemeinen wenden.
In unglaublicher Verblendung lässt die Regierung Ebert, Scheidemann, Landsberg, Noske, die sich immer noch eine sozialistische zu nennen wagt, ihre Söldner schalten und walten. Sie bewaffnet die Offiziere und die Bürgersöhne gegen die Arbeiterschaft. Erschießungen sind in Massen vorgekommen. Verhaftungen folgen auf Verhaftungen! [...] Die Militärkaste, das Bürgertum und die Regierung müssen erkennen, dass ihr nicht die Objekte ihrer Willkür, sondern die Träger der Gesellschaft, die Erhalter des Wirtschaftslebens seid.
Darum Arbeiter und Arbeiterinnen!
Legt geschlossen die Arbeit nieder zum Protest gegen die Gewaltherrschaft!
Protestiert gegen das Verbleiben einer Regierung, deren Politik die Arbeiterklasse gespalten und zum Brudermord geführt hat!
Protestiert gegen eine Regierung, die die Arbeiter entwaffnet und unaufgeklärte Truppen, Offiziere und Studenten gegen die Arbeiter bewaffnet.
Protestiert gegen die Herrschaft der Soldaten-Anarchie!
Fordert die Demobilisierung des alten Heeres und die sofortige Entfernung der Truppen aus Berlin.
Fort mit der Regierung Ebert-Scheidemann!
Es lebe die Einigkeit des Proletariats!

Zit. nach: Wolfgang Michalka/Gottfried Niedhart (Hg.), Deutsche Geschichte 1918–1933. Dokumente zur Innen- und Außenpolitik, Frankfurt a. M.: Fischer Taschenbuch Verlag 1992, S. 47 ff.

M11 *„Arbeiter, Bürger, Bauern, Soldaten ... vereinigt euch zur Nationalversammlung", Plakat von César Klein, 1918*

1. a) ●●○ Beschreiben Sie das Plakat M11 und benennen Sie seine politische Intention. Tauschen Sie sich darüber aus, welche Parteien hinter dem Plakat stehen könnten.
   b) ●●○ Arbeiten Sie aus dem Streikaufrufes (M10) die politische Anschauung der USPD heraus. Vergleichen Sie Ihre Ergebnisse mit der Aussage des Plakats (M11).
   c) ●●● Skizzieren Sie die Bewertung der Revolution durch den Schriftsteller Ernst Jünger (M13) und verfassen Sie eine Entgegnung an Jünger aus der Sicht eines demokratischen Anhängers der Revolution 1918/19.
   → Text, M10 – M13

Die Revolution 1918/19 – zeitgenössische Quellen

M 12 Eröffnung der Nationalversammlung

Aus der Rede des SPD-Vorsitzenden und Mitglieds der Revolutionsregierung Friedrich Ebert am 6.2.1919:

Meine Damen und Herren, die Reichsregierung begrüßt durch mich die Verfassungsgebende Versammlung der deutschen Nationen. Besonders herzlich begrüße ich die Frauen, die zum ersten Mal gleichberechtigt im Reichsparlament erscheinen. Die provisorische Regierung verdankt ihr Mandat der Revolution; sie wird es in die Hände der Nationalversammlung zurücklegen. (Bravo!)
In der Revolution erhob sich das deutsche Volk gegen eine veraltete zusammenbrechende Gewaltherrschaft. (Zustimmung links. – Lebhafter Widerspruch rechts.) Sobald das Selbstbestimmungsrecht des deutschen Volkes gesichert ist, kehrt es zurück auf den Weg der Gesetzmäßigkeit. Nur auf der breiten Heerstraße der parlamentarischen Beratung und Beschlussfassung lassen sich die unaufschiebbaren Veränderungen auch auf wirtschaftlichem und sozialem Gebiet vorwärts bringen, ohne das Reich und sein Wirtschaftsleben zugrunde zu richten. (Sehr wahr!, links.)
Deshalb begrüßt die Reichsregierung in dieser Nationalversammlung den höchsten und einzigen Souverän in Deutschland. [...]
Wir haben den Krieg verloren. Diese Tatsache ist keine Folge der Revolution. (Sehr wahr!, links. – Lebhafter Widerspruch rechts.)
Meine Damen und Herren, es war die Kaiserliche Regierung des Prinzen Max von Baden, die den Waffenstillstand einleitete, der uns wehrlos machte. (Zurufe.) Nach dem Zusammenbruch unserer Verbündeten und angesichts der militärischen und wirtschaftlichen Lage konnte sie nicht anders handeln. (Sehr richtig!, links.)
Die Revolution lehnt die Verantwortung ab für das Elend, in das die verfehlte Politik der alten Gewalten und der leichtfertige Übermut der Militaristen das deutsche Volk gestürzt haben. (Sehr wahr!, links.)
Sie ist auch nicht verantwortlich für unsere schwere Lebensmittelnot. (Widerspruch rechts.) [...]
Meine Damen und Herren, die provisorische Regierung hat eine sehr üble Herrschaft angetreten. Wir waren im eigentlichen Wortsinne die Konkursverwalter des alten Regimes: (Sehr wahr!, bei den Sozialdemokraten.) Alle Scheuern, alle Lager waren leer, alle Vorräte gingen zur Neige, der Kredit war erschüttert, die Moral tief gesunken. Wir haben, gestützt und gefördert vom Zentralrat der Arbeiter- und Soldatenräte (Lachen rechts.) – gestützt und gefördert vom Zentralrat der Arbeiter- und Soldatenräte (Lebhafte Zustimmung bei den Sozialdemokraten – Unruhe rechts.) unsere beste Kraft eingesetzt, die Gefahren und das Elend der Übergangszeit zu bekämpfen.

Zit. nach: Wolfgang Michalka/Gottfried Niedhart (Hg.), Deutsche Geschichte 1918–1933. Dokumente zur Innen- und Außenpolitik, Frankfurt a. M.: Fischer Taschenbuch Verlag 1992, S. 49–52.

M 13 Ernst Jünger über die Revolution

Der Schriftsteller Ernst Jünger urteilt 1923 in einem nationalsozialistischen Blatt über die Revolution:

Schwerwiegende Fehler waren begangen, vor und während des Krieges, die Abrechnung aber mußte erfolgen nach Friedensschluß. So war die Revolution nichts anderes als eine Meuterei auf einem kämpfenden Schiff. Die Leute, die sich im Augenblick höchster Gefahr des Steuers bemächtigten, übernahmen gleichzeitig eine schwere Verantwortung. Die Geschichte hat gelehrt, daß sie dieser Verantwortung nicht gewachsen waren. Der Grund liegt darin, daß nicht die Idee es war, die sie trieb, sondern die Beutegier, unterstützt von der Feigheit einer ausgehungerten und durch Schlagworte geblendeten Masse.
Inzwischen hat wohl auch der Beschränkteste erkannt, was eigentlich hinter diesen Schlagworten steckte. Die sogenannte Revolution von 1918 war kein Schauspiel der Wiedergeburt, sondern das eines Schwarmes von Schmeißfliegen, der sich auf einen Leichnam stürzte, um von ihm zu zehren. Welche Idee ist denn verwirklicht durch diese Revolution? Die der Freiheit? Der Demokratie? Des parlamentarischen Staates? Diese Frage dürfte wirklich jeden in Verlegenheit setzen. [...]
Die Vertreter des Materialismus in seiner ganzen Gemeinheit, Schieber, Börsianer und Wucherer sind die wirklich Regierenden. Alles Reden und Handeln dreht sich um Ware, Geld und Profit. Alle Äußerungen des Staates, seine Verordnungen, seine Erklärungen, seine Maßnahmen, sein Geld, seine Aufrufe, dünsten den Geruch des Verwesens aus. Wie könnte es auch anders sein, da die Revolution keine Geburt, kein Aufstrahlen neuer Ideen, sondern eine Verwesung war, die von einem sterbenden Körper Besitz ergriffen hat. Zu lange währt dieses Schauspiel schon.

Ernst Jünger, Revolution und Idee, in: Völkischer Beobachter, 23./24. September 1923.

Umgang mit schriftlichen Quellen

Schriftliche Quellen

Ohne das Studium von Quellen keine Geschichte. Das heißt, um eine Geschichte erzählen zu können, muss man die Quellen zu dem historischen Sachverhalt erschließen und interpretieren.

Mögliche Aufgabenstellung

1. Fassen Sie nach einer quellenkritischen Einleitung Gedankengang und Inhalt der Quelle M12 strukturiert zusammen (Schritt 1),
2. Ordnen Sie die Quelle M12 in den historischen Zusammenhang ein und erläutern Sie die in der Quelle angesprochenen historischen Bezüge (Schritt 2).
3. Begründen Sie, dass Friedrich Ebert in seiner Rede als Vertreter einer parlamentarischen Demokratie spricht (Schritt 3).

Arbeitsschritte zur Interpretation von schriftlichen Quellen

1. Eine Quelle erschließen

a) Die Quelle kritisch und thematisch erschließen
Die quellenkritische Analyse betrifft die äußere Beschreibung der Quelle. Sie ist erforderlich, um den Inhalt der Quelle besser einordnen und verstehen zu können. Die Quellenkritik bildet damit die Grundlage für die Interpretation der Quelle. Bei der quellenkritischen Analyse werden folgende Aspekte untersucht:
- Autorin bzw. Autor,
- Adressat(en) und deren Bezug zur Autorin/zum Autor,
- Zeitpunkt der Entstehung und der Veröffentlichung der Quelle,
- Anlass der Entstehung,
- Absicht, mit der der Text geschrieben wurde, z. B. informierend, argumentierend, appellierend, normierend, unterhaltend,
- Gattung der Quelle,
- Thema der Quelle,
- Intention der Quelle,
- Kernaussage der Quelle.
- ggf. Stil: z. B. sachlich, ironisch, diffamierend.

b) Den Gedankengang und den Inhalt der Quelle strukturiert wiedergeben:
Bei der strukturierten Wiedergabe der Quelle geht es darum, ihren Inhalt und ihren Gedankengang (Argumentationsstruktur) zu beschreiben. Der Gedankengang lässt sich mit Verben verdeutlichen, die die sprachlichen Handlungen des Autors bezeichnen. Bei der Darstellung des Gedankengangs werden zugleich die Inhalte der Quelle in eigenen Worten wiedergegeben. Verfassen Sie die Inhaltsangabe im Präsens und verwenden Sie den Konjunktiv.

2. Die Quelle erläutern

Zum besseren Verständnis der Quelle ist es oft erforderlich, historische Hintergründe zu erläutern. Das können in der Quelle erwähnte Meinungen, Absichten, Sachverhalte und Ereignisse sein, die in einen historischen Kontext einzuordnen sind.

3. Die Quelle unter einer bestimmten Fragestellung beurteilen

Eine Quelle wird immer unter einer bestimmten Fragestellung interpretiert. Vor dem Hintergrund dieser Frage werden die bisherigen Ergebnisse der Quellenanalyse, die Aussagen, Auffassungen und Intentionen der Quelle kritisch überprüft. Dabei setzt man sich in der Regel mit der Intention und Kernaussage der Quelle abwägend auseinander. Die Ergebnisse dieser Deutung werden in einem Fazit zusammengefasst.

Marie Juchacz – erste Rednerin im Parlament

Am Nachmittag des 19. Februar 1919 geschah in der verfassunggebenden Nationalversammlung zu Weimar etwas Außergewöhnliches. Mit der Sozialdemokratin Marie Juchacz trat zum ersten Mal in der Geschichte eine Frau ans Rednerpult eines gesamtdeutschen Parlaments. Wer war diese Frau?

Marie Juchacz kam 1879 als Tochter eines Zimmermanns in Landsberg an der Warthe (das heute in Polen liegt) zur Welt und musste wegen der Armut ihrer Eltern bereits ab dem Alter 14 Jahren als Dienstmädchen, Fabrikarbeiterin und Krankenwärterin arbeiten. Von ihrem ersparten Geld besuchte sie einen Nähkurs und fand bei einem Schneider Anstellung, der sie heiratete. Nachdem sie sich von ihm 1906 getrennt hatte, zog sie zusammen mit ihrer Schwester und ihren beiden Kindern nach Berlin, wo sie ihren Beruf als Näherin weiter ausübte. Als das neue preußische Vereinsgesetz 1910 Frauen erstmals die Mitgliedschaft in politischen Vereinigungen erlaubte, trat die alleinerziehende Mutter sofort der SPD bei und machte sich bald als gewandte Versammlungsrednerin einen Namen. 1913 schließlich begann ihre politische Karriere, als sie ihre Partei zur „Frauensekretärin" für den Parteibezirk Obere Rheinprovinz nach Köln berief, wo sich in der „Nationalen Frauengemeinschaft" besonders um die sozialen Belange der Frauen im Krieg kümmerte. 1917 kehrte sich nach Berlin zurück und rückte, mittlerweile zur „zentralen Frauensekretärin" aufgestiegen, in den Parteivorstand der SPD auf.

1919 wirkte sie als eine von 37 Frauen in der Verfassunggebenden Nationalversammlung in Weimar mit und sprach als erste Frau vor einem deutschen Parlament. Dem Deutschen Reichstag gehörte sie als Abgeordnete von 1919 bis 1933 – also während der gesamten Weimarer Republik – an und engagierte sich dort vor allem in sozialpolitischen Fragen. Auf Juchacz' Initiative ging im Dezember 1919 die Gründung der „Arbeiterwohlfahrt" zurück, einer Selbsthilfeorganisation der Arbeiterbewegung, die sich der praktischen Bekämpfung sozialer Notstände widmet und bis heute zu den bedeutendsten Wohlfahrtsverbänden in Deutschland gehört. Bis 1933 wirkte Juchacz als erste Vorsitzende der Arbeiterwohlfahrt. Infolge der Errichtung der nationalsozialistischen Diktatur floh sie zunächst nach Frankreich, 1940 dann in die USA, wo sie in New York die „Arbeiterwohlfahrt – Opfer des Nationalsozialismus" gründete. 1949 kehrte sie nach Deutschland zurück, wurde Ehrenvorsitzende der neu gegründeten Arbeiterwohlfahrt und verstarb 1956 in Düsseldorf. Im Berliner Reichstagsgebäude erinnert heute ein nach Marie Juchacz benannter Saal an die bedeutende Sozialpolitikerin der Weimarer Republik. Zahlreiche soziale Einrichtungen tragen ihren Namen.

M1 ***Marie Juchacz (1879–1956)***
Undatiertes Foto, um 1919

1. a) ●●○ Charakterisieren Sie anhand des Redeauszugs (M2) das Auftreten von Marie Juchacz als Rednerin vor der Nationalversammlung.
   b) ●○○ Fassen Sie zusammen, welche Berufsfelder Marie Juchacz für Frauen empfiehlt.
   c) ●●● Diskutieren Sie das Frauenbild, das Marie Juchacz' Rede zugrunde liegt.
   → Text, M2
2. ●●○ Skizzieren Sie im Anschluss an eine Recherche im Internet die Stationen der Frauenemanzipation in Deutschland im 20. Jahrhundert. Notieren Sie fünf bis zehn wichtige Ereignisse.
   → Internet
3. ●●● Recherchieren Sie die fünf Länder, in denen das Frauenwahlrecht weltweit zuerst eingeführt wurde.
   → Internet

M2 Die erste Rede einer Frau im Parlament

Am 19. Februar 1919 hielt die Sozialpolitikerin Marie Juchacz (1879–1956) in der verfassunggebenden Nationalversammlung zu Weimar eine Rede, die in die Geschichte eingegangen ist: Nach der Einführung des aktiven und passiven Frauenwahlrechts im November 1918 war Juchacz die erste Frau, die in einem gesamtdeutschen Parlament als Rednerin das Wort ergriffen hat:

Meine Herren und Damen! (Heiterkeit.)
Es ist das erste Mal, dass in Deutschland die Frau als freie und gleiche im Parlament zum Volke sprechen darf, und ich möchte hier feststellen, und zwar ganz objektiv, dass es die Revolution gewesen ist, die auch in Deutschland die alten Vorurteile überwunden hat. (Sehr richtig! bei den Sozialdemokraten)
Die Frauen besitzen heute das ihnen zustehende Recht der Staatsbürgerinnen. Gemäß ihrer Weltanschauung konnte und durfte eine vom Volk beauftragte sozialistische Regierung nicht anders handeln, wie sie gehandelt hat. Sie hat getan, was sie tun musste, als sie bei der Vorbereitung dieser Versammlung die Frauen als gleichberechtigte Staatsbürgerinnen anerkannte. (Sehr richtig! bei den Sozialdemokraten.)
Ich möchte hier feststellen – und ich glaube damit im Einverständnis vieler zu sprechen –, dass wir deutschen Frauen dieser Regierung nicht etwa im althergebrachten Sinne Dank schuldig sind. Was diese Regierung getan hat, das war eine Selbstverständlichkeit: Sie hat den Frauen gegeben, was ihnen bis dahin vorenthalten worden ist. [...]
Wir werden es nicht mehr nötig haben, mit Versammlungen, mit Resolutionen, mit Eingaben unser Recht zu erkämpfen. Der politische Kampf, der immer bestehen bleiben wird, wird sich von nun an in anderen Formen abspielen. Innerhalb des durch Weltanschauung und selbstgewählte Parteigruppierung gezogenen Rahmens haben wir Frauen nunmehr Gelegenheit, unsere Kräfte auswirken zu lassen.
Aber damit begeben wir uns keineswegs des Rechts, anders geartete Menschen, weibliche Menschen zu sein. Es wird uns nicht einfallen, unser Frauentum zu verleugnen, weil wir in die politische Arena getreten sind und für die Rechte des Volkes mitkämpfen. (Bravo! bei den Sozialdemokraten.)
Kein Punkt des neuen Regierungsprogramms ist da, an dem wir sozialdemokratischen Frauen nicht ohne Interesse wären. Ich begrüße es ganz besonders, dass im Regierungsprogramm bekundet wird, dass nun auch das Verwaltungswesen demokratisiert werden soll, sodass in Zukunft den Frauen auch Gelegenheit gegeben sein wird, mit in alle offen stehenden Ämter einzutreten. (Sehr richtig! links.)
Ich betrachte den Punkt des Arbeitsprogramms, der da sagt: Heranziehung der Frauen zum öffentlichen Dienst entsprechend den auf allen Gebieten vermehrten Frauenaufgaben nur als eine Konsequenz des jetzt gegebenen Zustandes. (Sehr richtig! links.) [...]
Ich wünsche ganz besonders, dass bei den jetzt schon fälligen Aufgaben im Verwaltungswesen die Frauen herangezogen werden, und denke dabei in allererster Linie an eine Stelle, die nach meinem Dafürhalten im Arbeitsamte des Reiches eingerichtet werden müsste, wo Frauen selbstständig arbeiten, bei der Witwen und Waisenfürsorge, bei der Regelung für Kriegshinterbliebene. (Sehr richtig! Bei den Sozialdemokraten.)
Das ist ein Gebiet, in welches Frauen einfach hineinpassen und hineingehören nach ihrer ganzen Veranlagung, und wo sie für das Wohl des Volkes Ersprießliches leisten können.
Wir Frauen werden mit ganz besonderem Eifer tätig sein auf dem Gebiete des Schulwesens, auf dem Gebiete der allgemeinen Volksbildung, und ich glaube, hier aussprechen zu dürfen, dass die Mütter es ganz besonders begrüßen, dass auch nun wir Frauen Gelegenheit haben werden, unsere Kinder den Bildungsanstalten zuzuführen, welche das neue Deutschland ihnen eröffnen wird.
Die gesamte Sozialpolitik überhaupt, einschließlich des Mutterschutzes, der Säuglings-, der Kinderfürsorge wird im weitesten Sinne Spezialgebiet der Frauen sein müssen. Die Wohnungsfrage, die Volksgesundheit, die Jugendpflege, die Arbeitslosenfürsorge sind Gebiete, an denen das weibliche Geschlecht ganz besonders interessiert ist und für welche das weibliche Geschlecht besonders geeignet ist.

Verhandlungen der Verfassunggebenden Deutschen Nationalversammlung, Band 326, Stenographische Berichte, Berlin 1920, 11. Sitzung vom 19. Februar 1919, S. 177–178.

2. „Demokratischste Demokratie der Welt"? Die Weimarer Verfassung

M1 ***„Die Verfassung des Deutschen Reiches"***
Titelblatt der Ausgabe zur Verteilung an Schulen, 1919

Die Verfassung

„Das Deutsche Reich ist eine Republik. Die Staatsgewalt geht vom Volke aus". Bereits diese wenigen Worte des Artikels 1 Weimarer Verfassung hatten es in sich. Sie signalisierten den Bürgerinnen und Bürgern, dass hier nicht einfach der Staatsaufbau des Kaiserreichs fortgeschrieben, sondern vielmehr etwas Neues gewagt wurde: Eine Republik, die ganz ohne Monarchen auskam, und ein Staat, dessen Souveränität sich ausschließlich auf demokratischem Weg vom Volk herleitete. Dabei blieb die politische Macht in der Tradition des deutschen Föderalismus verteilt zwischen dem Deutschen Reich und den einzelnen Bundesländern, deren Regierungen im Reichsrat an der Gesetzgebung mitwirkten. So hatte es einer der maßgeblichen Architekten der Verfassung, der liberale Staatsrechtslehrer Hugo Preuß (1860–1925), vorgesehen. Ein umfangreicher Katalog von Grundrechten sicherte nicht nur dem einzelnen Bürger die klassischen Freiheitsrechte, sondern stellte bestimmte Gruppen unter den besonderen Schutz der Verfassung, etwa die Jugend, die Beamten sowie die Arbeiter und Angestellten in den Betrieben.

Die Weimarer Verfassung stellte die Demokratie gleich auf eine dreifache Grundlage:

- Im Zentrum des demokratischen Verfahrens stand erstens der Reichstag, der in freier, gleicher und geheimer Wahl nach dem Verhältniswahlrecht gewählt wurde. Der Reichstag hatte die Gesetze zu beschließen, die Regierung zu kontrollieren und konnte sie gegebenenfalls auf dem Wege eines parlamentarischen Misstrauensvotums auch stürzen: Die Abhängigkeit der Regierung von der Parlamentsmehrheit – dies war ein entscheidender Durchbruch zum parlamentarischen Regierungssystem.

- Darüber hinaus eröffnete die Verfassung zweitens die Möglichkeit, Gesetze auf dem Wege des Volksentscheids herbeizuführen – die Demokratie der Weimarer Republik zeichnete sich also durch ein ausgeprägtes plebiszitäres Element aus.

- Drittens schließlich stattete die Verfassung das Staatsoberhaupt, den Reichspräsidenten, mit einer starken demokratischen Legitimation aus: Er wurde alle fünf Jahre direkt vom Volk gewählt und stellte damit – ganz im Sinne der Architekten der Verfassung – ein starkes, demokratisch legitimiertes Gegengewicht gegen den Reichstag dar. Entsprechend weitreichend waren seine Kompetenzen. Der Reichspräsident berief und entließ die Regierung, er konnte Volksentscheide veranlassen, den Reichstag auflösen und verfügte darüber hinaus über ein Notstandsrecht: Im Falle einer erheblichen Gefährdung der öffentlichen Sicherheit und Ordnung konnte der Reichspräsident Maßnahmen zu deren Wiederherstellung ergreifen sowie einzelne Grundrechte außer Kraft setzen. Mit dieser Vielfalt an Kompetenzen bildete der Reichspräsident einen bedeutenden Machtfaktor und gewichtigen Gegenspieler zum Reichstag. So konnte der Reichspräsident aufgrund einer von ihm festgestellten Gefährdungslage nach Artikel 48 sogenannte „Notverordnungen" erlassen, die, obwohl sie nicht vom Parlament verabschiedet wurden, den Charakter von Gesetzen hatten; Verfassungshistorikerinnen und -historiker sprechen daher von einer

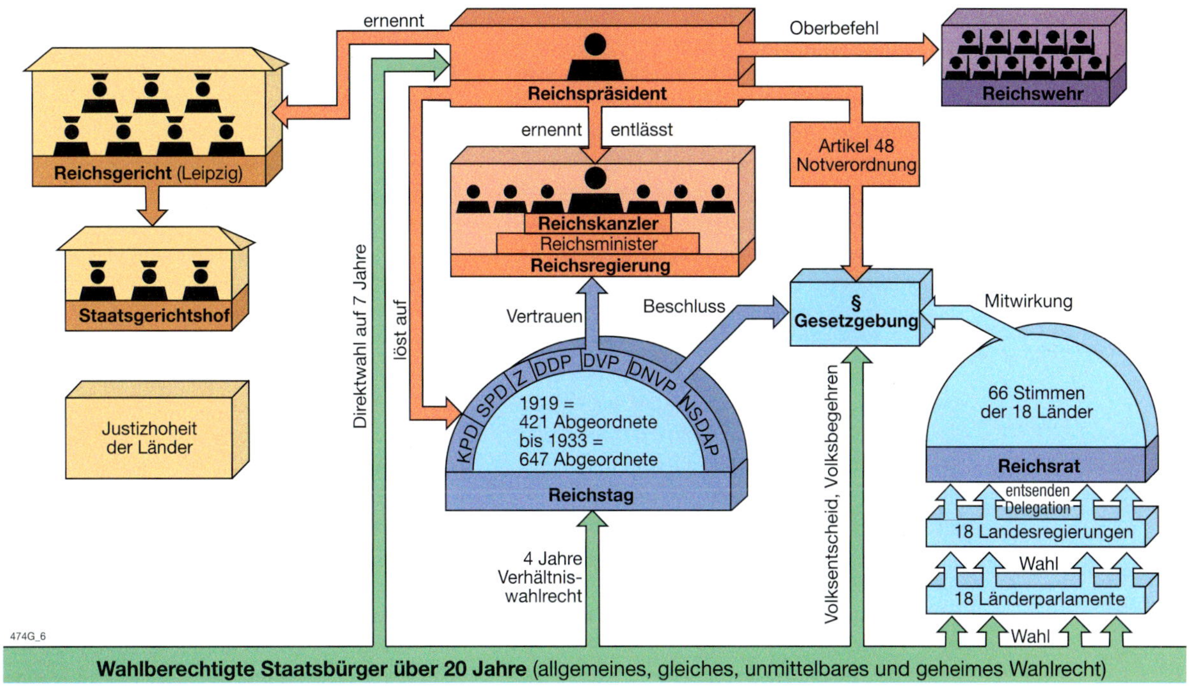

M2 *Die Weimarer Verfassung*

„präsidialen Reserveverfassung", die im Notfall dem Reichspräsidenten die Rolle einer Ersatzlegislative zuschrieb. Allerdings musste der Reichspräsident nach Artikel 48 erlassene Notverordnungen wieder außer Kraft setzen, wenn der Reichstag dies verlangte. Dass der Reichspräsident dann aber nach Artikel 25 von seinem Recht Gebrauch machen würde, den Reichstag aufzulösen und Neuwahlen auszuschreiben, diesen Fall einer gegenseitigen Blockade der demokratischen Verfassungsorgane hatten die Vordenker der Weimarer Verfassung nicht als Problem vor Augen. Vielmehr hatten sie das Amt des Reichspräsidenten auch durch dessen direkte Wahl bewusst so weit gestärkt, dass dieser „Ersatzkaiser" die Übermacht des Parlaments und der in ihm vertretenen Parteien notfalls in Schranken weisen konnte, und zwar als vermeintlich neutrale Instanz und Verkörperung des Volkswillens. Man sieht: Vieles hing von der Person des Reichspräsidenten ab.

Die Weimarer Verfassung kombinierte also Elemente der parlamentarischen, der plebiszitären und der präsidialen Demokratie. Verfassungsexperten und demokratische Politiker sahen damals in dieser Kombination, für die es kein Vorbild gab, einen Vorzug der Weimarer Verfassung.

In ihrem Grundrechtsteil formulierte die Weimarer Verfassung zunächst die klassischen bürgerlichen Individualrechte, etwa die Freiheit der Person, der Niederlassung und des Eigentums, die Freiheit der Religion, der Meinung, der Wissenschaft und der Kunst oder die Freiheit der Versammlung und Vereinigung. Dann aber wagte die Verfassung etwas Neues, indem sie bestimmte Gruppen, etwa die Jugend, die Beamten und die Selbstständigen, unter den besonderen Schutz des Staates stellte und außerdem die Grundzüge eines Sozialstaats entwarf: Der Staat sollte nicht länger der Entwicklung der Wirtschaft freien Lauf lassen – was er in der Praxis ohnehin nie getan hatte. Er sollte vielmehr fortan aktiv in den Wirtschaftsprozess eingreifen, soziale Sicherungen gewährleisten und damit einen Verfassungsauftrag erfüllen.

So war in den Artikeln über das „Wirtschaftsleben" von „Grundsätzen der Gerechtigkeit" und der „Gewährleistung eines menschenwürdigen Daseins" (Art. 151) die Rede, davon dass „Eigentum verpflichtet" (Art. 153) und bei Arbeitslosigkeit der „notwendige Unterhalt" gewährt werde (Art. 163). Als besonders wichtig und zukunftsweisend galten die „Vereinigungsfreiheit zur Wahrung und Förderung der Arbeits- und Wirtschaftsbedingungen" (Art. 159), womit die Bildung von Gewerkschaften und Arbeitgeberverbänden unter den Schutz der Verfassung gestellt wurde, sowie die Ankündigung eines „umfassenden Versicherungswesens“ zur Absicherung bei „Alter, Schwäche und den Wechselfällen des Lebens“ (Art. 161). Damit war die Weimarer Verfassung die erste deutsche Verfassung, die dem Gesetzgeber ausdrücklich den Aufbau eines Sozialstaats aufgetragen hat. Angesichts der schweren wirtschaftlichen Krisen, von denen die Republik gebeutelt wurde, erwies sich die von der Verfassung vorgesehene Entwicklung eines Sozialstaats einerseits als besonders wichtig, andererseits aber auch als besonders schwierig. Als ein Erbe der Revolution sah die Verfassung schließlich u.a. die Einrichtung von Betriebsräten vor, in denen die Arbeiterschaft „gleichberechtigt in Gemeinschaft mit den Unternehmern an der Regelung der Lohn- und Arbeitsbedingungen“ (Art. 165) mitwirken sollte – auch dieser Artikel war ein Novum in einer deutschen Verfassung und sollte das bis heute für Deutschland charakteristische Prinzip betrieblicher Mitbestimmung begründen. Vieles an der Weimarer Verfassung war neu und zukunftsweisend.

„Mit den alten Königen und Fürsten von Gottes Gnaden ist es für immer vorbei“, hatte der SPD-Vorsitzende Friedrich Ebert bei der Eröffnung der Nationalversammlung am 11. Februar 1919 ausgerufen. Und unmittelbar nach der Verabschiedung der Verfassung verkündete der sozialdemokratische Reichsinnenminister

M3 ***Friedrich Ebert (1871–1925)***
an seinem Schreibtisch im Palais des Reichspräsidenten, Foto, 1924

Eduard David voller Stolz, Deutschland sei nun die „demokratischste Demokratie der Welt“: Zumindest die demokratischen Kräfte sahen in der Weimarer Verfassung eine große, zukunftsweisende Verheißung. Doch der mühsam ausgetüftelte Verfassungskompromiss hatte seine Tücken, wie das dramatischen Endes der Republik zeigen wird.

Eine Demokratie ohne Demokraten?

Zunächst jedoch sprach vieles für Eduard Davids Lob. Indem die Verfassung von Weimar das Frauenwahlrecht garantierte und das aktive Wahlalter von 25 auf 20 Jahre herabsetzte, gingen in der Weimarer Republik rund 20 Millionen zusätzlicher Wählerinnen und Wähler an die Wahlurnen, die noch im Kaiserreich von der politischen Mitwirkung ausgeschlossen waren. Entsprechend intensiv haben die Parteien die Frauen und vor allem die Jugend umworben. Die Wahlbeteiligung bei den Reichstagswahlen lag 1919 bis 1932 zwischen 75 und 84 Prozent und zeigte, wie sehr die Bevölkerung der Republik politisiert war. Allerdings darf die hohe Wahlbeteiligung nicht zu dem Fehlschluss verleiten, dass die Demokratie in der Bevölkerung breite Wurzeln geschlagen hätte. Ein Blick auf die Wahlergebnisse im Einzelnen führt nämlich zu anderen Ergebnissen.

Nur drei der zahlreichen im Reichstag vertretenen Parteien bekannten sich ohne Vorbehalte zur demokratischen Republik: Die seit 1922 wieder vereinigte SPD, die DDP und das Zentrum. Diese drei republikanischen Parteien der „Weimarer Koalition“ hatten bei den Wahlen zur Nationalversammlung im Januar 1919 noch eine klare Mehrheit errungen: In den Wirren der Revolution hatten die meisten Wähler eine Stabilisierung der Verhältnisse gewünscht und daher auf die „Mitte“ gesetzt. Doch bereits bei den Wahlen zum ersten Reichstag 1920 hatte die „Weimarer Koalition“ ihre Mehrheit verloren. Enttäuschung über den „abgebremsten“ Verlauf der Revolution bescherte der linkssozialistischen USPD einen gewaltigen Stimmenzuwachs auf Kosten der SPD, während die Rechtsparteien von der Verbitterung über den im Sommer 1919 abgeschlossenen Friedensvertrag von Versailles profitierten. Von nun an verfügten die demokratischen Kräfte im Deutschen Reichstag über keine Mehrheit mehr.

M4 ***„Am Neubau"***
Wahlplakat der DDP, 1919

M5 ***„Achtung! Rote Gefahr!"***
Wahlplakat der DVP, 1919

Die Einführung des Verhältniswahlrechts war 1919 als besonders demokratisches Verfahren lebhaft begrüßt worden, denn es eröffnete auch kleinen und kleinsten politischen Gruppierungen die Möglichkeit, sich durch Abgeordnete im Reichstag vertreten zu lassen. Das Verhältniswahlrecht begünstigte so die Gründung immer neuer kleiner Parteien, die oftmals nur ein bestimmtes wirtschaftliches Interesse vertraten („Interessenparteien") und damit Wählerinnen und Wähler von den Parteien der Mitte abzogen. Mit der 1919 gegründeten Kommunistischen Partei Deutschlands (KPD) und der kurz darauf ins Leben gerufenen NSDAP traten am linken und rechten Rand des politischen Spektrums zwei radikale Parteien neuen Typs in Erscheinung, die die Republik mit allen Mitteln bekämpften. Nach den Juliwahlen 1932 verfügten NSDAP und KPD zusammen sogar über eine negative Mehrheit. Auf einen knappen Nenner gebracht könnte man sagen, dass die Deutschen am Ende ihre Republik selbst abgewählt haben, die doch die „demokratischste Demokratie der Welt" sein wollte.

1. **a)** ●●○ Erläutern Sie anhand des Schaubildes M2 die Aufgaben der einzelnen Verfassungsorgane (Reichspräsident, Reichstag, Reichsrat, Reichsregierung) der Weimarer Republik.
b) ●●● Untersuchen Sie die Machtverteilung zwischen ausführender Gewalt (Exekutive), gesetzgebender Gewalt (Legislative) und rechtsprechender Gewalt (Judikative).
c) ●●● Überprüfen Sie, inwiefern die Bezeichnung „Ersatzkaiser" für den Reichspräsidenten berechtigt ist. Berücksichtigen dabei insbesondere die Artikel 25 und 48 der Weimarer Reichsverfassung.
d) ●●● Recherchieren Sie die Machtposition des Bundespräsidenten in der Bundesrepublik Deutschland und vergleichen Sie diese mit der des Reichspräsidenten in der Weimarer Republik. Finden Sie Gründe für die Unterschiede.
→ Text, M2, Internet

2. ●●○ Untersuchen Sie die Plakate M4 und M5 daraufhin, an welche Zielgruppe sie sich richten. Begründen Sie Ihr Ergebnis anhand der Intention des jeweiligen Plakates.
→ M4–M5, Text

3. **a)** ●●○ Erstellen Sie anhand der Website „www.demokratie-geschichte.de/koepfe/" eine Liste wichtiger Demokratinnen und Demokraten der Weimarer Republik und ordnen Sie diese den unterschiedlichen politischen Lagern sowie Tätigkeitsfeldern (wie z. B. Parlament, Regierung, Sozialpolitik, Fürsorge oder Kunst) zu.
b) ●●● Prüfen Sie, welche Demokratin oder welcher Demokrat Sie besonders beeindruckt. Begründen Sie Ihre Wahl.
→ Internet

Die Verfassung – zeitgenössische Deutungen

M6 Eine Demokratie ohne Demokraten?

a) Der Schriftsteller Carl von Ossietzky schrieb aus Anlass des Verfassungsjubiläums 1929:

Wenn die Feiern einen Sinn haben sollen, so kann er nur der sein, in Erinnerung zu rufen, dass die Konstitution von Weimar besser ist als ihre Hüter, die sie dilettantisch handhaben und, wenn es ihnen so passt, in kühner Schwenkung umgehen. [...] Die Geschichte der neuen Verfassung ist nicht eine Geschichte ihrer Erfüllung, sondern ihrer Verletzungen. Man hält das für staatsmännisch, für realpolitisch oder sonstwas. Deutschland fehlt noch immer jener Respekt vor dem Verfassungsbuchstaben, der alle gut funktionierenden Demokratien auszeichnet. Kein englisches oder französisches Kabinett könnte sich einen Tag halten, das so weitherzig mit den konstitutionellen Garantien umgeht, wie es unsere verschiedenen Regierungen getan haben. [...] Dadurch ist ein Zustand von Unsicherheit geschaffen worden, der den Glauben an die Möglichkeiten der Republik lähmt, um die Bezirke der Politik die Zone einer kühlen, etwas verächtlichen Skepsis legt und vor allen Dingen den heute Zwanzigjährigen das triste Bild eines Systems zeigt, das nicht klappen will. Das ist viel schlimmer als die akute Bedrohung, die es gar nicht mehr gibt. Dafür ist die Zukunft eine einzige Drohung geworden, und sowenig sich eine ins Einzelne gehende Prognose stellen lässt, so gewiss fühlt man überall hinter dem selbstgefälligen Kulissenkult dieses Parlamentarismus eine kommende Wirklichkeit voller dunkler und erschütternder Abenteuer. Der Deutsche ist noch immer so bar aller Staatsgefühle wie in der kaiserlichen Zeit. Nur ist der Staat noch viel unbeliebter als damals, denn er ist dem Einzelnen als Polizist oder als Steuereintreiber viel nähergerückt.

Carl von Ossietzky: „Geburtstag der Verfassung"; in: Die Weltbühne, 6.8.1929; zit. nach: Bernd Sösemann (Hg.), Demokratie im Widerstreit. Die Weimarer Republik im Urteil ihrer Zeitgenossen, Stuttgart: Klett 1980, S. 42ff.

b) Der Staatsrechtler Hermann Heller schrieb über Befürworter und Gegner der Weimarer Verfassung (1929/30):

Wir feiern die Weimarer Verfassung nicht, weil sie uns bereits Erfüllung wäre, sondern weil sie uns unsere Aufgabe ermöglicht. [...] Wir haben das Recht, von allen deutschen Staatsbürgern aller politischer Richtungen für sie Achtung zu fordern, weil diese Verfassungsform allen Gruppen die gleichen Kampfbedingungen gewährt. Wir geloben, die Weimarer Verfassung gegen alle Angriffe von Gewaltideologen zu verteidigen. Wenn diese Angreifer immer wieder von Wahlzetteldemokratie sprechen, so wollen wir ihnen eines ganz deutlich sagen: Wir wissen genau, dass man einen Staat nicht allein mit Wahlzetteln sichert und wir werden ihnen dieses Wissen in dem Augenblick praktisch beweisen, wo sie einen Gewaltangriff versuchen sollten. Dann werden wir die Weimarer Verfassung verteidigen, wenn es sein muss mit der Waffe in der Hand!

Hermann Heller: „Freiheit und Form in der Reichsverfassung"; in: Die Justiz. Monatsschrift für Erneuerung des Deutschen Rechtswesens 5 (1929/30), S. 676f.; zit. nach: Bernd Sösemann, Demokratie im Widerstreit. Die Weimarer Republik im Urteil ihrer Zeitgenossen, Stuttgart: Klett 1980, S. 71f.

M7 *Verfassungstagmünze von 1929*
Der Tag der Unterzeichnung der Weimarer Reichsverfassung, der 11. August 1919, war von 1921 bis 1932 der Nationalfeiertag der Weimarer Republik. Anlässlich dieses Feiertags wurden sogenannte Verfassungsmünzen herausgegeben, 1922 in einer großen Auflage von 50 Millionen Stück. Aufgrund dieser großen Menge ist davon auszugehen, dass nahezu jeder Bürger eine solche Münze einmal in der Hand hielt, Nachzeichnung.

Wahlen in der Weimarer Republik

M 8 *Wahlen zur Nationalversammlung und zum Reichstag 1919–1932*

Wahl	Wahlbeteiligung (in %)	KPD		USPD		SPD		DDP		Zentrum	
		Stimmenanteil (in %)	Anzahl der Sitze	Stimmenanteil (in %)	Anzahl der Sitze	Stimmenanteil (in %)	Anzahl der Sitze	Stimmenanteil (in %)	Anzahl der Sitze	Stimmenanteil (in %)	Anzahl der Sitze
19.01.1919	83,0	–	–	7,6	22	37,9	163	18,5	75	19,7	91
06.06.1920	79,2	2,0	4	17,8	84	21,7	102	8,2	39	13,6	64
04.05.1924	77,4	12,5	62	0,7	–	23,9	100	5,3	28	13,3	65
07.12.1924	78,7	8,9	45	0,3	–	26,0	131	6,3	32	13,5	69
20.05.1928	75,6	10,6	54	–	–	28,7	153	4,9	25	11,9	62
14.09.1930	82,0	13,1	77	–	–	24,5	143	3,8	20	11,8	68
31.07.1932	84,1	14,3	89	–	–	21,6	133	1,0	4	12,5	75
06.11.1932	80,6	16,9	100	–	–	20,4	121	1,0	2	11,9	70

Wahl	Wahlbeteiligung (in %)	DVP		BVP		DNVP		NSDAP	
		Stimmenanteil (in %)	Anzahl der Sitze	Stimmenanteil (in %)	Anzahl der Sitze	Stimmenanteil (in %)	Anzahl der Sitze	Stimmenanteil (in %)	Anzahl der Sitze
19.01.1919	83,0	4,4	19	–	–	10,3	44	–	–
06.06.1920	79,2	13,9	65	4,1	21	15,0	71	–	–
04.05.1924	77,4	9,2	45	3,2	16	19,5	95	6,5	32
07.12.1924	78,7	10,6	51	3,7	19	20,4	103	3,0	14
20.05.1928	75,6	8,7	35	3,9	16	14,2	73	2,6	12
14.09.1930	82,0	4,5	30	3,0	19	7,0	41	18,3	107
31.07.1932	84,1	1,2	7	3,2	22	5,9	37	37,3	230
06.11.1932	80,6	1,9	11	3,1	20	8,3	52	33,1	196

Quelle: Statistisches Reichsamt (Hg.), Statistisches Jahrbuch für das Deutsche Reich 1933, Berlin: Reimar Hobbing 1933

1. a) ●●○ Informieren Sie sich mithilfe des Internets über Carl von Ossietzky und Hermann Heller (M6a).
b) ●●○ Arbeiten Sie anhand der Aussagen von Carl von Ossietzky und Hermann Heller (M6b) deren Haltung gegenüber der Weimarer Republik heraus.
→ M6, Text

2. a) ●●○ Beschreiben Sie die Münze (M7) und überlegen Sie, welche Gründe dafür sprachen, zum Verfassungstag besondere Münzen prägen zu lassen und in Umlauf zu bringen.
b) ●●○ Recherchieren Sie die Herkunft und Bedeutung der sogenannten „Schwurhand" und erklären Sie die Gründe für die Wahl dieses Symbols.
→ M7, Internet

3. a) ●●○ Stellen Sie die Stimmanteile (M8) der Parteien in einem Liniendiagramm grafisch dar.
b) ●●○ Erstellen Sie ein weiteres Diagramm für die Anzahl der Sitze der einzelnen Parteien. Vergleichen Sie das Liniendiagramm „Stimmanteile der Parteien" mit dem Diagramm „Anzahl der Sitze".
c) ●●○ Analysieren Sie die Veränderungen des Stimmenanteils der Parteien der Weimarer Koalition und versuchen Sie, Gründe für diese Veränderungen zu finden.
→ M8, Text

3. Der Versailler Vertrag

Die internationale Friedenskonferenz in Paris

Es war ein feierlicher Moment, als der französische Präsident Raymond Poincaré am 18. Januar 1919 im Uhrensalon des französischen Außenministeriums die Pariser Friedenskonferenz eröffnete, jenem mit Spannung erwarteten Ereignis, das dem Ersten Weltkrieg definitiv ein Ende setzen sollte. Der Termin war sehr bewusst gewählt worden: Am 18. Januar 1871 war nach der Niederlage Frankreichs im deutsch-französischen Krieg im Spiegelsaal zu Versailles das deutsche Kaiserreich ausgerufen worden. Auch der Ort, an dem zwei deutsche Minister nach einem Verhandlungsmarathon am 28. Juni 1919 ihre Unterschrift unter das Schriftstück setzten, das den Frieden der alliierten Kriegsmächte mit dem Deutschen Reich regelte, war kein Zufall. Es war der Spiegelsaal von Versailles.

Alle 27 Staaten, die sich mit dem Deutschen Reich und seinen Verbündeten im Kriegszustand befanden, waren zur Pariser Konferenz eingeladen worden. Insgesamt 10000 Teilnehmer – Staatschefs, Diplomaten, Experten, Wirtschaftsvertreter und Militärs – waren zu den Verhandlungen in die französische Hauptstadt angereist, um in 58 Ausschüssen und 1646 Sitzungen die Einzelheiten des Friedensschlusses für Europa zu verhandeln. Der Frieden für Europa wurde in fünf gesonderten Friedensverträgen geschlossen, die nach verschiedenen Vororten von Paris benannt wurden. Der wichtigste Vertrag war der Versailler Friedensvertrag zwischen den alliierten Siegermächten und dem Deutschen Reich; weitere Verträge mit Österreich (abgeschlossen in Saint Germain), Ungarn (abgeschlossen in Trianon), Bulgarien (abgeschlossen in Neuilly) und der Türkei (abgeschlossen in Sèvres) folgten.

Die enttäuschte Hoffnung der Deutschen

Bei den Verhandlungen für einen Friedensschluss mit dem Deutschen Reich stand von vornherein fest, dass hier Sieger mit Besiegten verhandelten. Über Monate hin war die deutsche Delegation von den Verhandlungen ausgeschlossen. Erst am 7. Mai bekamen die

M1 ***Die deutschen Delegierten während der Verkündung der Friedensbedingungen in Versailles***
Foto, Mai 1919

deutschen Diplomaten den unter den Siegern in einem komplizierten und konfliktreichen Verfahren ausgehandelten Vertragsentwurf überreicht; für Verhandlungen bestand kaum Spielraum. Entsprechend tief saß der Schock, als in diesem Moment alle Illusionen, die man sich auf deutscher Seite über einen glimpflichen Ausgang gemacht hatte, geplatzt waren. „Welche Hand müsste nicht verdorren, die sich und uns in diese Fesseln legt?", rief der sozialdemokratische Regierungschef Philipp Scheidemann am 12. Mai 1919 vor der Nationalversammlung in Weimar aus, als das Friedensangebot der „alliierten und assoziierten Mächte" auf dem Tisch lag. Doch alle öffentliche Empörung, alle Drohungen und selbst der Rücktritt der Regierung halfen nichts. Nachdem die Alliierten mit einer Besetzung Deutschlands gedroht hatten und die Ernährungslage im Deutschen Reich immer kritischer wurde, unterzeichneten die Minister Hermann Müller (SPD) und Johannes Bell (Zentrum) am 28. Juni 1919 in Versailles unter Protest einen Friedensvertrag, der die innere wie die äußere Politik der Weimarer Republik künftig schwer belasten sollte.

Umbruch in Europa

Mit der Fixierung auf den Versailler Vertrag erfasst man die ungeheure politische Umwälzung, die das Ende des Ersten Weltkrieges ausgelöst hatte, allerdings nur unzureichend. Schon 1917 hatte die russische Revolution das Ende der Zarenherrschaft und den Beginn einer neuen bolschewistischen „Diktatur des Proletariats" eingeläutet und damit vor aller Augen deutlich gemacht, dass der Kommunismus mehr als eine Theorie war. Und nicht nur in Versailles, auch in einer Reihe anderer Pariser Vororte wurden 1919 Friedensverträge ausgehandelt und unterschrieben, die die europäische Landkarte grundlegend veränderten. So besiegelte der Friedensvertrag von Saint Germain die Auflösung des Vielvölkerstaats der Habsburger und setzte damit einer traditionsreichen europäischen Großmacht ein Ende. Der Friede von Neuilly-sur-Seine sah die drastische Verkleinerung des Königreichs Bulgarien vor, während der Vertrag von Trianon die Abtrennung von zwei Dritteln des ungarischen Staatsgebiets bestimmte. Als außerordentlich folgenreich sollte sich auch der Vertrag von Sèvres erweisen, der die Auflösung des Osmanischen Reichs regelte. Die überaus drakonischen Verträge von Trianon und Sèvres stellten die Existenz von Restungarn und des verbliebenen Rests des Osmanischen Reichs praktisch in Frage – und damit auch die Stabilität des Friedens in diesen Regionen.

Der Zusammenbruch des zaristischen Russland, die Auflösung der Habsburgermonarchie und die in Versailles geregelten Gebietsabtretungen des Deutschen Reiches machten Weg frei zur Gründung einer ganzen Reihe neuer Staaten in Ostmitteleuropa, etwa der Republik Polen, der Tschechoslowakischen Republik sowie der drei baltischen Republiken Litauen, Lettland und Estland. Im Osmanischen Reich führte der durch den Frieden von Sèvres ausgelöste dramatische Ansehensverlust des Sultanats 1923 zur Abschaffung der Monarchie und Ausrufung der Republik, die unter ihrem charismatischen Präsidenten Mustafa Kemal „Atatürk" fortan eine neue, stramm nationale Politik der inneren Reform einschlug.

Hinweis

Auf Seite 6 befindet sich die Karte „Europa nach dem Ersten Weltkrieg".

M2 ***„Nieder mit dem Gewaltfrieden!"*** *Demonstration gegen den Versailler Vertrag im Berliner Lustgarten (vor dem Schloss), Foto, Mai 1919*

M3 *Deutschland nach dem Ersten Weltkrieg*

Bestimmungen der Versailler Vertrages

Vor diesem Hintergrund relativiert sich unser Blick auf die Bedingungen des Vertrags von Versailles, die zwar ohne Zweifel hart waren, die Existenz des Deutschen Reiches jedoch in keiner Weise in Frage stellten. Das Reich musste ein Siebtel seines Gebietes und ein Zehntel seiner Bevölkerung abtreten; es verlor damit ein Drittel seiner Kohle- und drei Viertel seiner Erzvorkommen. In manchen Gebieten, etwa in Nordschleswig, im südlichen Ostpreußen und in Oberschlesien sollten Volksabstimmungen über die nationale Zugehörigkeit entscheiden, während das Saargebiet sowie Danzig dem neu gegründeten Völkerbund unterstellt wurden. Als demütigend wurde das Verbot einer Vereinigung zwischen Österreich und dem Deutschen Reich empfunden, stand es doch im Widerspruch zum Prinzip der Selbstbestimmung der Völker, das der amerikanische Präsident Woodrow Wilson im Januar 1918 in seinen 14 Punkten für eine künftige Friedensordnung verkündet hatte. Nicht weniger schwer wogen die militärischen Bestimmungen, die das Selbstverständnis der deutschen Nation als europäische Großmacht in Frage stellten: Die Stärke des Heeres durfte 100000 Soldaten nicht überschreiten; Panzer und Gaswaffen, Luftwaffe und Unterseeboote wurden verboten. Einer drohenden Auslieferung der Kriegsflotte kam die Marine durch die spektakuläre Selbstversenkung der eigenen Schiffe im britischen Flottenstützpunkt Scapa Flow zuvor, die Handelsflotte hingegen wurde zu 90 Prozent ausgeliefert. Das Rheinland wurde „entmilitarisiert“ und von Besatzungstruppen besetzt.

Bestimmungen bezüglich der deutschen Kolonien

Der Erste Weltkrieg hatte auch Afrika und andere kolonial unterworfene Gebieten schwer getroffen. Während etwa die Kolonialmächte England und Frankreich in ihren Kolonien hunderttausende einheimischer Männer rekrutiert und an unterschiedlichen Kriegsschauplätzen auch in Europa hatten kämpfen lassen, hatten in Deutsch-Ostafrika 11000 sogenannter „Askari" – einheimische Elitesoldaten unter deutschem Kommando – gekämpft. Schätzungen zufolge waren allein in Ostafrika, wo auch britische Kolonialtruppen operierten, etwa 650000 Zivilisten und Träger durch den Krieg ums Leben gekommen. Der Versailler Vertrag regelte nun, dass Deutschland sämtliche Kolonien, die es seit den 1880er-Jahren in Afrika und Asien erworben hatte, abzutreten habe, damit sie unter ein Mandat des neu geschaffenen Völkerbunds gestellt würden. Artikel 22 der Satzung des Völkerbunds, die Bestandteil des Versailler Vertrages war, legte die Ausübung dieses Mandats allerdings wiederum in die Hände anderer Kolonialmächte und bestimmte „die Übertragung der Vormundschaft über diese Völker an die fortgeschrittenen Nationen, die auf Grund ihrer Hilfsmittel, ihrer Erfahrungen oder ihrer geographischen Lage am besten imstande sind, eine solche Verantwortung auf sich zu nehmen, und die hierzu bereit sind." Diese Regelung sah also keineswegs die Entlassung der ehemals deutschen Kolonien in die Unabhängigkeit vor, sondern unterwarf sie nur den anderen, vermeintlich „fortgeschrittenen" Kolonialmächten, und sie dokumentierte das ungebremste Weiterwirken kolonialen Denkens in Europa nach dem Ersten Weltkrieg.

Der Kriegsschuldartikel 231

Als besonders folgenreich erwies sich der Artikel 231 des Versailler Vertrages, der dem Deutschen Reich und seinen Verbündeten die alleinige Verantwortung für den Ausbruch des Weltkrieges zuschrieb. Auf der Grundlage dieses Artikels sollten die besiegten Mächte für die entstandenen Kriegsschäden und Verluste Wiedergutmachungen („Reparationen") leisten, deren Höhe der Vertrag noch offen ließ. Nachdem das Londoner Protokoll 1921 die Höhe der Reparationen zunächst auf 132 Milliarden Goldmark festgelegt hatte, gaben die Zahlungen während der gesamten Weimarer Republik stets aufs Neue Anlass zu Empörung, außenpolitischem Konflikt und Neuverhandlungen – ein Stachel, der stets aufs Neue an den als demütigend empfundenen Friedensvertrag erinnerte.

Ablehnung des Vertrages

Zwar waren die Bedingungen des Versailler Vertrags durchaus erfüllbar, doch wurden sie von der deutschen Öffentlichkeit, die lange auf einen milden Frieden gehofft hatte, als schwere nationale Kränkung empfunden. Alle politischen Kräfte von links bis rechts waren sich darin einig, dass der Vertrag von Versailles zurückgenommen („revidiert") werden müsse, doch blieben die Wege, die zu einer Revision führen sollten, heftig umstritten. Insbesondere radikal nationalistische Verbände und Parteien haben die „Versklavung des deutschen Volkes" durch das „Schanddiktat von Versailles" angeprangert und die Republik für die Belastungen des Friedens verantwortlich gemacht. Dabei stand es außer Frage, dass die verheerende Niederlage im Ersten Weltkrieg nicht von der Republik, sondern von der politischen und militärischen Führung des Kaiserreichs zu verantworten war und die republikanische Regierung im Sommer 1919 gar keine andere Wahl hatte, als den Vertrag zu unterzeichnen. In einem aufgeheizten nationalistischen Klima ist es den antirepublikanischen Kräften der radikalen Rechten jedoch gelungen, aus „Versailles" eine griffige Parole zur Diffamierung der Republik zu schmieden. Insofern haben sich die psychologischen Folgen des Versailler Vertrages am Ende als mindestens ebenso belastend erwiesen wie die materiellen.

M4 ***„Versailles"***

„Auch Sie haben ein Selbstbestimmungsrecht: Wünschen Sie, dass Ihnen die Taschen vor oder nach dem Tode ausgeleert werden?" Dargestellt sind US-Präsident Wilson, der französische Ministerpräsident Clemenceau und der britische Premierminister Lloyd George, Karikatur von Thomas Theodor Heine, 3.6.1919.

Die „Dolchstoßlegende"

Noch in den letzten Kriegswochen war den Militärs mit der sogenannten „Dolchstoßlegende" ein Propagandacoup gelungen, der die politische Atmosphäre Weimarer Republik nachhaltig vergiften sollte. Die Legende besagte, dass das „im Felde unbesiegte" deutsche Heer durch den „inneren Feind" einen Dolchstoß in den Rücken erhalten habe, die Niederlage im Weltkrieg also keine wirklich militärische war. Mit dem „inneren Feind" waren vor allem Sozialdemokraten, Liberale und jene Anhänger der Republik gemeint, die im Weltkrieg Streiks entfacht, Friedensangebote gemacht und damit angeblich die Kampfkraft des Heeres an der Front geschwächt hätten; dieselben Kräfte hätten die Niederlage auch formal zu verantworten, indem sie im November 1918 die Revolution betrieben, die Republik ausgerufen und den Waffenstillstand abgeschlossen hätten. Diese Legende hatte die Oberste Heeresleitung unter General Erich von Ludendorff (1865–1937) und Generalfeldmarschall Paul von Hindenburg (1847–1934) im Herbst 1918 in Umlauf gebracht, um von der verfehlten Politik der Militärs abzulenken. „Ich habe aber Seine Majestät gebeten, jetzt auch diejenigen Kreise an die Regierung zu bringen, denen wir es in der Hauptsache zu verdanken haben, dass wir so weit gekommen sind. [...] Sie sollen nun den Frieden schließen, der jetzt geschlossen werden muss. Sie sollen die Suppe jetzt essen, die sie uns eingebrockt haben", hatte Ludendorff bereits am 1. Oktober 1918 erklärt und damit die Dolchstoßlegende begründet.

Die Legende fand vor allem aus zwei Gründen zahlreiche Anhänger. Zum einen waren bis zum Spätsommer 1918 die meisten Deutschen davon überzeugt, dass für Deutschland ein „Siegfrieden" möglich sei. Umso größer waren der Schock und das Unverständnis, als Ende September 1918 mit einem Mal die Nachricht einer sich abzeichnenden Niederlage die Runde machte. Zum andern war Deutschland im Herbst 1918 – anders als 1945 – keineswegs von feindlichen Truppen besetzt, vielmehr hielten die Soldaten der Mittelmächte – Deutschland und die Habsburgermonarchie – zum Zeitpunkt der Kapitulation noch immer weite Territorien der gegnerischen Mächte besetzt. Dies änderte jedoch nichts an der militärisch aussichtslosen Situation. Die Entlastungslüge vom „Dolchstoß" wurde durch rechtsnationalistische Medien begierig aufgegriffen und stieß in konservativen Kreisen, unter den entlassenen Soldaten sowie bei hochrangigen Militärs und rechtsstehenden Politikern auf vielfache Zustimmung.

M5 ***„Dolchstoßlegende"***
Wahlplakat (Ausschnitt) der rechtsextremen Deutschnationalen Volkspartei (DNVP), 1924

1. a) ●●○ Fassen Sie die Friedensbestimmungen des Versailler Vertrages für Deutschland in einer Tabelle zusammen und bilden Sie Oberbegriffe für die verschiedenen Bereiche.
   b) ●●● Im Artikel 231 wird Deutschland und seinen Verbündeten die Alleinschuld am Krieg zugeschrieben. Beurteilen Sie diese Festlegung aus damaliger Perspektive.
   → Text
2. ●●● Überprüfen Sie, inwiefern es sich bei der „Dolchstoßlegende" aus heutiger Sicht um Fake News handelt. Recherchieren Sie gegebenenfalls den Begriff der Fake News.
   → M5, Text, Internet
3. ●●● Analysieren Sie die Karte „Deutschlands Verstümmelung" (6) und beurteilen Sie Aussage und Gestaltung. Verwenden Sie dafür auch die Geschichtskarte M3.
   → M3, M6, Text

Umgang mit einer historischen Karte

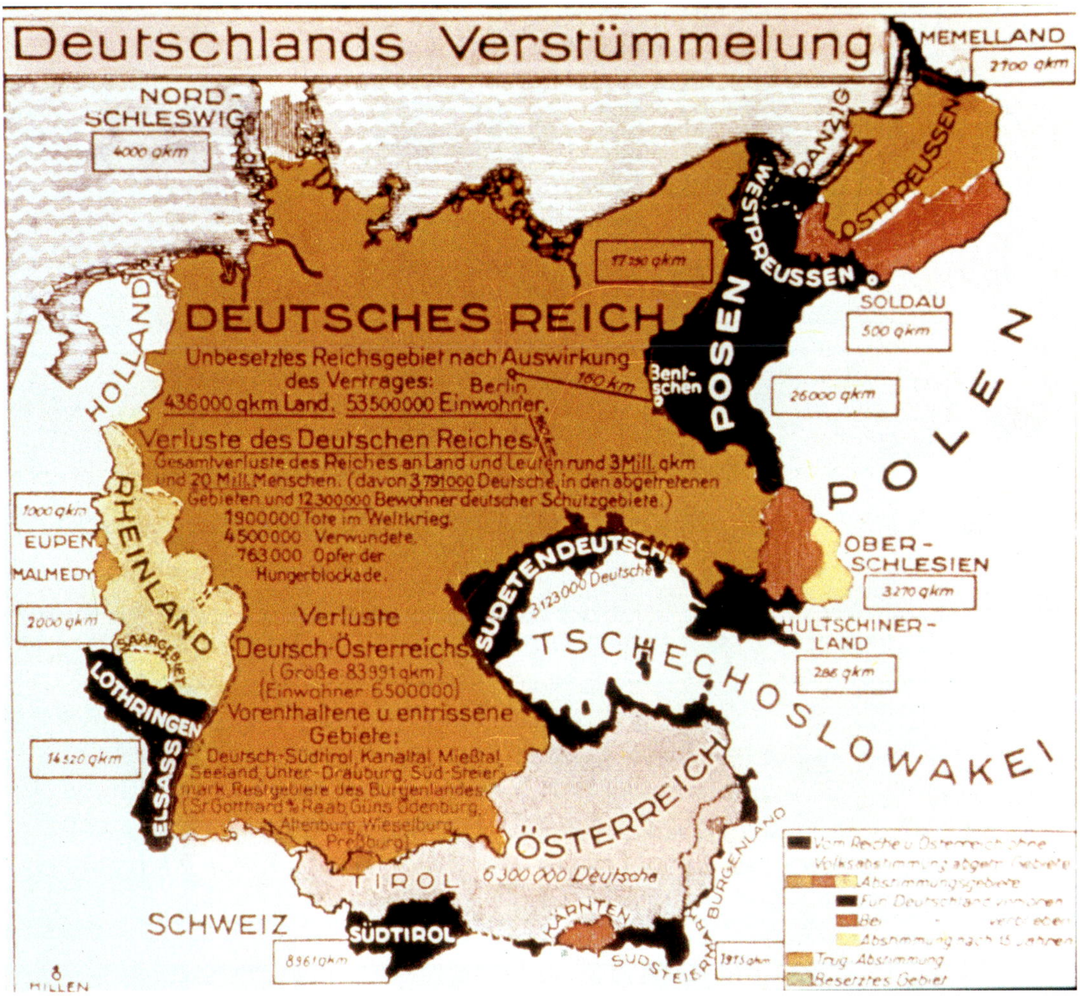

M6 ***„Deutschlands Verstümmelung"***
Propaganda-Landkarte, aus: Geopolitischer Geschichtsatlas, Teil 3: Neuzeit, Dresden 1929

Info

Historische Karten und Geschichtskarten

Die Begriffe „Geschichtskarte" und „historische Karte" werden oft gleich verwendet, bezeichnen aber Unterschiedliches. Historische Karten stammen aus vergangenen Zeiten und geben die damalige Sichtweise wieder, während Geschichtskarten aus einer späteren Zeit geschichtliche Zusammenhänge rückblickend darstellen.
Karten erwecken oft den Eindruck, Zusammenhänge objektiv darzustellen. Bei genauerer Betrachtung lässt sich allerdings feststellen, dass die in der Entstehungszeit wirksamen Wahrnehmungen und Deutungen auch die Gestaltung der Karten beeinflussen konnten. Bei einem so umstrittenen Ereignis wie dem Versailler Vertrag ist dies auch nicht verwunderlich.
So gibt es zur Situation nach dem Ersten Weltkrieg kartografische Darstellungen aus den 1920er-Jahren wie die für den Schulgebrauch gedachte Karte „Deutschlands Verstümmelung", aber auch solche aus heutiger Zeit wie die Karte „Deutschland nach dem Ersten Weltkrieg" aus einem Schulbuch. Beim Vergleich beider Karten können unterschiedliche Sichtweisen auf das historische Ereignis sichtbar werden.

Reaktionen auf den Vertrag – eine Karikatur

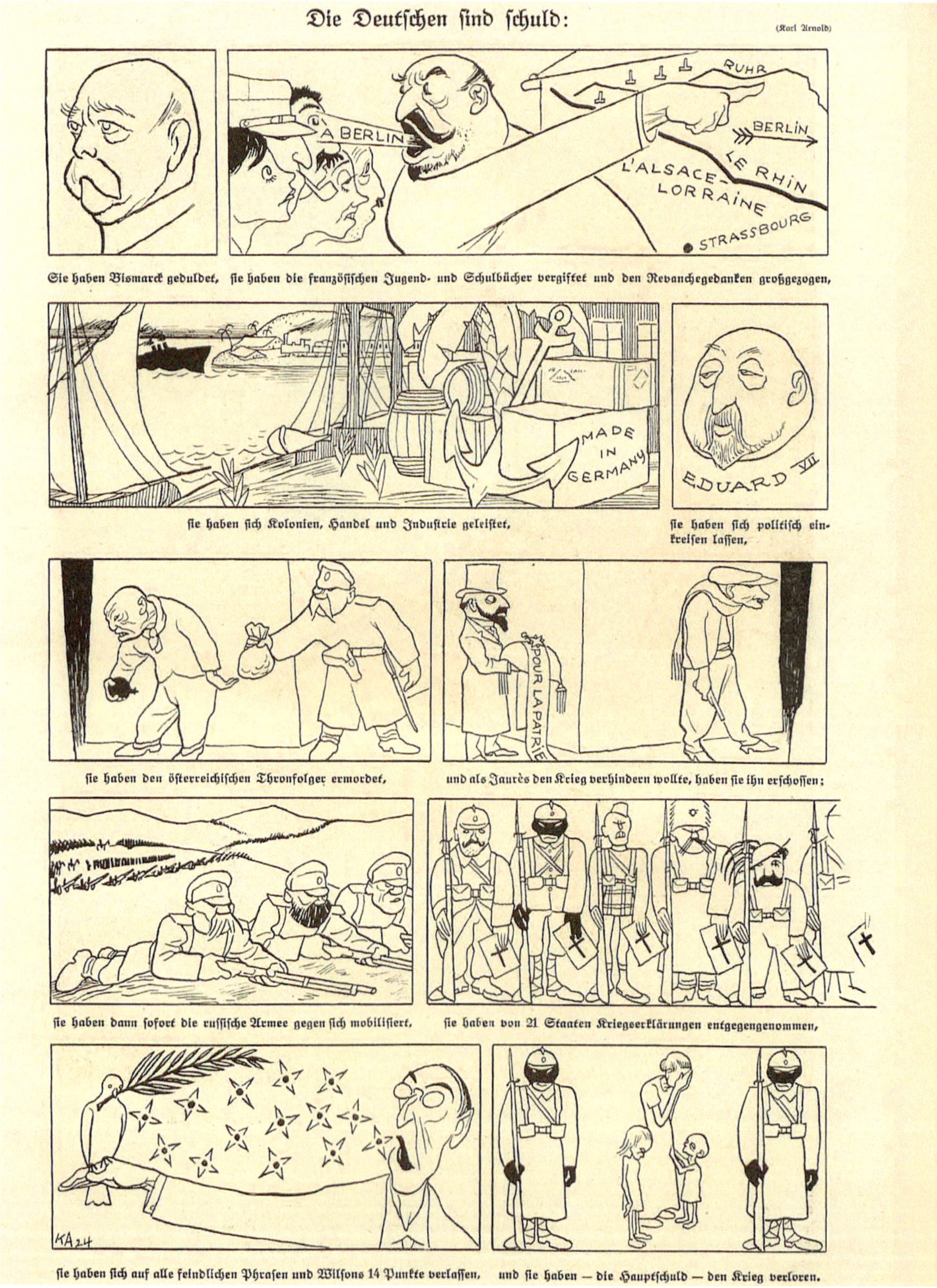

M7 „Die Deutschen sind schuld“
Karikatur von Karl Arnold aus dem „Simplicissimus“, 23. Juni 1924

Der Versailler Vertrag – eine Darstellung

M8 Eine Beurteilung des Versailler Vertrags

Seine Ansichten über den Versailler Vertrag erläutert der Historiker Jörn Leonhard, Professor für Westeuropäische Geschichte an der Universität Freiburg (2014):

Aber der Friedensvertrag markierte den Bruch mit den Traditionen der neuzeitlichen Friedensverträge von 1648 und 1815: Die Vorstellung des entkriminalisierten iustus hostis [rechtmäßiger, gerechter Feind] wurde zugunsten einer Moralisierung der Politik und der Zuweisung einer Alleinschuld am Kriegsausbruch aufgegeben. Doch bedeutete der Friedensvertrag im Gegensatz zum Mai 1945 eben keine bedingungslose Kapitulation Deutschlands. Aus dieser Perspektive fielen die Bedingungen je nachdem zu harsch oder zu milde aus. Deutschland sah sich moralisch als stigmatisiert an und büßte doch zugleich weder politisch noch wirtschaftlich seinen europäischen Großmachtanspruch komplett ein. Anders als im Mai 1945 verfügte das Land nach dem Ersten Weltkrieg weiterhin über die Ressourcen für eine revisionistische Außenpolitik. Darin spiegelte sich der keinesfalls widerspruchsfreie Kompromiss zwischen den Siegermächten wider. Der Vertrag reflektierte das anglo-amerikanische Drängen auf eine erneuerte kontinentaleuropäische Gleichgewichtskonstellation und bremste insofern die aus den doppelten Kriegserfahrungen von 1870 und 1914 resultierenden französischen Pläne einer langfristigen Zerschlagung der deutschen Großmachtposition aus. Letzteres hätte etwa auf dem Wege einer Rheinbundisierung des Reiches geschehen können, also der Bildung kleinerer selbstständiger und von Frankreich abhängiger Staaten im Westen.

[...]

Das Ergebnis der Pariser Friedensverhandlungen war ein komplexer Kompromiss zwischen enttäuschten Siegern und ausdrücklich nicht zwischen Siegern und Besiegten. Dies stellte letztlich weder die Sieger noch die Verlierer des Krieges zufrieden.

[...]

Im Gegensatz zur kritischen Wahrnehmung des Versailler Friedensvertrages wurde die Position Deutschlands durch die Ergebnisse des Friedens relativ gesehen gestärkt. Russland und die Habsburgermonarchie waren als eigenständige internationale Akteure auf lange Frist ausgeschaltet oder aufgelöst. Im Vergleich zu 1815 war Deutschland auch nicht durch die staatsrechtliche Konstruktion des Deutschen Bundes geschwächt. Die politische und ökonomische Einheit des Staates wurde 1919 nicht infrage gestellt, und trotz der Kriegsniederlage blieb das Deutsche Reich auf dem Kontinent ein entscheidender Akteur.

[...]

Das Hauptproblem der neuen Ordnung nach 1918 lag im Anspruch der Akteure, einen künftigen Krieg durch ein System von Normen und Statuten zu verhindern, die in sich widersprüchlich blieben. Während der amerikanische Präsident Wilson für die Vereinigten Staaten eine komplette Neuordnung Europas und der Welt im Zeichen demokratischer und universalistischer Ideale anstrebte, hielten Großbritannien an seiner imperialen Herrschaft und Frankreich an national definierten territorialen und wirtschaftlichen Kriegszielen gegenüber Deutschland fest. Zugleich spielten die Öffentlichkeiten aller Länder der Welt – weit über die Kriegsstaaten von 1914 hinaus – in den Friedensverhandlungen eine Rolle wie nie zuvor in der Geschichte. Das erhöhte den Druck auf die Delegationen, in relativ kurzer Frist zu Ergebnissen zu gelangen.

Jörn Leonhard, Die Büchse der Pandora. Geschichte des Ersten Weltkriegs. München 2014, S. 955–978.

1. ●●● Erläutern Sie die historischen Anspielungen in der Karikatur „Die Deutschen sind schuld" (M7). Recherchieren Sie dafür die dort erwähnten Personen. Setzen Sie sich anschließend mit dem Titel der Karikatur auseinander.
   → M7, Text
2. a) ●●○ Analysieren Sie die Ausführungen des Historikers Jörn Leonhard zum Versailler Vertrag (M8).
   b) ●●● Diskutieren Sie die Möglichkeiten einer wirksamen Stabilitäts- und Friedenspolitik durch den Versailler Vertrag.
   → M8, Text

4. Politische Gewalt und Umsturzversuche

Hinweis

Auf den Seiten 38–39 befindet sich ein biografischer Exkurs über Matthias Erzberger.

Politische Attentate erschüttern die Republik

Politische Gewalt in unterschiedlicher Form begleitete die Geschichte der Weimarer Republik nahezu auf Schritt und Tritt. In den Anfangsjahren der Republik wurden prominente Politiker Opfer terroristischer Attentate von rechts: So wurde der sozialistische bayerische Ministerpräsident Kurt Eisner (1867–1919) am 21. Februar 1919 auf dem Weg zur konstituierenden Sitzung des Bayerischen Landtags, wo er nach einer Wahlniederlage seinen Rücktritt erklären wollte, von einem bayerischen Monarchisten erschossen. Als Vertreter eines „ethischen Sozialismus" war Eisner im Kaiserreich sozialdemokratischer Journalist und zeitweise Redakteur des Parteiorgans „Vorwärts" gewesen. Im Januar 1917 initiierte er einen Streik der Münchner Munitionsarbeiter und wurde im selben Jahr aufgrund seiner pazifistischen Haltung Mitglied der neu gegründeten USPD. 1918/19 trat er als zentrale Figur der bayerischen Revolution ins Licht der Öffentlichkeit und wurde vom Münchner Arbeiter- und Soldatenrat zum Ministerpräsidenten des von ihm proklamierten „Freistaats Bayern" gewählt. Dieses Amt übte er nur wenige Monate bis zu seiner Ermordung aus. Die blutige Tat hatte ein unmittelbares Nachspiel: Eine Stunde später stürmte ein Mitglied des Revolutionären Arbeiterrats in den Bayerischen Landtag und brachte dort – als Vergeltung für das Attentat auf Eisner – dem Vorsitzenden der bayerischen Sozialdemokraten, Erhard Auer (1874–1945), eine lebensgefährliche Schusswunde bei.

Die Serie politischer Attentate, die die junge Republik erschütterten, ging weiter. Am 26. August 1921 erschossen zwei Mitglieder einer rechtsradikalen Geheimorganisation den Zentrumspolitiker Matthias Erzberger (1875–1921) bei einem Spaziergang im Schwarzwald. Erzberger war in rechten Kreisen besonders verhasst: Bereits 1906/07 hatte er sich als kolonialpolitischer Sprecher der Zentrumsfraktionen und scharfer Kritiker der Kolonialpraxis des Kaiserreiches einen Namen gemacht. Im Ersten Weltkrieg kritisierte er die Informationspolitik der Militärs, trat für einen Verständigungsfrieden ein und unterzeichnete am 11. November 1919 als Leiter der deutschen Delegation im Wald von Compiègne den Waffenstillstand, der die Kriegshandlungen beendete. Als Reichsfinanzminister setzte Erzberger 1919/20 eine umfassende Reform der Reichsfinanzen um, durch die die Steuerquote deutlich erhöht und die Grundlage des bis heute

M1 *Staatsakt im Reichstag für Walther Rathenau*
Staatsakt für den von Rechtsextremen ermordeten Außenminister Walther Rathenau, Foto, 27. Juni 1922

geltenden Steuersystems gelegt wurde. Seine Mörder konnten ins Ausland fliehen, wurden 1933 amnestiert und erst 1947 bzw. 1950 verurteilt.

Mit Bestürzung reagierte die republikanische Öffentlichkeit auf den Mord an dem liberalen Reichsaußenminister Walther Rathenau (1867–1922). Rathenau war als Jude und Sohn des Großindustriellen Emil Rathenau ohnehin schon Hassobjekt in rechten Kreisen; dieser Hass steigerte sich, als Rathenau 1921 als Wiederaufbauminister und 1922 als Außenminister die „Erfüllungspolitik" der Reichsregierung gegenüber den Siegermächten mitverantwortete. Als Reichsaußenminister führte Rathenau im April 1922 für das Deutsche Reich die Verhandlungen auf der Weltwirtschaftskonferenz in Genua, wo er im nahegelegenen Rapallo überraschend einen Sondervertag mit dem revolutionären Sowjetrussland vereinbarte. Wenige Wochen später, am Morgen des 24. Juni 1922, beschossen ein 23-jähriger Student und ein 26-jähriger Maschinenbauingenieur das offene Cabriolet des Reichsaußenministers, der sich auf dem Weg von seiner Berliner Wohnung ins Ministerium befand. Beide Attentäter kamen kurz darauf bei ihrer Verhaftung ums Leben. Die Ermittlungen im Gefolge dieses Mordes brachten die Verbindungen der Attentäter Erzbergers und Rathenaus ans Licht, die alle der rechtsterroristischen „Organisation Consul" angehörten. Der Mord an Rathenau löste Entsetzen und Empörung aus. Die Gewerkschaften setzten mit einem 24-stündigen Generalstreik ein Zeichen. In einer vielbeachteten Reichstagsrede rief der damalige Reichskanzler Joseph Wirth ins erregt ins Plenum: „Darüber ist kein Zweifel: Dieser Feind steht rechts!" Am 21. Juli 1922 beschloss der Reichstag ein „Gesetz zum Schutz der Republik", das alle Formen der Unterstützung von Attentatsplänen gegen Mitglieder der Regierung unter Todesstrafe stellte und die Möglichkeit schuf, gegen die Republik gerichtete Veranstaltungen und Vereinigungen zu verbieten.

Der „Kapp-Putsch" 1920

Das rechtsradikale Lager hatte nicht nur die genannten Morde an republikanischen Spitzenpolitikern zu verantworten. Auch zwei Putschversuche gingen auf das Konto der radikalen Nationalisten. Als am Morgen des 13. März 1920 eine Marinebrigade in Berlin einmarschierte und der ostpreußische Generallandschaftsdirektor Wolfgang Kapp das Amt des Reichskanzlers an sich zu reißen versuchte, wich die Reichsregierung unter dem sozialdemokratischen Kanzler Gustav Bauer (1870–1944) nach Dresden und Stuttgart aus und organisierte von dort aus den Widerstand. Die Reichsbank und die Reichs-

M 2 ***Kapp-Putsch***

Putschisten auf dem Pariser Platz vor dem Brandenburger Tor in Berlin mit der Reichskriegsflagge, Foto, 13.3.1920

Info

„Putsch/Staatsstreich"

Staatstreich ist die unrechtmäßige Übernahme der Regierungsgewalt oft durch andere Träger der staatlichen Gewalt. Der Begriff Putsch betont dabei die Anwendung von Gewalt und die Beteiligung des Militärs.

hauptkasse verweigerten dem selbsternannten „Reichskanzler" jedoch die Zahlungen, während in den Folgetagen ein Generalstreik die Wirtschaft im ganzen Reich lahmlegte. Der sogenannte „Kapp-Putsch" brach daher nach wenigen Tagen zusammen und seine Rädelsführer flohen ins Ausland.

Der „Hitlerputsch" 1923

Vor dem Hintergrund einer galoppierenden Geldentwertung und kommunistischer Aufstandsbewegungen verfolgten antirepublikanische, rechtsnationale Kreise im Krisenjahr 1923 vielfältige Bestrebungen zum Sturz der Republik, die am 9. November 1923 in München in einem spektakulären Putschversuch gipfelten. Nach den revolutionären Wirren der Jahre 1918/19 hatte sich die bayerische Landeshauptstadt zu einem Sammelbecken nationalistischer Gruppierungen entwickelt, die unter der wohlwollenden Duldung bayerischer Regierungen ihre Agitation gegen die Republik betrieben. Mit außerordentlichen Vollmachten ausgestattet hatte der eigens zur Krisenbewältigung eingesetzte „Generalstaatskommissar" Gustav Ritter von Kahr (1862–1934) im September 1923 den Vollzug des Republikschutzgesetzes in Bayern außer Kraft gesetzt und mit hohen Militärs paktiert, die Pläne für einen „Marsch auf Berlin" und die Einsetzung einer „nationalen Diktatur" verfolgten. Diesem Vorhaben suchte der Anführer der radikalantisemitischen Nationalsozialistischen Deutschen Arbeiterpartei (NSDAP), Adolf Hitler (1889–1945), am Abend des 8. November 1923 zuvorzukommen, indem er in einer „Vaterländischen Kundgebung" im Bürgerbräukeller nach einem Pistolenschuss an die Decke die „nationale Revolution" ausrief und der anwesenden politischen und militärischen Prominenz in einem Nebenzimmer unter Drohungen die Zusage abrang, bei dem geplanten Umsturz mitzuwirken. Diese fühlten sich jedoch bereits eine Stunde später nicht mehr an ihre Zusage gebunden und alarmierten die in München stationierten Reichswehreinheiten und die Landespolizei. Obwohl sich ein Scheitern des Putsches damit schon abzeichnete, unternahm Hitler am folgenden Mittag zusammen mit dem strategischen Kopf der deutschen Kriegsführung im Ersten Weltkrieg, General Erich Ludendorff, und etwa 2000 Mitgliedern nationalistischer Kampfbünde einen Marsch ins Zentrum Münchens, um so die Bevölkerung auf seine Seite zu bringen. Als Vorbild diente ihm dabei der theatralisch inszenierte „Marsch auf Rom", den der Führer der italienischen Faschisten, Benito Mussolini (1883–1945), im Jahr zuvor erfolgreich unternommen hatte, um in Italien eine faschistische Diktatur zu errichten. Der schlecht vorbereitete Putschversuch Hitlers jedoch brach im Kugelhagel der Polizei auf dem Münchner Odeonsplatz zusammen. Hitler wurde verhaftet und nutzte nach einem skandalös milden Urteil seine Haft in der bayerischen Festung Landsberg, um den ersten Band seiner Programmschrift „Mein Kampf" zu verfassen. Die Politik reagierte auf den Putschversuch mit einem reichsweiten Verbot der NSDAP und der am Putsch beteiligten Kampfbünde. Der 16 Toten, die der Hitlerputsch unter den Beteiligten gefordert hatte, gedachten die Nationalsozialisten nach 1933 alljährlich am 9. November in pompösen Feierlichkeiten.

M 3 ***„Stosstrupp-Hitler"***
Foto, München, 9. November 1923

Politische Gewalt

M4 „Der Feind steht rechts“

Am Tag nach der Ermordung von Außenminister Walther Rathenau (DDP) führte Reichskanzler Joseph Wirth (Zentrum) in einer stürmischen Debatte im Reichstag Folgendes aus (25.06.1922):

Dr. Wirth, Reichskanzler: [...] Meine Damen und Herren! Wo ist ein Wort gefallen im Laufe des Jahres von Ihrer Seite gegen das Treiben derjenigen, die die Mordatmosphäre in Deutschland tatsächlich geschaffen haben? (Lebhafter Beifall und Zurufe) Da wundern Sie sich über die Verwilderung der Sitten, die damit eingetreten ist? (Erneut stürmische Zustimmung). Wir haben in Deutschland geradezu eine politische Vertiertheit. (Sehr wahr! Sehr wahr!) Ich habe die Briefe gelesen, die die unglückliche Frau Erzberger bekommen hat. Wenn Sie, meine Herren, diese Briefe gesehen hätten – die Frau lehnt es ab, sie der Öffentlichkeit preiszugeben –, wenn Sie wüßten, wie man diese Frau, die den Mann verloren hat, deren Sohn rasch dahingestorben ist, deren Tochter sich dem religiösen Dienst gewidmet hat, gemartert hat, wie man in diesen Briefen der Frau mitteilt, daß man die Grabstätte ihres Mannes beschmutzen will, nur um Rache zu üben – (andauernde steigende Erregung auf der Linken. Unruhe und erregte Zurufe: Schufte!) – Meine Herren (nach links), halten Sie doch ein wenig ein. (Andauernde Erregung und Rufe – Glocke des Präsidenten)

Präsident: Meine Herren (nach links), behalten Sie trotzdem die Ruhe!

Dr. Wirth, Reichskanzler: Ich bitte die Vertreter der äußersten Linken, bei den kommenden Ausführungen, die ich zu machen habe, sich etwas zurückzuhalten! – Wundern Sie (nach rechts) sich, wenn unter dem Einfluß der Erzeugnisse Ihrer Presse der letzten Tage Briefe an mich kommen, wie ich hier einen von gestern in der Hand habe, der die Überschrift trägt: „Am Tage der Hinrichtung Dr. Rathenaus!“ (lebhafte Rufe: Hört! Hört! – wundern Sie sich dann, meine Herren, wenn eine Atmosphäre geschaffen ist, in der auch der letzte Funke politischer Vernunft erloschen ist? (lebhafte Zustimmung) [...]

In jeder Stunde, meine Damen und Herren, Demokratie! Aber nicht Demokratie, die auf den Tisch schlägt und sagt: Wir sind an der Macht! – nein, sondern jene Demokratie, die geduldig in jeder Lage für das eigene unglückliche Vaterland eine Förderung der Freiheit sucht! In diesem Sinne, meine Damen und Herren, Mitarbeit! In diesem Sinne müssen alle Hände, muß jeder Mund sich regen, um endlich in Deutschland diese Atmosphäre des Mordes, des Zankes, der Vergiftung zu zerstören!

Da steht (nach rechts) der Feind, der sein Gift in die Wunden eines Volkes träufelt. – Da steht der Feind – und darüber ist kein Zweifel: dieser Feind steht rechts! (stürmischer langanhaltender Beifall und Händeklatschen in der Mitte und links und auf sämtlichen Tribünen. – Große langandauernde Bewegung.)

Verhandlungen des Reichstags, Bd. 356.1920, Berlin 1922, S. 8055, 8058.

M5 *„Politische Morde“*

Der Heidelberger Mathematiker und Pazifist Julius Gumbel (1891–1966) untersuchte die Haltung der Justiz zu den politischen Morden der Jahre 1919 bis 1923:

Jahr	linke Täter	rechte Täter
Morde gesamt	22	354
gesühnt	4	326
teilweise gesühnt	1	27
ungesühnt	17	1
Zahl Verurteilungen	38	24
Freisprüche geständiger Täter	–	23
Dauer Einsperrung je Mord	15 Jahre	4 Monate
Hinrichtungen	10	–

Quelle: Harry Pross, Die Zerstörung der deutschen Politik, Frankfurt a. M.: Fischer Bücherei 1959, S. 139.

1. a) ●●○ Erstellen Sie ein Cluster über die politischen Attentate und Putschversuche in den Anfängen der Weimarer Republik.
b) ●●○ Erläutern Sie die Gründe für das Scheitern der Putschversuche.
→ Text, M2, M3, Internet

2. a) ●○○ Fassen Sie die Kernaussagen der Rede des Reichskanzlers Joseph Wirth (M4) zusammen
b) ●●● Untersuchen Sie die Statistik M5 und beurteilen Sie die Haltung der Justiz bei politischen Morden.
c) ●●● Verfassen Sie ausgehend von M4 – M5 einen Kommentar zum Thema: „Die Bestrafung politischer Morde in der Weimarer Republik“
→ Text, M4 – M5

Der „Hitlerputsch“

M 6 ***Aufruf der Hitlerputschisten***
9. November 1923

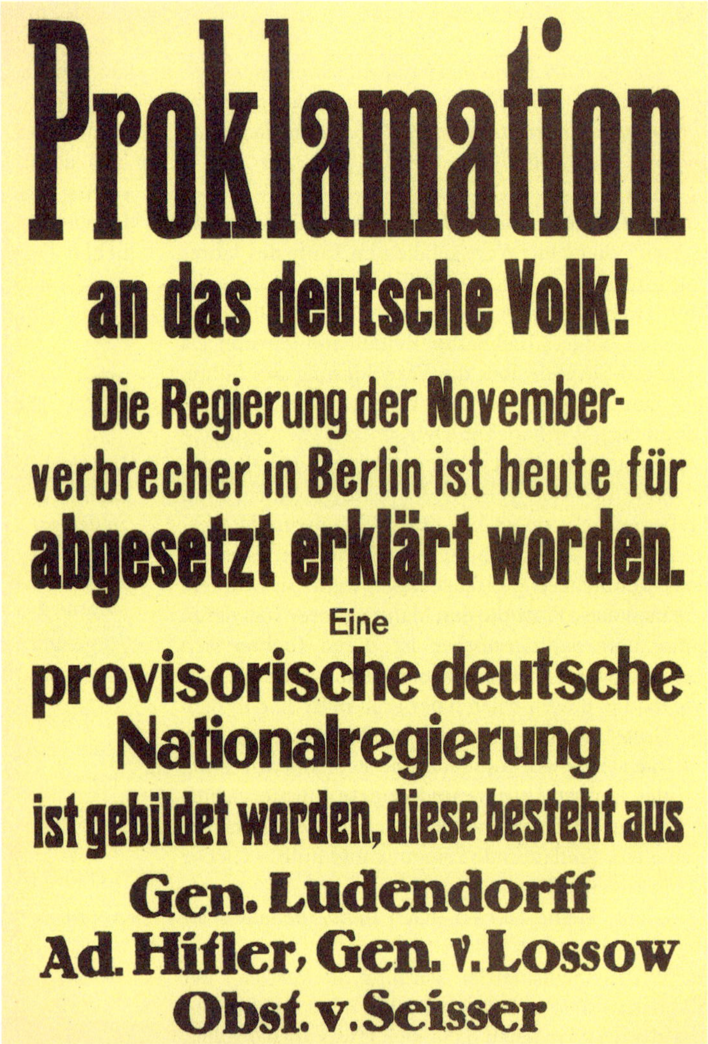
Proklamation
an das deutsche Volk!
Die Regierung der November-
verbrecher in Berlin ist heute für
abgesetzt erklärt worden.
Eine
provisorische deutsche
Nationalregierung
ist gebildet worden, diese besteht aus
Gen. Ludendorff
Ad. Hitler, Gen. v. Lossow
Obst. v. Seisser

M 7 ***Hitler und weitere Angeklagte zu Beginn des Prozesses***
Foto, 24.02.1924

M8 Urteile im Prozess

Folgendes Urteil fällte das Gericht über die Beteiligten am Hitler-Putsch:

Urteil

I. Von den Angeklagten:

1. Hitler Adolf, geboren am 20. April 1889 in Braunau (Oberösterreich), Schriftsteller in München, seit 14. November 1923 in dieser Sache in Untersuchungshaft;

2. Ludendorff Erich, geboren am 9. April 1865 in Kuszewia, General der Infanterie a. D., Exzellenz in München;

3. Pöhner Ernst, geboren am 11. Januar 1870 in Hof a. S., Rat am Obersten Landesgerichte in München, in dieser Sache vom 9. November 1923 bis 23. Januar 1924 in Untersuchungshaft gewesen;

4. Frick Wilhelm, geboren am 12. März 1877 in Alsenz B. A. Reckenhausen, Oberamtmann der Polizeidirektion München, Dr. jur., in dieser Sache seit 9. November 1923 in Untersuchungshaft;

5. Weber Friedrich, geboren am 30. Januar 1892 zu Frankfurt a. M., Assistent an der tierärztlichen Fakultät der Universität München, Dr. med. vet., in dieser Sache seit 9. November 1923 in Untersuchungshaft;

6. Röhm Ernst, geboren am 28. November 1887 in München, Hauptmann A. D. in München, in dieser Sache seit 9. November 1923 in Untersuchungshaft;

[...] werden verurteilt:

Hitler, Weber, Kriebel und Pöhner

jeder wegen eines Verbrechens des Hochverrats je zu fünf Jahren Festungshaft, ab bei Hitler vier Monate zwei Wochen, Weber vier Monate drei Wochen, Kriebel und Pöhner je zwei Monate zwei Wochen Untersuchungshaft, sowie jeder zur Geldstrafe von zweihundert Goldmark, ersatzweise zu je weiteren zwanzig Tagen Festungshaft;

Brückner, Röhm, Pernet, Wagner und Frick

jeder wegen eines Verbrechens der Beihilfe zu einem Verbrechen des Hochverrats zu je einem Jahr drei Monaten Festungshaft, ab bei Brückner vier Monate eine Woche, Röhm und Frick je vier Monate drei Wochen, Pernet und Wagner je zwei Monate drei Wochen Untersuchungshaft,
sowie jeder zur Geldstrafe von einhundert Goldmark, ersatzweise zu je weiteren zehn Tagen Festungshaft, sowie endlich alle zu den Kosten.

II. Ludendorff wird von der Anklage eines Verbrechens des Hochverrats unter Überbürdung der ausscheidbaren Kosten auf die Staatskasse freigesprochen.

III. Die Haftanordnungen gegen Frick, Röhm und Brückner werden aufgehoben.

Zit. nach: Otto Gritschneder, Bewährungsfrist für den Terroristen Adolf H. Der Hitler-Putsch und die bayerische Justiz, Müchen: C. H. Beck 1990, S. 60.

1. a) ●●○ Analysieren Sie den Aufruf der Putschisten (M6).

b) ●●● Beurteilen Sie das öffentliche Auftreten der Putschisten zu Beginn des Prozesses (M7).

c) ●●● Stellen Sie die Urteile gegen die Beteiligten am Hitlerputsch zusammen und nehmen Sie dazu Stellung.

d) ●●● Begründen Sie, warum der Jahrestag des gescheiterten Putsches nach 1933 als Anlass zu einer groß inszenierten Gedenkfeier für den Nationalsozialismus genutzt wurde.

→ Text, M3, M6 – M8

Matthias Erzberger – katholischer Demokrat und Vater der Finanzreform

Zu den umstrittensten und zugleich verdienstvollsten Politikern der Weimarer Republik gehörte Matthias Erzberger, der als Delegierter bei den Waffenstillstandsverhandlungen, als Parlamentarier der Zentrumspartei und als Reichsminister eine entscheidende Rolle während der Gründungsjahre der jungen Demokratie spielte. Sein Aufstieg in politische Spitzenämter war ihm nicht in die Wiege gelegt.

Erzberger wurde 1875 in Buttenhausen, einem kleinen Dorf auf der Schwäbischen Alb, in einfachsten Verhältnissen geboren. Sein Vater, ein Schneidermeister, musste nebenbei als Briefträger arbeiten, um die achtköpfige Familie ernähren zu können. Sein Sohn Matthias fiel dem örtlichen Lehrer durch seinen Fleiß und seine Intelligenz auf, sodass er den Jungen für eine Ausbildung zum Volksschullehrer empfahl. Die zwei Jahre, die Erzberger nach Abschluss des Examens als Lehrer arbeitete, nutzte er, um sich politisch zu informieren und in die Debatten seiner Zeit einzumischen. Mit 21 Jahren wurde er in Stuttgart Redakteur des „Deutschen Volksblattes", für das er aus den Landtagsdebatten des Königreichs Württemberg berichtete. Zugleich beriet er in Stuttgart im Auftrag seiner Partei, des katholischen Zentrums, als „Arbeitersekretär" Arbeiterinnen und Arbeiter in sozialen Fragen und gründete diverse Vereine.

Der Sprung auf die nationale Bühne des Deutschen Kaiserreichs gelang Erzberger, als er 1903 im Alter von 28 Jahren als Jüngster Abgeordneter in den Deutschen Reichstag gewählt wurde, wo er seine neue Rolle als Berufsparlamentarier mit großem Ehrgeiz anpackte und für die Zentrumsfraktion fortan als Experte für Militär- und Kolonialfragen in Erscheinung trat. Ohne ein grundsätzlicher Gegner der deutschen Kolonialpolitik zu sein, kritisierte er als kolonialpolitischer Sprecher seiner Partei scharf die Zustände in den deutschen Kolonien in Afrika. So deckte er zusammen mit einem Fraktionskollegen 1906 einige der unsäglichen Zustände des deutschen Kolonialregimes in Togo auf, wo u. a. Gewaltorgien sowie die Vergewaltigung junger Afrikanerinnen durch deutsche Kolonialbeamte zur gängigen Praxis gehörten. Der von Erzberger ins Rollen gebrachte Kolonialskandal führte 1906/07 zur Auflösung zu Neuwahlen des Reichstags, die unter dem Schmähbegriff „Hottentotten-Wahlen" in die Geschichtsbücher eingegangen sind.

M1 *Matthias Erzberger (1875–1921) Undatiertes Foto*

Schon vor dem Ersten Weltkrieg trat Erzberger für eine Parlamentarisierung des Reiches ein, zugleich aber auch für dessen Aufrüstung und den Aufbau einer Schlachtflotte. Im Ersten Weltkrieg war er für die deutsche Kriegspropaganda in den neutralen Ländern verantwortlich, konnte dort jedoch gegen die verbreitete antideutsche Stimmung wenig ausrichten. Gehörte Erzberger anfangs zu denjenigen, die umfassende Kriegsziele und Annexionen forderten, so lernte er im Lauf des Krieges dazu und kritisierte seit 1917 scharf die Aufnahme des uneingeschränkten U-Bootkrieges durch das Deutsche Reich. Im Sommer 1917 führte er seinen Kollegen im Hauptausschuss des Deutschen Reichstags in einer sensationellen Rede die hoffnungslose Kriegslage und die Notwendigkeit eines sofortigen Verständigungsfriedens vor Augen. Aus dieser Initiative ging die sogenannte „Friedensresolution des Deutschen Reichstags" vom 19. Juli 1917 hervor, die statt des bis dahin erstrebten „Siegfriedens" einen Frieden ohne erzwungene Gebietsabtretungen vorschlug – ohne Erfolg.

Im Oktober 1918 trat Erzberger in die neu gebildete, letzte kaiserliche Reichsregierung ein und leitete die deutsche Delegation bei den Verhandlungen über einen Waffenstillstand, den Erzberger am 11. November 1918 im nordfranzösischen Compiègne unterzeichnete. Indem er diese undankbare Aufgabe übernahm, lenkte er den Hass all derjenigen auf sich, die die Niederlage im Ersten Weltkrieg nicht eingestehen wollten und statt dessen die Legende in Welt setzten, das deutsche Heer sei „im Felde unbesiegt" und von zivilen Politikern wie Erzberger „erdolcht" worden. Von Januar bis Juli 1919 gehörte Erzberger der Verfassunggebenden Nationalversammlung in Weimar an, wo er für die Annahme des Versailler Friedensvertrages eintrat – was ihn erneut heftigen Anfeindungen aussetzte.

Sein wichtigstes politisches Werk, die Reichsfinanzreform, setzte er in seiner kurzen Amtszeit als Reichsfinanzminister zwischen Sommer 1919 und März 1920 in einem ganzen Bündel von Gesetzen um: Die Finanzverwaltung ging fortan von den Ländern auf das Reich über, dessen Einnahmen durch die Einführung einer neuen, progressiven Einkommenssteuer, einer Erbschaftssteuer, einer Luxussteuer und durch Abgaben auf Aktiengewinne strukturell deutlich verbessert wurden. Da die Reichsfinanzreform die Spitzensteuersätze drastisch erhöhte und Vermögende stärker als bisher zur Kasse bat, machte sich Erzberger auch in den „besitzenden Kreisen" unbeliebt. Nicht zuletzt deshalb betrieb sein Erzfeind, der deutschnationale Politiker Karl Helfferich, gegen Erzberger zu Beginn der Weimarer Republik eine Hetzkampagne. Als Erzberger in einem gegen Helfferich angestrengten Beleidigungsprozess öffentlich verunglimpft wurde, trat er im März 1920 von seinem Ministeramt zurück. Kurz vor seinem politischen Comeback, das der ehrgeizige junge Politiker zielstrebig vorbereitete, wurde Erzberger am 26. August 1921 bei einem Spaziergang im Schwarzwald von zwei rechtsradikalen Attentätern, die der Geheimorganisation „Consul" angehörten, erschossen.

Erzbergers Aufstieg aus einfachsten Verhältnissen bis zum Finanzminister erinnert an eine Reihe ähnlicher Karrieren vor allem sozialdemokratischer und katholischer Politiker seiner Zeit: Schon der Ruf des ehrgeizigen Emporkömmlings, der Erzberger anhaftete, bildete für Mitglieder der alten Eliten einen Stein des Anstoßes. Zudem schuf er sich durch seinen Mut, Missstände aufzudecken, die Realitäten offen zu benennen und daraus Konsequenzen zu ziehen, im „nationalen Lager" viele Feinde. Ob es klug war, den Militärs bei der Unterzeichnung des Waffenstillstands im November 1918 die Verantwortung für die Niederlage abzunehmen, mag bezweifelt werden. Mit seiner Jahrhundertreform einer Neuordnung des Steuerwesens suchte Erzberger nicht nur der katastrophalen Verschuldung des Reiches entgegenzuwirken, er hatte auch das Ziel einer gerechteren Lastenverteilung vor Augen. Die Grundelemente seiner Steuerreform gelten jedenfalls bis heute fort. Als unbequemer Parlamentarier und Minister, als Demokrat und Repräsentant der jungen Republik wurde er zur Zielscheibe des politischen Terrorismus seiner Zeit. Heute erinnert in seinem Geburtshaus in Buttenhausen eine Gedenkstätte an das Wirken des rastlosen Politikers. Seit 2011 trägt der Festsaal im Bundesfinanzministerium den Namen „Matthias-Erzberger-Saal".

M 2 ***Gedenkstein für Matthias Erzberger***
Der Zentrumspolitiker wurde 1921 während eines Urlaubs im Schwarzwald Opfer eines Attentates, aktuelles Foto, Bad Griesbach

1. a) ●●○ Stellen Sie die wichtigsten Stationen Matthias Erzbergers in einer Zeitleiste, einem Flussdiagramm oder einem Cluster dar.
b) ●●○ Erläutern Sie, warum Erzberger zu den umstrittensten, aber auch verdienstvollsten Politikern des Weimarer Republik gehörte.
c) ●●● Begründen Sie die Wahl seines Namens für den Festsaal im Bundesfinanzministerium.
→ Text, Internet

5. Die Hyperinflation 1923

Die „verkehrte Welt" der Inflation

Die wirtschaftlichen Folgen des Ersten Weltkriegs bekamen die Deutschen in den Jahren 1919 bis 1923 vor allem in Form einer Geldentwertung (Inflation) zu spüren, deren Ausmaß alle Vorstellungen sprengte: Im September 1923 kostete ein Pfund Butter 168 Millionen Mark, ein Paar Schuhe 3,5 Billionen Mark. Rund um die Uhr waren über hundert Druckereien damit beauftragt, Unmengen an immer wertloseren Geldscheinen zu drucken. Die Löhne und Gehälter zogen dieser Preisentwicklung nach, allerdings je nach Berufsgruppe in sehr unterschiedlichem Maß. Wie konnte es zu dieser atemberaubenden Geldentwertung kommen?

Das Deutsche Reich hatte die Finanzierung des Ersten Weltkrieges vor allem über Kredite und Anleihen bewerkstelligt und somit bis Kriegsende einen riesigen Schuldenberg von 156 Milliarden Reichsmark aufgehäuft. Die kostspielige Bewältigung der Kriegsfolgen ließ die Staatsschulden weiter explodieren. Der ungeheuren Verschuldung begegnete die Regierung, indem sie die umlaufende Geldmenge stetig vermehrte. Der steil anwachsenden Geldmenge stand aber nach dem Krieg ein stark reduziertes Angebot an Waren gegenüber. Die daraus resultierenden steigenden Preise wiederum lösten bei der Bevölkerung eine „Kaufwut" aus: Jede verdiente Mark musste so schnell wie möglich ausgegeben werden, um der Preissteigerung zuvorzukommen – was die Konjunktur ankurbelte und die Inflation weiter anheizte. Erst ein radikaler Währungsschnitt am 15. November 1923, der mit der Einführung der „Rentenmark" (= 1 Billion Reichsmark) zugleich die Geldmenge strikt begrenzte, bereitete dem Spuk der Inflation ein Ende.

M1 *„Zwanzig Milliarden Mark"*
Reichsbanknote vom 1. Oktober 1923

Ware	August 1922	September	Oktober	November	Dezember	Januar 1923	Februar	März	April	Juni	23. Juli	24. September	26. November
	In Mark										In 1000 Mark	In Millionen Mark	In Billionen Mark
1 kg Roggenbrot	16,40	16,40	24,50	53,00	158,00	300,00	390,00	500,00	510,00	1.440,00	16,00	10,00	0,52
Kartoffeln	12,00	10,80	11,40	13,90	17,05	27,00	74,00	127,00	114,00	385,00	9,00	2,20	0,14
1 Ei	7,00	9,00	18,00	31,00	50,00	66,00	130,00	205,00	275,00	600,00	2,50	1,20	0,20
1 l Vollmilch	15,00	23,00	50,00	91,00	202,00	241,00	432,00	587,00	765,00	1.103,00	6,10	6,80	0,30

Quelle: Nils Freytag (Hg.), Quellen zur Innenpolitik der Weimarer Republik 1918–1933, Darmstadt: Wissenschaftliche Buchgesellschaft (WBG) 2010, S. 100.

M 2 *Entwicklung der Münchner Lebensmittelpreise 1922/23*

Folgen der Inflation

Die sozialen Folgen der Inflation waren enorm: Der nominelle Betrag der inneren Kriegsschulden des Deutschen Reichs entsprach im November 1923 nur noch der Kaufkraft von 15,4 Pfennig aus dem Jahr 1913. Gewinner der Inflation waren alle Schuldner, die ihre Schulden mit dem immer wertloser werdenden Geld bald mühelos zurückzahlen konnten – allen voran der Staat. Das Nachsehen hatten dementsprechend die Gläubiger, die sich um ihre Forderungen betrogen sahen. Dies galt auch für die Besitzer von Geldvermögen, die von den Erträgen ihres Kapitals lebten und nun ihre Existenzgrundlage verloren – die Inflation ließ die „Kapitalrentner" verarmt und verbittert zurück. Auf der anderen Seite profitierten die meisten Eigentümer von Sachwerten, etwa Hausbesitzer und Bauern, von der Inflation, vor allem dann, wenn sie Schulden hatten. Noch mehr traf dies auf Spekulanten zu, die über kreditfinanzierte Geschäfte zum Teil riesige Gewinne einfuhren und sich durch luxuriösen Lebenswandel verhasst machten: Der „Wucherer" und der „Inflationsgewinnler" geisterten von nun an als Hassfiguren durch die Vorstellungswelt der Bevölkerung.

Die Inflation hatte tiefgreifende psychologische Auswirkungen. Sie verhinderte zwar eine Massenarbeitslosigkeit, hinterließ aber bei den vielen „Inflationsgeschädigten" das Gefühl, dass nicht nur ihr Geld, sondern auch ihre persönliche Lebensplanung, ihr Rechtsempfinden, ihr Glaube an den Staat und ihre Vorstellungen von Moral und Anstand entwertet wurden. Diesen Menschen mochte die ganze moderne Gesellschaft wie eine verkehrte Welt erscheinen, ein undurchschaubarer, von Geld und Profitgier bestimmter Hexenkessel, in dem nichts von dem, was früher Bestand hatte, noch etwas galt. Historikerinnen und Historiker sprechen deshalb von einem „Inflationstrauma", das die Deutschen das ganze 20. Jahrhundert hindurch begleitet hat.

M 3 ***Kinderspiel mit Geldbündeln nach der Währungsumstellung***
Die wertlosen Geldscheine wurden auch als Heizmaterial verwendet, Foto 1923.

Die Hyperinflation und ihre Folgen

M4 Bericht einer Zeitzeugin

*Die Berlinerin Dorothea Günther (*1914) berichtet im Jahre 2010 über ihre Erfahrungen mit der Inflation 1923:*

Die Herbstferien verbrachten meine Schwester Hilde und ich gern bei den Verwandten in Guben, die eine Drogerie und Samenhandlung besaßen. [...] Besonders gern half ich meiner Tante Röschen beim Verkaufen. Abends ging es ans Geld zählen. Im Herbst 1923 wurden täglich Milliarden eingenommen, dann sogar Billionen. Wir Kinder konnten mühelos mit diesen heute unvorstellbaren Summen umgehen. Entsprechende Geldscheine gab es bald nicht mehr, sondern aus alten Hunderter- und Tausenderscheinen wurden durch einen roten Aufdruck Millionen- und Milliardenscheine gemacht. Das Geld wurde nach dem Zählen gebündelt und in großen Taschen zur Bank gebracht.

Zu Hause machte uns die Hyperinflation das Leben schwer. Mein Vater, Gewerbeoberlehrer von Beruf, erhielt in dieser Zeit seine Gehaltszahlung täglich. Wenn er mittags mit einer Aktentasche voller Geldscheine nach Hause kam, lief Mutter sofort zum Kaufmann. Oft kam sie enttäuscht wieder, weil der Ladenbesitzer vor ihrer Nase die Rollläden heruntergelassen hatte: Mittagspause! Die nutzte er dann, um die Preisschilder zu ändern. Wären in dieser Zeit nicht ab und zu Lebensmittelpakete aus Guben gekommen, hätte es schlimm ausgesehen mit der Versorgung der fünfköpfigen Familie.

Tante Berta, eines der sechs Geschwister meiner Mutter, hatte in dieser Zeit ein schreckliches Erlebnis. Sie war ein herzensguter, hilfsbereiter Mensch, allerdings nicht mit geistigen Gaben oder praktischen Fähigkeiten gesegnet. Zu allem Übel war sie unverheiratet und damit gesellschaftlich nicht angesehen. Ihre Gutmütigkeit wurde von den Mitmenschen oft schamlos ausgenutzt. Berta hatte ihr Erbteil angelegt, indem sie den Geschwistern Geld lieh in Form von Hypotheken auf ihren Anteil an den Immobilien der Familie. Außerdem hatte sie Kriegsanleihen gezeichnet und Aktien gekauft. Diese Geldanlagen waren bereits kurz nach dem Krieg verloren, aber der Höhepunkt der Nackenschläge traf Berta, als Emma, eine der Schwestern, ihr das Geld für die Hypotheken ohne Vorankündigung im Jahr 1923 zurückzahlte. Weinend rannte Berta mit den Geldscheinen hinunter in den Laden zu ihrem Bruder Wilhelm. Und der verkaufte ihr für das Geld einen Salzhering. Dieser Hering wurde zu einer Legende in der Familiengeschichte.

Stiftung Deutsches Historisches Museum, Berlin, zit. n.: www.dhm.de/lemo/zeitzeugen/dorothea-guenther-die-inflation-1923.html [letzter Zugriff: 26.11.2020].

M5 Gewinner und Verlierer

Der Historiker Detlev Peukert äußert sich über die sozialen Folgen der Inflation (1987):

Unter den sozialen Klassen standen die Unternehmer auf der Gewinnerseite. Sie erhielten billige Kredite, konnten größere Investitionen tätigen und Konzernbildungen [...] vorantreiben.
Zur Gewinnerseite gehörten auch die Bauern und alle sonstigen Hypothekenschuldner, die ihre Verpflichtungen mit wertlosem Geld abtragen konnten, ebenso alle Devisen- und Sachwertbesitzer. [...] Für die Arbeiter fiel die Bilanz nicht so eindeutig positiv aus [...]. Vor allem kam es bis in das Jahr 1923 hinein zu keiner nennenswerten Arbeitslosigkeit, wenn man von einer schnell überwundenen Problemzeit in der frühen Nachkriegsphase absieht. Insgesamt aber blieb das Lebensniveau kärglich. Nur die ungelernten Arbeiter konnten ihre Position im Vergleich zu den Facharbeitern und den Angestellten und Beamten eindeutig verbessern.

Zu den Verlierern der Inflation gehörten dagegen all jene, die bisher von den Zinsen ihres langfristig angelegten Geldvermögens gelebt hatten, eine im Vorkriegsdeutschland bedeutsame Gruppe des Bürgertums, zu der auch viele Intellektuelle gehörten. Es verschlechterte sich ebenfalls die Position der gehaltsabhängigen Mittelschichten, der Angestellten und Beamten. Auch die Rentner und die Bezieher von Fürsorgeleistungen gerieten mit steigender Inflation in Not, weil ihre Einkünfte nur verzögert und unvollkommen an die Preissteigerungen angepasst wurden.

Detlev J. K. Peukert, Die Weimarer Republik, Krisenjahre der Moderne, Frankfurt a. M.: Suhrkamp 1987, S. 74 f.

1. **a)** ●●○ Erklären Sie den Begriff „Inflation".
b) ●●○ Skizzieren Sie mithilfe der Darstellung M5 die sozialen und politischen Folgen der Inflation.
c) ●●● Erschließen Sie mithilfe der Hinweise auf Seite 43 den Zeitzeugenbericht von Dorothea Günther (M4) oder von Sebastian Haffner (s. Webcode).
→ Text, M4, M5, Webcode auf Seite 43

Umgang mit Zeitzeugenberichten

Quellen sind die Grundlage für das, was wir über Vergangenheit wissen. Neben der schriftlichen, bildlichen und gegenständlichen Überlieferung spielt die mündliche eine besondere Rolle. Im Alltag ist sie selbstverständlich, auch wenn uns das nicht immer bewusst ist, z.B. wenn Großeltern ihren Enkeln von früher erzählen, als sie selbst noch jung waren. Allerdings reißt die mündliche Überlieferung mit dem Tod eines Zeitzeugen ab: Das Wissen um Ereignisse schwindet mit der aussterbenden Generation.

Um das zu verhindern, bemühen sich Historikerinnen und Historiker, Menschen nach ihren Erlebnissen und Erfahrungen zu befragen. Solche Zeitzeugen sind in der Lage, viele Dinge mitzuteilen, die in anderen Quellen nicht enthalten sind. Politikerinnen und Politiker können zum Beispiel darüber Auskunft geben, wie eine bestimmte Entscheidung zustande gekommen ist. Vielleicht war ein Telefongespräch, über das es keine Aufzeichnungen gibt, entscheidend. Wie Menschen bestimmte historische Ereignisse, zum Beispiel den Kriegsalltag, erlebt haben, ist oft nur durch eine gezielte Befragung zu erfahren.

Dabei ist zu bedenken, dass es sich um die Meinungen Einzelner handelt, die nicht unbedingt allgemeingültig sind. Auch die Tücken der Erinnerung sind nicht zu unterschätzen. Vor allem wenn das Ereignis schon länger zurückliegt, kann es sein, dass manches vergessen wurde, manches sich mit Erzählungen anderer Menschen vermischt hat und manches im Nachhinein vielleicht besonders dramatisch oder verklärt dargestellt wird.

Um das mündlich Erfragte zu bewahren, muss man es schriftlich festhalten. Dabei geht allerdings etwas Wichtiges verloren, nämlich die Art und Weise, wie ein Zeitzeuge etwas erzählt: Ob er seine Mitteilung stockend macht und immer wieder Pausen einlegt, welche Gesten er verwendet und wie sein Gesichtsausdruck ist, ob er gerührt, traurig, ärgerlich oder fröhlich erscheint. Das alles lässt sich am niedergeschriebenen Text nicht mehr erkennen, sodass solche Aussagen immer genau untersucht werden müssen.

Arbeitsschritte zur Interpretation von Zeitzeugenberichten

1. Herkunft des Zeitzeugenberichts
- a) Stellen sie die Informationen über das Zustandekommen des Zeitzeugenberichts zusammen (Ort, Zeit, Interviewer usw.).
- b) Erläutern Sie Ort und Zeit der Veröffentlichung. Setzen Sie das Zustandekommen mit der Veröffentlichung in Beziehung.
- c) Beurteilen Sie, inwieweit die Informationen über die Herkunft ausreichend sind.

2. Inhalt des Zeitzeugenberichts
- a) Geben Sie das Thema des Berichts an.
- b) Stellen Sie die wichtigsten Informationen des Berichts zusammen.
- c) Untersuchen Sie den Bericht auf besondere Schwerpunktsetzungen und Perspektiven.

3. Einordnung des Zeitzeugenberichts
- a) Erläutern Sie den historischen Hintergrund der geschilderten Erlebnisse und Erfahrungen.
- b) Vergleichen Sie die Aussagen im Zeitzeugenbericht mit Ihren Kenntnissen über den Sachverhalt.

4. Einschätzung des Zeitzeugenberichts
- a) Erörtern Sie, ob im Zeitzeugenbericht der Sachverhalt sachgerecht dargestellt wird.
- b) Untersuchen Sie den Bericht auf Auslassungen, Beschönigungen oder Übertreibungen.
- c) Bewerten Sie die Ergiebigkeit der Aussagen. Berücksichtigen Sie dabei den zeitlichen Abstand zwischen dem historischen Sachverhalt und dem Zeitzeugenbericht.

Webcode

Einen weiteren Zeitzeugenbericht finden Sie unter dem Webcode: SDL-36879-001

6. „Goldene Zwanziger“?

Bilder aus den Zwanzigern

Keine Epoche zuvor hat so viele Bilder hinterlassen wie die der Weimarer Republik. Nach dem Ersten Weltkrieg wurde die Fotografie zum Massenmedium, und mit dem Film kam nun ein ganz neues, überaus faszinierendes Bildmedium hinzu. Kommerzielle Bildagenturen haben aus der Fülle des endlosen Bildmaterials vor allem diejenigen Motive ausgewählt, die „elektrisieren“, von denen also eine besondere Faszination ausgeht: die Bilder der sogenannten „Goldenen Zwanziger“. Sie zeigen ein pulsierendes Leben zwischen Leuchtreklamen und Autoverkehr, sie zeigen rauchende Frauen mit Kurzhaarschnitt und in gewagter Kleidung, sie zeigen Massenvergnügungen in pompösen Tanzpalästen und Kinosälen sowie schrille Experimente in Theater, Musik, bildender Kunst und Architektur, und sie zeigen waghalsige Autorennen und athletische, kämpfende Körper im Boxring. Was diese Bilder kaum zeigen, ist die Realität der Gesellschaft der Weimarer Republik.

Das Leben der Menschen spielte sich schon deshalb nicht so ab, wie es die Fotografien und Malereien der „Goldenen Zwanziger“ nahelegen, weil diese Bilder ausschließlich in Großstädten entstanden sind, bevorzugt in der Metropole Berlin.

Leben in der Stadt und auf dem Land

Berlin hatte zwischen 1910 und 1925 seine Einwohnerzahl (auch aufgrund von Eingemeindungen) auf rund vier Millionen Menschen fast verdoppelt und war damit nach London und New York zur drittgrößten Stadt der Welt, zum Zentrum einer modernen, experimentellen Kultur und außerdem zur Vergnügungshauptstadt der Republik herangewachsen. Berlin war allerdings nicht Deutschland. Von den gut 62 Millionen Einwohnern, die das Deutsche Reich im Jahr 1925 zählte, wohnte ein Viertel in Großstädten mit mehr als 100 000 Einwohnern; deutlich mehr Menschen, nämlich ein weiteres Drittel, aber lebten in Dörfern und Landgemeinden. Das rasante Wachstum der Großstädte, das für das Kaiserreich noch charakteristisch war, hatte sich in der Weimarer Republik spürbar verlangsamt. Die traditionellen Gegensätze zwischen Stadt und Land hingegen wurden in der Weimarer

M1 *„Großstadt“*
Gemälde von Otto Dix. Der Maler Otto Dix (1891 – 1969) schuf sein Triptychon (dreiteiliges Gemälde) in den Jahren 1927/28.

M2 Metropole Berlin
Potsdamer Platz, Foto, 1920er-Jahre

Republik vielfach als besonders tief empfunden, weil sich das dörfliche Leben insgesamt langsamer als das städtische wandelte, weil auch der Ausbau der Infrastruktur – etwa die Kanalisation, die Elektrizitätsversorgung und die Anbindung ans Telefonnetz – langsamer voranschritt und weil vor allem eine schwere, andauernde Agrarkrise viele Menschen auf dem Land in Not stürzte. Charakteristisch sind jedenfalls die Klagen der Landbevölkerung, zum Opfer undurchschaubarer Mechanismen eines anonymen Weltmarktes geworden, ja überhaupt die Verlierer der rasanten Modernisierung zu sein. Von „Goldenen Zwanzigern" kann in den ländlichen Regionen der Weimarer Republik also keine Rede sein.

Dies trifft auch für viele zu, die in Städten oder Großstädten lebten. Wer die Fotos der „Goldenen Zwanziger" betrachtet, vermag sich nur schwer ein Bild zu machen vom Ausmaß der Armut, die auch und gerade in den großen Städten herrschte. Trotz zeitweiliger Lohnsteigerungen lebten große Teile der arbeitenden Bevölkerung hart am Existenzminimum. Dies galt erst Recht für das ökonomisch neue Phänomen der vielen Dauerarbeitslosen und das Millionenheer an weiteren Arbeitslosen, das die Weltwirtschaftskrise zu Beginn der 1930er-Jahre hervorbrachte.

So waren es vor allem Angestellte, Beamte und die Menschen aus den vielen Dienstleistungsberufen, die die Bars, die Kinos und die Tanzsäle der großen Städte besuchten und dort ein neues Lebensgefühl ausprobierten: Allein in Berlin lockten rund 170 Varieté-Theater mit den Shows internationaler Stars wie der afroamerikanischen Tänzerin Josefine Baker oder der Gesangsformation „Commedian Harmonists"; Salon-Orchester, Jazz-Bands und Tanztruppen wie die „Tiller-Girls" feierten in Berlin ihre großen Erfolge. Dabei setzten die zahllosen Revuen gerne auf die Sensationslust des Publikums und auf die Devise „Sex sells". So erregten Shows mit Titeln wie „Donnerwetter – 1000 nackte Frauen" in ganz Europa Aufmerksamkeit und zogen Touristen nach Berlin, wo eine künstlerische Bohème ein Leben jenseits traditioneller Normen zelebrierte. Zum neuen Lebensgefühl gehörten aber auch die als glamouröse Konsumpaläste gestalteten Warenhäuser, deren

M3 Die „Tiller Girls"
Die berühmten Tänzerinnen nach einer Aufführung im Berliner Admiralspalast, Foto, 1926.

M 4 Mietskasernen in Berlin-Wedding
Um 1900 errichtet, Foto, 1929

erlesene Auslagen die Kundschaft auch dann gerne bestaunte, wenn sie sich das Angebot nicht leisten konnte.

Der Alltag der Menschen spielte sich allerdings nicht in Bars und Warenhäusern ab, sondern in Fabrikhallen, Büros und engen Wohnungen. Wer Arbeit hatte, arbeitete in der Regel an sechs Tagen in der Woche meist mehr als 48 Stunden und lebte mit mehreren Personen in einer schlecht belüfteten Mietswohnung in zwei Zimmern, oftmals ohne Bad und mit einer Toilette im Treppenhaus. Neben einem sehr bescheidenen Einkommen, das gerade für die Miete, für das Essen und wenig Kleidung reichte, bedeutete Erwerbsarbeit in der Weimarer Republik vor allem auch eines: Unsicherheit. Denn nicht selten kam es vor, dass die Arbeitszeit oder das Arbeitstempo erhöht, der Lohn gesenkt bzw. in seiner Kaufkraft vermindert oder gleich die Stelle gekündigt wurde. Kulturhistorikerinnen und Kulturhistoriker haben daher argumentiert, dass der unbestreitbare Drang nach Vergnügung und Zerstreuung, der das städtische Leben in der Weimarer Republik so vibrieren ließ, nicht nur Ausdruck eines allgemein beschleunigten Lebensgefühls, sondern auch schwieriger, riskanter Lebens- und Arbeitsverhältnisse war. Der Kinobesuch war dann, wie es eine junge Textilarbeiterin formulierte, vor allem eines: ein „Sorgenbrecher".

M 5 Kabarett-Veranstaltung in Berlin
Werbeplakat (Ausschnitt), 1920

Auch wenn die Weimarer Republik von einer Krise in die nächste schlitterte, so bedeutet das nicht, dass die Menschen damals in einer Art Dauerdepression lebten. Eher das Gegenteil scheint der Fall gewesen zu sein. Für Optimismus sorgte etwa die weit verbreitete Auffassung, dass sich viele Probleme wissenschaftlich lösen lassen; technische Wunderwerke wie das Kino, das Radio oder das Luftschiff, die damals intensiv bestaunt wurden, deuteten jedenfalls darauf hin, und spektakuläre Filme wie Fritz Langs „Metropol" führten die entsprechenden Utopien vor Augen. Auch politische und gesellschaftliche Utopien wie der Kommunismus oder die Idee einer homogenen „Volksgemeinschaft" faszinierten die Menschen und verliehen ihnen Hoffnungen, die sich erst später als trügerisch erwiesen. Frauen hatten nicht nur politisch, sondern auch beruflich und in ihrer Lebensgestaltung neue Spielräume errungen und entwickelten ein entsprechend neues Selbstbewusstsein. Die verführerischen Angebote der Warenhäuser und der Freizeitkultur konnten sich viele zwar nicht leisten. Doch sie gaben einen Geschmack von den Möglichkeiten künftiger Selbstverwirklichung, individueller Wahlfreiheit und eines „guten Lebens". Dass viele davon Illusionen waren, ändert nichts an dem eher positiven Lebensgefühl, das Historikerinnen und Historiker in der Gesellschaft der Weimarer Republik – trotz aller Krise – neuerdings entdeckt haben. Insofern hat das trügerische Bild der „Goldenen Zwanziger" vielleicht doch einen wahren Kern.

Innenpolitische Stabilisierung

Bis zum Jahr 1923 war die neue Republik vielen Belastungen ausgesetzt gewesen und es war fraglich, ob sie diese überstehen würde. Danach entspannte sich die Situation allerdings deutlich: Außen- und innenpolitisch, wirtschaftlich und gesellschaftlich wandelte sich vieles zum Besseren. So wurde 1924 ein neuer Reichstag gewählt, der regulär erst nach vier Jahren neu bestimmt wurde.

1925 wurde nach dem Tod des Sozialdemokraten Friedrich Ebert eine Neuwahl notwendig. Im zweiten Wahlgang setzte sich hier Paul von Hindenburg durch. Die Wahl dieses Chefs der Obersten Heeresleitung im Ersten Weltkrieg galt schon bei Zeitgenossen als Zeichen einer Wende. Auch wenn sich der überzeugte Monarchist Hindenburg zumindest zu Beginn seiner Amtszeit streng an die Reichsverfassung hielt, bekamen republikfeindliche Kräfte nun Rückenwind.

Filme in der Weimarer Republik

M6 *Filmplakate „Metropolis“ von 1926 (links) und „Der blaue Engel“ von 1930 (rechts)*

1. ●●● Fertigen Sie eine Mind Map zum Thema „Kultur in der Weimar Republik“ an.
   → Text
2. ●●○ Analysieren Sie das Gemälde „Großstadt“ von Otto Dix (M1).
   → Text, M1
3. a) ●●○ Formulieren Sie die mögliche Erwartungshaltungen der Zuschauer, die mit den Filmplakaten (M6) erzeugt werden.
   b) ●●○ Informieren Sie sich über den Inhalt der beiden Filme und beschreiben Sie, welche Inhalte auf den Filmplakaten hervorgehoben werden (M6). Diskutieren Sie, welchen Film Sie sich in ihrer Freizeit ansehen würden.
   c) ●●● Fertigen Sie eine Kurzbiografie mit den wichtigsten Lebensstationen von Emil Jannings, Josef von Sternberg, Marlene Dietrich und Fritz Lang an.
   → Text, M6, Internet
4. a) ●●○ Erläutern Sie anhand der einzelnen Abbildungen in diesem Teilkapitel wesentliche Entwicklungen in den so genannten „Goldenen Zwanzigern“.
   b) ●●● Erörtern Sie, welche Abbildungen besonders aussagekräftig sind. Wählen Sie dafür maximal drei Beispiele aus. Berücksichtigen Sie dabei die Ausführungen des Darstellungstextes.
   → Text, M1–M6
5. ●●● Erörtern Sie, ob die zweite Hälfte der 1920er-Jahre zu Recht „goldene Zwanziger“ genannt werden.
   → Text, M1–M6

Kunst in der Weimarer Republik – ein Gemälde

M7 ***„Stützen der Gesellschaft"***
George Grosz (1893–1959) malte das Bild im Jahr 1926. Es zeigt typische Vertreter damals einflussreicher Gesellschaftsschichten, erkennbar an entsprechenden Gegenständen, die der Maler seinen Personen zuordnet.

M8 „Stützen der Gesellschaft“

Der Historiker Thomas Hertfelder hat dieses prominente Gemälde des kommunistischen Malers George Grosz wie folgt als Kritik am Reichstag und seinen Abgeordneten interpretiert (2014):

In einem der berühmtesten Gemälde der Zeit erhält der Parlamentarier der Weimarer Republik kein gutes Zeugnis ausgestellt. In der Welt des Bildes darf sich der Vertreter des Volkes zwar zu den „Stützen der Gesellschaft“ zählen, doch wie tritt er dem Betrachter in George Grosz’ gleichnamigen Ölbild aus dem Jahr 1926 gegenüber? Der massige, in einen schwarzen Frack gezwängte Leib dieses Mannes erhebt sich in der Bildmitte rechts. Er stützt sich mit dem Ellenbogen auf den Portikus [die Säulenhalle] des Reichstags, der vom rechten Bildrand her in die Szene kippt – dies vor allem weist ihn als Mitglied des Hohen Hauses aus. Sein feistes Gesicht mit Doppelkinn und stark geröteten, hängenden Backen wendet sich frontal dem Betrachter zu. Unter dem mächtigen Schnauzbart ist der Mund leicht geöffnet, als würde die Gestalt schwer atmen. Mithilfe eines schwarz-weiß-roten Fähnchens in der Linken drückt der Parlamentarier ein Flugblatt an seine Brust. Es verkündet jene antirevolutionäre Parole, die die Sozialdemokraten in den Tagen der Revolution ausgegeben hatten: „Sozialismus ist Arbeit“. Der kahle Schädel ist aufgeschnitten und gibt den Blick frei auf dampfende Exkremente. [...]

George Grosz’ Sicht des Parlamentariers erschließt sich in diesem Werk zunächst im Kontrast zu den anderen Stützen der Gesellschaft. So verrät die Physiognomie des Abgeordneten eine etwas aus der Facon geratene, weinselige Biederkeit, die den anderen Figuren abgeht. Zudem enthält sich der zahnlose Mann – anders als das übrige Personal – jeglicher hasserfüllter Geste. Stattdessen verströmt er jene philisterhafte Mediokrität [spießige Mittelmäßigkeit], die Grosz vier Jahre später in einer Zeichnung unter dem Titel „Der neue Reichstag zieht ein“ auf die Spitze getrieben hat. Kein Zweifel: Das Mitglied des Hohen Hauses zählt für den Künstler zu den harmloseren Vertretern der herrschenden Klasse. Sympathischer wird der dadurch nicht. So weltläufig sich der biedere Parlamentarier mit Frack und Fliege auch geben mag, so offenkundig ist sein Opportunismus; die alten Farben des Kaiserreichs und die seltsame sozialistische Parole gelten ihm gleich viel. In der Szenerie des Bildes beruht der Opportunismus des MdR aber nicht auf Bosheit, sondern auf einer kaum zu überbietenden Dummheit: Für sie stehen die Exkremente, die aus dem offenen Schädel dampfen. Sie scheinen jenem Nachttopf zu entstammen, der das Haupt des schielenden Zeitungsmanns ziert: Der Abgeordnete befindet sich in unmittelbarer Reichweite des Reporters, der physiognomisch an den Pressezaren Alfred Hugenberg erinnert und deutlich aggressiver wirkt als sein parlamentarischer Zeitgenosse. Im Kosmos des Bildes erscheint der Journalist nicht nur als Gatekeeper gegenüber dem lesenden Publikum, sondern geradezu in entscheidender Weise auch gegenüber dem Parlamentarier, der kritiklos konsumiert, was ihm die Presse auftischt.

Mit diesem Arrangement der beiden Figuren des Pressemanns und des Parlamentariers hat Grosz in zeitgenössischer Perspektive gleich zwei Ergebnisse der neueren pressegeschichtlichen Forschung vorweggenommen: Der Ton, den die Presse in den politischen Auseinandersetzungen der Weimarer Republik anschlug, war deutlich feindseliger als jener, der im Parlament herrschte; in der politischen Kultur der Weimarer Republik wirkte die Presse aufs Ganze gesehen konfliktverschärfend. Zudem schenkten die Parlamentarier der Presse ein erheblich höheres Maß an Beachtung als der gewöhnliche Zeitungsleser; dies ging so weit, dass manche Parlamentsreden zu einem großen Teil aus Versatzstücken der Presseberichterstattung bestanden.

Thomas Hertfelder: „Das tote Parlament. Zur Ikonographie des kommunistischen Antiparlamentarismus in der Weimarer Republik“; in: Andreas Biefang/Marij Leenders (Hg.), Das ideale Parlament. Erich Salomon als Fotograf in Berlin und Den Haag 1928–1940, Düsseldorf: Droste 2014, S. 177–180.

1. ●●● Interpretieren Sie ausgehend von der Darstellung M8 das Gemälde „Stützen der Gesellschaft“ von George Grosz (M7). Berücksichtigen Sie dabei die Gesichtszüge der Figuren, die Gegenstände, die diese in den Händen halten, das dargestellte Verhältnis der Figuren untereinander sowie die Szenen am oberen Bildrand.
→ M8, M7, Text

Zur Innenpolitikwährend der „Goldenen Zwanziger" – die Reichspräsidentenwahl von 1925 analysieren

M9 ***Wahlergebnisse der beiden Wahlgänge zur Reichspräsidentenwahl 1925!***

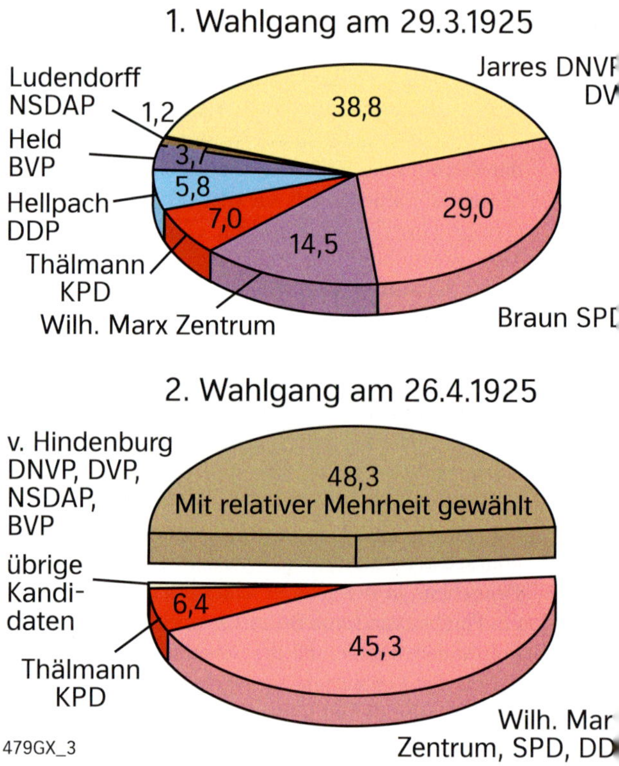

M10 Aus dem Gesetz über die Wahl des Reichspräsidenten

Vom 4. Mai 1920:

§4

[1] Gewählt ist, wer mehr als die Hälfte aller gültigen Stimmen erhält.

[2] Ergibt sich keine solche Mehrheit, so findet ein zweiter Wahlgang statt, bei dem gewählt ist, wer die meisten gültigen Stimmen erhalten hat. [...]

Zit. nach: Walter Jellinek, Staatskunde. Zweiter Band: Verfassung und Verwaltung des Reichs und der Länder, Wiesbaden: Springer Fachmedien GmbH 1926.

1. a) ●●○ Erläutern Sie den Aufbau der beiden Diagramme (M9) und arbeiten Sie jeweils die Hauptaussage heraus.
   b) ●●○ Begründen Sie mithilfe des Gesetzesauszuges M10, warum es 1925 zwei Wahlgänge gab.
   c) ●●○ Berechnen Sie den Stimmenanteil, der im ersten Wahlgang auf die extremen Parteien NSDAP und KPD entfiel.
   d) ●●○ Analysieren Sie das Ergebnis des zweiten Wahlganges vom 26.4.1925.
   e) ●●○ Stellen Sie das Wahlverhalten der Anhänger der Parteien der Weimarer Koalition (SPD, Zentrum, DDP) in den beiden Wahlgängen gegenüber.
   f) ●●● Beurteilen Sie die Auswirkungen der Wahl auf die Stabilität der Weimarer Republik.
   → Text, M9, M10

M11 ***Reichspräsident Hindenburg nach der Wahl 1925***
Berlin, Foto, 1925

7. Eine zerklüftete Gesellschaft – ein Überblick

Die Gesellschaft der Weimarer Republik zeigte wesentliche Züge einer modernen Gesellschaft: Sie war das Ergebnis eines rapiden gesellschaftlichen Wandels, der sich bereits seit Ende des 19. Jahrhunderts u. a. durch die Hochindustrialisierung, eine rasante Verstädterung, soziale Verteilungskämpfe und die Politisierung der Bevölkerung auszeichnete. Die Kriegsniederlage 1918, die ihr folgenden, heftigen Wirtschaftskrisen und neue, radikale Ideologien wie der völkische Nationalismus oder der Kommunismus verschärften die Konflikte.

In den sozialen Konflikten rangen vor allem die folgenden gesellschaftlichen Gruppen um politische und wirtschaftliche Macht:

- Die alte Führungsschicht, der Adel, verlor durch den Sturz der Monarchie und die Demokratisierung des Staates beträchtlich an Macht. Seine soziale Stellung beruhte im Wesentlichen auf Tradition und Grundbesitz. Der Besitz großer landwirtschaftlicher Güter vor allem östlich der Elbe sowie hohe Positionen in Militär und Diplomatie sicherten dem Adel aber weiterhin erheblichen Einfluss.
- Auch das Bürgertum, das im späten Kaiserreich ökonomisch und kulturell tonangebend war, musste in der Weimarer Republik zurückstecken: Große Teile des Bildungs- und des Kleinbürgertums büßten im Zuge der Hyperinflation ihr Vermögen ein, während sich zugleich der soziale Abstand zwischen Bürgertum und Arbeiterschaft verringerte. Das unternehmerische Großbürgertum hingegen konnte seine soziale Stellung behaupten und lieferte sich erbitterte Verteilungskämpfe mit der Arbeiterschaft einerseits, der Großlandwirtschaft andererseits.
- Die Arbeiterschaft, die schon im Kaiserreich zur größten sozialen Klasse herangewachsen war, verdiente ihren Lebensunterhalt durch Arbeit in der Großindustrie, in mittelständischen Betrieben oder als Landarbeiter auf den großen Gutshöfen. Organisiert in Gewerkschaften und politisch vertreten durch die SPD, die KPD oder das Zentrum verbuchte die Arbeiterschaft in der Weimarer Republik beträchtliche Lohnsteigerungen, die in der Weltwirtschaftskrise allerdings wieder zunichte gemacht wurden.
- Eine aufsteigende neue Schicht bildeten die Angestellten, die zumeist in den Verwaltungen großer Unternehmen, des Staates oder der Kommunen sowie im Handel tätig waren. Die neuen Berufe in den zahllosen großen und kleinen Büros boten neue Erwerbsmöglichkeiten insbesondere auch für Frauen.
- Die Bäuerinnen und Bauern auf dem Land bildeten nach wie vor eine große Gruppe mit sehr unterschiedlicher Zusammensetzung. Die Erfahrung des Hungers im Ersten Weltkrieg hatte die Bedeutung der Landwirtschaft ins allgemeine Bewusstsein gerückt. Zugleich litten die landwirtschaftlichen Betriebe schwer unter einer weltweiten Agrarkrise und fallenden Preisen für Agrarprodukte. Eine mächtige Agrarlobby konkurrierte mit Industrieverbänden um Einfluss auf die Wirtschaftspolitik.

Auch Religion und Konfession strukturierten die Gesellschaft. Im Südosten und Westen der Republik lebten vorwiegend Katholiken, im Norden und Osten vor allem Protestanten. Während die Bindung an die großen Kirchen abnahm, organisierte sich der katholische Bevölkerungsteil in der Zentrumspartei; Protestanten wählten hingegen oftmals eine der liberalen oder konservativen Parteien. Die konfessionelle Spaltung und ein weit verbreiteter Antisemitismus, der sich gegen die Bürgerinnen und Bürger jüdischer Herkunft richtete, gehörte zu den markanten Konfliktlinien der Gesellschaft.

Die Gesellschaft der Weimarer Republik war in vielerlei Hinsicht zerklüftet. Denn erstens handelte es sich ohne Zweifel um eine Klassengesellschaft: Große Unterschiede in der Verteilung von Vermögen und Einkommen und eine geringe soziale Mobilität sind ihre Kennzeichen. Zugleich neigten die Großgruppen dazu, sich kulturell, in ihrer Lebensweise und Weltdeutung voneinander abzukapseln, was den gesellschaftlichen Zusammenhalt, aber auch politische Bündnisse erheblich erschwerte. Eine dritte, wichtige Kluft tat sich schließlich im Kampf um die Moderne auf: Vieles, was uns heute an der Weimarer Republik fasziniert – das Leitbild der „neuen Frau", die kulturellen Experimente, die technischen und wissenschaftlichen Neuerungen, die Massengesellschaft – erzeugte in den traditionellen Milieus Angst und Verunsicherung und wurde dort aufs Heftigste bekämpft.

Webcode

Ein weiteres Teilkapitel zur Gesellschaft: *Eine postkoloniale Gesellschaft* finden Sie unter dem Webcode: SDL-36879-002

Webcode

Ein weiteres Teilkapitel zur Gesellschaft: *„Volksgemeinschaft" – eine gefährliche Zauberformel* finden Sie unter dem Webcode: SDL-36879-003

1. ●●● Bearbeiten Sie arbeitsteilig die folgenden acht Teilkapitel zur Gesellschaft der Weimarer Republik (sowie die beiden Teilkapitel in den Webcodes auf dieser Seite) unter der Fragestellung, inwiefern jeweils die „zerklüftete Gesellschaft" deutlich wird.
→ Teilkapitel 1 bis 8 auf den Seiten 52 bis 81

Eine zerklüftete Gesellschaft – Teil 1: Eine militarisierte Nachkriegsgesellschaft

Folgen des Krieges

Die Folgen des verlorenen Ersten Weltkrieges waren nicht nur bei Kriegsende 1918/19 allgegenwärtig, sie blieben es während der gesamten Lebensspanne der Weimarer Republik. Schon wenige Zahlen mögen dies belegen: 13 Millionen Männer – ein Fünftel der Reichsbevölkerung – hatten zwischen 1914 und 1918 als Soldaten in Waffen gestanden. Von diesen hatten 2,4 Millionen auf den Schlachtfeldern ihr Leben lassen müssen. Rund eine Million Frauen waren daher verwitwet oder blieben unverheiratet, 600000 Kinder waren zu Waisen geworden und mussten oftmals ein Leben unter erbärmlichen sozialen Umständen fristen.

Die Spanische Grippe

Doch damit nicht genug. Seit Anfang 1918 hatte sich eine bis dahin unbekannte, ansteckende Krankheit in drei Wellen über Europa und die Welt ausgebreitet: Die „Spanische Grippe". Sie hatte vermutlich im Mittleren Westen der USA begonnen, war in Europa zuerst in Spanien bekannt geworden und trug daher diesen Namen. Sie erfasste die kämpfenden Armeen und die Zivilbevölkerung gleichermaßen; im Sommer 1918 hatte sie sich bereits über ganz Deutschland verbreitet. Dort traf die Pandemie auf unterernährte, erschöpfte und demoralisierte Menschen und forderte Schätzungen zufolge rund 600000 Todesopfer; weltweit waren zwischen 20 und 50 Millionen Menschen der Pandemie zum Opfer gefallen – mehr als der ganze Erste Weltkrieg gefordert hatte! Trotz ihrer verheerenden Auswirkungen fand die Grippe in Deutschland erstaunlich wenig Beachtung: Das Grippe-Virus war noch nicht entdeckt, staatliche Pressezensur sorgte dafür, dass die Krankheit keine negativen Schlagzeilen machte, und ab Herbst 1918 bewegte vor allem die überraschende Kriegsniederlage die Gemüter.

M1 ***Kriegsinvalider***
Foto, Berlin, 1923

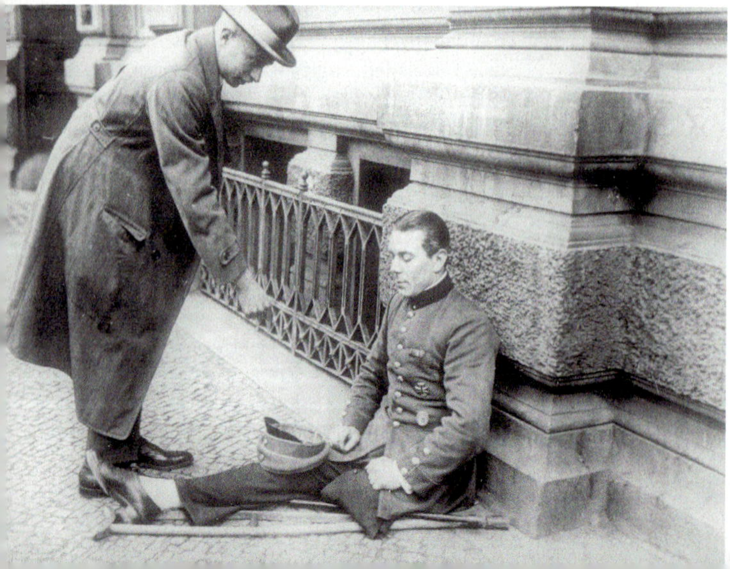

„Demobilmachung"

Trotz allem ging die sogenannte „Demobilmachung", d.h. die Rückführung der Soldaten in die Heimat und ihre Wiedereingliederung in das zivile Leben, erstaunlich rasch vonstatten. Von den insgesamt acht Millionen Soldaten, die im November 1918 noch Kriegsdienst leisteten, standen drei Monate später nur noch eine Million unter Waffen, was der Friedensstärke des Heeres von 1914 entsprach. Die meisten von ihnen waren im Herbst 1918 einfach nach Hause geeilt. Da der Versailler Vertrag das Heer jedoch auf 100000 Mann begrenzte, musste die Truppe jedoch weiter drastisch reduziert werden. Für rund 800000 Kriegsgefangene war der Krieg im November 1918 allerdings keineswegs beendet. Erst zwischen Ende 1919 und Ende 1920 kehrten sie zurück.

Schwerbeschädigte und Invalide

Schwere Verwundungen und Verstümmelungen, abgerissene oder amputierte Gliedmaßen kennzeichneten die geschundenen Körper der Kriegsinvaliden, die von nun an zum Straßenbild gehörten und deren Präsenz die verdrängte Kriegsniederlage vor aller Augen führte. Neben den körperlichen Beschädigungen hatte das wochenlange Ausharren unter Trommelfeuer in Schützengräben aber auch verheerende psychische Erkrankungen verursacht. Neuen Krankheitsbildern wie dem „Kriegszitterer" oder dem „Granatenschock“ begegneten Ärzte mit schmerzhaften Elektroschocks. Die psychischen Folgen des Krieges bedeuteten für die Medizin, die noch junge Psychologie sowie für die rasch wachsende Sozialbürokratie eine besondere Herausforderung.

Rückkehr in die „Heimat“

Unter den Millionen von heimkehrenden Soldaten hatten auch die unversehrten Schwierigkeiten, sich im zivilen Leben wieder zurechtzufinden, denn die Verhältnisse in der „Heimat“ hatten sich während des Krieges oftmals gewandelt. Wenn die Soldaten dennoch schneller als erwartet ins Arbeitsleben zurückkehrten, so lag dies nicht zuletzt an der kurzzeitigen ökonomischen Hochkonjunktur, die durch die rasante Inflation ausgelöst wurde. Insgesamt zählt die rasche Integration der Kriegsheimkehrer in das Erwerbsleben zu den bemerkenswerten Leistungen der jungen Weimarer Republik, die nur selten gewürdigt wird. Selten wird auch beachtet, dass der Erste Weltkrieg bei vielen, die ihn erlebten, eine tiefe Sehnsucht nach Frieden auslöste. Zur Gesellschaft der Weimarer Republik gehörte nämlich auch eine breite Friedensbewegung, die von sozialdemokratischen Veteranenverbänden unterstützt wurde und der Hunderttausende von Menschen folgten.

Freikorps

Manche der Soldaten allerdings, die sich zu Hause nicht zurecht fanden oder für die der Krieg zur Lebensform geworden war, schlossen sich in sogenannten „Freikorps“ zusammen, die 1919/20 im Reich gewaltsam die Revolution bekämpften und an der Grenze zum neuen Nachbarstaat Polen und in den baltischen Republiken den Krieg gleichsam auf eigene Faust weiterführten. Die Freikorps bestanden aber nicht nur aus ehemaligen Frontsoldaten, sondern auch aus Studenten und Jugendlichen, die den Krieg nur in der Heimat erlebt und das verpasste „Kampferlebnis“ nunmehr auf besonders radikale Weise nachholen wollten. Dabei schreckten sie vor brutalem Mord, Folter und Gefangenenerschießungen nicht zurück.

Nach dem 1920 erlassenen Verbot der Freikorps lebte der kriegerische Geist in einem Netzwerk aus Tarnorganisationen fort, die sich offiziell einem zivilen Zweck wie etwa dem Turnen oder Wandern zu widmen vorgaben, tatsächlich jedoch unter Anleitung ehemaliger Weltkriegsoffiziere militärische Übungen abhielten und ein rechtsradikales, antirepublikanisches Weltbild pflegten. Ihre Kriegswaffen hatten sie – wie viele andere Soldaten auch – entgegen den Bestimmungen behalten, sodass in Deutschland 1920 rund 1,9 Millionen Gewehre und über 8000 Maschinengewehre kursierten. Die Reichsregierung und die Armeeführung tolerierten das gewaltbereite Treiben und unterliefen damit die Bestimmungen des Friedensvertrags.

Der militaristische Geist lebte nicht nur in Kampfbünden, sondern auch in zahllosen Veteranenorganisationen fort. Uniformen und Abzeichen, Befehl und Gehorsam, ein rabiater Nationalismus und Antisemitismus sowie ein gewaltbereiter Kult der Männlichkeit prägten diese Szene. „Der Stahlhelm. Bund der Frontsoldaten“ nannte sich der größte Veteranenverein, der 1930 eine halbe Million Mitglieder zählte. Auf den „Reichsfrontsoldatentagen“ organisierte er riesige Kundgebungen und machte aus seiner Abneigung gegen die Republik keinen Hehl: „Wir hassen mit ganzer Seele den gegenwärtigen Staatsaufbau“ gab der „Stahlhelm“ Anfang September 1928 in seiner „Fürstenwalder Hassbotschaft“ kund.

M 2 ***„Stahlhelm“***
Der 1918 gegründete deutschnationale Frontkämpferbund „Stahlhelm“ feiert unter alten kaiserlichen Reichskriegsflaggen und Regimentsfahnen das Jahrestreffen. Zur Mahnung an die sogenannte „Schande von Versailles“ tragen die Flaggen Trauerflore, Foto, 1919.

Zu Beginn und gegen Ende der 1920er-Jahre erhielten vor allem die paramilitärischen Verbände der extremen Parteien kräftig Zulauf. So verfügte die 1921 gegründete „Sturmabteilung" (SA) der NSDAP 1929 bereits über 100000, 1932 über fast 400000 Mitglieder: überwiegend junge Männer, die es sich zur Aufgabe machten, Versammlungen des politischen Gegners zu sprengen, sich mit Kommunisten und der republikanischen Polizei Straßenschlachten zu liefern und durch ihr gewaltbereites Auftreten ein Klima der Einschüchterung zu verbreiten. In ihrer weit überwiegenden Mehrheit gehörten die SA-Männer jener Generation der zwischen Jahrhundertwende und Kriegsausbruch Geborenen an, die den Krieg als Kinder und Jugendliche zu Hause erlebt hatten, während der Vater im Kriegseinsatz war. In der von Unruhen und Wirtschaftskrisen geschüttelten Republik fanden sie für sich weder Orientierung noch Perspektiven. Zusammengeschweißt durch eine radikale politische Überzeugung, einfache Feindbilder, Rituale (z.B. den Hitlergruß) und gemeinsam begangene Gewalttaten schien die junge, dynamische und bald auch motorisierte Kampftruppe der SA jenes „männliche" Gemeinschaftserlebnis zu ermöglichen, das ihnen die demokratische Republik nicht bieten konnte.

Attraktiv erschienen so Manchem auch die Kampfverbände der KPD, der „Rote Frontkämpferbund" und der „Kampfbund gegen den Faschismus", der 1931 über 100000 Mitglieder verfügte und sich vor allem aus jungen Arbeitern und Arbeitslosen zusammensetzte. Was dem rechten Nationalismus die Dolchstoßlegende war, fanden die linken Revolutionäre im Mythos von der „verratenen Revolution", die nach ihrer Auffassung vor allem sozialdemokratische Regierungen während des Umbruchs 1918/19 zu verantworten hatten. Dieser Mythos sowie die zunehmende Orientierung der KPD und anderer linker Gruppierungen am erfolgreichen Modell der Sowjetunion zementierten die tiefe Spaltung der Arbeiterbewegung in der Weimarer Republik.

Auch die revolutionäre Linke predigte und praktizierte politische Gewalt auf der Straße und in den Parlamenten. Unzählige Wahlversammlungen und Demonstrationen endeten in blutigen Schlägereien. Die Zahl politischer Gewalttaten stieg ab 1930 steil an und erreichte im Sommer 1932 einen Höhepunkt: Allein während des Reichstagswahlkampfs im Juli 1932 forderte die politische Gewalt 86 Todesopfer, darunter 38 Nationalsozialisten und 30 Kommunisten.

Die republikanischen Behörden reagierten auf die Bedrohung oftmals halbherzig. Zwar riefen die demokratischen Kräfte mit dem „Reichsbanner Schwarz-Rot-Gold" einen republikanischen Kampfverband ins Leben, der es aber in der gewaltsamen „Politik der Straße" trotz zahlenmäßiger Überlegenheit mit den radikalen Verbänden nicht aufnehmen konnte und zugleich zur allgemeinen Militarisierung der Gesellschaft beitrug. 1929 wurde der Rote Frontkämpferbund verboten, 1932 die SA – allerdings nur für zwei Monate.

In ihren letzten Jahren stand die Weimarer Republik am Rand eines Bürgerkriegs, in dem zwei antidemokratische Extreme des 20. Jahrhunderts, Nationalsozialismus und Kommunismus, gewaltbereit und hasserfüllt gegeneinander und gegen die demokratische Republik vorgingen. Die Angst vor Chaos, vor Bürgerkrieg und vor dem Kommunismus breitete sich ab 1930 rasch aus und trieb neue Wähler in die Arme der NSDAP, deren Parolen und militärisches Auftreten die Herstellung von Ruhe und Ordnung in einem „Dritten Reich" versprachen.

M3 ***Auseinandersetzung zwischen SA-Männern und Polizisten***
Foto, München, um 1930

M4 ***„Rotfrontkämpferbund"***
Foto, Berlin, undatiert, vor 1930

Politische Gewalt – eine schriftliche Quelle analysieren

M5 Politische Gewalt

Aus einer Denkschrift des Reichsinnenministers Carl Severing vom Dezember 1929:

Seit der Nichterneuerung des Republikschutzgesetzes vergeht kaum ein Tag, an dem nicht irgendwo in Deutschland, zumeist an mehreren Stellen, auf politisch Andersdenkende geschossen, eingeschlagen oder eingestochen wird. Der Zustand staatsbürgerlicher Sicherheit hat einen beklagenswerten Tiefpunkt erreicht und sinkt täglich mehr. Die Ursache dieser betrüblichen Erscheinung ist die hemmungslose Verhetzung durch Wort und Schrift, die von den Gegnern der Republik und auf der äußersten Rechten betrieben wird. [...]

Der „Niedersächsiche Beobachter" in Hannover (Folge 30) vom 27.7. und „Das Landvolk" in Itzehoe (Nr. 102) vom gleichen Tage führten in einem Aufsatz „Volksheer oder Garde der Demokratie" Folgendes aus: „Spuk in Berlin. Spät nachmittags auf dem Kurfürstendamm. Bars, Amüsierkneipen, Kokotten in Seide und Pelz [...] ... Die Nacht fällt herein. Hier aber wird es heller. Der Trubel wächst, Licht unzähliger Scheinwerferlampen macht die Augen, die Gesichter grell, maskenhaft, unheimlich. Alle Männer sehen aus, als könnte jeder sein: Minister, Schieber, Taschendieb, Börsianer, Bankier ... Man sieht sich, kneift die Augen zusammen, denkt an den Begriff der ‚weißen Weste' und lächelt süffisant. ‚Na ja'... Das ist das Gesicht des Staates von Weimar, den sich die Arbeiterschaft als Staat der ‚sozialen Demokratie' zu gestalten dachte." [...] Die im Juli in Pyritz (Pommern) erschienene Folge 30 der Zeitschrift „Die Diktatur" brachte einen Aufsatz „Die Flaggen am Tage von Versailles": „...Auch Schwarz-Rot-Gold, trotz geschmackloser und unheraldischer Zusammenstellung, wird fortleben als die Fahne ehrlicher Idealisten von 1848. Von den betrügerischen November-Verbrechern ist sie aber besudelt und beschmutzt worden, ein kläglicher Eiterfetzen auf den schwärenden Wunden des Volkskörpers, für die man nur durchweg Ekel empfindet, umso größeren Ekel, als sie aufgedrungen wird." [...] In einer öffentlichen Versammlung im Münchner Bürgerbräukeller im Oktober führte der Nationalsozialist Julius Streicher aus: „Der Jude ist seit urdenklichen Zeiten geborener Verbrecher. Wer in der Republik den Nachweis erbringt, dass er ein Gauner ist, der kann Minister werden, vielleicht später, wenn einmal der Präsidentenstuhl frei ist, auch Reichspräsident. Erzberger und Rathenau [Reichsfinanz- und Reichsaußenminister in der frühen Republik] sind nicht ermordet, sondern getötet worden. Die Täter sind keine Mörder, sondern ganze Kerle" [...] Die Folge solcher beschimpfenden, verhetzenden Äußerungen, deren Steigerung nicht mehr mit Mitteln der Sprache, sondern nur noch mit denen der Gewalt möglich ist, ist eine Aufwühlung der politischen Leidenschaften, die dann letzten Endes in der Begehung von Gewalttätigkeiten ihre Entladung findet. Eine keineswegs lückenlose Zusammenstellung von Zusammenstößen in der letzten Zeit mag als Beweis dafür folgen: [...] Am 2.8. kam es in Nürnberg gelegentlich des nationalsozialistischen Parteitags in einer Wirtschaft zwischen mehreren Nationalsozialisten und Andersdenkenden zu Tätlichkeiten, in deren Verlauf die Nationalsozialisten mit Biergläsern und Flaschen warfen. [...]

Am 25.8. wurden in Essen vier von einer Veranstaltung des Reichsbanners Schwarz-Rot-Gold kommende Mitglieder dieses Verbandes auf ihrem Heimwege von Nationalsozialisten überfallen. Die Nationalsozialisten rissen ihnen die Abzeichen des Reichsbanners ab und zerfetzten zum Teil ihre Kleidung. Die mitgeführten Musikinstrumente wurden zertrümmert; ein Reichsbannermitglied erhielt mit einem Schlagring einen Hieb über den Kopf.

Am 1.9. überfielen in Köln einige Kommunisten zwei der Hitlerjugend angehörende junge Leute und verletzen einen durch Messerstiche in die Hand.

Am gleichen Tage veranstaltete der Stahlhelm in Hamburg einen Umzug nach dem Sportplatz in Lokstedt. An der Hamburger Grenze hatten sich etwa 500 Kommunisten angesammelt, die über die Stahlhelmmitglieder mit Stöcken, Totschlägern und Gummischläuchen herfielen. Den ganzen Tag wurden auch in der übrigen Stadt von Kommunisten Gewalttätigkeiten gegen Andersdenkende begangen, die teilweise sehr schwer verletzt wurden. [...]

Am 15.9. wurden in Berlin auf dem Kurfürstendamm jüdisch aussehende Personen von Nationalsozialisten angepöbelt und geschlagen.

Zit. nach: Herbert Michaelis/Ernst Schraepler (Hg.), Ursachen und Folgen. Band 7: Die Weimarer Republik. Vom Kellogg-Pakt zur Weltwirtschaftskrise 1928–1930, Berlin: Dokumenten-Verl. Wendler 1962, S. 243, 245f.

1. a) ●●● Gestalten Sie eine Mind Map über die militarisierte Nachkriegsgesellschaft.

b) ●●● Arbeiten Sie aus der Denkschrift (M5) heraus, wie der militaristische Geist fortlebt und bewerten Sie seinen Einfluss auf die Gesellschaft.

→ Text, M5

Eine zerklüftete Gesellschaft – Teil 2: Die Landwirtschaft in der Krise

Zum Stellenwert der Landwirtschaft

War Deutschland eher durch seine Landwirtschaft oder war es vor allem industriell geprägt? Und wo lag die Zukunft des Landes? Welchem Sektor sollte die Politik den Vorrang einräumen? Über diese Fragen war im Deutschen Kaiserreich um 1900 eine heftige Debatte entbrannt, die durch die sozialökonomische Entwicklung bereits vor dem Ersten Weltkrieg entschieden worden war. Die ökonomische Bedeutung von Industrie und Handwerk hatte im Kaiserreich nämlich kontinuierlich zugenommen. Im Zuge der stürmischen Industrialisierung, die Deutschland in der zweiten Hälfte des 19. Jahrhunderts erlebt hatte, lag bereits in den 1890er-Jahren der Beitrag, den die Industrie zusammen mit Handwerk, Bergbau und Verkehr zum Nettoinlandsprodukt leistete, bei rund 43 Prozent, der der Landwirtschaft bei nur noch knapp 31 Prozent.

Allerdings hielt sich die Anzahl der Menschen, die in der Landwirtschaft und in der Industrie arbeiteten, um 1895 noch ungefähr der Waage – mit einer klaren Tendenz zu Industrie und Handwerk. Diese Entwicklung setzte sich in der Weimarer Republik fort und ergab ein immer eindeutigeres Bild: Nicht nur bezüglich des Anteils an der wirtschaftlichen Wertschöpfung, sondern auch in Bezug auf den Anteil an den Erwerbspersonen, lagen Industrie und Handwerk (der „sekundäre Sektor) im Jahr 1925 deutlich vor der Landwirtschaft (dem „primären Sektor").

Dennoch war die Frage, welcher der Sektoren mehr Unterstützung und Förderung verdient, in der Weimarer Republik nach wie vor politisch hoch umstritten, zumal der Staat nun über neue Instrumente zur Steuerung von Wirtschaft und Gesellschaft verfügte und von diesen auch reichlich Gebrauch machte: Der Anteil der Staatsausgaben am Volkseinkommen war zwischen 1913 und 1926 von 15 Prozent auf 25 Prozent gestiegen. Manche Historikerinnen und Historiker sehen in der Kontroverse zwischen landwirtschaftlichen und industriellen Interessen geradezu einen Schlüssel zu der entscheidenden Frage, warum die Weimarer Republik trotz hoffnungsvoller Anfänge am Ende doch gescheitert ist.

Die Bedeutung der Landwirtschaft

Die Landwirtschaft spielte im Denken der Zeitgenossen eine besondere Rolle. Dies lag weniger daran, dass noch immer ein Drittel der Erwerbstätigen in landwirtschaftlichen Betrieben tätig war. Vielmehr hatte der Weltkrieg mit der von den Alliierten verhängten Hungerblockade die Bedeutung der heimischen Landwirtschaft für die Ernährung der Bevölkerung drastisch vor Augen geführt. Außerdem galt der Agrarsektor als Auffangbecken für die Massen jener Arbeits-

M1 *Erwerbspersonen nach Wirtschaftsbereichen*

Jahr	Land- und Fortswirtschaft	Industrie und Handwerk	Tertiärer Sektor			
			insgesamt	Handel/Verkehr	öffentl./private Dienstleistungen	häusliche Dienste
	in Prozent (jeweiliger Gebietsstand)					
1907	35,2	40,1	24,8	12,4	6,2	6,2
1925	30,5	42,1	27,4	16,4	6,6	4,4
1933	28,9	40,4	30,7	18,5	8,3	3,9

Nach: Dietmar Petzina/Werner Abelshauser/Anselm Faust, Sozialgeschichtliches Arbeitsbuch Bd. III: Materialien zur Statistik des Deutschen Reiches 1914–1945, München: C. H. Beck 1978, S. 55.

Jahr	Gesamtbevölkerung	weniger als 2000 Einwohner (Landgemeinden)	2000–4999 Einwohner (Landstädte)	5000–19999 Einwohner (Kleinstädte)	20000–99999 Einwohner (Mittelstädte)	über 100000 Großstädte
	1000	in Prozent				
1910	64926	40,0	11,2	14,1	13,4	21,3
1925	62411	35,6	10,8	13,1	13,7	26,8
1933	65218	32,9	10,6	13,2	12,9	39,4

1910 Ortsanwesende, 1925 und 1933 Wohnbevölkerung zum Zeitpunkt der Volkszählungen; 1925 und 1933 ohne Saargebiet.

Nach: Dietmar Petzina/Werner Abelshauser/Anselm Faust, Sozialgeschichtliches Arbeitsbuch Bd. III: Materialien zur Statistik des Deutschen Reiches 1914–1945, München: C. H. Beck 1978, S. 37.

M2 *Verteilung der deutschen Bevölkerung auf Gemeindegrößen (Stadt und Land)*

losen, die die industriekapitalistische Produktionsweise regelmäßig hervorbrachte. In Zeiten hoher Arbeitslosigkeit kehrten nämlich manche, die vom Land in die Stadt gezogen waren, zurück aufs Dorf, um wieder im heimischen Betrieb mitzuarbeiten. Drittens galt die Landwirtschaft als Bollwerk gegen „Revolution" und „Bolschewismus", also gegen jene sozialen Experimente, die vor allem im Bürgertum und bei den oberen Klassen besonders gefürchtet waren.

Überhaupt sah man in einer Zeit rapiden gesellschaftlichen Wandels die ländliche Welt als Anker der Stabilität und Gegengewicht gegen wirkliche oder vermeintliche „Dekadenz" und „Entwurzelung" des Lebens in der Großstadt. So erklärt sich auch der Boom an Heimatliteratur, die in den 1920er-Jahren in einer Vielzahl von Romanen, Erzählungen und gesellschaftskritischen Abhandlungen das ländliche Leben, den „Boden" und die „Scholle", die „Heimat" und das „Blut" als Identitätskern und Kraftquell des deutschen Volkes verklärte. Anders noch als im Kaiserreich verstand sich diese Ideenwelt keineswegs nur als konservativ und bewahrend. Sie gebärdete sich vielmehr zunehmend als aggressiv-völkisch, politisch und zukunftsorientiert. So rief der Publizist Wilhelm Stapel 1930 in einer hasserfüllten Schrift den „Aufstand der Provinz gegen Berlin" aus. Ein letzter, womöglich wichtigster Grund für die Bedeutung der Landwirtschaft in der Weimarer Republik bestand in der Tatsache, dass in den politischen Eliten der Republik die Vertreter landwirtschaftlicher Interessen eine entscheidende Rolle spielten und in Reichspräsident Paul von Hindenburg, der in Ostpreußen selbst zu den Großagrariern gehörte, einen mächtige Fürsprecher fanden.

M3 ***Gutshof in Ostelbien***
Wohnhaus auf dem Gutshof Kreisau, heute Krzyzowa, Woiwodschaft Niederschlesien in Polen. Der Besitz großer landwirtschaftlicher Güter vor allem östlich der Elbe sicherte dem Adel erheblichen Einfluss, Foto, 2010.

Weiterer Bedeutungsverlust

60 Prozent der landwirtschaftlichen Betriebe waren Kleinbetriebe, die mit weniger als zwei Hektar Nutzfläche nur im Nebenerwerb bewirtschaftet werden konnten. Kleinbäuerliche und „Vollerwerbsbetriebe" mit bis zu 50 Hektar Nutzfläche machten rund 36 Prozent der Betriebe aus. Während kleine und mittlere Betriebe vor allem im Süden und Westen der Republik angesiedelt waren, lagen die großen Gutshöfe mit mehr als 100 Hektar Nutzfläche überwiegend in Mecklenburg und in den östlichen Provinzen Preußens. Auf diesen Gütern, die wie eine Welt für sich wirkten, arbeiteten Hunderttausende Tagelöhner sowie Saison- und Wanderarbeiter. Dieses ländliche Proletariat war wenig organisiert und fand auch kaum den Weg zu den großen Gewerkschaften.

Vor dem Hintergrund der oben genannten Gründe betrieb die Weimarer Republik im Osten und Norden des Reiches staatliche Siedlungspolitik mit dem Ergebnis, dass dort immerhin auf rund 660000 Hektar Boden rund 62000 neue Bauernstellen geschaffen wurden; außerdem wurden 160000 Hektar Boden als „Landzulagen" an bestehende Kleinbetriebe ausgegeben. Das dafür erforderliche Land hatte der Staat durch „Meliorationen" (die Bearbeitung einer Landschaft für deren landwirtschaftliche Nutzung), durch Veräußerung staatlicher Güter („Domänen"), vor allem aber durch den Aufkauf von Boden aus überschuldeten Privatbetrieben gewonnen.

Trotz dieser staatlichen Initiativen nahm die ökonomische Bedeutung der Landwirtschaft während der Weimarer Republik weiter ab. Im Ersten Weltkrieg und während der Inflationsjahre hatten die Bauern unter staatlichen Preiskontrollen und mangelnden Möglichkeiten zur nachhaltigen Pflege der Böden und zur Modernisierung ihrer Betriebe gelitten. Nach der Stabilisierung der Währung hatte die Landwirtschaft mit gestiegenen Löhnen, mit neuen Sozialabgaben und erhöhten Steuern zu kämpfen. Immerhin nutzten viele Betriebe die Chance der Modernisierung durch Anschaffung neuer, motorbetriebener Landmaschinen, etwa eines Traktors oder Kartoffelroders, und verschuldeten sich damit.

Agrarkrise

1927 setzte schließlich eine weltweite Agrarkrise ein, die auch die deutschen Landwirte bedrohte: Aufgrund der fortschreitenden Rationalisierung und Mechanisierung der Landwirtschaft hatte sich beispielsweise die Weizenexporte aus den USA, Kanada, Australien und Argentinien zwischen 1913 und 1926 nahezu verdoppelt, was im Welthandel und auf den Binnenmärkten zu einem Verfall der Preise führte, dem die deutschen Landwirte ihrerseits durch eine Ausdehnung ihrer Produktion zu begegnen suchten. Aufgrund dieser Überproduktion fielen die Preise für landwirtschaftliche Produkte zwischen 1926 und 1933 um mehr als die Hälfte. Dabei hatten die Realeinkommen der Bauern bereits 1926 unter dem Stand von 1913 gelegen und sich vor allem im Vergleich zur Einkommensentwicklung anderer Erwerbsgruppen dramatisch verschlechtert. Dies alles führte unter den Bauern zu einem Gefühl der Deklassierung und Verbitterung, vor allem aber zu einer immer schärfer werdenden Ablehnung der Republik. Agrarischer Protest, Steuerboykott und sogar Bombenanschläge gegen Finanzämter

M 4 ***„Vor der Mühle"***
Abladen von Getreidesäcken von einem Pferdefuhrwerk, Foto, um 1930

M 5 ***Ostpreußische Bauernstube***
Wohn- und Schlafraum mit den Bewohnern, Foto, um 1927

warfen Ende der 1920er-Jahre ein Licht auf die Wut der Landwirte.

Dabei hatte die Republik für ihre Landwirtschaft nicht gerade wenig getan. Abgesehen von der bereits erwähnten Siedlungspolitik betrieben die Regierungen ab 1925 – wie schon im Kaiserreich – erneut eine Politik steigender Einfuhrzölle auf Getreide und andere landwirtschaftliche Produkte, die 1931 deutlich höher lagen als während der Hochzollpolitik vor dem Ersten Weltkrieg. Angetrieben durch eine mächtige Agrarlobby griffen die Regierungen in der Spätphase der Republik, um den Zustrom ausländischer Importware zu drosseln, mit der Verschärfung der Produktanforderungen und Qualitätsstandards sowie mit Einfuhrkontingenten und Agrar- bzw. Kreditsubventionen der Landwirtschaft unter die Arme. Im Kern lief diese Politik auf einen Verteilungskonflikt zwischen den Millionen von Arbeitnehmern und der exportorientierten Industrie einerseits und den Landwirten und der Schwerindustrie andererseits hinaus: Denn die politisch subventionierten Preise für landwirtschaftliche Produkte schmälerten nicht nur das Auskommen der Konsumenten, von denen nicht wenige einen Großteil ihres Einkommens für Miete und Nahrungsmittel ausgeben mussten. Die hohen Agrarzölle schlugen auch auf die Lohnforderungen der Industriegewerkschaften durch. Außerdem leisteten sie einem allgemeinen Protektionismus unter den Staaten Vorschub, den die wettbewerbsfähige Exportindustrie unbedingt verhindern wollte.

Landwirtschaftliche Interessenpolitik als Belastung für die Republik

Dieser Grundkonflikt, in dem die ökonomischen Interessen einer sich pluralisierenden Gesellschaft scharf aufeinander prallten und der Staat als regulierende Instanz eigentlich nur verlieren konnte, gehörte neben den Kriegsfolgen zu den besonderen Belastungen der Weimarer Republik und spielte bei deren Scheitern in der Tat eine erhebliche Rolle. Zwei Mal war landwirtschaftliche Interessenpolitik in der Spätphase der Republik maßgeblich am Sturz von Regierungen beteiligt: Als 1932 Reichskanzler Heinrich Brüning daran ging, hoch verschuldete ostelbische Güter, die nicht mehr zu sanieren waren, zwangsweise in Siedlungsland für Bauern zu verwandeln, zog er sich die Feindschaft der einflussreichen Agrarlobby zu, die fortan bei Reichspräsident Paul von Hindenburg den Sturz Brünings erfolgreich betrieb. Diese Konstellation wiederholte sich im Jahr darauf: Mitte Januar 1933 kam es zwischen der Regierung unter Reichskanzler Kurt von Schleicher und dem mächtigen „Reichslandbund", dem Interessensverband der Großlandwirtschaft, zu einem scharfen Konflikt u.a. um die bäuerliche Siedlungspolitik und die von den Großagrariern verlangte Abkoppelung der deutschen Wirtschaft vom Weltmarkt („Autarkie"). Hindenburg distanzierte sich auch hier von seinem Kanzler, ließ ihn am 31. Januar 1933 fallen und schlug mit der Ernennung des „Führers" der NSDAP, Adolf Hitler, zum neuen Reichskanzler einen ganz neuen Kurs ein.

M6 ***„Deutschland, Deutschland über alles!"***

Karl Arnold (1883–1953), einer der prägenden Köpfe der satirischen Zeitschrift „Simplicissimus", karikierte den Zustand des Adels in der Weimarer Republik.

1914:
„Meine Herren, das ganze Volk steht hinter uns! Wir haben die Macht! Wir sind das Vaterland! Darum: Se. Majestät, hurra, hurra, hurra!"

1920:
„Die anderen haben die Macht, was geht uns das Vaterland der anderen an? Sollen sie den Karren nur selber aus dem Dreck ziehen. Pröstchen!"

Webcode

Einen Ausschnitt aus dem Tagebuch eines Landwirts in der Weimarer Republik finden Sie unter dem Webcode: SDL-36879-004

1. a) ●●○ Skizzieren Sie die Entwicklung in den Wirtschaftsbereichen (M1) und in der Verteilung der Bevölkerung auf Stadt und Land (M2).
b) ●●○ Erläutern Sie die Bedeutung der Landwirtschaft und erklären Sie die Ursachen und Folgen der Agrarkrise.
c) ●●○ Analysieren Sie Karikatur M6 und arbeiten Sie die Intention des Zeichners heraus.
→ Text, M1–M6

Eine zerklüftete Gesellschaft – Teil 3: Die Industrie zwischen Rationalisierung und Rechtskurs

Auf Wachstumskurs

Der enorme politische Einfluss der großbäuerlichen Interessen sollte nicht darüber hinwegtäuschen, dass die Industrie in der Weimarer Republik den eigentlich dynamischen Sektor der deutschen Wirtschaft darstellte. Ein rasantes industrielles Wachstum hatte bereits im Kaiserreich dafür gesorgt, dass sich in Deutschland zwischen 1870 und 1913 die Industrieproduktion – ausgehend von einem sehr niedrigen Niveau – versechsfacht hatte. So gehörte Deutschland um 1900 zusammen mit England und den USA zu den drei größten Industrienationen weltweit.

Auch unabhängig von den Reparationen bedeuteten die Bestimmungen des Versailler Vertrags für die Industrie zunächst einen schweren Rückschlag: Eine Reihe wichtiger Rohstoffvorkommen (etwa 48 Prozent der Eisenerz- und 16 Prozent der Steinkohlemienen) und Industrieanlagen (etwa Hochöfen), 90 Prozent der Handelsflotte sowie sämtliche Patent- und Urheberrechte gingen verloren. Allerdings bescherten günstige Kredite, Währungsdumping und niedrige Arbeitskosten der deutschen Industrie während der Inflationszeit bis 1922 einen unerwartet raschen Aufschwung, der erst im Krisenjahr 1923 in einem steilen Absturz endete. Die politische Stabilisierung ab 1924, die durch den Dawes-Plan reichlich sprudelnden Auslandskredite und eine rasante Rationalisierung ließen die Industrieproduktion in den Jahren 1924 bis 1929 erneut wachsen; bezogen auf das verkleinerte Territorium von 1920 lag sie 1929 bereits um 13 Prozent über dem Wert von 1913. Unter den führenden Industrienationen war Deutschland damit wieder auf den zweiten Platz nach den USA aufgerückt. Allerdings war der Anteil der deutschen an der gesamteuropäischen Industrieproduktion gesunken, das Wachstum hatte sich gegenüber der Vorkriegszeit deutlich verlangsamt, auch die Exporte waren zurückgegangen.

In der Weimarer Republik spielten diejenigen Branchen, die sich schon im späten Kaiserreich durch einen hohen Grad an technischen Innovationen zu neuen Leitsektoren entwickelt hatten, erneut eine tragende Rolle: Die Chemieindustrie blieb mit der Entwicklung von Farben, Kunstfasern, synthetischen Düngern und Medikamenten hoch innovativ, ähnlich die Elektroindustrie, die u.a. auf die neuen Informationstechnologien des Telefon- und Rundfunkwesens sowie der Elektrifizierung des flachen Landes setzte; aber auch der Bergbau und eine Reihe anderer Branchen entwickelten neue technische Verfahren. Obwohl das Automobil bereits in den 1880er-Jahren in Deutschland erfunden worden war, spielte der Automobilbau in der Weimarer Republik – anders als in den USA, in Frankreich und in England – noch keine wichtige Rolle.

M1 ***Opel-Fertigungshalle***
Autoproduktion am Fließband, Foto, 1926

Rationalisierungen

Da wegen steigender Löhne und Sozialabgaben die Arbeitskosten gegenüber der Vorkriegszeit stark gestiegen waren, betrieb die Industrie in großem Stil Maßnahmen zur Rationalisierung und Konzentration. Rationalisierung – den Zeitgenossen war dieser Begriff Zauberwort und Schreckgespenst zugleich, zumal die damit verbundenen Verfahren aus den USA stammten. Dort hatte der Automobilunternehmer Henry Ford (1863–1947) bereits 1914 die Produktion seines für den Massenmarkt ausgelegten „Model T" auf Fließbandfertigung umgestellt und damit weltweit Aufmerksamkeit erregt. Während 1924 seine Autobiografie „Mein Leben und Werk" auf Deutsch erschien, setzte eine regelrechte Wallfahrt deutscher Ingenieure in die USA ein, die dort die neuen, effizienten „amerikanischen" Produktionsmethoden studierten und in abgewandelter und oftmals moderater Form in Deutschland einführten, so etwa 1924 bei den Opel-Werken in Rüsselsheim oder 1927 bei Daimler-Benz in Sindelfingen. Fords Methoden seien, so schwärmte ein deutscher Ingenieur nach seiner Rückkehr, „geradezu eine Offenbarung und Erlösung von einem uns in Deutschland belastenden unheimlichen Druck". Nicht nur Industrielle, Ingenieure und Manager feierten Henry Ford und das durch ihn betriebene System der Rationalisierung, auch Gewerkschaften versprachen sich von der neuen Methode eine bessere Zukunft für die Arbeiterschaft in Gestalt steigender Löhne. Trotz dieser Euphorie wurde das Fließbandsystem in Deutschland meist nur für bestimmte Produktionsschritte, kaum aber für den gesamten Produktionsvorgang eingeführt. Dies lag auch daran, dass das deutsche Produktionssystem (im Unterschied zum US-amerikanischen) weniger auf den standardisierten Massenmarkt als auf kleinere, den individuellen Bedarfen angepasste Serien ausgerichtet war. Immerhin führten die neuen Verfahren dazu, dass zwischen 1925 und 1929 die Arbeitsproduktivität (das Verhältnis von Arbeitsergebnis zu Arbeitsaufwand) in der Industrie um 25 Prozent gestiegen war.

Auch die „wissenschaftliche Betriebsführung", die der amerikanische Ingenieur Frederick Winslow Taylor (1856–1915) noch vor dem Ersten Weltkrieg zur optimalen Steuerung von Arbeits- und Produktionsabläufen entwickelt hatte, fand in Deutschland zahlreiche Bewunderer und sorgte für die Einführung kostensparender Verfahren. Dazu zählte vor allem eine Steigerung des Arbeitstempos. Überhaupt erschienen die USA den kriegsgebeutelten Deutschen wie ein Labor künftiger Möglichkeiten – im Guten wie im Schlechten. Nicht wenige sahen in der Idee einer umfassenden, wissenschaftlich angeleiteten Steuerung von Ökonomie und Gesellschaft („social engineering") den Schlüssel zur Lösung der wirtschaftlichen und sozialen Probleme der Zeit. Andere blickten voll Abscheu auf die neuen Methoden und sorgten sich um die Bewahrung menschlicher Personalität in einer mechanisierten Welt und wetterten gegen die „kalte Verstandeskultur". Dass man das Thema aber auch auf ebenso eindringliche wie satirische Weise einem Massenpublikum nahebringen konnte, hat der britische Komiker Charly Chaplin mit seinem heute noch sehenswerten Film „Modern Times" (1936) bewiesen.

M2 „Modern Times"
Szenenbild aus Charlie Chaplins Stummfilmklassiker, 1936

Fusionen und Kartelle

Die Konkurrenz auf dem Markt und Überkapazitäten, vor allem aber die Notwendigkeit kapitalintensiver Investitionen führte in den 1920er-Jahren zu einer Reihe spektakulärer Fusionen (Zusammenschlüsse) von Unternehmen. So entstand 1926 aus dem Zusammenschluss von zwölf Stahlproduzenten zu den „Vereinigten Stahlwerken" ein gigantisches Industrieunternehmen mit 173000 Arbeitskräften, das 50 Prozent der deutschen Roheisenproduktion kontrollierte. Ebenfalls 1926 schlossen sich die sechs größten Unternehmen der Chemieindustrie zur „IG Farben", dem drittgrößten Konzern der Welt, zusammen; im selben Jahr fusionierten auch die Daimler-Motoren-Gesellschaft mit der in Mannheim ansässigen Benz & Compagnie zur Daimler-Benz AG, einem damals noch vergleichsweise kleinen Unternehmen. In der Elektroindustrie expandierten die beiden Marktführer Siemens und AEG, indem sie vor allem auf Export setzten und 1929 zusammen fast ein Drittel des Weltexports ihrer Branche betrieben. Zu einem Zusammenschluss kam es hier allerdings nicht.

Um dem Markt zu dominieren, bedurfte es auch gar nicht unbedingt der Fusionen. Vielmehr schossen in den 1920er-Jahren sogenannte „Kartelle" wie Pilze aus dem Boden: Unternehmen, die sonst untereinander konkurrierten, schlossen systematisch Absprachen über Preise, Produktionsmengen oder die Aufteilung von Märkten ab. Die Anzahl solcher Kartelle nahm von rund 1000 im Jahr 1920 auf 3000 im Jahr

Info

„Fusion"

Zusammenschluss von verschiedenen Unternehmen.

„Kartell"

Zusammenarbeit von verschiedenen Unternehmen im Hinblick auf Produktion und Preisgestaltung, um sich einen Vorteil auf dem Markt zu verschaffen oder sogar den Wettbewerb ganz auszuschalten.

Info

„Streik/Aussperrung“

Bei einem Streik verweigern Arbeiter die Arbeit, um ihre Forderungen nach höherem Lohn oder besseren Arbeitsbedingungen durchzusetzen. Bei einer Aussperrung verweigern die Unternehmer als Reaktion darauf den Arbeitern den Zugang zum Betrieb und die Auszahlung von Löhnen.

M3 ***Gustav Krupp von Bohlen und Halbach (1870–1950)***
1931 bis 1934 war der Unternehmer Präsident des Reichsverbandes der Deutschen Industrie, Foto, 1931

1930 zu. Der Markt als Regulationsmechanismus des wirtschaftlichen Handelns wurde auf diese Weise zunehmend außer Kraft gesetzt.

Um auf die Öffentlichkeit einzuwirken, vor allem aber um die Politik zu beeinflussen, gründeten Industrieverbände zu Beginn der Republik 1919 den Reichsverband der Deutschen Industrie (RDI), in dem erstmals die älteren, schwerindustriellen Unternehmen mit den neueren Industriezweigen der Elektro-, Chemie und Maschinenbauindustrie kooperierten. Und um den Forderungen der Gewerkschaften möglichst geschlossen gegenübertreten zu können, riefen sie außerdem die Vereinigung der deutschen Arbeitgeberverbände ins Leben. Beide Gründungen sind charakteristisch für das Bestreben der Wirtschaft in der Weimarer Republik, massiven Einfluss auf Politik und Gesellschaft zu nehmen. Dabei standen insbesondere die Vertreter schwerindustrieller Interessen – etwa die „Schlotbarone“ an Rhein und Ruhr – der Republik überwiegend ablehnend gegenüber. In ihren Betrieben folgten sie noch dem Leitbild vom „Herr im Haus“, der jeder Einmischung seitens der Gewerkschaften, der Betriebsräte oder des Staats in die Führung des Unternehmens und in die Regelung der Arbeitsbeziehungen energisch entgegentrat. Nur wenige Unternehmer wie etwa der stellvertretende Vorsitzende des Reichsverbands der Deutschen Industrie Paul Silverberg (1876–1959) oder der Elektroindustrielle Robert Bosch (1861–1942) befürworteten zumindest zeitweise eine Kooperation mit der Sozialdemokratie, den Gewerkschaften und der demokratischen Republik.

Kampf gegen sozialpolitische Errungenschaften

Zwei sozialpolitische Errungenschaften der jungen Weimarer Republik waren den Industrieverbänden ein besonderer Dorn im Auge.

So wurde auf Druck der Industrie der im November 1918 mit den Gewerkschaften vereinbarte Achtstunden-Arbeitstag (bei einer Sechstagewoche) bereits 1923/24 in der Praxis zu großen Teilen wieder aufgegeben.

Die Anerkennung der Gewerkschaften als Verhandlungspartner bei Tarifkonflikten gehörte ebenfalls zu den sozialen Errungenschaften der Revolution. Sie wurde von Unternehmerseite zwar nicht bestritten, geriet aber zunehmend zu einem Konfliktfeld eigener Art. Für den Fall, dass sich Unternehmer und Gewerkschaften bei Tarifverhandlungen nicht einigen konnten, hatte man nämlich 1919 das Instrument der Zwangsschlichtung von Tarifverträgen ins Leben gerufen. Seit 1923 fiel dem Staat bei der Schlichtung eine besondere Rolle zu: Wurde der Schlichtungsvorschlag des Schlichters zwei Mal nicht angenommen, konnte der Reichsarbeitsminister bei Lohnverhandlungen in besonders schweren Konflikten den Schiedsspruch des Schlichters auch gegen den Willen einer oder beider Tarifparteien für verbindlich erklären. Auf diese Weise sollten die zahlreichen Streiks eingedämmt und der Arbeitsfrieden mit staatlicher Hilfe wieder hergestellt werden.

Dieses Verfahren warf aber gravierende Probleme auf. Zum einen untergrub der demokratische Staat durch solche massiven Eingriffe, bei denen er es keiner Partei wirklich Recht machen konnte, sein Ansehen und seine Legitimität. Dieser Effekt trat im Verlauf der zahllosen staatlichen Zwangsschlichtungen prompt auch ein: Da in den Augen der Unternehmer die staatliche Zwangsschlichtung zu häufig und zu deutlich zugunsten der Arbeitnehmerseite ausgefallen waren, wuchs ihre Aversion gegen den Weimarer Sozialstaat, den sie für nicht finanzierbar hielten, zusehends. 1928 kam es im sogenannten „Ruhreisenstreit“ daher zur Kraftprobe: Nachdem in einem schweren Tarifkonflikt in der Eisen- und Stahlindustrie des Ruhrgebiets der für verbindlich erklärte Schiedsspruch ergangen war, lehnten die Ruhrindustriellen diesen ab und sperrten kurzerhand rund 200000 Arbeitnehmer für einen Monat aus. Die soziale Not, die dieser Schritt bei den Betroffenen auslöste, linderte der Staat durch Unterstützungsmaßnahmen. Ein neuer Schiedsspruch eines Sonderschlichters wurde schließlich akzeptiert. Die Forschung ist sich darin einig, dass die Schwerindustrie an der Ruhr durch ihre überzogene Reaktion ein Exempel statuieren wollte, das weit über den konkreten Streitfall hinausging. Ihr ging es in letzter Konsequenz um die Beseitigung des verhassten Schlichtungswesens, um den Sturz der damals regierenden Großen Koalition und um den Rückbau des Sozialstaats. Dies alles lief auf die Aufkündigung jenes Klassenkompromisses hinaus, auf dem die Weimarer Republik als Ergebnis der Revolution von 1918/19 errichtet wurde.

Ziele der Industrie – mit schriftlichen Quellen arbeiten

M4 Zwei Quellen

a) Aus einem Brief führender Industrieller an Reichskanzler Brüning vom 30. Juli 1931:

Hochverehrter Herr Reichskanzler!
[...] Jahrelang ist der ganze Druck der Reparationslast, verstärkt durch die verschwenderische Geschäftsgebarung der öffentlichen Hand, auf die Unternehmer gelegt worden, und erst nach völliger Erschöpfung ihrer Kräfte hat er sich den anderen Volkskreisen bemerkbar gemacht. Alle hat der Versorgungsstaat, wie er sich in der Nachkriegszeit entwickelt hat, mit Errungenschaften und wohlerworbenen Rechten bedacht; den Unternehmern, großen und kleinen, hat er als wohlerworbene Rechte nur das Recht, Steuern und für andere soziale Abgaben zu zahlen, sowie das Recht, sich zu verschulden und die Substanz zu verlieren, zugestanden. Der Satz, dass jede Leistung ihres Lohnes wert ist, scheint für sie nicht gelten zu sollen.
[...]
Die fortgesetzten Lohnsteigerungen, die unter staatlicher Mitwirkung ohne Rücksicht auf die Wettbewerbslage erfolgten, haben die Produktionskosten dauernd in die Höhe getrieben, den Preis für die menschliche Arbeitskraft überteuert und so immer neue Rationalisierungsmaßnahmen erzwungen.
[...]
Keinen Aufschub duldet die Reform unseres Sozialsystems. Sein Um- und Ausbau nach dem Kriege hat keine Rücksicht auf die Leistungsfähigkeit der Wirtschaft genommen. [...] Vor allem sind wir überzeugt, dass sich der Umbau der Erwerbslosenversicherung mit ihrem chronischen Defizit in eine auf den Bedürftigkeitsfall beschränkte Fürsorge nicht vermeiden lässt. [...] Es würde damit annähernd der Zustand wiederhergestellt, der bis 1927 bestanden hat.
[...]
Die Geschichte des deutschen Volkes gibt uns die Kraft des Glaubens an eine Zukunft. Und auch ein beschwerlicher Weg wird leichter, wenn ihn die Sonne der Hoffnung bestrahlt.
Mit vorzüglicher Hochachtung
Krupp von Bohlen und Halbach, Peter Klöckner, Silverberg, Vögler, Springorum, C. F. v. Siemens, Bücher, E. v. Borsig, Reusch

Politik und Wirtschaft in der Krise 1930–1932. Quellen zur Ära Brüning, bearb. v. Ilse Maurer u. a., Erster Teil, Düsseldorf: Droste 1980, S. 800–807.

b) Aus einem Brief des Generaldirektors der Gutehoffnungshütte, Paul Reusch, an das geschäftsführende Präsidialmitglied des Reichsverbands der Deutschen Industrie Ludwig Kastl vom 6.9.1931:

Lieber Herr Kastl!
[...] Ich bin der unmaßgeblichen Meinung, dass Herr Brüning, nachdem die Erwartungen, die wir auf ihn gesetzt haben, sich nicht erfüllt haben und nachdem er nicht den Mut hat, sich von der Sozialdemokratie zu trennen, von der Wirtschaft und vom Reichsverband [der Deutschen Industrie] auf das Allerschärfste bekämpft werden muss und dass ihm die Industrie ganz offen ihr Misstrauen aussprechen soll.
[...] Im Weiteren bin ich der Ansicht, dass wir endlich unsere Taktik den Gewerkschaften gegenüber ändern müssen. Die Industrie war bisher zu feige, den Kampf mit den Gewerkschaften mit aller Schärfe aufzunehmen. Das ganze Unheil, das über uns gekommen ist, ist nicht zum geringsten Teil auf die Gewerkschaften zurückzuführen, von denen sich seit den Revolutionstagen alle Regierungen mehr oder weniger beeinflussen ließen und die im Hintergrunde tatsächlich regiert haben. [...]
Mit herzlichem Gruß Ihr [Paul Reusch]

Politik und Wirtschaft in der Krise 1930–1932. Quellen zur Ära Brüning, bearb. v. Ilse Maurer u. a., Erster Teil, Düsseldorf: Droste 1980, S. 800–807, S. 944f.

1. a) ●●○ Beschreiben Sie die wirtschaftliche Entwicklung während der Weimarer Republik. Verwenden Sie dabei die Begriffe „Rationalisierung", „Fusionen", „Kartelle" und „Aussperrungen".
b) ●●● Arbeiten Sie anhand der Quellen (M4) die sozialpolitischen Ziele der Industrie heraus und nehmen Stellung zu den genannten Zielen.
→ Text, M1–M4

2. a) ●●○ Ein wichtiges Zeichen für den sozialen Frieden ist die Anzahl der Arbeitskämpfe. Analysieren Sie die Entwicklung der Streiks in der Weimarer Republik (https://www.gewerkschaftsgeschichte.de/downloads/tab_arbeitskaempfe_1899_1933.pdf).
b) ●●● Erörtern Sie die Folgerungen für die gesellschaftlichen Verhältnisse in der Weimarer Republik.
c) ●●○ Vergleichen Sie die Entwicklung in der Weimarer Republik mit der in der Bundesrepublik (https://www.gewerkschaftsgeschichte.de/downloads/tab_arbeitskaempfe_ab_1949.pdf).
→ Text, Internet

Eine zerklüftete Gesellschaft – Teil 4: Die Arbeiterschaft zwischen Ideologie und Pragmatismus

Die Weimarer Republik als Arbeitsgesellschaft

1925 waren 93 Prozent aller erwerbsfähigen Männer erwerbstätig, bei den Frauen waren es etwa halb so viele. Von den Erwerbstätigen gehörten wiederum 45 Prozent zur Arbeiterschaft, insgesamt acht Millionen Menschen. Wenn man deren Familien dazurechnet, so kommt man auf rund 32 Millionen Menschen, die in Arbeiterhaushalten lebten – etwa die Hälfte der Reichsbevölkerung. Wenn von „Arbeitern" die Rede ist, so muss man differenzieren: Nur ein Drittel der Arbeiterinnen und Arbeiter waren in der Industrie tätig, die übrigen in Kleinbetrieben oder in der Landwirtschaft. Insgesamt aber bildete die Arbeiterschaft, so kann als erstes Ergebnis festgehalten werden, schon allein in Zahlen eine mächtige gesellschaftliche Kraft.

M1 ***‚Nichts geändert? Arbeiter vergleicht?'***
Plakat der SPD, 1920

Soziale Verbesserungen

Die Revolution von 1918/19 hatte den Arbeitern einige bedeutende soziale Fortschritte beschert.

- So begünstigte das in der Weimarer Verfassung gewährte Grundrecht der „Vereinigungsfreiheit" die Gründung von Gewerkschaften, die gerade zu Beginn der Republik einen stürmischen Zulauf fanden und sich 1919 in Nürnberg zum „Allgemeinen Deutschen Gewerkschaftsbund" zusammenschlossen. Die Gewerkschaften spielten fortan eine beträchtliche Rolle im sozialen und politischen Leben der Republik. Als im März 1920 rechte Nationalisten um den ostpreußischen Generallandschaftsdirektor Wolfgang Kapp in Berlin das Regierungsviertel besetzten, um die demokratische Republik zu beseitigen, scheiterte der Putsch an einem landesweiten Generalstreik, den die Gewerkschaften ausgerufen hatten. Die eigentliche Rolle der Gewerkschaften bestand jedoch darin, die Arbeiterschaft zu organisieren, für deren sozialen Belange zu kämpfen, Lohn- und Tarifverhandlungen zu führen und, falls diese scheiterten, Streiks auszurufen.
- Die Anerkennung von Tarifverträgen als Instrument der Lohngestaltung war ein zweites wichtiges Ergebnis der Revolution, das den Gewerkschaften bei den Lohnverhandlungen, die nun kollektiv nach Branchen (und nicht mehr nach Betrieben oder Orten) geführt wurden, neue Möglichkeiten eröffnete.

Da die Gewerkschaften in der zweiten Hälfte der Zwanzigerjahre zwischen vier und fünf Millionen Mitgliedern zählten, konnten sie sowohl bei Tarifverhandlungen als auch in den zahlreichen Streiks, an denen sich alljährlich mehrere Hunderttausend Arbeiter beteiligten, ein beträchtliches Gewicht in die Waagschale werfen und entsprechende Lohnerhöhungen bewirken. Außerdem hatte sich, wie bereits oben aufgezeigt, der Staat bei Zwangsschlichtungsverfahren gerne arbeitnehmerfreundlich gezeigt.

- Einen bedeutenden Fortschritt für die Lebensverhältnisse der Arbeiterinnen und Arbeiter markierte auch die Einführung des Achtstundentags im November 1918. Da der Samstag ganz selbstverständlich ein Arbeitstag war, lag die wöchentliche Arbeitszeit bei 48 Stunden, was gegenüber den 60 Wochenstunden, die noch im Kaiserreich üblich waren, eine große Verbesserung bedeutete – jedenfalls im Prinzip. Denn in der Praxis wurde diese revolutionäre Errungenschaft ab 1924 durch zahlreiche Ausnahmeregelungen nach und nach ausgehebelt.
- Die Löhne der Arbeiterschaft waren bei ungelernten und gelernten Arbeitern sowie bei Facharbeitern, aber auch je nach Branche und Geschlecht sehr unterschiedlich. So lag der Durchschnittslohn der Frauen – auch weil es weniger Facharbeiterinnen gab – um etwa die Hälfte niedriger als der der männlichen Arbeiter. Insgesamt jedoch konnte die Arbeiterschaft bis zum Ausbruch der Weltwirtschaftskrise 1929 ordentliche Zuwächse bei ihrem Reallohn erzielen – 1928 lagen die Reallöhne um bis zu 20 Prozent über denen von 1913. Dies war ein Erfolg starker Gewerkschaften, wohl aber auch ein Effekt der oben erläuterten Rationalisierung der Produktionsabläufe. Dieser Trend nahm in der Weltwirtschaftskrise eine scharfe Wende: Vom Herbst 1929 bis zum Herbst 1932 gingen die Reallöhne der Arbeiter um fast 38 Prozent zurück, sodass auch Vollzeitbeschäftigte in Armut abstürzten.

Eine gespaltene Arbeiterschaft

Politisch war die Arbeiterschaft gleich mehrfach gespalten. Der größte Teil der Arbeiterschaft unterstützte eine der beiden linken Parteien SPD (und bis 1922 USPD) einerseits und KPD andererseits. Die Sozialdemokratie hatte die Republik in entscheidender Weise mitbegründet, mit Friedrich Ebert den ersten Reichspräsidenten und insgesamt vier Mal den Reichskanzler gestellt, den Ausbau des Sozialstaats vorangetrieben und bis zuletzt zu den entscheidenden Stützen der Demokratie gehört. Über die SPD, die auch von unteren Beamten, Lehrern, Landarbeitern und Intellektuellen gewählt wurde, und die ebenfalls einflussreichen Gewerkschaften hatte die Arbeiterbewegung die Weimarer Republik also maßgeblich mitgeprägt.

Im Unterschied dazu bekämpfte die KPD das verhasste kapitalistische System und den politischen Apparat der Republik mit allen Mitteln – das Spektrum reichte von Straßenaufmärschen über Obstruktionspolitik in den Parlamenten bis hin zu bewaffneten Aufständen, wie sie die KPD vor allem in der Frühzeit der Republik mehrfach

M2 ‚Sozialismus öffnet die Betriebe'
Wahlplakat der KPD zur Reichstagswahl am 14.09.1930

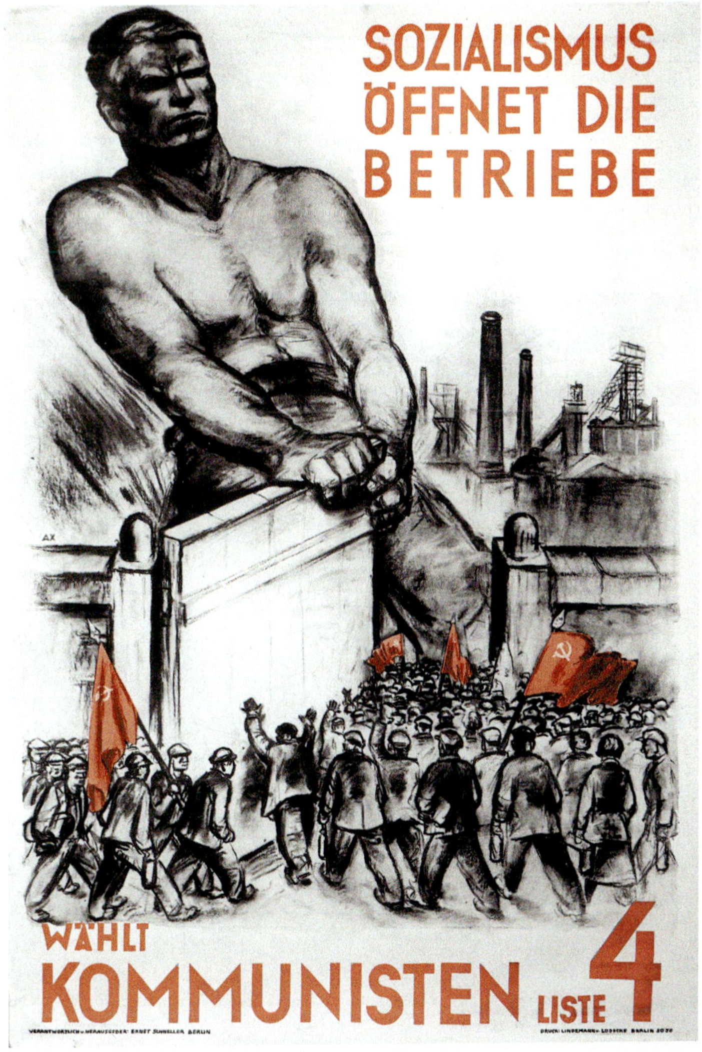

organisiert hatte. Anders als die SPD folgte die KPD einer streng gehandhabten Interpretation der Marxschen Lehre vom Klassenkampf, sie propagierte die große proletarische Revolution und folgte ab 1924 in mehreren abrupten Kurswechseln den immer neuen Vorgaben der Kommunistischen Partei der Sowjetunion in Moskau. Mit Beginn der Weltwirtschaftskrise wurde die KPD zum Auffangbecken arbeitsloser Arbeiter, was ihr auf dem Höhepunkt der Krise bei den Reichstagswahlen im Herbst 1932 einen Wählerstimmenanteil von fast 17 Prozent bescherte. Die KPD lehnte nicht nur jede Kooperation mit der SPD ab, sondern bekämpfte die Sozialdemokratie geradezu als ihren schärfsten Gegner. Unter den katholischen Arbeitern wählte ein nicht unbedeutender Anteil insbesondere im Rheinland und im Ruhrgebiet schließlich die Zentrumspartei, die einige sehr einflussreiche Sozialpolitiker der Weimarer Republik stellte und in zahlreichen Reichsregierungen vertreten war.

„Sozialistische Lebenskultur“

Insbesondere die Industriearbeiterschaft hatte sich bereits im Kaiserreich eine eigene Lebenswelt in Form unzähliger Arbeitervereine und sozialer oder kultureller Organisationen geschaffen, die in der Weimarer Republik fortbestanden und sich weiter auffächerten. Zwar war das proletarische Leben mit seiner Sechstagewoche, die keinen Urlaub kannte, in hohem Maß von Arbeit bestimmt, doch blieb es zugleich von einem fein gesponnen Netz an Initiativen durchwirkt, die vom Arbeitergesangverein bis zum Arbeiter-Radio-Bund, von der Arbeiterlesehalle bis zur Gewerkschaftsakademie reichten. Das Ziel dieser zahlreichen Organisationen bestand in der Ausbildung und Festigung einer „sozialistischen Lebenskultur“, in der sich die Pflege einer solidarischen Klassengemeinschaft mit dem Bestreben, über Bildung auf gesellschaftliche Teilhabe hinzuwirken, eigentümlich verband. Ähnlich wie das katholische Milieu neigte auch dieses proletarische Milieu zur Abschottung gegenüber dem Rest der Gesellschaft; nachdem sich große Teile der Arbeiterschaft von Religion und Kirche abgewandt hatten, stiftete das organisierte proletarische Milieu mit seinen eigenen Festen und Ritualen Sinn und Gemeinschaft in einer zunehmend unübersichtlicher werdenden Welt.

M3 ***„Singen zum 1. Mai 1932“*** *Arbeitersänger singen auf dem Marktplatz in Schwarzenberg, Foto.*

SPD und KPD – Wahlplakate vergleichen

M4 ***„Arbeiter Augen auf!"***
Wahlplakat der SPD, 1919

M5 ***„Verraten durch die S.P.D."***
Wahlplakat der KPD, 1919

1. a) ●●○ Untersuchen Sie die Plakate der SPD (M1, M4) und KPD (M2, M5) und arbeiten Sie ihre jeweilige Intention heraus.
   b) ●●○ Fassen Sie in einer Mind Map die sozialen Verbesserungen für die Arbeiterschaft zusammen.
   c) ●●○ Stellen Sie in einer Tabelle die politische Spaltung der Arbeiterschaft dar. Orientieren Sie sich dazu an den Parteien SPD, KPD und Zentrum.
   d) ●●○ Erläutern Sie die Merkmale einer „sozialistischen Lebenskultur".
   → Text, M1 – M5

Eine zerklüftete Gesellschaft – Teil 5: Der „neue Mittelstand“

Die Welt der Angestellten

In den zeitgenössischen Sozialanalysen fand eine soziale Gruppe aufgrund ihres raschen Anwachsens und ihres selbstbewussten Auftretens besondere Aufmerksamkeit: Die Gruppe der Angestellten, die man auch als „neuen Mittelstand“ (neben dem „alten Mittelstand“ der Handwerker) bezeichnet hat. Da sowohl die Industrie als auch der expandierende Staat einen wachsenden Bedarf an der Regelung von Verwaltungs- und Organisationsaufgaben hatte, wuchs die Anzahl der Angestellten und Beamten in der Weimarer Republik rasant. Zählten 1907 noch gut zehn Prozent der Erwerbstätigen zum „neuen Mittelstand“, so waren es 1925 bereits gut 17 Prozent oder insgesamt 5,5 Millionen.

Abgrenzung zur Arbeiterschaft

Die Angestellten unterschieden sich durch eine ganze Reihe markanter Merkmale von den Arbeitern. Anders als diese verrichteten sie keine Handarbeit, sondern Kopf- und Schreibtischarbeit, die eine technische oder kaufmännische Ausbildung verlangte. Im Unterschied zu Arbeitern erhielten Angestellte keinen Tages- oder Wochenlohn, sondern einen Monatslohn, sie durften Urlaub in Anspruch nehmen, genossen einen besseren Kündigungsschutz und verdienten mehr als Arbeiter. Seit 1911 waren sie in einer eigenen Sozialversicherung versichert. Dies alles trug dazu bei, dass sich die neuen Angestellten im Lebensstil, in ihrem Freizeitverhalten und ihrer gesellschaftlichen sowie politischen Orientierung bewusst und erkennbar abgrenzten. Diese Abgrenzung erfolgte umso nachdrücklicher, als sich die Einkommensunterschiede zwischen Arbeitern und Angestellten gegenüber der Zeit vor dem Ersten Weltkrieg deutlich verringert hatten; von Arbeitslosigkeit waren die Angestellten ebenso bedroht wie die Arbeiter, was sich beispielweise bei den Massenentlassungen aus dem Öffentlichen Dienst nach dem Ende der Inflation zeigte.

Obwohl die aufstrebende Schicht der Angestellten sehr unterschiedliche Berufe – von der Verkäuferin im Kaufhaus bis zum Manager eines Unternehmens – umfasste, verband die Angestellten insgesamt eine neuartige Haltung zum Konsum. Deutlich stärker als Arbeiter oder Beamte interessierten sich die Angestellten nämlich für die neueste Mode, für eine zeitgemäße Einrichtung der Wohnung und für die neuen Freizeitvergnügungen wie Kino sowie Sport-, Varieté- und Tanzveranstaltungen. In der Art der Kleidung und in der Form der Freizeitgestaltung entwickelte sich ein neuartiges Verlangen nach Entfaltung der eigenen Individualität, zugleich auch das Bedürfnis, den eigenen sozialen Ort in der anonymer gewordenen Massengesellschaft sichtbar vorzuführen oder auch nur vorzutäuschen, sich jedenfalls und insbesondere von den „unteren Klassen“ vor aller Augen zu unterscheiden. Wie karg und schwierig das Leben eines kleinen Angestellten in der Weimarer Zeit dennoch sein konnte, hat nicht zuletzt die zeitgenössische Literatur – etwa Hans Fallada in seinem 1932 erschienenen Bestseller-Roman „Kleiner Mann, was nun?“ – eindrucksvoll dargestellt.

M1 Der „neue Mittelstand“
Sekretärinnen in einem Schreibbüro, Foto, 1929

M2 „Kleiner Mann – was nun?“

Hans Fallada schrieb 1932 den Roman „Kleiner Mann – was nun?“, der in den Wirren der Weltwirtschaftskrise spielt. Die Hauptperson, Herr Pinneberg, Herrenbekleidungs-Verkäufer in einem Berliner Warenhaus, ist arbeitslos geworden. Mietschulden häufen sich an und das Geld reicht zum Überlebenkaum noch aus:

Die Fahrkarte ist gelb, sie kostet fünfzig Pfennig, die Rückfahrt kostet wieder fünfzig Pfennig, und da Pinneberg zweimal wöchentlich zum Arbeitsamt in die Stadt muss, gehen von seinen achtzehn Mark Unterstützung gleich zwei Mark Fahrgeld ab. Jedesmal, wenn Pinneberg dies Fahrgeld ausgeben muss, wütet er.

Nun gibt es zwar Siedlerkarten, sie sind billiger, aber um eine Siedlerkarte zu bekommen, müsste Pinneberg dort wohnen, wo er wohnt, und das darf er aber nicht. Auch gibt es ein Arbeitsamt an dem Orte, wo er wohnt, dort könnte er ohne alles Fahrgeld stempeln gehen, aber das darf er nicht, da er nicht wohnt, wo er wohnt. Für das Arbeitsamt wohnt Pinneberg bei Meister Puttbreese, heute, morgen, in alle Ewigkeit, ob er nun die Miete zahlen kann oder nicht.

Ach, Pinneberg mag gar nicht daran denken, aber er denkt viel daran, wie er in den Monaten Juli und August von Pontius zu Pilatus gelaufen ist, um die Erlaubnis zu bekommen, von Berlin in jene Siedlung außerhalb Berlins zu verziehen, vom Arbeitsamt Berlin an das dortige Arbeitsamt überwiesen zu werden.

„Nur, wenn sie nachweisen können, dass sie dort Aussicht auf Arbeit haben, sonst nehmen die Sie nicht.“

Nein, das kann er nicht. „Aber ich kriege hier ja auch keine Arbeit!“

„Das wissen Sie nicht. Jedenfalls sind sie hier arbeitslos geworden und nicht dort.“

„Aber ich spare dreißig Mark Miete im Monat.“

„Damit hat das nichts zu tun. Das geht uns nichts an.“

„Aber der Wirt wirft mich hier raus!“

„Dann besorgt Ihnen die Stadt eine andere Wohnung. Sie brauchen sich nur bei der Polizei als obdachlos zu melden.“

„Aber ich habe sogar Land bei der Laube! Ich könnte mir mein Gemüse selbst bauen und meine Kartoffeln!“

„Laube – das wissen Sie ja wohl, dass es gesetzlich verboten ist, in Lauben zu wohnen?!“

Also, es ist nichts zu machen. Pinnebergs wohnen offiziell immer noch in Berlin bei Meister Puttbreese, und Pinneberg muss zweimal jede Woche für sein Geld in die Stadt fahren. Und zu dem verhassten Puttbreese gehen und mit sechs Mark alle vierzehn Tage seinen Mietrückstand abtragen.

Ja, wenn Pinneberg so eine Stunde in der Bahn sitzt, so hat er alle möglichen Scheite zuammenzutragen, und es gibt alles in allem ein ganz hübsches Feuerchen aus Wut, Hass und Erbitterung. Aber es ist doch nur ein Feuerchen. Wenn er sich dann mit dem grauen, eintönigen Strom der andern durch das Arbeitsamt schiebt, so viele verschiedene Gesichter, so viel verschiedene Kleidung und alle die gleichen Sorgen, alle der gleiche Krampf, alle die gleiche Erbitterung [...]

Ach, was hat es für einen Sinn? Er ist drin in diesem Betrieb, einer von sechs Millionen, schiebt er sich an den Schaltern vorbei, warum sich aufregen? Zehntausenden geht es schlimmer, Zehntausende haben keine tüchtige Frau, Zehntausende haben kein Kind, sondern ein halbes Dutzend – weiter, Mann Pinneberg, nimm dein Geld und hau ab, wir haben wirklich keine Zeit für dich, du bist nichts so Besonderes, dass wir uns mit dir aufhalten könnten.

Hans Fallada, Kleiner Mann – was nun?, Reinbek: Rowohlt 1967, S. 231.

M3 ***Hans Fallada (1893–1947)***
Falladas Roman „Kleiner Mann – was nun?“ brachte ihm den ersten literarischen Erfolg ein. Er war zu Lebzeiten und auch später noch einer der bekanntesten sozialkritischen Autoren Deutschlands, Foto von 1934.

1. a) ●●○ Beschreiben Sie die Situation, in der sich die Figur Pinneberg aus dem Roman „Kleiner Mann – was nun“ (M2) befindet und benennen Sie die Probleme, vor denen er steht.

b) ●●○ Zeichnen Sie eine Figurine (einen Umriss eines Menschen) und beschriften Sie diese mit den wesentlichen Merkmalen einer oder eines Angestellten.

c) ●●● Überprüfen Sie, ob es sich bei Johannes Pinneberg um einen typischen Angestellten handelt.
→ Text, M1 – M3

Eine zerklüftete Gesellschaft – Teil 6: Der Wandel des Frauenbildes und der Kampf um die Moderne

Wahlrecht für Frauen

Der 12. November 1918 war ein historisches Datum. Denn an diesem Tag beschloss der revolutionäre „Rat der Volksbeauftragten" die Einführung des Frauenwahlrechts, das in der Weimarer Verfassung festgeschrieben wurde. Die Verfassung bestimmte erstmals auch, dass Frauen in allen staatsbürgerlichen Angelegenheiten, im Staatsdienst und in der Ehe gleichberechtigt seien – ein gewaltiger Fortschritt gegenüber den Zuständen im Kaiserreich. Die Realität hinkte diesem Fortschritt allerdings erheblich hinterher.

Deutschland hatte im europäischen Vergleich das Frauenwahlrecht relativ früh eingeführt. Wie überfällig dieser Schritt war, mag die Tatsache illustrieren, dass bei der Wahl zur Nationalversammlung im Januar 1919 etwa 90 Prozent der Frauen zur Wahl gingen. Demgegenüber waren nur 8,6 Prozent der Mitglieder der Nationalversammlung Frauen – diese geringe Repräsentanz von Frauen in Parlamenten sollte während der gesamten Weimarer Republik anhalten. Obwohl vor allem liberale und linke Parteien die Einführung des Frauenwahlrechts gefordert hatten, gaben die Wählerinnen in der Weimarer Republik eher den konservativen Parteien ihre Stimme. Unabhängig davon haben alle Parteien die Frauen als Wählerinnen ausdrücklich umworben.

Veränderungen durch den Krieg

Der Erste Weltkrieg hatte nicht nur politisch einen Demokratisierungsschub ausgelöst, sondern auch in bislang nie dagewesener Weise Frauen an Arbeitsplätze gebracht, die bis zum Ausbruch des Krieges Männer innegehabt hatten. Obwohl nach Kriegsende die meisten Männer auf ihre Arbeitsplätze, sofern sie noch vorhanden waren, zurückkehrten und die Frauen wieder verdrängten, blieb der Beschäftigungsgrad der Frauen in der Weimarer Republik vergleichsweise hoch: 1925 waren 11,5 Millionen Frauen (etwa ein Drittel aller Frauen) und 20,5 Millionen Männer erwerbstätig. Fast die Hälfte der Frauen arbeitete in der Landwirtschaft, aber auch die modernen Angestelltenberufe, etwa Verkäuferin, Sekretärin, Bürokraft oder Telefonistin, zogen weibliche Arbeitskräfte an.

Erwerbstätige Frauen

Im Unterschied zu den Männern arbeiteten die Frauen oftmals nicht bis zur Rente, sondern sie gaben ihre Arbeit mit der Eheschließung oder Familiengründung auf. Eine offene Ungleichbehandlung betrieben die Tarifverträge, die für Frauen bei gleicher Qualifikation deutlich niedrigere Gehälter vorsahen. Zwar durften Frauen seit etwa 1900 an deutschen Universitäten studieren, doch blieb ihnen der Aufstieg in manche akademischen Berufe weiter verwehrt. So durften sie erst ab 1922 den Beruf der Anwältin oder Richterin ausüben. Zugleich stieg der Anteil der Frauen an den Studierenden in der Weimarer

M1 ***Marie Munk (1885–1978)***
Sie wurde 1930 eine der ersten Richterinnen in Deutschland, Foto, 1926.

Republik auf nahezu 20 Prozent. Frauen, die im öffentlichen Dienst arbeiteten und verheiratet waren, wurden während der Weltwirtschaftskrise wesentlich häufiger entlassen als Männer, weil sie als „Doppelverdienerinnen" galten.

Verheiratete Frauen

Auch in der Ehe waren Frauen keineswegs mit Männern gleichgestellt. Hier galten weiterhin die Bestimmungen des Bürgerlichen Gesetzbuchs aus dem Jahr 1900, das manche rechtliche Entscheidungen und wirtschaftliche Handlungen allein dem Ehemann vorbehielt, der zudem das Recht hatte, seiner Frau außerhäuslicher Erwerbsarbeit zu genehmigen oder zu untersagen. Ob verheiratete Frauen nun arbeiteten oder nicht – es galt weiterhin als ausgemacht, dass Hausarbeit und Kindererziehung Aufgabe der Frau sei.

Die „neue Frau"

Trotz dieses vielfach noch traditionellen Rollenverständnisses wandelte sich das Bild der Frau während der Weimarer Republik in tiefgreifender Weise gegenüber der Vorkriegszeit. Denn immerhin gewannen diejenigen Frauen, die in zunehmender Zahl einer Erwerbsarbeit nachgingen, ein Stück wirtschaftliche Unabhängigkeit und neue Freiräume zur Gestaltung des eigenen Lebens. Vor allem in den Großstädten nutzten Frauen, sofern sie zum Beispiel als Angestellte etwas mehr verdienten und keine Familie hatten, die neuen Möglichkeiten des Konsums und der Freizeitgestaltung. Entsprechend wurden sie als Konsumentinnen umworben.

Eine besondere Rolle spielte dabei das Leitbild der „neuen Frau", die sich schon äußerlich durch ihren Haarschnitt (dem „Bubikopf"), durch das Rauchen von Zigaretten und das Tragen knielanger, modischer Röcke vom traditionellen Frauenbild abhob und in ihrem Auftreten ihre Unabhängigkeit demonstrierte. Zwar war die „neue Frau" vor allem ein Medienprodukt, das aber in den Zwanzigerjahren eine große Strahlkraft entwickelte und vielen jungen Frauen, die es sich leisten konnten und in Großstädten lebten, als Leitbild diente und sich zeitweise geradezu zum Inbegriff der Modernität der Weimarer Republik entwickelte. Konservative und kirchliche Kreise hingegen sahen in der „neuen Frau" das Sinnbild einer aus den Fugen geratenen Gesellschaftsordnung.

Wenn man bedenkt, dass die Ordnung der Geschlechter vielfach als Kern und Zeichen für die Ordnung und Stabilität der Gesellschaft überhaupt verstanden wurde, wird nachvollziehbar, warum die politische Rechte gegen das sich abzeichnende, neue Selbstverständnis der Frau Sturm lief. Das heroische Selbstbild des kämpfend sein Vaterland verteidigenden Mannes hatte mit der Niederlage des Deutschen Reiches im Ersten Weltkrieg erheblich an Glaubwürdigkeit eingebüßt; die verstümmelten Kriegsinvaliden auf den Straßen führten diesen Sachverhalt vor Augen. Umso mehr hatte man im rechten und im konservativen politischen Lager die „neue Frau" als Provokation verstanden, sie galt als Inbegriff der verhassten Moderne, auch der verhassten Republik. Der als „weiblich" gezeichneten, ja diffamierten Republik stellten ihre Gegner von Anfang an das Ideal des von einem charismatischen „Führer" geleiteten, kämpferischen Männerbundes gegenüber. In diesem Licht betrachtet erwies sich der Kampf um die „neue Frau" auch als ein Kampf um die Moderne – und um die Demokratie.

M2 ***Arbeiterinnen am Fließband***
Produktion von Staubsaugern bei AEG, Foto, 1920er-Jahre

Frauenbilder

M 3 ***„Gleiche Rechte – Gleiche Pflichten"***
Wahlplakat der SPD, 1919

M 4 ***„Wer rettet uns christlichen Müttern die Kinder?"***
Wahlplakat christliche Volkspartei (Centrum), 1919

M 5 ***„Das Parfüm dieses Winters"***
Werbeplakat, um 1925

M 6 ***„Frauen! Rettet die deutsche Familie – wählt Adolf Hitler!"***
Wahlplakat der NSDAP, 1932

M7 *Der Wandel der weiblichen Erwerbsarbeit*

Weibliche Erwerbspersonen	1882	1895	1907	1925	1933
Mithelfende Familienangehörige	40,7	34,1	35,2	36	36,1
Dienstmädchen/Hausangestellte	17,9	18,2	16,1	11,4	10,5
Arbeiterinnen in Industrie und Handel	11,8	17	18,3	23	22,9
Arbeiterinnen in der Landwirtschaft	15,5	16,6	14,5	9,2	7,5
Angestellte und Beamtinnen	1,7	2,6	6,5	12,6	14,8
Selbstständige	12,3	11,4	9,2	7,7	8

Angaben in Prozent

Nach: Ute Frevert, Frauen-Geschichte. Zwischen Bürgerlicher Verbesserung und Neuer Weiblichkeit, Frankfurt a. M.: Suhrkamp 1993, S. 291.

M8 *Lebendgeburten pro Frau in Deutschland*

Jahr	Lebendgeburten pro Frau
1849	4,80
1895	(keine Angaben)
1913	3,52
1919	(keine Angaben)
1925	2,21
1929	1,93
1933	1,58

Nach: Thomas Rahlf (Hg.), Deutschland in Daten, Bonn: bpb 2015, S. 34.

M9 *Auszüge aus dem Bürgerlichen Gesetzbuch*

Das Familienrecht von 1900 galt auch in der Weimarer Republik weiterhin:

§. 1354.
Dem Manne steht die Entscheidung in allen das gemeinschaftliche eheliche Leben betreffenden Angelegenheiten zu; er bestimmt insbesondere Wohnort und Wohnung. (...)
§. 1355.
Die Frau erhält den Familiennamen des Mannes.
§. 1356.
Die Frau ist, unbeschadet der Vorschriften des §. 1354, berechtigt und verpflichtet, das gemeinschaftliche Hauswesen zu leiten.
Zu Arbeiten im Hauswesen und im Geschäfte des Mannes ist die Frau verpflichtet, soweit eine solche Thätigkeit nach den Verhältnissen, in denen die Ehegatten leben, üblich ist.
§. 1357.
Die Frau ist berechtigt, innerhalb ihres häuslichen Wirkungskreises die Geschäfte des Mannes für ihn zu besorgen und ihn zu vertreten. Rechtsgeschäfte, die sie innerhalb dieses Wirkungskreises vornimmt, gelten als im Namen des Mannes vorgenommen, wenn nicht aus den Umständen sich ein Anderes ergiebt.
Der Mann kann das Recht der Frau beschränken oder ausschließen. (...)
§. 1376.
Ohne Zustimmung der Frau kann der Mann:
1. über Geld und andere verbrauchbare Sachen der Frau verfügen;

https://de.wikisource.org/wiki/B%C3%BCrgerliches_Gesetzbuch._Viertes_Buch._Familienrecht [letzter Zugriff: 01.03.2022].

M10 *Weibliche Studierende in Deutschland*

Jahr	Frauenanteil unter den Studierenden in %
1911	4,9
1921	9,6
1931	18,9

Nach: Thomas Rahlf (Hg.), Deutschland in Daten, Bonn: bpb 2015, S. 68.

1. a) ●●○ Analysieren Sie die Bildquellen (M1 – M6) im Hinblick auf das jeweils vermittelte Frauenbild.
b) ●●○ Werten Sie die Tabellen (M7, M8, M10) aus und arbeiten Sie die damaligen Veränderungen im Leben der Frauen heraus.
c) ●●○ Arbeiten Sie aus den Auszügen aus dem Bürgerlichen Gesetzbuch (M9) die rechtliche Stellung der Frau in der Weimarer Republik heraus.
d) ●●● Beurteilen Sie, inwiefern in der Weimarer Republik von einer gesellschaftlichen und rechtlichen Gleichberechtigung der Frauen gesprochen werden kann.
e) ●●● Diskutieren Sie, inwiefern die Frauen der 1920er-Jahre ein Vorbild für die Frauen der Gegenwart sein könnten.
→ Text, M1 – M10

Eine zerklüftete Gesellschaft – Teil 7: Jugend in der Weimarer Republik

Gefährdet? Bedrohlich? „Überflüssig"?

In kaum einer anderen Epoche der deutschen Geschichte war so viel von „Jugend" bzw. „junger Generation" die Rede wie in der Weimarer Republik. So umwarben alle Parteien und politischen Strömungen eifrig die jungen Wählerinnen und Wähler, nachdem das Wahlalter auf 20 Jahre herabgesetzt worden war. Junge Menschen wurden aber auch als Konsumenten und Hauptadressaten einer neuen Freizeit- und Massenkultur entdeckt, obwohl gerade die Jugendlichen und jungen Erwachsenen der Weimarer Republik oftmals kaum über die Mittel zu einem „Konsum" im heutigen Sinne verfügten. Einer damals gängigen Redeweise zufolge „gehörte" der Jugend „die Zukunft". Und doch galt sie den einen als hoch gefährdet, manch anderen aber umgekehrt als eine geradezu gefährliche Bevölkerungsgruppe, vor der man sich in Acht zu nehmen hatte, die es zu beobachten und notfalls zu disziplinieren galt. Junge Männer, geprägt von den Erfahrungen des Ersten Weltkrieges, neigten dazu, sich als Elite der Zukunft zu sehen, während andere in Bezug auf sich selbst von einer „überflüssigen" oder gar „verratenen" Generation sprachen. Wie passt das alles zusammen?

Eine einfache Antwort darauf lautet, dass es „die" Jugend – damals wie heute – gar nicht gibt. Vielmehr bilden junge Menschen aufgrund ihrer sozialen Herkunft, der familiären Verhältnisse des Elternhauses, ihres Lebens auf dem Dorf oder in der Stadt, ihres schulischen Bildungsweges, ihrer regionalen und religiösen Prägungen und vieler andere Faktoren jeweils ganz unterschiedliche Selbstbilder, Ansichten und Verhaltensweisen aus. So kann es kommen, dass sich die einen als die künftige Elite definieren, die anderen aber, zu Recht oder zu Unrecht, als die großen Verlierer ihrer Epoche.

In der Weimarer Republik kamen allerdings eine Reihe besonderer Umstände hinzu, die der „jungen Generation" eine so große öffentliche Präsenz ermöglichten.

M1 „Wandervogel"
Mitglieder der „Wandervogel"-Bewegung orientieren sich mithilfe einer Karte, Foto 1927.

Eine junge Gesellschaft

Die Weimarer Republik war eine ausgesprochen junge Gesellschaft. Mehr junge Menschen als je zuvor strömten auf einen Arbeitsmarkt, auf dem eine schwere Wirtschaftskrise die andere jagte. Unter diesen Umständen war es schwierig, einen Ausbildungsplatz und noch schwieriger, eine Arbeit zu bekommen. Immerhin hatten diejenigen Männer, die im Ersten Weltkrieg als Soldaten im Einsatz waren, in der Regel von ihrem Recht Gebrauch gemacht, auf ihren alten Arbeitsplatz, den inzwischen nicht selten Frauen oder eben junge Menschen eingenommen hatten, zurückzukehren. Für die Betroffenen war dies, zumal Arbeitsplätze in Zeiten der Rationalisierung rar waren, eine bittere Erfahrung, die der Einschätzung, man gehöre zu einer „überflüssigen" Generation, jedenfalls eine Grundlage gab. Überhaupt gehörten soziale Not und Unsicherheit in der Weimarer Republik zum Alltag der allermeisten Kinder und Jugendlichen.

Zahlreiche Kinder und Jugendliche mussten wie kaum zuvor die Erfahrung machen, entweder ohne Vater oder mit einem kriegsbeschädigten Vater aufzuwachsen, dessen Erfahrungen dann das Familienleben in vielerlei Hinsicht prägten. Außerdem wurden, da auch die Anzahl der Ehescheidungen stark zunahm, mehr Kinder und Jugendliche von Alleinerziehenden aufgezogen als zuvor.

Jugendbünde und Vereine

In der Weimarer Republik setzte sich ein Trend fort, der im späten Kaiserreich zu Beginn des 20. Jahrhunderts mit der „Jugendbewegung" begonnen hatte: Junge Menschen definierten sich als Angehörige einer besonderen „Generation", die ganz bewusst ein eigenes Selbstverständnis und eine eigene Sicht der Dinge entwickelte und sich genau darin von der Welt der „Alten" entschieden abgrenzte. Besonders junge Männer, die noch im Kriegseinsatz waren, leiteten aus der Verbindung von Jugendlichkeit und Kriegserfahrung nicht nur das Recht, sondern gerade-

zu ihre Pflicht auf künftige „Führung" ab: Was sie beim Militär erfahren hatten, übertrugen sie auf eine Gesellschaft, die ihnen wenig Chancen bot und deren Zustand sie zumeist ablehnten und zu überwinden suchten. In diesem Geist schlossen sich zwischen 50000 und 90000 junge Menschen in Jugendbünden zusammen, die Jugendlichkeit und elitäres Selbstverständnis miteinander verbanden und dabei ein intensives Gemeinschaftserlebnis pflegten bzw. befürworteten.

Zwar war diese „bündische Jugend" im Hinblick auf die genannten Mitgliederzahlen nur eine Minderheit. Doch strahlte ihr Auftreten auch auf andere Jugendorganisationen aus und prägte das Bild, das wir von „der" Jugend in der Weimarer Republik entwickelt haben, erheblich. Die bündische Jugend strebte das Ideal einer klassenübergreifenden „Volksgemeinschaft" an, sie organisierte sich hierarchisch und nach Geschlechtern getrennt, trat gerne marschierend in einheitlicher Kleidung auf, traf sich in „Lagern" und kultivierte das Ideal der „Selbsterziehung" ebenso wie die Orientierung an einem charismatischen „Führer", dem man sich als „Gefolgschaft" anschloss. Solche Vorstellungen waren in der Weimarer Republik weit verbreitet, die bündische Jugend vertrat sie aber mit dem besonderen politischen Anspruch, damit die „mechanisierte" Industriegesellschaft und die „vergreiste" Republik überwinden zu wollen.

Die bündische Jugend ist nur ein prominentes Beispiel dafür, dass sich Jugendliche in der Weimarer Republik generell in hohem Maß in Vereinen und Bünden zusammenschlossen und organisierten. So waren – Schätzungen zufolge – im Jahr 1927 rund 40 Prozent aller Jugendlichen – in einem der zahllosen Jugendverbände organisiert. Oftmals orientierten sich diese Verbände an politischen Parteien und religiösen oder weltanschaulichen Strömungen. Besonders beliebt waren Sportvereine, die Mitte der 1920er-Jahre rund 1,6 Millionen jugendliche Mitglieder zählten.

Schule

Die Weimarer Verfassung hatte das staatliche Schulwesen gegenüber dem privaten und kirchlichen gestärkt, die allgemeine Schulpflicht bis zum 18. Lebensjahr ausgedehnt, die Grundschule für alle Schülerinnen und Schüler verpflichtend gemacht und damit zugleich private „Vorschulen" für die Kinder wohlhabender Eltern abgeschafft. Private Schulen ließ die Verfassung – zumindest auf dem Papier – nur zu, sofern sie „eine Sonderung der Schüler nach den Besitzverhältnissen der Eltern" nicht förderten. Für Volksschulen sah die Verfassung erstmals kostenlose Lernmittel vor, der Besuch weiterführender Schulen sollte nicht vom sozialen Status der Eltern, sondern nur von „Anlage und Neigung" der Kinder abhängen. An diesen Beispielen sieht man, dass die Verfassung von 1919 nicht nur auf das politische System, sondern auch auf die Gesellschaft und ihr Bildungswesen demokratisierend wirken sollte.

Die Realität sah vielfach anders aus. Zu Beginn der Zwanzigerjahre besuchte noch fast die Hälfte der Volksschüler Dorfschulen, von denen viele die Lernenden unterschiedlicher Jahrgänge in nur einer Klasse und in einem einzigen Raum zusammenfassten. Die achtjährige Volksschule blieb die Regelschule. Obwohl es verschiedene Formen der „höheren" Schule gab (z. B. Gymnasien, Realgymnasien, Reformgymnasien, Oberrealschulen), legten nur etwa sechs Prozent der Schulpflichtigen das Abitur ab. Dabei zeigte sich, dass die weitaus meisten Schülerinnen und Schüler dieser Schulen aus den Haushalten von Beamten, Angestellten und Selbstständigen stammten, die allerwenigsten aber aus

M2 ***Straßenumzug junger Mitglieder der Deutschen Nationalen Volkspartei***
Foto, 1925

M3 ***Ausmarsch des „Deutschen Jungmädchendienstes" zu einer Sanitätsübung***
Foto, 1928

M4 *Klasse eines Gymnasiums*
Foto, um 1920

der Arbeiterschaft, die immerhin 45 Prozent der Erwerbstätigen stellte. Anders als noch im Kaiserreich stammten nun immerhin viel mehr Schülerinnen und Schüler der höheren Schulen aus mittleren Schichten. In viel stärkerem Maß als zuvor öffnete die Weimarer Republik außerdem den Mädchen die höhere Schulbildung. Die Anzahl der entsprechenden höheren Mädchenschulen bzw. „Oberlyzeen" wurde erhöht, und junge Frauen ergriffen häufiger als im späten Kaiserreich ein Studium: Während 1913 rund 3500 Frauen im Deutschen Reich studierten, waren es 1929 bereits knapp 16000, damit bildeten Frauen an den Universitäten eine Minderheit von etwa 18 Prozent.

Auflehnung und „wilde Cliquen"

Jugendarbeitslosigkeit war ein Dauerproblem der Weimarer Republik. Doch dieselbe Republik, die den jungen Leuten den Weg ins Berufsleben so sehr erschwerte, bot ihnen auf der anderen Seite neue Möglichkeiten des Ausprobierens, des Experimentierens und der Selbstentfaltung. Der Massensport – Fußball, Boxen, Schwimmen –, die neuen Formen der Vergnügungskultur wie das Kino und die in ihrer Vielfalt ebenfalls neuen Welten des Konsums und der technischen Errungenschaften eröffneten den Jugendlichen neue Aktionsfelder, auch wenn sie sich diese oft kaum leisten konnten.

Für das Selbstverständnis vieler Jugendlicher spielte die Erfahrung, dass die Welt der Eltern samt ihren Werten und Normen mit dem Ersten Weltkrieg, spätestens mit der Revolution und Inflation, zusammengebrochen und wertlos geworden sei, eine wichtige Rolle. Die Auflehnung, ja der Hass gegen die autoritären Väter, die nicht nur den Krieg verloren hatten, sondern auch stellvertretend für eine untergegangene Ordnung standen, war daher ein beliebtes Motiv der expressionistischen Literatur der frühen 1920er-Jahre.

Eine regelrechte Jugendrevolte kannte die Weimarer Republik zwar nicht. Doch strömten zahllose junge Männer und deutlich weniger Frauen in die Jugendverbände der Kommunisten und der Nationalsozialisten; beide Bewegungen inszenierten sich als ausgesprochen jugendlich, dynamisch und außerdem gewaltbereit, zumal sie beide den radikalen Ausbruch aus einer tristen Gegenwart und den Aufbruch in eine ganz andere, goldene Zukunft versprachen. Die Bedeutung der „Jugend" in den radikalen Parteiverbänden wird allerdings gerne überschätzt und mit dem jugendlichen Bild verwechselt, mit dem sich diese Verbände gerne selbst geschmückt haben.

In der Weimarer Republik trat mit den „wilden Cliquen" ein neues Phänomen auf. Dies waren kleine, kaum organisierte Gruppen von Jugendlichen, die überwiegend aus dem Arbeitermilieu stammten und die Öffentlichkeit durch ihr bewusst „wildes", den bürgerlichen Normen nicht entsprechendes Verhalten beunruhigten. Nur eine Minderheit von geschätzt zehn Prozent der Cliquen war tatsächlich kriminell, doch genügte dies, um eine intensive öffentliche Debatte über die „Verwahrlosung der Jugend" weiter zu befeuern.

Jugendpolitik

Politik und staatliche Stellen ergriffen eine ganze Reihe von Initiativen, um dieser Entwicklung entgegenzutreten. Hatte bereits die Weimarer Verfassung in einem eigenen Artikel den Schutz der Jugend vor „sittlicher, geistlicher oder körperlicher Verwahrlosung" gefordert, so suchte das 1922 verabschiedete Gesetz für Jugendwohlfahrt dieses Verfassungsgebot umzusetzen. In der Folge wurden in allen größeren Kommunen Jugendämter eingerichtet, an denen ausgebildete „Jugendpfleger" und „Jugendhelfer" arbeiteten, um etwa dafür zu sorgen, dass besonders gefährdete Jugendliche unter „Schutzaufsicht" oder „Fürsorgeerziehung" gestellt werden. In der Weimarer Republik, so lässt sich zusammenfassen, begannen Staat und Kommunen, Jugendpolitik zu betreiben, die Jugend gezielt zu schützen, zu fördern, aber auch zu disziplinieren. Das Zusammenwirken von Staat und Wissenschaft bei der Förderung, Einhegung und Disziplinierung ganzer Bevölkerungsgruppen gilt als charakteristisches Merkmal moderner Gesellschaften.

Jugendliche in der Weimarer Republik

M5 Selbstverständnis der bündischen Jugend

Der traditionsreiche Jugendbund „Alt-Wandervogel" gab sich im August 1919 eine neue Ordnung. Aus dem Aufruf des „Bundesführers" Ernst Buske:

Wir müssen heraus aus der Lauheit und dem feigen Bestehenlassen, heraus aus der Masse und dem Mitläufertum, aus dem Oberflächlichen und Äußerlichen, heraus aus dem leeren Dogma und der toten Theorie! Wir müssen zurück zur sozialen Persönlichkeit, zur Tiefe und zum Wesen, zurück zum wahren Leben! Wir müssen danach streben, ganze Menschen zu werden und uns so in Selbstzucht und Verantwortungsbewusstsein in den Volkszusammenhang einzugliedern. – Wandern müssen wir wieder mit offenen Augen, mit liebendem Herzen und helfender Hand! Unsere deutschen Lande und Stammesbrüder wollen erwandert sein, dass sie ganz mit uns eins werden! Und nicht allein soll die Natur in ihrer Schönheit uns erfreuen, auch vor dem Hässlichen und Schlechten wollen wir die Augen nicht verschließen, auf dass wir einst wissen, wo es anders werden muss!
Brüder, Schwestern! Ein Deutschland ist dahin. Wir klagen darum nicht. Fest und entschlossen gehen wir unseren Weg. Denn wir tragen in unserem Herzen in fester Liebe ein anderes Deutschland, das uns kein Feind zerstören kann. Und das wollen wir bauen! Die äußeren Einrichtungen im Staat können wir jetzt nicht ändern. Aber die Menschen ändern, das können wir! Und das ist die Hauptsache! Was nützen uns die besten Einrichtungen, wenn die Menschen schlecht und alt bleiben? Und da liegt unsere Aufgabe: arbeiten an uns selbst, arbeiten am anderen, dass wir starke, ganze Menschen werden an Leib und Geist!

Bundesblatt des Alt-Wandervogels, Heft 8/9 1919; zit. nach: Werner Kindt (Hg.), Die deutsche Jugendbewegung 1920 bis 1933 – die bündische Zeit, Düsseldorf: Diederichs 1974, S. 46.

M6 Die „großen Dinge" und die Politik

Zum Stellenwert politischen Engagements der Jugendbünde äußerte sich der „Deutschwandervogel" 1924:

Dinge, die Aufgaben des Ganzen sind, können nur von umfassender Bedeutung sein, es kann sich nur um Ideen handeln, um Großes, das wie ein Schlag durch alle Herzen zucken müsste. Um nur ein Beispiel zu nehmen: Es müssten alle um den völkischen Gedanken ringen, alle sich mit seinem Gegenteil auseinandersetzen und die Folgerungen daraus ziehen. Dann gibt es aber vieles andere, das da in der Jugendbewegung herumspukt und ganze Bünde mit Beschlag legen möchte, ohne dass sie merken, dass sie hier einer Beschränkung anheimfallen. Vor allem gilt dies von der Politik, die ja heute gleichbedeutend mit Parteipolitik ist. Wenn ein Bund als Ganzes sich politisch nennt, so hat er sich in eine unglaubliche Verengung der Arbeitsmöglichkeiten begeben, die ihn auf eine bedeutend niedrigere Stufe herabdrückt. Niemals kann „Politik" Arbeit eines ganzen Bundes sein. [... Wenn] der Bund als Ganzes sie allein betreibt, wird er einseitig, denn stets bedeutet eine solche Tätigkeit, dass man sich nur auf das eine Gebiet beschränkt und alles andere darüber vergisst. Wer z. B. der „Politik" einmal verfallen ist, der kennt überhaupt nichts anderes mehr. Und wir alle wissen, welche Plattheit das Ergebnis einer solchen Tätigkeit ist. Es ist unsere Aufgabe, zunächst einen umfassenden Blick zu haben, dann erst spezielle Fragen in Angriff zu nehmen.

Deutschwandervogel, Blätter eines Bundes, Heft 4/5, August 1924; zit. nach: Werner Kindt (Hg.), Die deutsche Jugendbewegung 1920 bis 1933 – die bündische Zeit, Düsseldorf: Diederichs 1974, S. 241 f.

1. a) ●●○ Stellen Sie Merkmale und Besonderheiten der Jugend während der Weimarer Republik in einer Mind Map dar. Orientieren Sie sich dabei an den Überschriften im Teilkapitel.
b) ●●○ Arbeiten Sie fünf Unterschiede zwischen der Jugend in der Weimarer Republik und der gegenwärtigen Jugend heraus.
c) ●●○ Skizzieren Sie das Selbstverständnis und den Stellenwert der Jugendbünde aus deren Sicht (M5, M6).
d) ●●● Nehmen Sie Stellung zu dem Selbstverständnis und den Zielen der Jugendbünde.
→ Text, M1 – M5

Eine zerklüftete Gesellschaft – Teil 8: Die jüdische Minderheit

In der Weimarer Republik lebten rund 550000 Menschen jüdischen Glaubens. Obwohl sie damit nur 0,9 Prozent der Reichsbevölkerung ausmachten, waren die Stellung, die Bedeutung und der Einfluss „der Juden" in der Weimarer Republik ein politisches Thema ersten Ranges. Wie konnte das sein? Und wer waren überhaupt „die Juden"?

Vielfältige jüdische Bevölkerung

Die jüdische Minderheit in der Weimarer Republik zeichnete sich einerseits durch eine ausgeprägte religiöse, kulturelle, soziale und politische Vielfalt und zahlreiche innere Gegensätze aus. Andererseits sorgte ein weit verbreiteter, offener und versteckter Antisemitismus der Mehrheitsgesellschaft oftmals erst dafür, dass sich jüdische Bürgerinnen und Bürger ihres Judentums trotz aller Unterschiede und Gegensätze erst gewahr wurden. Dabei unterschied sich die jüdische Minderheit in ihrer Zusammensetzung in der Tat in einigen Aspekten markant vom Durchschnitt der Bevölkerung. Der Anteil der Jüdinnen und Juden, die Mitte der 1920er-Jahre in Städten mit über 100000 Einwohnern lebten, war mehr als doppelt so groß wie derjenige der Reichsbevölkerung insgesamt. So waren Juden in bestimmten Berufsgruppen stark überrepräsentiert, etwa im Handel oder bei akademischen Berufen; außerdem waren Juden wesentlich häufiger – nämlich zu gut 50 Prozent – Selbstständige als dies im Reichsdurchschnitt aller Erwerbstätigen (17 Prozent) der Fall war. Auch in manchen Erwerbszweigen wie im Bekleidungs- und Metallhandel, im Handel mit landwirtschaftlichen Gütern, bei Privatbanken und als Inhaber großer Warenhäuser wie Hermann Tietz waren Juden deutlich häufiger tätig als die übrigen Erwerbstätigen. Diese Abweichungen in der Verteilung haben vielerlei historische Gründe; zu nennen sind vor allem der jahrhundertelange Ausschluss der Juden insbesondere aus den Handwerkerzünften, ihre Abdrängung in Gettos, die Wellen der Verfolgung, aber auch die große Bedeutung, die etwa der Bildung im Kontext jüdischen Selbstverständnisses zukommt. Dass Jüdinnen und Juden in der Weimarer Republik pro Kopf etwa drei bis viermal so viel Steuern zahlten wie der Durchschnitt der Steuerzahler lässt auf entsprechend höhere Einkommen, auch auf entsprechend höhere Bildungsabschlüsse schließen.

M1 Warenhaus Hermann Tietz in Berlin
Gegründet im Jahre 1882, Foto, 1928

Neben dem vergleichsweise wohlhabenden städtischen Judentum war eine andere jüdische Gruppe häufig Thema öffentlicher Debatten – die sogenannten „Ostjuden". Dabei handelte es sich um Zuwanderer aus Ost- und Ostmitteleuropa, die meist unter dem Druck eines wachsenden Antisemitismus und Nationalismus den ärmlichen Verhältnissen in ihren Heimatländer entflohen waren, oftmals mit dem Ziel einer Auswanderung auf den amerikanischen Kontinent, das jedoch viele nicht erreichten. So lebten um 1925 rund 85000 „Ostjuden" im Deutschen Reich, etwa die Hälfte davon in Berlin. Da sie sich in Kleidung, Auftreten und Sprache, aber auch in ihrer religiösen Praxis und Lebensweise deutlich von den Alteingesessenen unterschieden und sich dabei in weit geringerem Maß an die modernen Verhältnisse ihrer Umgebung anpassten, wurden die ostjüdischen Zuwanderer in besonderer Weise zur Zielscheibe antisemitischer Agitation. Ihnen wurde von antisemitischen Gruppierungen wahlweise pauschal unterstellt, den Bolschewismus zu unterstützen, Krankheiten einzuschleppen oder kriminell zu sein. Diese Agitation erreichte am 5. November 1923 einen traurigen Höhepunkt, als ein aufgebrachter Mob von Arbeitslosen, aufgestachelt von Gerüchten, das sogenannte Scheunenviertel in Berlin verwüstete, die überwiegend jüdischen Bewohner aus ihren Wohnungen zerrte und deren Geschäfte plünderte und brandschatzte. Ein ländliches Judentum schließlich lebte vor allem in Süd- und Westdeutschland, vor allem in Bayern, Baden, Württemberg und Hessen. Diese Menschen arbeiteten traditionell häufig als Pferde-, Vieh-, Getreide- und Weinhändler.

Weimarer Reichsverfassung garantiert grundlegende Rechte

Die Weimarer Verfassung hatte nicht nur allen Staatsbürgern gleiche Rechte eingeräumt, sie hatte außerdem die Glaubens- und Gewissensfreiheit sowie die Freiheit der Religionsausübung in vollem Umfang garantiert. Von diesen Freiheiten machte die jüdische Minderheit selbstbewusst Gebrauch; dies gilt auch für die rund 1600 kleineren und größeren jüdischen Gemeinden in Deutschland. Nach dem Willen der Verfassung bestanden für die jüdischen Bürgerinnen und Bürger nun auch keinerlei Zugangsbeschränkungen mehr für öffentliche Ämter, auch nicht für Positionen in der Armee.

Wichtiger Teil des Kulturlebens

Nimmt man unter dieser Perspektive die Stellung der jüdischen Minderheit in der Weimarer Republik insgesamt in den Blick, so fällt einerseits ihre hohe Präsenz im Kulturleben und in der Wissenschaft sowie in bestimmten Bereichen der Wirtschaft ins Auge. Prominente Schriftsteller und Schriftstellerinnen wie Alfred Döblin, Kurt Tucholsky oder Else Lasker-Schüler, bedeutende Schauspielerinnen und Schauspieler wie Fritz Kortner oder Therese Giese, herausragende Komponisten und Dirigenten, Verlagsleiter und Chefredakteure, Galeristen und Architekten gehörten der jüdischen Minderheit an; sie vertraten oftmals progressive oder experimentelle, jedenfalls „moderne“ Positionen und trugen damit maßgeblich dazu bei, dass die Weimarer Republik und ihre Hauptstadt Berlin heute als Laboratorien der Moderne gelten. Zudem gingen von den neun Nobelpreisen, die während der Weimarer Republik an deutsche Wissenschaftler verliehen wurden, allein fünf an jüdische Forscher.

EINZELNUMMER 20 Milliarden M.

JÜDISCHE RUNDSCHAU

Redaktion und Verlag W 15, Sächsische Straße 8. Erscheint jeden Dienstag und Freitag. Bezugspreis bei der Expedition monatlich 1.10 Goldmark. Berechnung zum Tageskurs.

Anzeigen-Verwaltung: Jüdische Rundschau G.m.b.H., Berlin W15, Sächsische Straße 8. – Telephon: Amt Pfalzburg 6697, 6698 u. 6699.

Telephon: Pfalzburg 6697 u. 6698. Postscheckkonto: Berlin Nr. 17392. Für Oesterreich: Postsparkassenamt Wien, Konto Nr. 156030. Für Tschechoslowakei: Postsparkassenamt Prag, Konto Nr. 59410. – Redaktionsschluß Sonntag und Mittwoch nachmittag.

Nummer 96 | Berlin, 9. XI. 1923 | א׳ כסליו תרפ״ד | XXVIII. Jahrg.

Der Zionismus erstrebt für das jüdische Volk die Schaffung einer öffentlich-rechtlich gesicherten Heimstätte in Palästina. „Baseler Programm.“

Die Schicksalsstunde des deutschen Judentums

In den Straßen Berlins hat ein Judenpogrom stattgefunden.

Berlin war der Schauplatz trauriger und beschämender Ereignisse, wie sie bisher nur das Merkmal minderkultivierter Staaten gewesen sind. Die Früchte der Saat, die durch fünf Jahre systematisch ausgestreut worden ist, sind gereift. Der Antisemitismus, der in ganz Deutsch-

M2 ***„Die Schicksalstunde des deutschen Judentums“***
Die „Jüdische Rundschau“ berichtet über die antisemitischen Ausschreitungen in Berlin vom 5. November 1923.

Antisemitismus

Andererseits waren Jüdinnen und Juden in einer Gesellschaft, in der der Antisemitismus durch den Ersten Weltkrieg, die Revolution 1918/19 und die vielen politischen und ökonomischen Krisen neue Nahrung fand, vielfach Anfeindungen und Ausgrenzungen ausgesetzt. Schon während des Ersten Weltkrieges hatte der Antisemitismus zugenommen, als das hartnäckige Gerücht von der jüdischen „Drückebergerei“ im November 1916 zu einer offiziellen „Judenzählung“ im deutschen Heer geführt hatte, die unter jüdischen Soldaten, im deutschen Judentum sowie bei Linksliberalen und Sozialdemokraten für Empörung sorgte. Da das Ergebnis der Zählung

M3 ***„12 000 Juden fielen im Kampf“***
Plakat des Reichsbundes jüdischer Frontsoldaten als Reaktion auf die 1916 durchgeführte sogenannte „Judenzählung“ im deutschen Heer, um 1920

zunächst geheim gehalten und nach langem Streit erst 1922 wissenschaftlich interpretiert wurde, gab dieses Vorgehen den antisemitischen Anfeindungen, die von antisemitischen Verbänden wie dem „Alldeutschen Verband" oder dem „Reichshammerbund" in einer Flut von Broschüren und Flugblättern geschürt wurden, neue Nahrung. Bei Kriegsende galt es in rechten Kreisen und bei vielen Militärs als ausgemacht, dass „die Juden" eine wesentliche Mitschuld an der Niederlage und vor allem an der Revolution von 1918/19 trügen. Auch hinter der Inflation wurden jüdische Machenschaften vermutet – die Hassfiguren des „Schiebers" und des „Inflationsgewinnlers" entsprachen oftmals den antisemitischen Klischees. Neben alledem sorgten Vorstellungen einer ethnisch homogenen, nationalen „Volksgemeinschaft", die nach dem Ersten Weltkrieg in ganz Europa propagiert wurden, für einen wachsenden Antisemitismus, der mit einem Mal nicht mehr als altmodisch und rückwärtsgewandt, sondern als „modern" galt.

Webcode

Ein Teilkapitel zum Thema: *„Volksgemeinschaft" – eine gefährliche Zauberformel* finden Sie unter dem Webcode: SDL-36879-003

Der Antisemitismus trat in der Weimarer Republik in vielerlei Gestalt auf den Plan. Er reichte vom militanten Judenhass in den Wehrverbänden über die weit verbreiteten Ressentiments gegen „Ostjuden" bis hin zum „kulturellen Antisemitismus", der in bürgerlichen Kreisen gepflegt wurde und sich gegen den angeblich dominanten, „zersetzenden" Einfluss von Juden im Kulturleben richtete. So untersagten manche Seebäder an der Ostsee jüdischen Bürgern den Zutritt und nutzten diese Praxis auch in ihrer Werbung. In der Weimarer Republik schlug zudem die Geburtsstunde des Straßenantisemitismus. Jüdische Männer, sofern sie als solche erkennbar waren, wurden, vor allem ab 1930, in der Öffentlichkeit immer wieder angepöbelt oder bedroht. Für Parteien am rechten Rand wie die DNVP und insbesondere die NSDAP war der Antisemitismus zentraler Bestandteil ihres Weltbildes und ihres politischen Programms. Generell galt die Weimarer Republik in rechtsradikalen Kreisen als „Judenrepublik"; ranghohe Politiker jüdischer Herkunft, wie der 1919 erschossene bayerische Ministerpräsident Kurt Eisner, die ebenfalls 1919 ermordete kommunistische Theoretikerin Rosa Luxemburg, der 1922 ermordete Außenminister Walther Rathenau oder der sozialdemokratische Finanzminister Rudolf Hilferding, der 1941 auf der Flucht vor den Nationalsozialisten ums Leben kam, hatten allen Grund, um ihr Leben zu bangen.

M4 ***Walther Rathenau (1867 – 1922)***
Der Industrielle und Politiker wurde im Februar 1922 deutscher Außenminister. Er war Mitglied der DDP. Wegen seiner politischen Haltung und wegen seines jüdischen Glaubens wurde er angefeindet und am 24. Juni 1922 von Rechtsradikalen ermordet.

Jüdisches Vereinswesen

Trotz dieser Bedrohungen war das jüdische Leben in der Weimarer Republik vielgestaltig. Die weitaus meisten Jüdinnen und Juden der Weimarer Republik waren nicht nur deutsche Staatsbürger, sie sahen sich auch als Deutsche und aktiver Teil der deutschen Gesellschaft und Kultur. Charakteristisch deutsch war etwa das blühende jüdische Vereinswesen und darüber hinaus die Mitgliedschaft vieler Jüdinnen und Juden in Vereinen – sofern sie dort geduldet waren. Sport- und Wandervereine, Jugendbünde, Studentenverbindungen, aber auch ganze Berufsverbände ließen nämlich Jüdinnen und Juden als Mitglieder nicht zu. Um dem verbreiteten Antisemitismus durch Aufklärung und juristische Maßnahmen entgegenzutreten, waren rund 300000 Juden in direkter oder indirekter Mitgliedschaft im „Central-Verein deutscher Staatsbürger jüdischen Glaubens" organisiert, der das jüdische Selbstverständnis innerhalb der deutschen Nation, der man sich zugehörig fühlte, zu stärken suchte. Eine deutlich kleinere Gruppe schloss sich in der „Zionistischen Vereinigung für Deutschland" zusammen. Im Unterschied zu den im „Central-Verband" organisierten Juden waren die Zionisten von der Existenz einer jüdischen Nation überzeugt, die es in Palästina anzusiedeln und politisch zu realisieren galt. Zu ihren Zielen gehörte es, insbesondere ihre jungen Mitglieder auf die Auswanderung nach Palästina vorzubereiten. Jedoch wanderten während der Weimarer Republik nur wenige Jüdinnen und Juden nach Palästina aus.

Dies sollte sich erst in der nationalsozialistischen Diktatur ändern, als unter dem Druck von Terror und Verfolgung zwischen 1933 und 1941 rund 55000 deutsche Jüdinnen und Juden nach Palästina emigrierten.

Menschen in der Weimarer Republik – Kurzbiografien erstellen

M5 *Antonie „Toni“ Pfülf (1877 – 1933)*

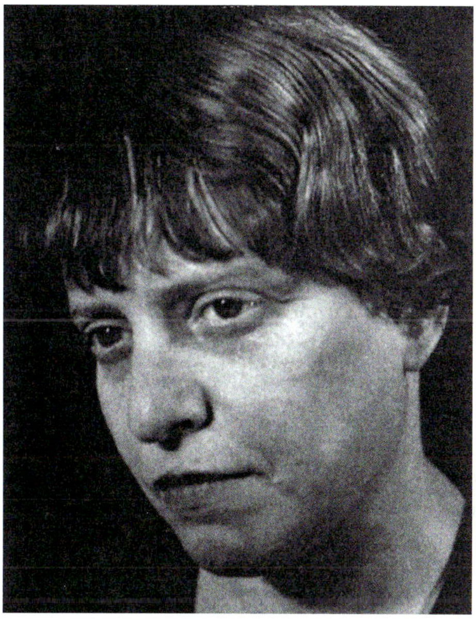

M6 *Luise „Lou“ Straus-Ernst (1893 – 1944)*

M7 *Albert Einstein (1879 – 1955)*

M8 *Magnus Hirschfeld (1868 – 1935)*

1. a) ●●○ Erläutern Sie die Vielfalt der jüdischen Bevölkerung und des jüdischen Lebens in der Weimarer Republik.
b) ●●● Setzen Sie sich mit dem Antisemitismus während der Weimarer Republik auseinander.
→ Text, M1 – M4

2. ●●● Auf dieser Seite sind vier Deutsche jüdischen Glaubens abgebildet. Wählen Sie eine Person aus und recherchieren Sie ihren Lebenslauf. Erstellen Sie ein Plakat oder verfassen Sie einen kurzen Radiobeitrag.
→ M5 – M8, Internet

Gustav Stresemann – vom Chauvinisten zum Träger des Friedensnobelpreises

Neben Friedrich Ebert, dem ersten Reichspräsidenten, und Walther Rathenau, dem Industriellen und Reichsaußenminister, gehört Gustav Stresemann zu den wenigen Politikern der Weimarer Republik, an die heute noch öffentlich erinnert wird – in vielen Städten Deutschlands sind Straßen und Schulen nach ihm benannt. Immerhin war er der erste Deutsche, der den Friedensnobelpreis entgegennehmen durfte.

Gustav Stresemann wurde 1878 als das jüngste von acht Geschwistern in Berlin geboren. Sein Vater betrieb einen Flaschenbierhandel und einen Bierausschank. Die Familie lebte zwar in einigermaßen gesicherten sozialen Verhältnissen, doch hatten die Eltern aufgrund ihrer beruflichen Belastung wenig Zeit für ihre vielen Kinder, sodass sich Gustav zunächst zu einem eher schüchternen Bücherwurm entwickelte. Als einziges der acht Geschwister legte er ein Abitur ab und studierte anschließend Nationalökonomie in Leipzig. Der frischgebackene Ökonom fasste beruflich rasch Fuß auf einem zukunftsträchtigen Feld: Er arbeitete in verschiedenen Interessensverbänden der sächsischen Industrie, wo er sich durch Verhandlungsgeschick, aber auch durch Gespür für die Belange der Arbeiter und Angestellten einen Namen machte. 1907 zog er als Abgeordneter der Nationalliberalen Partei in den Deutschen Reichstag ein, wo er eine aggressive außenpolitische Linie vertrat, und wurde zehn Jahre später – mitten im Ersten Weltkrieg – Fraktionsvorsitzender seiner Partei. Im Krieg gehörte er zur derjenigen Gruppe von Politikern, die eine Politik weitreichender Gebietsforderungen und einen kompromisslosen „Siegfrieden“ propagierten. Mit der Niederlage des Kaiserreichs im Herbst 1918 brach für ihn daher eine Welt zusammen.

M1 ***Wahlplakat der DVP von 1930***
Gustav Stresemann war bereits am 03.10.1929 an den Folgen eines Schlaganfalls verstorben, Plakat 1930.

Im Zuge der Revolution 1918/19 gehörte Stresemann zu den Mitbegründern der Deutschen Volkspartei (DVP), deren Vorsitzender er von 1918 bis zu seinem Tod 1929 blieb. Obwohl Stresemann, beeindruckt von der Leistungsfähigkeit des englischen politischen Systems, den Parlamentarismus entschieden befürwortete, blieb er der jungen Weimarer Republik zunächst innerlich auf Distanz. Auf dem Höhepunkt der schwersten inneren Krise, als eine galoppierende Inflation, der Kampf um das Ruhrgebiet und Aufstände die Republik schüttelten, wurde Stresemann von Reichspräsident Friedrich Ebert im August 1923 zum Reichskanzler berufen. In seine Kanzlerschaft, die nur wenige Monate dauerte, fiel die Beendigung des illusionären Ruhrkampfs, die Stabilisierung der Währung und die Konfrontation mit Putschversuchen von links und rechts in Sachsen, Thüringen und Bayern.

In die Geschichtsbücher ist Stresemann jedoch als Außenminister der Weimarer Republik eingegangen, ein Amt, das er von 1923 bis zu seinem Tod 1929 mit großer Energie ausübte. Seine Politik als Außenminister zeichnete sich nicht nur durch sein enormes Verhandlungsgeschick aus, sondern vor allem durch den Willen zu einem Ausgleich mit Frankreich, dessen Sicherheitsinteressen Stresemann anerkannte, die Bereitschaft zur multilateralen Verständigung

Info

Die Locarno-Verträge 1925 – die Annäherung an die westlichen Siegermächte

Zur zentralen Figur bei den Versuchen, einen Ausgleich mit Frankreich zu finden, wurde Gustav Stresemann. In seinem französischen Amtskollegen Aristide Briand fand er einen geistesverwandten Partner. Gustav Stresemann sah nach dem verlorenen Krieg in einer blühenden Wirtschaft den einzigen Weg für Deutschland, um auch international wieder zu Geltung zu gelangen. Dazu war es nötig, die Isolation des Reiches zu überwinden. Im Herbst 1925 trafen sich neben Stresemann, der britische Premier Chamberlain und Briand auch Vertreter aus Belgien, Italien, Polen und der Tschechoslowakei zu einer Konferenz im Schweizer Ort Locarno, um über eine Nachkriegsordnung zu beraten, die den Frieden in Europa langfristig sichern konnte.

In den sogenannten Locarno-Verträgen von 1925 verzichteten Deutschland und seine westlichen Nachbarn auf jegliche kriegerische Veränderung der bestehenden Grenzen und erkannten somit die Regelungen des Versailler Vertrages grundsätzlich an – eine förmliche Anerkennung der Grenzen zur Tschechoslowakei und zu Polen erfolgte hingegen nicht. Damit konnte die deutsche Politik weiterhin das Ziel verfolgen, die Grenzen im Osten zugunsten des Reiches zu verschieben und 1919 verlorene Gebiete zurückzugewinnen. Weiterhin wurde vereinbart, dass Deutschland Mitglied im 1920 gegründeten Völkerbund werden sollte.

und den Aufbau von Vertrauen in den internationalen Beziehungen. Da Deutschland nach dem Ersten Weltkrieg als Militär- und Kolonialmacht ausgeschaltet war, setzte Stresemann, um die Interessen des Reiches zur Geltung zu bringen, vermehrt auf ökonomische Methoden, etwa den Abschluss von Handelsabkommen. Zu den großen Leistungen und Erfolgen seiner Amtszeit, die er auch der Zusammenarbeit mit seinem kongenialen französischen Kollegen Aristide Briand verdankte, gehören der Abschluss des sogenannten Dawes-Abkommens zur Regelung der Reparationsleistungen 1924, das Vertragswerk von Locarno 1925, die Aufnahme Deutschlands in den Völkerbund 1926 und schließlich im selben Jahr die Entgegennahme des Friedensnobelpreises, den er gemeinsam Briand erhielt.

Für all dies – und weil er mit einer Frau jüdischer Abstammung verheiratet war – wurde er im rechten politischen Spektrum gehasst; auch innerhalb seiner eigenen Partei, die seine Autorität jedoch anerkannte, hatte er viele Gegner. Als leidenschaftlicher Parlamentarier und debattenstarker Redner beeindruckte er nicht nur im Reichstag, sondern auch bei zahllosen zähen Verhandlungen etwa bei Regierungsbildungen oder mit den Gegnern in seiner Partei. Stresemann war seit seiner Jugend gesundheitlich angeschlagen und erlitt bereits 1919 einen Herzanfall. Zehn Jahre später, am 3. Oktober 1929, erlag er, auch in Folge seiner rastlosen Arbeitsweise, mit 51 Jahren einem Schlaganfall. Die Erschütterung über seinen Tod war groß; hunderttausende folgten in Berlin dem Trauerzug. Stresemanns Tod im Herbst 1929 wird neben der zeitgleich ausbrechenden Weltwirtschaftskrise häufig als Symbol für das nahende Ende der ersten deutschen Demokratie gedeutet. Zahlreiche Straßen in Deutschland sowie ein Saal im Auswärtigen Amt sind heute nach ihm benannt.

M2 *Aristide Briand (li.) und Gustav Stresemann (re.) in Locarno (Schweiz)*
Aristide Briand erarbeitete mit Stresemann ein Konzept für eine europäische Einigung. Dieser Plan wurde aber nach dem Tod der beiden Staatsmänner nicht weiterverfolgt, Foto, 1925.

1. a) ●●○ Arbeiten Sie die Gründe heraus, warum Stresemann in der Überschrift als Chauvinist bezeichnet wird und warum er den Nobelpreis erhielt.
   b) ●●○ Skizzieren Sie seinen Lebenslauf und gehen dabei auf seinen politischen Wandel ein.
   c) ●●● Nehmen Sie Stellung zu der Frage, ob man weiterhin Schulen und Straßen nach Gustav Stresemann benennen sollte.
   → Text, M1 – M2

8. Ursachen und Verlauf der Weltwirtschaftskrise

M1 ***„Black Thursday“***
US-Börse in der Wall Street, Foto, New York, 24. Oktober 1929

Schwarzer Freitag

Eigentlich war der „Schwarze Freitag“ ein Donnerstag, und er war auch nicht die Ursache, sondern nur der Auslöser der Weltwirtschaftskrise. Dennoch ist der 24. Oktober 1929 als Symbol für eine wirtschaftliche Katastrophe größten Ausmaßes in die Geschichtsbücher eingegangen. An diesem Tag stürzten die Aktienkurse an der Wall Street innerhalb weniger Stunden steil ab; mit einem Schlag war eine riesige Spekulationsblase, die sich während des vorangegangenen Börsenfiebers in den USA gebildet hatte, geplatzt. In der Folge brach das amerikanische Kreditsystem wie ein Kartenhaus zusammen und die bis dahin weltweit schlimmste Wirtschaftskrise nahm ihren Lauf. Was war geschehen?

Ein neuer Konsumkapitalismus in den USA

Während der 1920er-Jahre hatte in den USA ein bis dahin beispielloser Wirtschaftsboom eingesetzt, der in weiten Teilen der Bevölkerung für mehr Wohlstand, für Optimismus und großes Vertrauen in das wirtschaftliche Wachstum sorgte. Der Optimismus schien nicht ganz unbegründet: Die Vereinigten Staaten waren aus dem Ersten Weltkrieg, in den sie spät eingetreten waren, nicht nur als Siegermacht hervorgegangen, sie hatten auch keinerlei Kriegsschäden im eigenen Land zu verzeichnen. Zudem hatten sie im Krieg den Verbündeten Großbritannien und Frankreich als Waffenkammer gedient und mit Rüstungsgütern aller Art glänzende Geschäfte gemacht. Entscheidend für den ökonomischen Aufschwung war jedoch vor allem eine Serie technischer Innovationen und deren massenhafte Vermarktung, allen voran die rasante Entwicklung von Automobilen und die Elektrifizierung des Landes.

1927 ließ die Ford Motor Company das 15-Millionste Automobil des legendären Typs „Model T“ vom Fließband laufen. Dank der neuartigen Fließbandfertigung war die Motorisierung des weitläufigen Landes weiter fortgeschritten als irgendwo sonst auf der Welt. Bereits 1930 verfügten 90 Prozent aller Haushalte in den USA über ein Auto. Die ökonomischen Folgen dieses Vorgangs sind kaum zu überschätzen. Sie reichen vom Ausbau eines riesigen Straßen- und Tankstellennetzes über den Boom der Ölindustrie und die rasante Ausbreitung der Vorstädte bis hin zur Entstehung weitverzweigter Zulieferindustrien. Ähnliche wirtschaftliche Impulse gingen von der Elektrifizierung aus: Der Ausbau der Überlandleitungen machte nicht nur die Fabriken von Wasser und Kohle, die sie bis dahin für den Betrieb ihrer Dampfmaschinen benötigt hatten, unabhängig, er schuf auch die Voraussetzungen für die umfassende Elektrifizierung der Haushalte von der Waschmaschine über das Radiogerät bis zum Telefon. Da die Realeinkommen in den 1920er-Jahren deutlich gestiegen und die Steuern zugleich gesenkt worden waren, konnten sich viele die neuen Segnungen der Technik tatsächlich leisten. Und wer sie sich nicht leisten konnte, nahm oftmals einen Konsumkredit auf. Manche Wirtschaftshistorikerinnen und -historiker argumentieren, dass sich in den USA der „Roaring Twenties“ eine neue, nämlich wesentlich vom Massenkonsum getriebene Variante des Kapitalismus herausgebildet habe – eine Variante, von der die Weimarer Republik noch weit entfernt war.

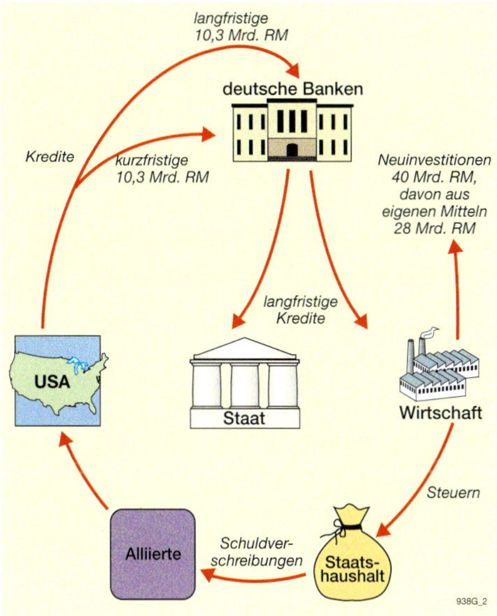

M 2 *Finanzkreislauf 1924 – 1931/32*

Bei aller Euphorie litt die „brummende" Ökonomie der USA allerdings unter einer Reihe gravierender Schwächen, die in der Weltwirtschaftskrise mit einem Mal überdeutlich wurden.

- Da war zum einen eine schwere Krise der Landwirtschaft, die aufgrund der weltweit fallenden Preise während der Zwanzigerjahre mit immer größeren Absatzschwierigkeiten zu kämpfen hatte.
- Zweitens stellte sich heraus, dass der Boom der „Roaring Twenties" auf wenigen boomenden Sektoren beruhte, namentlich der Automobilproduktion, der Elektrizität und dem Bausektor. Als gegen Ende der Zwanzigerjahre aber die Nachfrage nach den neuen Produkten fürs Erste gesättigt war, brach der Absatz ein.
- Das lag drittens auch daran, dass etwa die Hälfte der Bevölkerung von dem Boom nicht profitiert hatte, vielmehr an der Armutsgrenze lebte und somit keine der neueren Produkte nachfragen konnte.
- Hinzu kam viertens eine Kreditkrise: Immer häufiger konnten überschuldete Landwirte und Konsumenten ihre Kredite nicht mehr bedienen und gingen Bankrott – mit fatalen Folgen für die Banken.
- Eine wichtige Rolle spielte fünftens ein internationales Schuldenkarussell, in dessen Zentrum die USA standen: Nach dem Ersten Weltkrieg waren fast alle gegen Deutschland verbündeten europäischen Nationen bei den USA tief verschuldet, und zwar mit Summen, die sie aus eigener Kraft nicht aufbringen konnten und die sie vielmehr über die hohen Reparationszahlungen, die sie Deutschland auferlegten, zu begleichen hofften. Außerdem nahmen sie bei den USA neue Schulden auf, um die alten abzulösen. Auch der wirtschaftliche Aufschwung der Weimarer Republik Mitte der Zwanzigerjahre lebte zu einem großen Teil auf kurzfristigen Krediten amerikanischer Privatbanken. Diese begannen jedoch ihre Kredite abzuziehen, als sie im Inland in Schwierigkeiten gerieten.
- Sechstens schließlich kam zu der überhitzten Konjunktur auch ein überhitzter Aktienmarkt. Da die Aktienwerte an der Wall Street in den Zwanzigerjahren stark gestiegen waren, wollten immer mehr Amerikaner an der Rallye teilhaben und kauften auf dem damals noch unregulierten Aktienmarkt Aktien, oftmals auf Kredit: 1929 besaß ein Viertel der amerikanischen Haushalte Aktien. So stieg der Dow Jones Index allein zwischen Mai 1928 und September 1929 um etwa 100 Prozent – ein klares Zeichen für eine deutliche Überbewertung der Kurse. Professionelle Anleger erkannten dies und begannen, ihre Aktienpakete zu verkaufen. Als sich die Erkenntnis von der Spekulationsblase wie ein Lauffeuer verbreitete, kam es am 21. Oktober 1929 zu ersten panikartigen Aktienverkäufen und einem steilen Absturz der Kurse. Entscheidend dabei ist, dass dieser Crash auf eine bereits geschwächte, von gravierenden Strukturproblemen belastete Wirtschaft und ein brüchiges Kreditsystem stieß. Nur so ist zu erklären, dass zwischen 1929 und 1932 jede fünfte amerikanische Bank zahlungsunfähig wurde und die Arbeitslosenquote in den USA bis 1932 auf 23 Prozent hochschnellte.

Als die amerikanischen Gläubiger infolge der Krise ihre in Deutschland investierten Kredite kündigten, bedeutete dies dort einen schweren Schlag für die bereits lahmende Konjunktur. Der plötzliche Abzug der Kredite verschärfte in der Weimarer Republik den ohnehin sich bereits abzeichnenden wirtschaftlichen Abschwung. Die Kommunen fuhren ihre Investitionen, besonders den Wohnungsbau, drastisch zurück, was auf dem arbeitsintensiven Bausektor zu Massenentlassungen führte.

Strukturprobleme der Wirtschaft in der Weimarer Republik

Wie in den USA, so wurde auch in Deutschland die schwere Wirtschaftskrise durch eine Reihe struktureller Faktoren und politischer Entscheidungen verschärft.

- Zu den strukturellen Faktoren gehören zweifelsohne erstens die Reparationsverpflichtungen als Folge der Niederlage im Ersten Weltkrieg. Da die Gläubigernationen, insbesondere Frankreich und England, ihrerseits bei den USA hoch verschuldet waren, beharrten sie zumeist strikt auf der Einhaltung der Reparationsvereinbarungen. Die Reparationszahlungen aber entzogen der ohnehin kapitalschwachen Wirtschaft weiteres Kapital.
- Dieser Umstand erwies sich deshalb als besonders misslich, weil Deutschland damals – anders als heute – keine Exportüberschüsse erwirtschaftete, sondern vielmehr ein Defizit in seiner Handelsbilanz verzeichnete, d.h. es wurde mehr importiert als exportiert. Um die Reparationszahlungen zu erwirtschaften, wären aber entsprechende Überschüsse in der Außenwirtschaftsbilanz erforderlich gewesen. Diese wurden allerdings dadurch erschwert, dass die USA und andere Staaten ihre Märkte durch Einfuhrzölle zunehmend abschotteten. Exportüberschüsse waren also einerseits zur Aufbringung der Reparationen dringend erforderlich, wurden aber andererseits systematisch behindert. So blieb nur der Ausweg, die Reparationen zumindest teilweise über Auslandskredite zu finanzieren.
- Dabei konnte sich die Wirtschaft in Deutschland – anders als in den USA – drittens keineswegs auf einen boomenden Konsum im Inland stützen; dazu war das Lohn- und Gehaltsniveau noch zu niedrig, die Konsumgüterindustrie zu wenig entwickelt.
- Zugleich argumentieren viertens manche Wirtschaftshistorikerinnen und -historiker, dass das Lohnniveau in der Weimarer Republik trotzdem zu hoch gewesen sei, sodass der Industrie entsprechende Spielräume für nachhaltige Investitionen gefehlt hätten.
- Solche Investitionen wurden zudem fünftens erschwert durch ein vergleichsweise hohes Zinsniveau. So blieb die Weimarer Republik in elementarer Weise auf die amerikanischen Kredite angewiesen, die seit dem Dawes-Plan von 1924 die Wirtschaft und die Staatstätigkeit wesentlich belebten.
- Sechstens schließlich litt auch die deutsche Landwirtschaft unter dem weltweiten Preisverfall; die immer höhere Verschuldung der großen Güter im Osten und die immer schlechtere wirtschaftliche Situation auch der kleinen Betriebe in der Mitte und im Westen sorgten in der Endphase der Weimarer Republik für gewaltigen politischen Sprengstoff.
- Siebtens schließlich waren auch die deutschen Banken, ähnlich wie die in den USA, ganz unzureichend mit Eigenkapital ausgestattet. Deshalb erwiesen sie sich als ausgesprochen krisenanfällig.

Info

Inflation und Deflation

Inflation bedeutet Preissteigerung. Das heißt: Für knappe Güter müssen wegen der großen Nachfrage höhere Preise bezahlt werden. Deflation bedeutet Preissenkung. Das heißt: Für ausreichend vorhandene Güter müssen wegen der geringen Nachfrage niedrigere Preise bezahlt werden. Das hemmt die wirtschaftliche Entwicklung.

Die Abwärtsspirale: Krisenverschärfende Faktoren

Verschärft wurde die Krise durch eine Reihe politischer Faktoren, die in ihrer Interpretation allerdings nach wie vor umstritten sind. So scheiden sich bis heute die Geister an der Wirtschaftspolitik des Zentrumspolitikers Heinrich von Brüning (1885–1970), der von März 1930 bis Mai 1932 als zwölfter Reichskanzler der Weimarer Republik sogenannten Präsidialkabinetten vorstand, d.h. er regierte, gestützt auf Notverordnungen des Reichspräsidenten, weitgehend am Parlament vorbei. Mit insgesamt vier großen wirtschaftspolitischen Notverordnungen betrieb Brüning eine rigorose Sparpolitik mit dem Ziel, das Defizit im Reichshaushalt auszugleichen: Er erhöhte die wichtigsten Steuern und führte neue (etwa eine „Krisensteuer") ein, er setzte schmerzhafte Gehaltskürzungen bei den Angehörigen des Öffentlichen Dienstes durch und er sorgte für eine drastische Kürzung der öffentlichen Ausgaben, ja sogar für eine Senkung der gebundenen Preise, der Mieten und Tariflöhne. Mit dieser Politik der „Deflation", die auf eine drastische Reduzierung der Geldmenge hinauslief, fand Brüning den Beifall der meisten Wirtschaftsexperten; auch der damalige US-amerikanische Präsident Herbert L. Hoover (1874–1964) betrieb eine ähnliche Krisenpolitik. Sie beruhte auf der Annahme, dass es sich um eine „normale" Konjunkturkrise handele, der man am besten ihren Lauf lasse, damit die Wirtschaft daraus gestärkt hervorgehe. Der in Deutschland hoch angesehene britische Ökonom John Maynard Keynes (1883–1946) widersprach dieser Auffassung mit einer neuen ökonomischen Theorie, die im 20. Jahrhundert als „Keynesianismus“ weltweit Beachtung finden sollte. Entgegen der unter Ökonomen vorherrschenden Meinung vertrat Keynes die Auffassung, dass es zwecklos sei, bei einer Massenarbeitslosigkeit auf die Selbstregulation des Marktes zu hoffen. Vielmehr sei es erforderlich, die „gesamtgesellschaftliche Nachfrage“ nach Gütern und Dienstleistungen zu stimulieren. Diese Stimulation könne nur die Öffentliche Hand übernehmen. Es sei daher erforderlich, trotz steigender Staatsschulden die öffentlichen Ausgaben drastisch zu erhöhen, um auf diese Weise die Nachfrage „antizyklisch“ zu erhöhen und den Wirtschaftskreislauf anzukurbeln. Dieser Weg war dem hochverschuldeten Deutschen Reich aber versperrt.

Solche Ideen fanden bei Brüning, der auf eine Marktbereinigung durch die Krise hoffte, keinen Anklang. Vor allem wollte der Kanzler mit seiner Sparpolitik den Gläubigermächten nämlich vor Augen führen, dass die Reparationsforderungen nach dem Young-Plan unrealistisch seien. Sein zentrales Ziel war die komplette Beseitigung der Reparationen, die er als entscheidende Fessel der Wirtschaft betrachtete, und ein Wiederaufstieg Deutschlands als Wirtschaftsmacht. Ersteres wurde zwar nach seinem Ausscheiden aus dem Kanzleramt erreicht, doch wirkte seine Deflationspolitik insgesamt krisenverschärfend. Seine „prozyklische“ Politik beschleunigte die ökonomische Abwärtsspirale, vor allem aber sorgte sie für ein beispielloses Massenelend in der Bevölkerung.

Nach einer kurzzeitigen Stabilisierung löste im Mai 1931 der Zusammenbruch der größten Geschäftsbank Österreichs für einen dramatischen Vertrauensverlust in die Solidität der Banken in ganz Europa. Weitere ausländische Gläubiger zogen in der Folge ihre Kredite ab. Bankkunden gerieten in Panik, kündigten ihre Spareinlagen und trieben damit eine Reihe von Banken an den Rand der Zahlungsunfähigkeit. Eine Initiative des amerikanischen Präsidenten Hoover, die einen einjährigen Aufschub aller Reparations- und internationalen Kreditrückzahlungen vorsah („Hoover-Moratorium“), sorgte ab Juli 1931 für kurzfristig für eine gewisse Beruhigung. Als sich jedoch gleichzeitig mit den Verhandlungen über das Hoover-Moratorium die Zahlungsunfähigkeit des Bremer Nordwolle-Konzerns abzeichnete, gerieten mehrere große Geschäftsbanken, die sich bei dem Konzern engagiert hatten, in Schwierigkeiten: Die Bankenkrise nahm ab Juli 1931 auch in Deutschland ihren Lauf und verschärfte die allgemeine Wirtschaftskrise beträchtlich. Die Reichsregierung ordnete zwei Tage „Bankferien“ an, einige große Banken wurden zumindest teilweise verstaatlicht. Angebote aus England und Frankreich, das strauchelnde deutsche Finanzsystem mit einer umfangreichen Anleihe zu stützen, lehnte die Regierung Brüning ab, weil sie an politische Bedingungen, etwa das Festhalten am Versailler Vertrag und am Young-Plan, geknüpft waren. Brüning aber hielt eisern an seinem Ziel fest, die Reparationen insgesamt zu annullieren. Als dieses Ziel am 9. Juli 1932 auf der Konferenz von Lausanne endlich erreicht wurde, hatte Reichspräsident Paul von Hindenburg den ungeliebten „Hungerkanzler“ indessen bereits entlassen.

Auf der internationalen Ebene verschärfte schließlich ein rasant zunehmender Protektionismus die Krise. Um ihre eigene Wirtschaft zu schützen, gingen die von der Weltwirtschaftskrise gebeutelten Staaten – allen voran die USA – daran, ihre Importzölle zu erhöhen und schließlich ab Herbst 1931 obendrein ihre Währungen abzuwerten. Mit dieser Strategie nach dem Motto „Beggar thy Neighbour“ („Ruiniere deinen Nachbarn“) aber setzten sie eine verhängnisvolle Spirale in Gang, die eine bereits global vernetzte Wirtschaft besonders hart traf. International abgestimmte Maßnahmen zur Bekämpfung der Krise gab es dagegen kaum. Erneute Bankrotte und Massenentlassungen waren die Folge.

M3 „Die neue Notverordnung“ *„Der Reichs-Hund soll nicht verhungern, wir haben ihm noch Mal ein Stück vom Schwanz abgeschnitten und füttern ihn damit!“, Karikatur von Olaf Gulbransson aus dem „Simplicissimus“, 1931.*

M4 Deutsche Bankenkrise *Andrang ängstlicher Sparer vor der Sparkasse der Stadt Berlin am Mühlendamm nach dem Zusammenbruch der Darmstädter und Nationalbank (Danat-Bank), Foto, 13.07.1931.*

Verlauf der Krise – Statistiken analysieren

M 5 ***Daten zum Verlauf der Weltwirtschaftskrise in Deutschland***

		1929	1930	1931	1932
Bruttosozialprodukt	Mrd. RM	88,4	82,4	69,0	56,7
(in jeweiligen Preisen)	1928 = 100	101	94	79	65
Brutto-Anlageinvestitionen	Mrd. RM	12,8	10,4	6,4	4,2
(in jeweiligen Preisen)	1928 = 100	93	76	47	31
Industrieproduktion (Jahresdurchschnitt)					
Insgesamt	1928 = 100	100	87	70	58
Investitionsgüter	1928 = 100	103	86	57	38
Verbrauchsgüter	1928 = 100	97	91	82	74
Index der Aktienkurse (Jahresdurchschnitt)					
Insgesamt	1924/26 = 100	134	109	81	55
Preise, Produktionsgüter	1928 = 100	102	101	96	86
Preise, Konsumgüter	1928 = 100	98	91	80	67
Lebenshaltung	1928 = 100	102	98	90	80
Reallohn	1928 = 100	101	97	93	87

Quellen: Zeilen 1–8: Wolfram Fischer, Deutsche Wirtschaftspolitik 1918–1945, Opladen: Leske 1968, S. 108; Zeilen 9–12: Dietmar Petzina/Werner Abelshauser/Anselm Faust, Sozialgeschichtliches Arbeitsbuch, Bd. III: Materialien zur Statistik des Deutschen Reiches 1914–1945, München: C. H. Beck 1978, S. 84.

M 6 ***Daten zum Verlauf der Weltwirtschaftskrise in den USA***

US-Wirtschaftsindikatoren März 1931–Juni 1933 (saisonbereinigt, 1923–25 = 100)

	Industrie-produktion	Bauaufträge	Beschäftigung in der Industrie	Lohnsumme in der Industrie	Güterwagen-stellungen	Preise	Bargeldumlauf im Publikum und Sichtgut-haben (saisonbereinigt, in Milliarden Dollar)	Importe (unbereinigt, in Millionen Dollar)
März 1931	87	77	78	75	80	76	24,8	205,7
Aug. 1931	78	59	74	64	72	72	23,4	168,7
Sept. 1931	76	59	73	62	69	71	23,4	174,7
Juni 1932	59	27	60	43	52	64	20,4	112,5

Zit. nach: Charles P. Kindleberger, Die Weltwirtschaftskrise 1929–1939, © dtv Verlagsgesellschaft, München 1973, S. 178.

Ursachen der Krise – Umgang mit Memoirenliteratur

M7 Einschätzung eines Zeitgenossen

Hans Luther (1879–1962), Reichsbankpräsident 1930–1933 und Reichskanzler 1925/26, erinnert sich an die Weltwirtschaftskrise:

Als auslösendes Moment der Weltwirtschaftskrise – nicht als Ursache – wird meist der Kurseinbruch an der New Yorker Börse vom 29. Oktober 1929 betrachtet. Dieses Ereignis mit seinen verhängnisvollen Konsequenzen in Amerika dürfte angesichts der [...] engen Verflechtungen der Weltwirtschaft eine entscheidende Bedeutung haben. Die Schockwirkung des New Yorker Zusammenbruchs führte zur Erschütterung des optimistischen Glaubens, Weltwirtschaftskrisen gehörten nur noch der Vergangenheit an [...].

Es ist unbestritten, eine wie große Bedeutung das psychologische Element – die optimistischeren und pessimistischeren Zukunftserwartungen – für die Unternehmungslust der Wirtschaft und damit für den Konjunkturverlauf besitzt. Der gleichsam explosive, weithin sichtbar Ausbruch der Krise in den USA muss ebenso als allgemeines Symptom betrachtet werden wie in seinen besonderen Auswirkungen auf Deutschland. Die Tatsache, dass die USA, das reichste Land der Erde, auch und beinahe ebenso schwer von der Krise gepackt wurden wie das verarmte Deutschland, zeigt, dass die bisher genannten und auch weiterhin zu nennenden politischen Krisenherde nur der eine, freilich überaus gewichtige Teil des Ursachenkomplexes waren. Die amerikanische Krise deutet des Weiteren auf einen wesentlichen Faktor der deutschen Wirtschaftskrise hin, indem sie zeigt, wie weitgehend die Entwicklung der deutschen Konjunktur von der Lage der Weltwirtschaft abhängig war. Denn zu den Erscheinungen der amerikanischen Krise gehörte eine Verringerung der Einfuhr der USA ebenso wie ihre Bemühung, den eigenen Export durch herabgesetzte Preise zu forcieren, und schließlich auch der Rückzug von im Ausland angelegtem Geld. Das traf besonders für Deutschland zu, wo [...] die Bedingungen mit Sondervorteilen für die Amerikaner gekoppelt und dadurch für sie bei Anlage namentlich kurzfristigen Geldes übermäßig günstig waren.

Hans Luther, Vor dem Abgrund 1930–1933. Reichsbankpräsident in Krisenzeiten, Berlin: Propyläen Verlag 1964, S. 98f.

1. a) ●●○ Erläutern Sie die wirtschaftlichen Strukturproblem in der Weimarer Republik und erklären Sie den Finanzkreislauf 1924–1931/32 (M2).
b) ●●○ Brüning forcierte durch seine Deflationsmaßnahmen die Wirtschaftskrise. Erläutern Sie die Gründe für diese Politik und beschreiben Sie ihre Auswirkungen.
→ Text, M2

2. a) ●●○ Die Statistik „Daten zum Verlauf der Weltwirtschaftskrise in Deutschland“ (M5) arbeitet mit Indizes, indem der Wert eines Jahres mit der Zahl „100“ gleichgesetzt wird. Erklären Sie die Bedeutung sowie die Vorteile dieses Verfahrens.
b) ●●○ Untersuchen Sie die Entwicklung der „Brutto-Anlageinvestitionen“ und der „Verbrauchsgüter“. Welche Besonderheit ist – im Vergleich zu anderen Daten – feststellbar?
c) ●●○ Arbeiten Sie die statistischen Daten heraus, die relevant sind, um die soziale Lage der Bevölkerung zu beschreiben.
d) ●●○ Beschreiben Sie den Aufbau der Tabelle „Daten zum Verlauf der Weltwirtschaftskrise in den USA“ (M6) und erläutern Sie die Auswirkungen der Krise.
e) ●●● Charakterisieren Sie den Verlauf der Krise in den USA.
→ M5, M6, Text

3. a) ●○○ Fassen Sie die zentralen Aussagen von Hans Luther (M7) zusammen.
b) ●●○ Informieren Sie sich über den Autor und bestimmen sie seine Rolle im damaligen Geschehen.
c) ●●○ Erläutern Sie mögliche Auswirkungen, die die damalige Rolle des Autors sowie die Entstehungszeit auf die Glaubwürdigkeit der Aussagen hat.
d) ●●● Vergleichen Sie den Auszug aus den Memoiren mit der Darstellung im Schulbuch. Prüfen Sie, ob und ggf. in welcher Hinsicht die Deutung vom aktuellen Wissensstand abweicht.
→ M7, Text

9. Die Weltwirtschaftskrise und ihre Folgen in Deutschland

Arbeitslosigkeit und Hunger

Die Weltwirtschaftskrise hinterließen in allen am Welthandel beteiligten Nationen tiefe Spuren. Unter den Industrienationen traf es Deutschland besonders hart. Zwischen 1929 und 1932 ging die Industrieproduktion in Deutschland um 44 Prozent zurück, das Bruttosozialprodukt um 36 Prozent. Die Reallöhne sanken in den Jahren 1928 bis 1932 um 14 Prozent, während die Lebenshaltungskosten allerdings sogar um rund 20 Prozent nachgaben – der klassische Fall einer sogenannten „Deflationskrise“, in der nicht nur die Löhne, sondern auch die Preise sinken. Da aber Deflationen stets mit einer dramatischen Schrumpfung der Wirtschaft und ebenso dramatischer Arbeitslosigkeit verbunden sind, stürzen sie die Menschen trotz der sinkenden Preise in Armut und Elend. Dies zeigte sich in der Weltwirtschaftskrise in aller Deutlichkeit: Auf dem Tiefpunkt der Krise im Jahr 1932 waren offiziell rund sechs Millionen, in Wahrheit aber eher acht Millionen Menschen arbeitslos, während diejenigen, die noch arbeiteten, oftmals drastische Kürzungen ihrer Arbeitszeit und entsprechende Einbußen an Einkommen und Sozialleistungen hinnehmen mussten. Deshalb sank das durchschnittliche Lohn- und Gehaltseinkommen in Deutschland zwischen 1929 und 1932 um 40 Prozent – was nicht nur eine soziale Katastrophe war, sondern sich auch negativ auf die Binnennachfrage auswirkte.

M1 ***„Ich suche Arbeit jeder Art!“***
Foto, um 1931

Bei alledem gilt es zu bedenken, dass diese Entwicklungen nicht nur die jeweils statistisch erfassten Menschen, sondern in der Regel auch deren Familien und Angehören – etwa Kinder, Jugendliche und deren Großeltern – trafen, und somit ein Großteil der Bevölkerung unter der Weltwirtschaftskrise massiv zu leiden hatte. Wer Arbeitslosenunterstützung oder „Krisenhilfe“ beantragte, sah sich einem erniedrigendem Kampf mit einem kaum durchschaubaren Dschungel von immer enger ausgelegten Vorschriften ausgesetzt, während die Regierung durch Notverordnungen die Unterstützungssätze kürzte. Wut und Verbitterung waren die Folge. In dem bei Wien gelegenen Dorf Marienthal, wo nach der Schließung einer Textilfabrik in 80 Prozent der ansässigen Familien kein Familienmitglied mehr einer regulären Arbeit nachging, hat ein Team von Soziologinnen und Soziologen die sozialen und psychischen Folgen der Arbeitslosigkeit erstmals wissenschaftlich erforscht. Sie fanden heraus, dass die Arbeitslosen trotz der ihnen zur Verfügung stehenden Zeit öffentliche bzw. soziale Einrichtungen wie Bibliotheken, Theater, Parks und Vereine nicht mehr nutzten, dass sie sich im öffentlichen Raum langsamer bewegten, viele Gehpausen einlegten und dazu neigten, die Erledigung von Aufgaben aufzuschieben. Die Studie konstatierte bei den Arbeitslosen außerdem einen Verlust an Zeitbewusstsein sowie ein Gefühl von persönlicher Wertlosigkeit und Resignation. Anderswo wurden die Folgen der Weltwirtschaftskrise anhand der Selbstmordquoten ermittelt. Sie lag im Deutschen Reich 1932 dreimal so hoch wie in Großbritannien und doppelt so hoch wie in den USA, obwohl auch diese beiden Staaten schwer von der Weltwirtschaftskrise schwer betroffen waren.

Politisch wog der Vertrauensverlust, den die Republik in den Augen ihrer Bürgerinnen und Bürger hinnehmen musste, besonders schwer. Gerade als Sozialstaat hatte die Weimarer Republik hohe Erwartungen geweckt, die sie nun, in den Jahren des Massenelends, angesichts leerer Kassen und einer erbarmungslosen Deflationspolitik bitter enttäuschten musste. Viele der Enttäuschten, zu denen nicht nur die Arbeitslosen gehörten, schlossen sich ab 1930 einer der beiden radikalen Parteien an. Ihre Kampfbünde boten ihren aktiven Mitgliedern ein Auskommen, eine Aufgabe, ein gewaltsames Ventil für ihre Frustration und vor allem: die politische Botschaft einer ganz anderen und vermeintlich viel besseren Zukunft.

M2 ***Wahlplakat zur Reichstagswahl November 1932***
Die Nationalsozialisten zeichneten sich durch ihre aggressive Propaganda aus. Dazu nutzten sie viele moderne Mittel, die heute selbstverständlich sind. Insbesondere bei der Gestaltung von Plakaten gingen sie neue Wege. Eine wichtige Rolle spielte der Grafiker Hans Herbert Schweitzer (1901 – 1980), genannt Mjölnir. Mjölnir ist die Bezeichnung für den Hammer des nordischen Gottes Thor. Nach seiner Ausbildung trat er früh der NSDAP bei. Das abgebildete Plakat (M2) wurde für die Wahlen zum 7. Reichstag am 6. November 1932 verwendet. Es hat die Größe 122 x 87 cm.

Folgen der Krise in Deutschland im Spiegel von zeitgenössischen Quellen

M3 „Deutschland oder so?"

Der amerikanische Journalist und Pulitzer-Preisträger Hubert Renfro Knickerbocker berichtet über Armut im Berlin der frühen 1930er-Jahre und deren politische Folgen (1932):

Hinter den Stäben des eisernen Gitters, welches das Büfett einfasste, waren eine von Fliegen beschmutzte Schüssel mit abgebratenem Pferdefleisch und ein Paar Pferdewürstchen zu sehen. Die Gäste im Lokal hatten Hunger, sie saßen an ihren Tischen und starrten auf das Pferdefleisch hinter den Eisenstäben. Es war Essenszeit, aber niemand bestellte etwas. Der Hunger dieser Leute hatte nichts mit der Essenszeit zu tun.

Vierzig Menschen waren im Gasthaus, und nur vor zweien von ihnen stand etwas auf dem Tisch. Ein alter Mann und eine verschlampte Frau hatten einen Becher Malzbier vor sich. Erst nahm er einen Schluck, stellte den Becher auf den Tisch und blickte auf das Pferdefleisch; dann nahm sie einen Schluck, stellte den Becher auf den Tisch und blickte auf das Pferdefleisch. Diese beiden waren, bevor wir hereinkamen, die lebhaftesten Gäste.

Wir waren nicht in Russland. Auf dem Schild über der Tür stand „Zum Ollen Fritz", und ein Lokal, das sich nach dem größten Hohenzollern nennt, muss selbst im roten Wedding deutsch sein. Hier im Norden Berlins bot sich eine Gelegenheit, das Elend Deutschlands, wenn auch nicht in seinem ganzen Umfang, so doch ganz gewiss in seiner bittersten Form kennenzulernen, und im „Ollen Fritz" gab es mehr als genug Zeugen, die eine Antwort auf die Frage wussten, warum die deutsche Reichshauptstadt von allen Städten außerhalb Russlands die meisten Kommunisten zählt.

In der deutschen Krise von heute nehmen Hitler und seine 12 Millionen Faschisten wohl den Vordergrund der Bühne ein, in den Kulissen jedoch stehen sechs Millionen Kommunisten. Der deutsche Faschismus hätte auch ohne den deutschen Kommunismus in Erscheinung treten können. Beide aber wären ohne das Elend in Deutschland unmöglich. Armut herrscht, wenn auch in verschiedenem Grade, in allen Ländern. Arbeitslosigkeit gibt es überall in der Welt. Die Unzufriedenheit ist kein Monopol Deutschlands, und viele außerhalb des Reiches müssen sich fragen, warum die Gefahr einer radikalen Änderung von Regierung und Wirtschaftssystem für Deutschland größer ist als für andere Länder mit gleich hoher Arbeitslosenziffer. Dafür gibt es gute Gründe.

Erstens: hier ist die Unzufriedenheit, die aus der Armut resultiert, politisch organisiert. Zweitens: die Armut gewisser Bevölkerungsschichten ist ganz außerordentlich bitter. Drittens: die politische und wirtschaftliche Unzufriedenheit herrscht bereits seit langer Zeit. Für uns in Amerika ist die Wirtschaftsdepression etwas verhältnismäßig Neues, und deshalb

M4 *Suppenküche für Notleidende*
Foto, um 1930

fällt es uns schwer, uns klarzumachen, dass die Völker Mitteleuropas den Vorkriegsstand der geschäftlichen Sicherheit und der Lebenshaltung niemals wieder erreicht haben.

Hubert Renfro Knickerbocker, Deutschland oder so? (übers. v. Franz Fein), Berlin: Rowohlt 1932, S. 1 f.

M5 „Wir suchen Arbeit"

Aus einem Bericht über die Not arbeitsloser Familien (1932):

Wer offenen Auges auf den Hauptwanderstraßen Deutschlands, z.B. zwischen Berlin – der Uckermark – Mecklenburg und Pommern oder dem westdeutschen Industriegebiet – Mecklenburg – Berlin wandernde Familien beobachtet hat, wer sie gesprochen und von ihrem Schicksal gehört hat, der sah in einen Abgrund tiefsten menschlichen Elendes. Vater, Mutter und eine ganze Schar trippelnder Kinder. Der Vater trägt einen schweren Rucksack oder zieht einen kleinen Handwagen. Die Mutter schiebt den Kinderwagen mit dem jüngsten oder den zwei jüngsten Kindern inmitten von allem möglichen Hausrat und Kleidungsstücken. [...] Fragt man die einzelnen Familien nach dem Woher und Wohin, erhält man immer die gleiche Antwort: „Wir suchen Arbeit." [...] So treffen die ehemals städtischen Arbeitslosen mit denen vom Lande zusammen und ziehen in gleicher Not mit der gesamten Familie und allen Habseligkeiten von Ort zu Ort, in der Hoffnung, doch noch einmal Arbeit zu finden.

Hubert Kiesewetter: „Die Not arbeitsloser Familien auf der Landstraße"; zit. nach: Heinrich August Winkler, Der Weg in die Katastrophe, Bonn: Dietz 1990, S. 40.

M6 Abgleiten „ins Ungebundene und Leere"

1932 hat ein Team von Soziologen in der Arbeitersiedlung Marienthal (Niederösterreich) erstmals die Auswirkungen der Massenarbeitslosigkeit erforscht. Die Arbeitslosigkeit war im Wesentlichen auf die Schließung der örtlichen Textilfabrik 1929/30 zurückzuführen. Hier einige Ergebnisse der berühmten Studie von 1933:

Wir haben hundert Familien so eingehend beobachtet, dass wir alle Feststellungen machen konnten, die zur Einordnung der Haltungsgruppen notwendig waren; [...] von ihnen waren in Prozenten

Ungebrochen	16
Resigniert	48
Verzweifelt	11
Apathisch	25
	100

[...] Wer weiß, mit welcher Zähigkeit die Arbeitschaft seit den Anfängen ihrer Organisation um die Verlängerung der Freizeit kämpft, der könnte meinen, dass in allem Elend der Arbeitslosigkeit die unbegrenzte freie Zeit für den Menschen doch ein Gewinn sei. Aber bei näherem Zusehen erweist sich diese Freizeit als tragisches Geschenk. Losgelöst von ihrer Arbeit und ohne Kontakt mit der Außenwelt, haben die Arbeiter die materiellen und moralischen Möglichkeiten eingebüßt, die Zeit zu verwenden. Sie, die sich nicht mehr beeilen müssen, beginnen auch nichts mehr und gleiten allmählich ab aus einer geregelten Existenz ins Ungebundene und Leere. Wenn sie Rückschau halten über einen Abschnitt dieser freien Zeit, dann will ihnen nichts einfallen, was der Mühe wert wäre, erzählt zu werden.

Viele Stunden stehen die Männer auf der Straße herum, einzeln oder in kleinen Gruppen; sie lehnen an der Hauswand, am Brückengeländer. Wenn ein Wagen durch den Ort fährt, drehen sie den Kopf ein wenig; mancher raucht eine Pfeife. Langsame Gespräche werden geführt, für die man unbegrenzt Zeit hat. Nichts mehr muss schnell geschehen, die Menschen haben verlernt, sich zu beeilen.

Marie Jahoda/Paul F. Lazarsfeld/Hans Zeisel: Die Arbeitslosen von Marienthal. Ein soziographischer Versuch über die Wirkungen langandauernder Arbeitslosigkeit, Frankfurt 1975 (zuerst erschienen 1933), S. 73, 83.

1. a) ●○○ Fassen Sie die Folgen der Krise zusammen.
b) ●●○ Analysieren Sie den Text des amerikanischen Journalisten über die Situation in Berlin um 1932 (M3) und arbeiten Sie die Aspekte heraus, die er besonders betont.
c) ●●○ Beschreiben Sie die Probleme arbeitsloser Familien zu Beginn der 1930er-Jahre in Deutschland (M5).
d) ●●○ Vergleichen Sie die Berichte über die Auswirkungen der Krise (M3, M5).
e) ●●○ Erläutern Sie anhand der Studie von 1933 (M6) die Auswirkungen der Massenarbeitslosigkeit.
→ Text, M1 – M6

2. a) ●●● Interpretieren Sie das politische Plakat M2.
b) ●●● Informieren Sie sich über den Begriff „Plakat" und die Anfänge und Entwicklungsgeschichte politischer Plakate. Charakterisieren Sie dabei besonders die Bedeutung und den Einfluss politischer Plakate in der Zeit der Weimarer Politik und der NS-Diktatur.
→ M2, Internet, z. B. wahlplakate-archiv.de

M 7 ***Wartende Arbeitslose***

Hinterhof des Arbeitsamtes Hannover, Königsworther Platz, Frühjahr 1932. Das Foto zeigt wartende Arbeitslose, die nach Arbeitslosengeld anstehen. Der Fotograf war Walter Ballhause (1911–1991). Er stammte aus einfachen Verhältnissen, wurde Laborant und entdeckte dabei seine Vorliebe für die Fotografie. Mit einer geliehenen Kamera fotografierte er, der selbst arbeitslos war, in den 1930er-Jahren oft Arbeitslose. Dabei versuchte er, möglichst unauffällig zu agieren. Politisch stand er aufseiten der Arbeiterbewegung; er war ein Gegner der Nationalsozialisten. Im Unterschied zu anderen Fotografien aus dieser Zeit wurde das vorliegende Bild erst spät entdeckt, dann aber immer wieder veröffentlicht.

Umgang mit Fotografien

Fotos gehören zu den Bildquellen und sind das Werk eines Fotografen, der zum Zeitpunkt und am Ort des Geschehens, das fotografiert wird, anwesend ist. Oft wirken Fotografien objektiv, jedoch sind sie nicht notwendig ein originalgetreues Abbild der „Wirklichkeit", denn ein Fotograf wählt aus und entscheidet, was er wo, wann, wie fotografiert und was er dabei weglässt, vielleicht sogar nachträglich bearbeitet und verändert. Ein Foto kann also nur das abbilden, was ein Fotograf zeigen will.

Folgende grundsätzlichen Aspekte sind für die Erschließung von Fotografien wichtig

1. **Urheber**
   a) Fotograf (ggf. Lebensumstände, politische Einstellung, weitere Werke/Fotografien),
   b) Entstehungszeit, -ort und -bedingungen, historischer Hintergrund (Epoche, Ereignisse etc.),
   c) Publikationszeit, -ort und -formen, Zusammenhang mit Texten und anderen Fotos.

2. **Adressat(en)**
   a) Informieren Sie sich über die Adressaten, über Anlass und Zweck der Fotografie (öffentlich/privat)

3. **Bildelemente und deren Bedeutung**
   a) Beschreiben Sie genau, was im Einzelnen zu erkennen ist. Achten Sie dabei auf den Bildaufbau, also die Anordnung der Elemente (z. B. Vordergrund, Mittelgrund, Hintergrund).
   b) Erläutern Sie die abgebildeten Personen, ihre soziale Zugehörigkeit und wichtige Gegenstände. Ziehen Sie dazu ggf. ein Lexikon oder das Internet heran:

4. **Darstellungsabsicht**
   a) Deuten und erklären Sie das Foto in Hinblick auf die Gesamtaussage bzw. Darstellungs- und Wirkungsabsicht: inhaltlicher Zusammenhang der einzelnen Elemente, Bedeutung und beabsichtigte Wirkung („echt" versus gestellt), Darstellung der Situation durch Fotografen („neutral" versus wertend).
   b) Deuten und erklären Sie das Foto in Hinblick auf den historischen Aussagegehalt: Erkenntnis über den fotografierten historischen Augenblick (Personen, Gegenstände, Ereignisse), die Entstehungszeit und den Fotografen:

1. a) ●●● Interpretieren Sie die Fotografie M7 mithilfe der Arbeitsschritte.
b) ●●● Walter Ballhause war ein Anhänger der Arbeiterbewegung und Gegner der Nationalsozialisten. Erörtern Sie, ob bzw. inwiefern sich seine politische Einstellung im vorliegenden Foto widerspiegelt.
c) ●●● Recherchieren Sie selber zu Walter Ballhause und seiner Wahrnehmung der Wirtschaftskrise in Deutschland.
d) ●●● Bereiten Sie einen Vortrag zum Thema „Die Macht der Fotografie" vor. Gehen Sie dabei auch auf die verschiedenen Arten der Bildmanipulation ein und informieren Sie sich über berühmte historische Beispiele gefälschter Fotografien.
→ Text, M7, Internet

Das Doppelgesicht des Sozialstaats

Anfänge des Sozialstaats

Die Einsicht, dass der Staat für das materielle Wohlergehen seiner Bürger Verantwortung übernehmen und Sozialpolitik betreiben sollte, war dem 19. Jahrhundert zunächst fremd gewesen; sie ist erst in der zweiten Jahrhunderthälfte, als das Deutsche Kaiserreich einen stürmischen Industrialisierungsschub erlebte, gereift – vor allem unter dem Druck einer immer mächtiger werdenden Arbeiterbewegung. Um die Arbeiterschaft dem Sozialismus abspenstig zu machen und für den Nationalstaat zu gewinnen, hatte Reichskanzler Otto von Bismarck in den 1880er-Jahren eine Kranken-, Unfall-, Invaliditäts- und Altersversicherung eingeführt, die eine erste, aber keineswegs hinreichende Absicherung gegen elementare Lebensrisiken schuf. Mit dem Versicherungsprinzip, das die Gewährung von Leistungen von der regelmäßigen Einzahlung von Beiträgen abhängig machte und dabei die Versicherung nicht dem Staat, sondern dafür eigens gegründeten Selbstverwaltungskörperschaften übertrug, war bereits im Kaiserreich eine tragende Säule des deutschen Sozialstaats errichtet worden. Diese Säule wurde im 20. Jahrhundert nach und nach weiter ausgebaut.

Voraussetzungen in der Republik

Die Voraussetzungen für den Ausbau des Sozialstaats waren zu Beginn der Weimarer Republik einerseits günstig. Die Revolution 1918/19 hatte nicht nur allerlei Erwartungen an eine künftige soziale oder sogar sozialistische Republik geweckt, sie hatte erstmals auch gemäßigte und linke Sozialdemokraten an die Regierung gebracht. Aber auch bei den Linksliberalen in der DDP und bei der Zentrumspartei war man

M1 *„Die deutsche Sozialversicherung“*
Plakat von 1913

sich einig, dass eine soziale Politik künftig eine viel größere Rolle spielen würde als bisher. Vor diesem Hintergrund hat die 1919 verabschiedete Weimarer Reichsverfassung eine Reihe sozialer Grundrechte definiert, die „Gewährleistung eines menschenwürdigen Daseins" in Aussicht gestellt und die Sozialversicherung sowie überhaupt die soziale Gesetzgebung zur Sache des Reiches erklärt.

Andererseits stand die Sozialpolitik der Weimarer Republik von Beginn an unter einem ungünstigen Stern. Denn zum einen fehlten in Folge der Kriegsniederlage und angesichts schwerer Wirtschaftskrisen weitgehend die öffentlichen Mittel, die zur Finanzierung einer erfolgreichen staatlichen Sozialpolitik erforderlich gewesen wären. Außerdem gingen seit 1924 mächtige wirtschaftliche Interessengruppen aus Industrie und Landwirtschaft dazu über, den weiteren Ausbau des Sozialstaats, den sie für nicht finanzierbar hielten, zu bekämpfen und soziale Errungenschaften der Revolution wieder auszuhöhlen oder abzuschaffen. Dieser Prozess beschleunigte sich während der Weltwirtschaftskrise zwischen 1930 und 1933 und führte zu einem dramatischen Rückbau des Sozialstaats.

Knappheit, Not und Armut prägten von Beginn an das Leben breiter Bevölkerungsschichten. Da die Einkommensverhältnisse in der Arbeiterschaft – also bei etwa der Hälfte der Erwerbstätigen – auch während der guten wirtschaftlichen Jahre bescheiden blieben und oftmals um das Existenzminimum pendelten, war die Ausgestaltung des Sozialstaats in der Weimarer Republik ein wichtiges Projekt, das insbesondere die Sozialdemokraten gegen den erbitterten Widerstand der Unternehmerschaft voranzutreiben suchten.

Die Weimarer Republik suchte das Verfassungsversprechen in einer Reihe von Initiativen gerecht zu werden, von denen einige zwar am Widerstand der Wirtschaft und an den fehlenden finanziellen Spielräumen scheiterten, andere aber in die Tat umgesetzt wurden und sich als zukunftsweisend erwiesen. Dazu gehören – neben der Einführung von Flächentarifverträgen – vor allem die Invaliden- und Kriegsopferversorgung, das Betriebsrätegesetz, die Reform der sozialen Fürsorge, die Einführung einer Arbeitslosenversicherung und der Wohnungsbau.

Sozialstaatliche Leistungen der Weimarer Republik

Das Betriebsrätegesetz aus dem Jahr 1920 war noch eine unmittelbare Frucht der Revolution und des in der Weimarer Verfassung gegebenen Versprechens, auf betrieblicher und überbetrieblicher Ebene sogenannte „Arbeiterräte" einzuführen. Das Gesetz löste dieses Versprechen insofern zumindest in Ansätzen ein, als es in Betrieben mit mehr als 20 Beschäftigten die Einrichtung von gewählten Betriebsräten vorsah. Die Betriebsräte sollten bei Angelegenheiten, die alle Beschäftigten eines Betriebes betrafen, ein Mitspracherecht erhalten, die Betriebsleitung mit ihrem „Rat" unterstützen, bei der Einführung neuer Arbeitsmethoden „fördernd mitarbeiten" sowie bei einer großen Zahl von Einstellungen oder Entlassungen ein Mitspracherecht ausüben. Wie an diesen Regelungen zu erkennen ist, zielte das Betriebsrätegesetz vor allem auf die Pflege guter Beziehungen zwischen Arbeitern und Arbeitgebern. Deshalb löste seine Einführung bei den radikaleren Kräften der Arbeiterbewegung Enttäuschung aus.

Das zersplitterte, unübersichtliche und völlig unzureichende Fürsorgewesen für Arme wurde 1924/25 reformiert und in ein neues System der Sozialfürsorge überführt. Alle größeren Städte richteten Wohlfahrtsämter ein, an denen sich ausgebildete (statt bisher ehrenamtliche) Fürsorgerinnen und Fürsorger um die sozial Schwachen kümmerten: Wer weder aus eigener Kraft noch durch die verpflichtende Unterstützung seitens der Familie sein Auskommen sichern konnte, hatte – nach einer aufwändigen Prüfung der Bedürftigkeit – Anspruch auf Leistungen. Hatten sich die Lebensverhältnisse des Betroffenen später allerdings gebessert, musste er die erhaltenen Leistungen ganz oder teilweise zurückzahlen. Trotz der harten Bedingungen bedeutete die reformierte Fürsorge einen Fortschritt.

1927 verabschiedete der Reichstag mit großer Mehrheit ein „Gesetz über die Arbeitsvermittlung und Arbeitslosenversicherung" und vollzog damit den wichtigsten Schritt zum Ausbau des Sozialstaats in der Weimarer Republik. Fortan bestand für Erwerbslose ein Anspruch auf staatliche Unterstützung, die – nach Lohnklassen gestaffelt – zwischen 35 und 75 Prozent des früheren Arbeitslohns betrug und für 26 oder 39 Wochen gewährt wurde. Nach Ablauf dieser Frist konnte die erwerbslose Person aufgrund einer Bedürftigkeitsprüfung sogenannte „Krisenfürsorge" für maximal 39 Wochen in Anspruch nehmen, deren Niveau deutlich unter dem der Arbeitslosenunterstützung lag. Danach war die arbeitslose Person auf die oben erwähnte, noch niedrigere kommunale Wohlfahrtsunterstützung angewiesen. Im Zuge der Einführung der Arbeitslosenversicherung wurden im ganzen Land Arbeitsämter errichtet, die für die Auszahlung der Leistungen, zugleich aber auch für die Stellenvermittlung, für Berufsberatung und Arbeitsbeschaffungsmaßnahmen zuständig waren.

Die neue Arbeitslosenversicherung ergänzte das noch aus dem Kaiserreich stammende System der Sozialversicherung um einen entscheidenden Pfeiler, denn im Auf und Ab der Wirtschaftskrisen hatte sich die Einsicht durchgesetzt, dass Erwerbslosigkeit in der Regel das Resultat wirtschaftlicher Prozesse und damit unverschuldet ist. Finanziert wurde das System hauptsächlich durch Pflichtbeiträge in Höhe von drei Prozent des Lohns, die jeweils zur Hälfte von den Arbeitgebern und Arbeitnehmern zu leisten waren. Sollten die Beiträge zur Finanzierung nicht ausreichen, stellte das Reich Darlehen bereit; eine direkte staatliche Beteiligung in Form von Zuschüssen war ausgeschlossen. Das 1927 begründete System war ein bedeutender Fortschritt und hatte doch einen gravierenden Nachteil: Es beruhte auf zu optimistischen Annahmen zur wirtschaftlichen Entwicklung und war von Anfang an nur für die Unterstützung von 800000 Arbeitslosen ausgelegt. Diese Zahl wurde jedoch bald um ein Vielfaches überschritten. Die 1927 eingeführte Arbeitslosenversicherung erwies sich in den folgenden Jahren, als bis zu sechs Millionen Arbeitslose gezählt wurden, als ein „Schönwettersystem", das einer schweren Krise in keiner Weise gewachsen war.

M 2 *Protest gegen die unzureichenden Fürsorgezahlungen in Berlin*
Undatiertes Foto, um 1931

Umkämpft und zweischneidig: Probleme des Sozialstaats

Der expandierende Sozialstaat der Weimarer Republik gehörte zu den besonders umkämpften Themen der Politik. Einerseits hat die „soziale Republik" unbestreitbar vielfach soziale Not abgemildert, sie hat verhindert, dass die Demokratie schon zu einem viel früheren Zeitpunkt als 1933 scheiterte und sie erwies sich in einigen ihrer Projekte als zukunftsweisend. Andererseits befand sich der Sozialstaat in einem dauernden Dilemma, ja er zeigte geradezu ein Doppelgesicht.

- Denn erstens erwies sich das soziale Engagement des Staates als durchaus kostspielig: Im Verhältnis zur Vorkriegszeit gab der Staat 1929 fast zehn Mal so viel für Soziales aus. Da die Wirtschaft aber keineswegs im selben Tempo gewachsen war, konnte der Sozialstaat nur über eine drastische Erhöhung der Steuern und Sozialabgaben finanziert werden. Dies aber provozierte aufseiten der Industrie, die unter Kapitalmangel litt, einen dauernden und immer schärfer werdenden Widerstand gegen den Ausbau des Sozialstaats, wie ihn vor allem Sozialdemokraten und Gewerkschaften vorangetrieben hatten. So geriet der Konflikt um den Sozialstaat zu den Auslösern der politischen Krise ab 1930.

- Ein zweites Dilemma des Weimarer Sozialstaats bestand in der Kluft, die sich zwischen den anfangs weit gesteckten Erwartungen an die „soziale Republik" und die oftmals sehr bescheidene Realität auftat. Zusammen mit dem Inflationsboom hatten in den Nachkriegsjahren umfangreiche sozialstaatliche Maßnahmen zwar maßgeblich dazu beigetragen, dass die Umstellung von der Kriegs- auf die Friedenswirtschaft erstaunlich reibungslos vonstatten ging. Doch war der Sozialstaat dann nicht mehr in der Lage, die krasse soziale Ungleichheit und das nicht nur in der Arbeiterschaft verbreitete Empfinden, dass es in dieser Gesellschaft zutiefst ungerecht zugehe, wesentlich abzumildern. Unzufriedenheit und Verbitterung über die sozialen Zustände machten sich vor allem auch bei all jenen breit, die zu den Verlierern der Inflation gehörten. Und schließlich erwies sich der unterfinanzierte Sozialstaat in der Weltwirtschaftskrise ab 1929 vollends überfordert.

- Ein drittes, für den modernen Sozialstaat charakteristisches Problem zeichnete sich in der Weimarer Republik erstmals sehr deutlich ab. Denn je mehr Bevölkerungsgruppen der neue Sozialstaat erreichte, desto mehr trat er den Bürgerinnen und Bürgern in Gestalt einer anonymen Sozialbürokratie gegenüber, die sich wenig für den Einzelfall interessierte, sondern die Menschen vielmehr nach bestimmten Anspruchskriterien klassifizierte und mit einem oftmals schwer durchschaubaren Dschungel an Vorschriften konfrontierte. So mussten Millionen von Menschen, die während der Weltwirtschaftskrise über Arbeitslosigkeit in die Armut abrutschten, mit den zuständigen Ämtern erniedrigende „Bedürftigkeitsprüfungen" über sich ergehen lassen, um am Ende mit den dürftigen Leistungen doch nicht über die Runden zu kommen.

Zwischen Demokratie und Sozialstaat besteht ein doppelter Zusammenhang. Zum einen wird der Ausbau des Sozialstaats oft von einer Mehrheit unterschiedlicher Wählergruppen vorangetrieben. Zum anderen bedarf die Demokratie der sozialen Sicherungssysteme, um den Bürgerinnen und Bürgern ein menschenwürdiges Leben und politische Teilhabe zu ermöglichen. Auch darin liegt eine der Lehren der Weimarer Republik.

M3 ***Stationen des sozialen Staats***

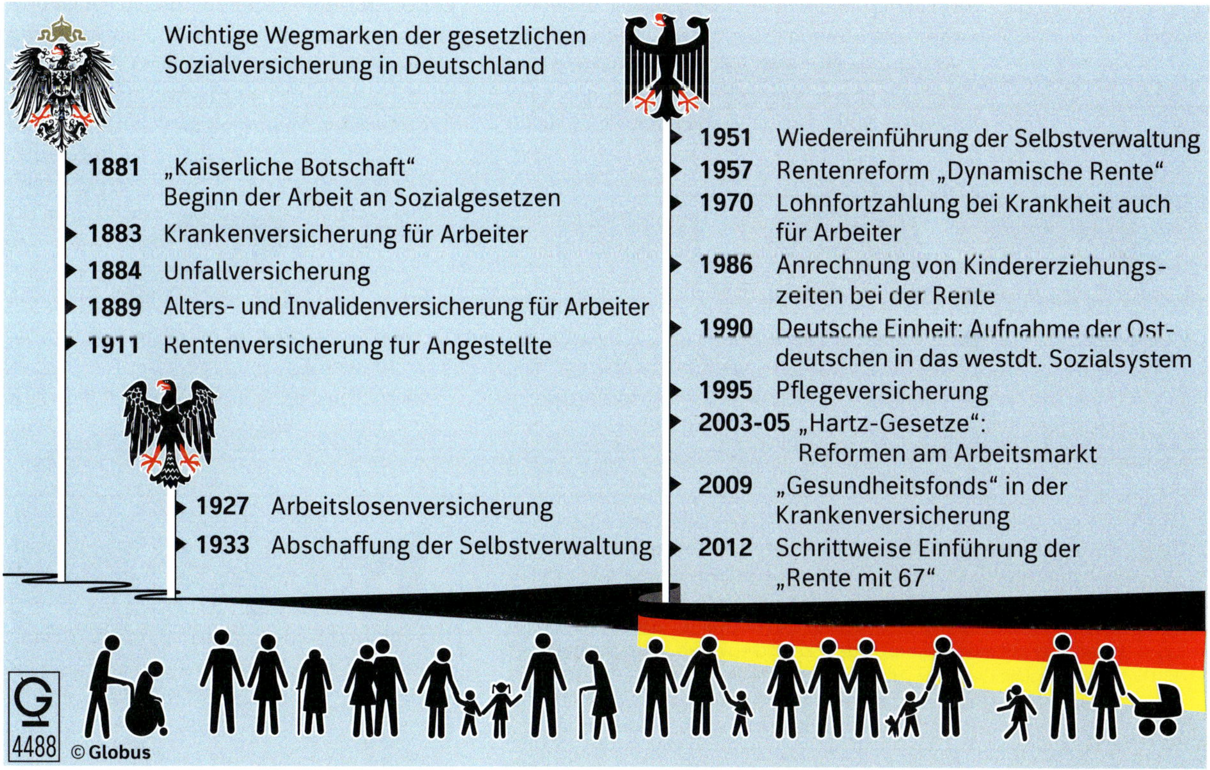

1. a) ●●● Stellen Sie in einer Concept Map oder einem Wirkungsgefüge den Sozialstaat der Weimarer Republik dar. Zeigen Sie dazu die Bezüge auf zwischen den Anfängen des Sozialstaats im Kaiserreich, den Zielen und Ansprüchen des Sozialstaats in der Weimarer Republik, seinen Vertretern, Gegner, Hindernissen, Errungenschaften und Rückschritten.

b) ●●○ Skizzieren Sie die Entwicklung in der Bundesrepublik und zeigen Sie Verbindungen und Unterschiede zwischen dem Sozialstaat der Weimarer Republik und der Bundesrepublik auf.
→ Text, M1 – M3, Internet

10. Von der Demokratie zur Diktatur

Radikalismus von rechts: Adolf Hitler und die NSDAP

Rund 2000 Menschen füllten am Abend des 13. August 1920 den Festsaal des Münchner Hofbräuhauses. Gegen 20 Uhr schwang sich ein Mann mit blassem Gesicht und dunklem, gestutztem Schnurrbart unter dem Applaus der Menge auf einen quer stehenden Biertisch und begann in bedächtigen Worten über die Rolle der menschlichen Arbeit und der menschlichen Rassen in der Weltgeschichte zu sprechen. Nach etwa einer Viertelstunde wandte er sich dem Thema „Juden“ zu, und seine Stimme wurde lebhafter. Er nannte die Juden „Schmarotzer“ und „Parasiten am Körper anderer Völker“ und steigerte, immer wieder von Beifall unterbrochen, die Lautstärke. Nachdem er sich sichtlich in Wut geredet hatte, rief er gestikulierend und mit sich überschlagender Stimme in den Saal: „Die Tat bleibt uns unverrückbar fest, sie heißt: Entfernung der Juden aus unserem Volke.“ Das Publikum tobte vor Begeisterung. 77 Mal war die zweistündige Rede von Zustimmung und Jubel unterbrochen worden. Zu diesem Zeitpunkt war der Name des umjubelten Redners nur in München bekannt: Adolf Hitler. Wer war dieser Mann?

Die Gründer der Republik schmähte Hitler als „Novemberverbrecher“; in zahllosen Bierkellerreden attackierte er das Versailler „Schanddiktat“, den „Marxismus“ sowie das „internationale Judentum“, das er für alle Missstände der Nation verantwortlich machte. Obwohl er Hass und Gewalt predigte, sich mit einer prügelnden Leibgarde umgab und zahllose Saalschlachten provozierte, sah die weit rechts stehende bayerische Regierung von einer Strafverfolgung ab. Als Hitler auf dem Höhepunkt der Inflation am 8./9. November 1923 versuchte, die Regierungsmacht in München gewaltsam an sich zu

Info

Adolf Hitler

Hitler war 1889 im österreichischen Braunau als Sohn eines Zollbeamten geboren worden. Nachdem er die Oberrealschule ohne Abschluss verlassen hatte, bewarb er sich zwei Mal vergeblich um die Zulassung zum Studium an der Wiener Akademie der Bildenden Künste. Ohne einer geregelten Beschäftigung nachzugehen, führte er in Wien ein zielloses Leben als Bewohner eines Männerheims und hielt sich mit dem Verkauf von Postkarten und Aquarellen über Wasser. 1913 übersiedelte er nach München, wo er nach Ausbruch des Ersten Weltkrieges im August 1914 in die Armee eintrat. Im Krieg zwei Mal verwundet, erfuhr er von der Niederlage und der Revolution während eines Aufenthalts im Lazarett. 1919 schloss er sich in München der unbedeutenden „Deutschen Arbeiterpartei“ an, deren Programm er mit ausarbeitete. In der Partei, die sich ab 1920 „Nationalsozialistische Deutsche Arbeiterpartei“ (NSDAP) nannte, fiel er bald als talentierter Redner auf, der es verstand, seine Zuhörer durch eine stark emotionalisierte, beschwörende Vortragsweise in Bann zu schlagen. 1921 übernahm er die unumstrittene Führung der Partei, damals noch eine unbedeutende rechtsradikale Splittergruppe.

M1 *Adolf Hitler (1889 – 1945)*
Sorgsam pflegte man Hitlers Erscheinungsbild in der Öffentlichkeit. Ungünstige Fotos wurden nicht veröffentlicht, Foto, 1932.

reißen, hatte er jedoch den Bogen überspannt: Im Kugelhagel der Polizei brach der „Hitler-Putsch" am 9. November auf dem Münchner Odeonsplatz zusammen. Hitler wurde zu fünf Jahren Festungshaft verurteilt, seine Partei verboten. Während seiner Haft auf der Festung Landsberg, aus der er bereits im Dezember 1924 vorzeitig entlassen wurde, verfasste er den ersten Band seiner Schrift „Mein Kampf". Weitschweifig legte er in diesem Buch seinen bisherigen Werdegang sowie seine nationalsozialistische Weltanschauung dar.

Die Weltanschauung der NSDAP

Den Kern von Hitlers Weltanschauung bildeten zwei Lehren: Zum einen sah Hitler die Weltgeschichte als ewigen, unerbittlichen Kampf unter den Völkern und Rassen, in dem sich die stärkeren, „höherwertigen" gegen die schwachen, „niedrigen" Rassen durchzusetzen hätten (Rassendoktrin). Eine „Rassenmischung" sei unbedingt zu vermeiden, weil dadurch die „höherwertigen" Rassen, besonders die „arisch-germanische" Rasse, geschwächt und zerstört würden. Eine zutiefst „minderwertige" Rasse sah Hitler in den Juden, die in seinen Augen für die „arisch-germanische" Rasse eine tödliche Gefahr darstellte. Hitler predigte daher einen radikalen Antisemitismus und den rücksichtslosen Kampf gegen das „Judentum". Mit der Rassendoktrin verband sich das zweite Kernelement seiner Weltanschauung, die Raumdoktrin: Deutschland müsse auf Kosten der „minderwertigen" slawischen Rasse „Lebensraum im Osten" gewinnen, und zwar zur Ansiedlung des deutschen Bevölkerungsüberschusses, zur Vergrößerung des deutschen Wirtschaftsraums und als Schutz gegen Angriffe. Durch Raumerwerb im Osten sollte Deutschland Weltmacht werden: „Deutschland wird entweder Weltmacht oder überhaupt nicht sein", formulierte Hitler im zweiten Band von „Mein Kampf". Hitlers politische Ideenwelt war bestimmt von Rassismus, Antisemitismus, radikalem Nationalismus, Antiliberalismus und Antikommunismus. Für den Weltkriegsveteranen Hitler waren Krieg und Gewalt nicht nur Mittel zur Durchsetzung seiner Vorstellungen, sondern von vornherein Bestandteile seiner Weltanschauung. Wie ernst es ihm mit dieser zutiefst inhumanen Ideenwelt war, sollte sich in aller Deutlichkeit zeigen, nachdem er 1933 an die Macht gekommen war.

Hitlers Legalitätskurs

Frisch aus der Haft entlassen gründete Hitler im Februar 1925 die NSDAP neu, musste jedoch ein zweijähriges Redeverbot hinnehmen. Er organisierte während dieser Zeit die Partei nach dem „Führerprinzip", schaltete seine parteiinternen Gegner nacheinander aus und beauftragte seinen Landshuter Parteigenossen Gregor Strasser mit dem Aufbau der Partei in Norddeutschland. Vor allem verfolgte er von nun an einen Kurs der Legalität: Nicht mehr auf dem Weg des gewaltsamen Umsturzes, sondern vor allem durch Propaganda und die Gewinnung einer Massenbasis sollte die Macht im Staat erkämpft werden. Die Wahlerfolge blieben einstweilen bescheiden. Bei den Reichstagswahlen erreichte die Partei bis 1928 im Durchschnitt nur vier Prozent.

In scharfem Kontrast zu diesen Misserfolgen stand Hitlers Auftreten. Siegessicher attackierte er die parlamentarisch-demokratische Republik. Seine Partei ließ er auf den theatralisch inszenierten „Reichsparteitagen" in Nürnberg Geschlossenheit und Stärke demonstrieren: Die Massenaufmärsche geschlossener Formationen in einheitlicher Uniform, der Fahnenschmuck, der nächtliche Fackelzug, das Großfeuerwerk, das Auftreten der Hitlerjugend, die aufpeitschenden Reden, das Ausstrecken des rechten Arms zum „Hitler-Gruß", die Totenehrung, die feierlichen Fahnenweihen und schließlich die Abnahme der „Parade" durch den „Führer", der im offenen Mercedes mit ausgestrecktem Arm den Vorbeimarsch seiner Anhänger inspizierte – schon Zeitgenossen erkannten in diesen Inszenierungen die Elemente einer religiösen Liturgie (Form des Gottesdienstes).

Radikalismus von links: Die KPD

Als um die Jahreswende 1918/19 in Berlin die Kommunistische Partei Deutschlands (KPD) gegründet wurde, konnten die Delegierten bereits auf ein erfolgreiches Vorbild verweisen: In Russland hatten 1917 die russischen Kommunisten (Bolschewisten) unter der Führung von Wladimir Iljitsch Lenin die Herrschaft des Zaren gestürzt und begonnen, eine „Diktatur des Proletariats" in Gestalt einer Einparteienherrschaft zu errichten. Auch in Deutschland verfolgte die KPD in den ersten Jahren der Weimarer Republik eine

Politik des gewaltsamen Umsturzes: Bis 1923 versuchte sie in mehreren Anläufen vergeblich, der Revolution von 1918/19 eine gewaltsame zweite, kommunistische Revolution folgen zu lassen. Als etwa die KPD am 18. März 1921 die Arbeiter zu den Waffen rief, forderte der überstürzte Aufstandsversuch 180 Todesopfer, darunter 35 Polizeibeamte und 145 Zivilisten.

Nach einem neuerlichen Fehlschlag im Oktober 1923 gab die KPD ihre Putschtaktik auf und wandelte sich zu einer „Partei neuen Typs“: Zentral gelenkt von einem Funktionärsapparat folgte sie von nun an jedem Kommando der sowjetischen Kommunistischen Partei und konnte zugleich mit rund zehn Prozent der Stimmen bei den Reichstagswahlen 1924 bis 1928 beachtliche Erfolge verbuchen. Unter ihrem Vorsitzenden Ernst Thälmann folgte die KPD ab 1928/29 einer neuen Moskauer Parole: Der von den Kommunisten zu bekämpfende Hauptfeind seien die Sozialdemokraten, die von nun an „Sozialfaschisten“ genannt wurden. Auf diese Weise wurde die Spaltung der Arbeiterbewegung weiter vertieft; ein Bündnis der linken Kräfte gegen den Nationalsozialismus erschien nun aussichtsloser denn je. Während der Weltwirtschaftskrise erhielt die KPD beträchtlichen Zulauf durch Arbeitslose: Auf dem Höhepunkt der Krise, im Frühjahr 1932, waren 85 Prozent ihrer Mitglieder arbeitslos.

M2 *„Schluss mit diesem System“*
Plakat der KPD zu den Reichstagswahlen vom 6. November 1932

Anfang vom Ende: Das Scheitern der Großen Koalition 1930

Die beiden radikalen Parteien blieben trotz ihrer auftrumpfenden Rhetorik einstweilen noch weit von der politischen Macht entfernt. Seit Juni 1928 regierte unter dem sozialdemokratischen Reichskanzler Hermann Müller eine Große Koalition aus SPD, DDP, Zentrum und DVP. Die Große Koalition hatte eine Reihe schwieriger und äußerst umstrittener Probleme zu meistern: Die Neugestaltung der Reparationszahlungen im so genannten Young-Plan, die Entscheidung über den kostspieligen Bau eines neuen Panzerschiffs („Panzerkreuzer A“) und schließlich die Bekämpfung eines rasch ansteigenden Haushaltsdefizits. Fast 21 Monate lang konnte sich die Regierung der Großen Koalition an der Macht halten. Was aus heutiger Sicht kurz erscheint, war in der Weimarer Republik ein Rekord: Alle anderen 18 Regierungen der Weimarer Republik waren wesentlich schneller zerbrochen. Am 27. März 1930 jedoch reichte ein entnervter Reichskanzler Müller seinen Rücktritt ein. Was war geschehen?

Den Auslöser bildete ein Streit um die Finanzierung der Arbeitslosenversicherung, der innerhalb der Regierung mit großer Unerbittlichkeit geführt wurde. 1927 hatte die Vorgängerregierung die Einführung einer Arbeitslosenversicherung durchs Parlament gebracht. Dies war eine der großen sozialpolitischen Leistungen der Weimarer Republik, denn von nun an hatten Arbeitslose unter bestimmten Voraussetzungen ein Anrecht auf Unterstützung. Damit übernahm der Staat einmal mehr die Verantwortung für die sozialen Folgen des Wirtschaftsprozesses. Als infolge der Weltwirtschaftskrise die Arbeitslosenzahlen in die Höhe schnellten, geriet die neue Reichsanstalt für Arbeitsvermittlung und Arbeitssicherung rasch in ein erhebliches Defizit. Die unternehmernahe DVP und die Arbeitgeberverbände drängten auf eine Erhöhung der indirekten Steuern (die insbesondere Einkommensschwache und Arbeitslose belastet hätte) und Abbau der Versicherungsleistungen. Sozialdemokraten und Gewerkschaften plädierten hingegen für eine Erhöhung der Versicherungsbeiträge (die von Arbeitgebern und Arbeitnehmern gemeinsam aufgebracht wurden), eine Erhöhung der direkten Steuern und ein „Notopfer“ durch die Bezieher höherer Einkommen. Nach wochenlangem Tauziehen einigten sich die Minister im Reichskabinett Anfang März 1930 auf einen Kompromiss. Doch die Reichstagsfraktion der DVP lehnte ab. Ein neuer Kompromiss wurde gefunden, nun stärker zu Lasten der Arbeitslosen. Doch dieses Mal lehnte die Fraktion der SPD ab. Am selben Tag trat Reichskanzler Müller zurück.

Der Sturz der Regierung Müller gilt als ein entscheidendes Datum auf dem Weg zur Diktatur, denn Müller war der letzte Reichskanzler der Republik, dessen Regierung auf parlamentarische Weise, d. h. durch eine Mehrheit im Reichstag, gebildet und gestützt worden war. Die folgenden Kabinette regierten unter weitgehender Ausschaltung des Reichstages, bis der Reichspräsident am 30. Januar 1933 Hitler die Macht übertrug und damit der Republik den endgültigen Todesstoß versetzte.

Gründe für das Scheitern der Großen Koalition 1930

Warum aber scheiterte die Regierung, wenn die diskutierten Kompromisse doch so nahe beieinander lagen? Diese Frage ist deshalb so wichtig, weil sie zu den entscheidenden Gründen für den Untergang der Weimarer Republik führt. Eine erste Antwort lautet: Es ging den Parteien am Ende nicht um ein halbes Prozent Beitragserhöhung hin oder her, sondern ums Prinzip. Für die DVP und die hinter ihr stehende Wirtschaft war die Republik ohnehin bereits viel zu sozial geworden: Zu hohe Sozialleistungen, zu hohe Löhne und zu hohe Steuern würden die Wirtschaft erdrücken – das war die Sicht der Unternehmer und des rechten Flügels der Koalition. Aber auch für die SPD war im März 1930 das Maß voll. Sie hielt am Ziel einer schrittweisen „Verwirklichung des Sozialismus“ auf dem Boden der demokratischen Republik fest und forderte zusammen mit den Gewerkschaften eine Demokratisierung der Wirtschaft („Wirtschaftsdemokratie“). Zudem sah sich die Partei getrieben von den Kommunisten, die mit griffigen Parolen um die Gunst der Arbeiter warben. Insofern ging es auch den Sozialdemokraten ums Prinzip, als sie ihren eigenen Kanzler stürzten.

Eng damit zusammen hängt die zweite Antwort: Hinter dem Konflikt stand ein harter, für die kapitalistische Industriegesellschaft typischer Verteilungskampf, der in den ersten Jahren der Republik noch deutlich zugunsten der Arbeitnehmer ausgegangen war. Nun aber kam es

M3 Reichskanzler Hermann Müller (SPD) *am Rednerpult des Reichstags während seiner Regierungserklärung, Foto, 3.7.1928*

vor allem der Schwerindustrie darauf an, ihre Interessen wieder massiv zur Geltung zu bringen und die sozialdemokratischen Projekte um jeden Preis zu verhindern.

Der Konflikt um die Arbeitslosenversicherung zeigt drittens das Dilemma des modernen Sozialstaats: Wenn der Staat nicht nur Rahmenbedingungen für das Wirtschaften setzt, sondern soziale Verantwortung übernimmt und Sozialleistungen (z. B. die Unterstützung der Arbeitslosen) garantiert, dann gerät er unweigerlich zwischen die Mühlsteine der harten ökonomischen Interessen in Wirtschaft und Gesellschaft. Fehlt es dort an Kompromissbereitschaft, dann steht das Ansehen des demokratischen Staates auf dem Spiel.

Viertens verhielten sich die Parteien im Konflikt vom März 1930 auf eine für die Weimarer Republik charakteristische Weise: Sie konnten es sich leisten, auf „dem Prinzip" zu beharren und ihre eigene Regierungsbeteiligung zu opfern, weil sie sich im Parlament nicht wirklich für die Regierung, deren Minister sie selbst stellten, verantwortlich fühlten. Denn nach der Verfassung wurde der Reichskanzler nicht vom Reichstag gewählt (dieser konnte ihn nur stürzen), sondern vom Reichspräsidenten unter Berücksichtigung der Mehrheitsverhältnisse im Reichstag ernannt. Die Parteien waren also nicht gezwungen, im Parlament aus eigener Kraft eine die Regierung tragende Mehrheit zu suchen, sondern sie konnten die Verantwortung für die Regierungsbildung „nach oben" abgeben – und so leichter auf ihren Programmen und Prinzipien beharren. Dies kam beim Wähler auch besser an als die Übernahme von Regierungsverantwortung. Regieren hieß: Schmerzhafte Kompromisse schließen. Diese standen oft im Widerspruch zu vollmundiger Wahlkampfrhetorik und wurden vom Wähler nicht als Leistung honoriert, sondern eher als Versagen interpretiert. Überhaupt ist es ein Kennzeichen der politischen Kultur der Weimarer Republik, dass die politischen Kräfte der „Reinheit" und „Unbedingtheit" ihres eigenen Standpunktes oftmals gegenüber dem Kompromiss den Vorzug gaben: Kompromisse waren nur mühsam zu erringen und galten oft als „faul"; dem Pluralismus der Interessen und politischen Meinungen begegnete auch mancher Demokrat mit Skepsis oder offener Ablehnung.

M4 ***Heinrich Brüning (1885–1970)***
Reichskanzler vom 30. März 1930 bis zum 30. Mai 1932, Foto, 1932

Kanzler Brüning und die Praxis der Notverordnungen

Dem Reichspräsidenten Paul von Hindenburg kam das Zerbrechen der Großen Koalition nicht ungelegen. Auch ihm waren die Sozialdemokraten an der Regierung ein Dorn im Auge gewesen. Mehr noch: In seinem Beraterkreis waren seit längerem Pläne entwickelt worden, die darauf abzielten, den Einfluss des Reichstags auf die Regierung drastisch zurückzuschrauben und stattdessen die Macht des Reichspräsidenten entscheidend zu stärken.

Hindenburg nutzte den Sturz der Regierung Müller zu diesem grundlegenden Kurswechsel. Am Tag nach Müllers Rücktritt beauftragte er den Vorsitzenden der Zentrumsfraktion, den Finanzexperten Heinrich Brüning, mit der Bildung einer Regierung, die nicht mehr auf die Unterstützung des Reichstags angewiesen sein sollte. Zu diesem Zweck gab er dem neuen Kanzler eine ungewöhnliche Zusage mit auf den Weg: Falls Brüning bei seinen Gesetzesvorhaben im Reichstag keine Mehrheiten finden würde, würde er, Hindenburg, seinem Kanzler die Möglichkeit eröffnen, mit sogenannten Notverordnungen zu regieren. Die juristische Handhabe dazu bot der Artikel 48 der Verfassung.

Wie das neue System funktionierte, wurde am 16. Juli 1930 besonders deutlich: An diesem Tag lehnte der Reichstag einen Gesetzesentwurf zur Deckung des Haushalts, den Brüning vorgelegt hatte, mit großer Mehrheit ab. Der Kanzler erklärte daraufhin, dass er auf die Fortführung der Debatte keinen Wert mehr lege und ließ den Gesetzentwurf nun in Form einer von Hindenburg unterzeichneten Notverordnung in Kraft treten. Die Mehrheit der Abgeordneten wollte so nicht mit sich umspringen lassen und verlangte unter Berufung auf Artikel 48 der Verfassung von Brüning die Rücknahme der Notverordnung. Sofort nach der Bekanntgabe des Abstimmungsergebnisses, das die Notverordnung außer Kraft setzte, ließ der Reichspräsident den Reichstag auflösen und Neuwahlen ansetzen – auch dies war formal nach Artikel 25 der Verfassung möglich. Anstelle der vom Reichstag aufgehobenen Notverordnung setzte Brüning einige Tage später eine neue Notverordnung mit etwas abgeändertem Inhalt in Kraft. Diese konnte der nunmehr aufgelöste Reichstag nun nicht mehr aufheben.

M 5 ***„Das sind die Feinde der Demokratie!"***
Plakat der SPD zu den Reichstagswahlen vom 14. September 1930

Das gemeinsame Vorgehen Brünings und Hindenburgs zeigt, wie die Exekutive – Reichskanzler und Reichspräsident – durch Kombination einschlägiger Artikel der Verfassung das Parlament in seinem elementaren Recht auf Verabschiedung der Gesetze ausmanövrierte. Hindenburg und die ihn beratenden hohen Militärs hatten eine antiparlamentarische, vorwiegend auf das Notstandsrecht des Reichspräsidenten gestützte Regierungsweise auf den Weg gebracht, bei der der klassische Ort der Gesetzgebung, das Parlament, weitgehend ausgeschaltet war.

Die einzigen Gewinner der von Brüning und Hindenburg erzwungenen Neuwahlen zum Deutschen Reichstag am 14. September 1930 waren die Nationalsozialisten: Sie konnten ihren Stimmenanteil von 2,6 auf 18,3 Prozent erhöhen – ein dramatischer Erdrutsch nach rechts, der die Entwicklung der NSDAP zur Massenpartei mit einem Schlag vor Augen führte.

Die Entlassung Brünings

Die aus Politikern bürgerlicher Parteien bestehende Regierung Brüning fuhr zunächst einen strikten Konsolidierungskurs (Konsolidierung = Festigung), um den chronisch defizitären Reichshaushalt auszugleichen. Der Kanzler betrieb mithilfe der von der Weimarer Verfassung als Notbehelf vorgesehenen präsidialen Notverordnungen eine drastische Deflationspolitik, indem er Löhne und Preise in mehreren Schritten senkte sowie die Steuern erhöhte. All dies brachte ihm die Bezeichnung „Hungerkanzler" ein.

Nachdem die preußische Polizei im März 1932 bei einer Razzia auf Material gestoßen war, das Hinweise auf Putschpläne des nationalsozialistischen Kampfverbandes „Sturmabteilung" („SA") enthielt, ließ Brüning auf Druck der Länder die Kampftruppen der NSDAP, „SA" und „SS", endlich verbieten. Nur widerwillig hatte Hindenburg diese Notverordnung unterschrieben, weil das Verbot nicht auch für linke und republiktreue Verbände galt. Der greise Generalfeldmarschall war soeben im zweiten Wahlgang für eine weitere Amtszeit wiedergewählt worden, und zwar mit Unterstützung der Sozialdemokraten und aller republikanischer Kräfte. Für sie war Hindenburg das geringere Übel. Denn sein gefährlichster Gegenkandidat, der immerhin fast 37 Prozent der abgegebenen Stimmen erhalten hatte, hieß Adolf Hitler. Seines Kanzlers war Hindenburg inzwischen überdrüssig geworden. Als Brüning ihm eine neue Notverordnung vorlegte, mit der die Zwangsversteigerung von überschuldetem ostelbischen Großgrundbesitz ermöglicht werden sollte, verweigerte er die Unterschrift. Kurz darauf entließ er den Kanzler in barschem Ton: „Diese Regierung muss weg, weil sie unpopulär ist."

M6 *„Zum 30. August 1932"*
Fotomontage von John Heartfield, in: Arbeiter Illustrierte Zeitung Nr. 36 vom 4.9.1932, S. 843. Heartfield zitiert in seiner Bildunterschrift die rechtsnationale „Deutsche Allgemeine Zeitung" wie folgt: „Wenn das Parlament es wagen sollte, sich dem Reichspräsidenten zu versagen, muß ohne Zögern und Schwanken der Reichstag abermals aufgelöst, das parlamentarische System endgültig liquidiert werden."

Diese Begründung war bestenfalls die halbe Wahrheit. Denn hinter den Kulissen hatten einflussreiche Kräfte auf den Sturz des Kanzlers hingearbeitet. Maßgebliche Vertreter der Schwerindustrie waren von Brüning enttäuscht, da er nicht den strammen Rechtskurs steuerte, den sie sich von ihm erhofft hatten. Scharfe Gegner hatte Brüning darüber hinaus vor allem in den Kreisen der hochadeligen ostpreußischen Großgrundbesitzer gefunden: Sie erwarteten eine Ausweitung der staatlichen Unterstützung für die Landwirtschaft, da viele ihrer großen Gutshöfe heillos verschuldet waren. Als Brüning jedoch plante, die am meisten verschuldeten Güter durch einen staatlichen Kommissar zwangsversteigern zu lassen, um auf dem frei werdenden Boden Hunderttausende von Arbeitslosen anzusiedeln, war die Entrüstung unter den Landwirten grenzenlos. Da traf es sich gut, dass der Reichspräsident als Besitzer des Gutes Neudeck selbst einer der ihren war und man sich gegenseitig bestens kannte.

Scharfen Gegenwind hatten Brüning und sein Reichswehrminister schließlich aus den Reihen der Reichswehr erfahren müssen. Keiner Regierung war es bisher gelungen, die Armee in den demokratischen Staat zu integrieren. Während viele der älteren Offiziere noch „kaiserlich" eingestellt waren, sympathisierten die jüngeren nicht selten mit dem radikalen Nationalismus der NSDAP. Intern beschäftigte sich die Reichswehrführung mit langfristigen Projekten zu einer massiven Aufrüstung, die einstweilen aufgrund der Auflagen des Versailler Vertrages noch nicht realisierbar schienen. In den Reihen von Hitlers SA sahen die Militärs wertvollen Nachwuchs für den geplanten Aufbau eines Volksheeres; immerhin arbeitete man beim „Grenzschutz" in Ostpreußen bereits erfolgreich mit Hitlers Privatarmee zusammen.

Brünings Notverordnungsregiment hatte das parlamentarische System der Weimarer Republik praktisch außer Kraft gesetzt. Maßgeblichen Kräften in der Schwerindustrie, in der ostpreußischen Landwirtschaft und im Militär ging der 1930 vollzogene Rechtsruck jedoch nicht weit genug. Sie suchten die endgültige Abkehr vom Weimarer Staat.

Die Republik am Abgrund – Eine Karikatur

M7 ***„Parlamentarisches"***, *Karikatur von Karl Arnold, in: „Simplicissimus", 5. November 1923*

Radikalismus von links und rechts

M 8 Kommunistischen Partei Deutschlands

Aus dem Programm der KPD vom Oktober 1919, Leitsätze über den Parlamentarismus:

1. Das Parlament ist neben anderem ein Mittel der herrschenden Klassen zur Ausübung und Aufrechterhaltung der politischen Macht. Wie gegen die politische Macht der Bourgeoisie überhaupt, führt das Proletariat auch gegen dieses politische Mittel der Bourgeoisie einen Kampf, der bis zur Vernichtung der politischen Macht der Bourgeoisie und bis zur Eroberung der politischen Macht durch das Proletariat dauert.
2. Wie alle anderen Mittel der Bourgeoisie zur Ausübung und Aufrechterhaltung der politischen Macht mit der Eroberung der politischen Macht zerstört werden müssen – Bürokratie, Gerichtsorganisation, weiße Garden usw. – so wird auch das Parlament mit diesem Zeitpunkt zerstört werden. [...]
3. Im gegenwärtigen Zeitpunkt handelt es sich für das Proletariat nicht darum, wie es seine politische Macht ausübe, sondern darum, wie es zur politischen Macht gelange. [...].
4. In keinem Fall kann durch das Parlament und durch die parlamentarische Aktion, durch parlamentarische Abstimmungen und Mehrheitsbeschlüsse die politische Macht errungen werden. Wie die Bourgeoisie im Falle ungünstiger parlamentarischer Beschlüsse zu anderen Mitteln greifen würde, um die politische Macht sich zu erhalten, so muss auch das Proletariat gewärtig sein, dass es andere Mittel ergreifen muss, um sich die politische Gewalt zu holen. Nur die große Aktion der Massendemonstrationen, Massenstreiks und Aufstände bringen die Entscheidung. Die Teilnahme an parlamentarischer Wahl und Tätigkeit dient allein dem Ziel, jene Aktionen agitatorisch und organisatorisch vorzubereiten.

Zit. nach: Wilhelm Mommsen (Hg.), Deutsche Parteiprogramme, München: Isar Verlag 1960, S. 442 f.

M 9 *Die Wähler der NSDAP nach Berufsgruppen bei den Reichstagswahlen*

	1928	1930	Juli 1932	November 1932	März 1933
Selbstständige und Mithelfende	2	17	39	33	49
Angestellte und Beamte	2	13	24	21	32
Arbeiter	2	12	27	24	33
Berufslose	2	20	42	35	48
Hausfrauen etc.	2	15	31	26	36
Alle Wahlberechtigte	2	15	31	26	39

Angaben in Prozent der Wahlberechtigten der jeweiligen Gruppen

Nach: Jürgen W. Falter, Hitlers Wähler, München: C. H. Beck 1991, S. 283.

M 10 *Die Wähler der NSDAP nach Konfession und Herkunft bei den Reichstagswahlen*

	1928	1930	Juli 1932	November 1932	März 1933
Katholiken insgesamt	2	9	15	14	28
Katholiken in der Stadt	3	11	16	14	26
Katholiken auf dem Land	1	7	15	14	31
Andere insgesamt	2	18	39	33	44
Andere in der Stadt	2	16	32	27	37
Andere auf dem Land	2	19	46	40	53
Alle Wahlberechtigten	2	15	31	26	39

Angaben in Prozent der jeweils Wahlberechtigten.

Nach: Jürgen W. Falter, Hitlers Wähler, München: C. H. Beck 1991, S. 184.

Präsidialkabinette – Eine Karikatur

M 11 „Deutsche Zauber-Werke AG“
„Kein Grund zum Verzagen, solange noch Kanzler am laufenden Band produziert werden!“, Karikatur von Karl Arnold aus dem „Simplicissimus“, Februar 1933

1. **a)** ●●○ Stellen Sie in einer Zeitleiste die politische Geschichte der Weimarer Republik zwischen 1927 und 1932 dar.
b) ●●○ Arbeiten Sie die im Text genannten Gründe für das Scheitern der Regierung Müller heraus.
c) ●●○ Ordnen Sie die beiden Plakate M2 und M5 in den historischen Kontext ein und formulieren Sie die jeweilige Kernaussage.
d) ●●○ Erläutern Sie mithilfe der Karikatur „Parlamentarisches“ (M7) die politische Situation im Reichstag.
→ Text, M2, M5, M7

2. **a)** ●●○ Arbeiten Sie mithilfe des Autorentextes die politischen Ziele der NSDAP heraus.
b) ●●○ Erläutern Sie mithilfe der Tabellen M9 und M10 die Wahlerfolge der NSDAP.
→ Text, M9, M10

3. ●●○ Beschreiben Sie mithilfe des Autorentextes und der Quelle M8 die politischen Ziele der KPD.
→ Text, M8

4. **a)** ●●○ Erläutern Sie die Aussage der Karikatur „Deutsche Zauber-Werke AG“ (M11).
b) ●●● Überprüfen und diskutieren Sie, ob das Präsidialkabinett unter Kanzler Brüning als demokratische Regierung zu bezeichnen ist.
c) ●●● Diskutieren Sie die These: Indem Karikaturisten wie Karl Arnold die parlamentarische Arbeit ins Lächerliche zogen, trugen sie eine Mitverantwortung am Scheitern der Demokratie.
→ M11, Text

11. Der Weg in die Diktatur

Die demokratischen Kräfte im Reichstag, auch die SPD, hatten Brüning „toleriert", d.h. sie hatten darauf verzichtet, den Kanzler über ein Misstrauensvotum zu stürzen. Denn sie ahnten: Was danach kommen würde, konnte nur schlimmer sein. In der Tat. Am 1. Juni 1932, auf dem Höhepunkt der Wirtschaftskrise, ernannte Hindenburg den westfälischen Adeligen Franz von Papen zum Reichskanzler, den er persönlich sehr schätzte und „Fränzchen" nannte. Da von vornherein klar war, dass Papen in der erstbesten Reichstagssitzung gestürzt werden würde, löste Hindenburg den Reichstag gleich nach Papens Ernennung vorsorglich auf. Als erster Kanzler gab Papen seine Regierungserklärung daher nicht im Reichstag ab, sondern er verlas sie im Rundfunk. Sein „Kabinett der Barone" bestand fast durchgehend aus sehr weit rechts stehenden Adeligen. Als eine seiner ersten Maßnahmen hob er das Verbot der SA wieder auf. Der Reichstagswahlkampf im Juli 1932 wurde folglich zum blutigsten in der deutschen Geschichte. Um die Staatsmacht möglichst in seiner Hand zu konzentrieren, setzte Papen mitten im Wahlkampf, am 20. Juli 1932, die sozialdemokratisch geführte Regierung in Preußen ab und übernahm als „Reichskommissar" selbst die Macht im größten Bundesstaat. Trotz Berufung auf den „Notstandsartikel" 48 der Verfassung war die Gleichschaltung Preußens ein klarer Verfassungsbruch.

M 1 ***Franz von Papen (1879–1969)***
Ausritt im Berliner Tiergarten, Foto, 1932

Info

Franz von Papen (1879–1969)

war Sohn eines westfälischen Gutsbesitzers. Nach einer militärischen Ausbildung ging er in den diplomatischen Dienst. Als Mitglied des Zentrums spielte er wegen seiner politischen Ansichten in der Partei nur eine Außenseiterrolle. 1932 wurde er Nachfolger von Heinrich Brüning und trug durch einige Maßnahmen zur Schwächung der Weimarer Demokratie bei: So hob er das Verbot der nationalsozialistischen Kampfverbände SA und SS auf und setzte die von der SPD geführte Regierung in Preußen in einer umstrittenen Aktion ab. 1933 trat er als Vizekanzler zunächst in die erste Regierung von Adolf Hitler ein, bevor er in den folgenden Jahren verschiedene Botschafterposten übernahm. Nach seinem Freispruch im Nürnberger Kriegsverbrecherprozess zog Papen sich ins Privatleben zurück.

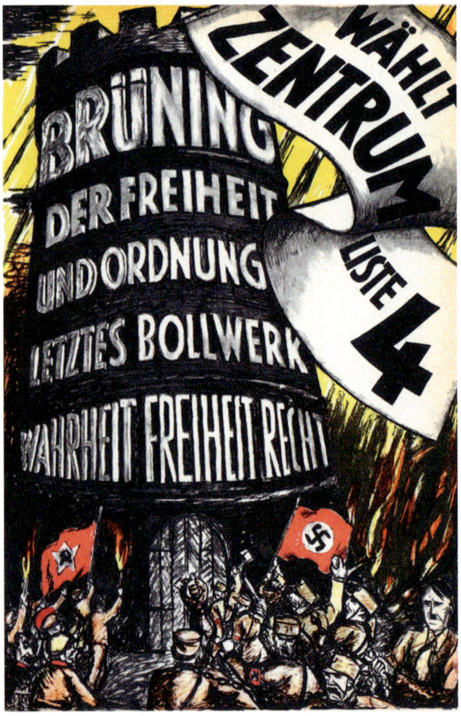

M 2 ***„Brüning, der Freiheit und Ordnung letztes Bollwerk"***
Plakat des Zentrums zu den Reichstagswahlen vom 31. Juli 1932

Die Reichstagswahlen vom 31. Juli 1932 erbrachten erstmals eine negative Mehrheit der radikalen Parteien: Bei einer hohen Wahlbeteiligung von 84 Prozent hatten 37,3 Prozent der Wähler für Hitler gestimmt, weitere 14,3 Prozent für die Kommunisten. Die Sozialdemokraten kamen nur noch auf 21,6 Prozent, das Zentrum auf 12,5, während die beiden liberalen Parteien zusammen nur etwas über zwei Prozent erzielten. Unmissverständlich hatten die Deutschen damit dokumentiert, dass sie die demokratische Republik mehrheitlich ablehnten.

Doch von einer konstruktiven Mehrheit waren die Verhältnisse im Reichstag nach der Wahl weiter entfernt denn je. Als ob es darum gehe, den Bürgern das Versagen des Parlamentarismus demonstrativ vor Augen zu führen, ließ Papen den soeben neu gewählten Reichstag gleich bei seiner ersten Sitzung am 12. September erneut auflösen, um einem Misstrauensvotum der Kommunisten zuvorzukommen. Obwohl Hindenburg und seine Berater bereits mit dem Gedanken spielten, den „Staatsnotstand" auszurufen und einstweilen keine Wahlen mehr auszuschreiben, wurde am 6. November wieder gewählt. Dieses Mal mussten die Nationalsozialisten mit einem Stimmenrückgang auf 33,1 Prozent erstmals eine Schlappe einstecken. Überhaupt schien Hitler den Höhepunkt seiner Wirksamkeit überschritten zu haben, denn bereits im August hatte ihm Hindenburg zu erkennen gegeben, dass er ihm, obwohl Chef der stärksten Partei, nicht die Regierungsverantwortung übertragen würde. Hindenburgs und Papens Ziel war es vielmehr, Hitler in die Regierungsverantwortung einzubinden, um ihn so zu „zähmen", nicht aber ihm die Macht alleine zu überlassen.

M3 ***Kurt von Schleicher (1882 – 1934)***
Foto, um 1930

Info

Kurt von Schleicher (1882 – 1934)

In der Weimarer Republik war er an führender Stelle im Reichswehrministerium tätig, bevor er 1932 in der Regierung von Franz von Papen Reichswehrminister wurde, dem er im selben Jahr noch im Amt des Reichskanzlers nachfolgte. Im Januar 1933 musste er den Platz für Adolf Hitler frei machen. Im Juni 1934 wurde er von den Nationalsozialisten erschossen.

Präsidialregierung v. Schleichers

Unter dem Eindruck einer Intrige des Reichswehrministers Kurt von Schleicher ließ Hindenburg Anfang Dezember 1932 seinen Günstling von Papen fallen und beauftragte von Schleicher mit der Bildung einer Regierung. Von Schleicher suchte eine letzte, durchaus neue Karte auszuspielen: Er knüpfte Kontakte zum linken, sozialen Flügel der NSDAP, stellte dessen Führer Gregor Strasser das Amt des Vizekanzlers in Aussicht und verhandelte zugleich mit den Gewerkschaften. Das Ziel seines „Querfront"-Konzepts bestand darin, die angeschlagene Hitlerbewegung zu spalten, ihren Arbeitnehmerflügel in die Regierungsverantwortung einzubinden und mithilfe von staatlichen Arbeitsbeschaffungsmaßnahmen die Wirtschaft anzukurbeln. Das Konzept schien nicht ganz aussichtslos.

Ernennung Hitlers zum Reichskanzler

Doch nun wurde von Schleicher seinerseits das Opfer einer Intrige: Hinter seinem Rücken hatten sich im Januar 1933 von Papen und Hitler zusammen mit dem Chef der DNVP, Alfred Hugenberg, darauf geeinigt, gemeinsam eine „Regierung der nationalen Konzentration" zu bilden. Bedrängt von Papen gab Hindenburg seinen Widerstand gegen eine Ernennung Hitlers zum Reichskanzler auf. Er verweigerte von Schleicher die weitere Unterstützung und beauftragte am 30. Januar 1933 den „Führer" der NSDAP, Adolf Hitler, mit der Bildung einer Regierung. Dabei mochte ihn der Gedanke beruhigen, dass die Nationalsozialisten neben dem Reichskanzler Hitler in der neuen Regierung nur noch den Innenminister stellten, während Papen als Vizekanzler Hitler zur Seite stand. Hitler sollte, so der Plan Papens, von Konservativen eingerahmt, „gezähmt" und für die Zwecke der rechten Gegner der Republik in Landwirtschaft, Industrie und Reichswehr „benutzt" werden.

Der greise Reichspräsident Hindenburg wiederum sah in der Regierung Hitler-Papen jene „nationale Einheit" verkörpert, zu der er in den Jahren zuvor immer wieder aufgerufen hatte. Außerdem schien ihm nach den unpopulären Notverordnungsregierungen Brünings, Papens und Schleichers die Regierung des 30. Januar 1933 auf dem besten Weg, endlich wieder eine Mehrheit der Deutschen hinter sich zu bringen.

Zunächst sah allerdings alles danach aus, als sei Hitlers Regierung nur ein weiteres Notverordnungsregiment. Doch Hitler lag es fern, im Stile seiner Vorgänger auf längere Sicht mithilfe von Notverordnungen des Reichspräsidenten zu regieren. Sein Ziel war es vielmehr, sich sowohl vom Reichstag als auch vom Reichspräsidenten unabhängig zu machen. Der Weg in die totale Diktatur führte daher in den kommenden Monaten über einschüchternden Terror, über intensive Propaganda, über erneute Neuwahlen und schließlich über die klägliche Selbstentmachtung des letzten gewählten Reichstags, der dem „Führer" und Reichskanzler am 23. März 1933 im sogenannten „Ermächtigungsgesetz" die gesamte Gesetzgebung und damit die legalen Mittel zur Errichtung seiner Diktatur in die Hand gab. Formal gesehen war Hitler auf überwiegend legale Weise ins Amt gekommen. Allerdings hatten bereits seine Vorgänger die Verfassung missbraucht, das nur mäßig funktionierende parlamentarische System mit den Artikeln 48 und 25 der Verfassung zerstört und die Deutschen an einen autoritären Regierungsstil gewöhnt. Außerdem hatten sich hinter den Kulissen einzelne einflussreiche Männer aus Landwirtschaft, Industrie und Reichswehr für eine „Hitler-Lösung" eingesetzt. Sie konnten darauf verweisen, dass Hitler zwar nicht die Mehrheit der Deutschen, aber doch eine beeindruckende Massenbasis hinter sich hatte. Und sie waren naiv genug zu glauben, Hitler ließe sich für ihre Zwecke einspannen.

M4 *„Fahrschule Hugenberg"*
Anonyme Zeichnung aus dem „Vorwärts", 1. Februar 1933. Der Pressezar und Vorsitzende der DNVP, Alfred Hugenberg, war in der ersten Regierung Hitlers von Januar bis Juni 1933 Minister für Wirtschaft und Ernährung.

Das Ende der Weimarer Republik

Spätestens als der Reichspräsident am 30. Januar 1933 Adolf Hitler zum deutschen Reichskanzler war das Ende der Weimarer Republik und deren Verwandlung in eine Diktatur besiegelt. Auch wenn sich zu diesem Zeitpunkt bereits sieben europäische Demokratien in Diktaturen verwandelt hatten, bleibt der 30. Januar 1933 ein Datum von weltgeschichtlicher Bedeutung. Denn die Errichtung der nationalsozialistischen Diktatur im Lauf des Jahres 1933 hatte nicht nur das Ende von Demokratie und Freiheit, von Recht und Verfassung in Deutschland zur Folge. Vielmehr sehen wir heute in der Übergabe der Macht an Hitler vor allem den Auftakt zu einem beispiellosen Menschheitsverbrechen, das in der Entfesselung des Zweiten Weltkrieges und in der planmäßigen Ermordung von Millionen Juden und anderer gipfelte. Aus dieser Perspektive hat die Frage in den letzten Jahren noch an Gewicht gewonnen: Wie konnte es dazu kommen?

Der Weg in die Diktatur

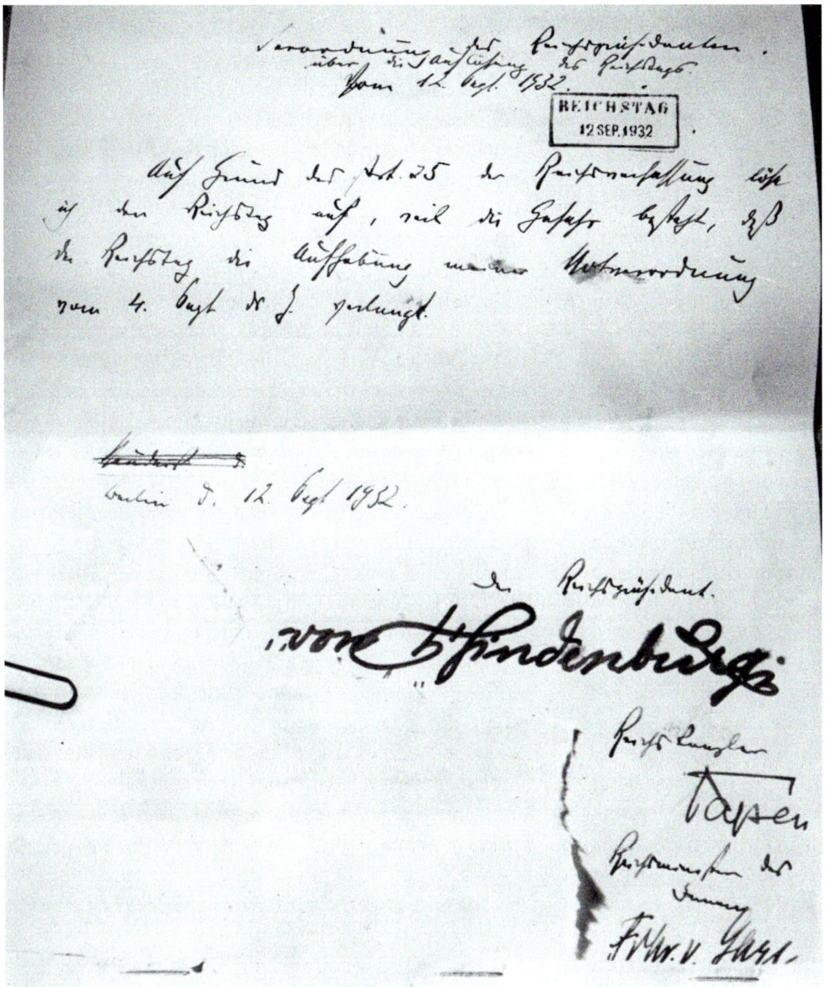
REICHSTAG
12 SEP. 1932

Berlin d. 12. Sept 1932.

von Hindenburg

Papen

Frhr. v. Gayl

M5 *Verordnung des Reichspräsidenten über die Auflösung des Reichstages vom 12.9.1932*

[Eingangsstempel des Reichstages: 12. Sep. 1932]:
Auf Grund des Art. 25 der Reichsverfassung löse ich den Reichstag auf, weil die Gefahr besteht, daß der Reichstag die Aufhebung meiner Notverordnung vom 4. Sept. d.J. verlangt.
Neudeck [gestrichen]
Berlin d. 12. Sept. 1932
Der Reichspräsident
von Hindenburg
Reichskanzler
Papen
Reichsminister des Innern
Frhr. v. Gayl

M6 „Gesunde Entwicklung nach rechts“

Aus einer persönlichen Darlegung des Reichspräsidenten von Hindenburg vom 25.2.1932:

Es ist nur tief zu bedauern, dass die Rechte – zerrissen wie sie ist – von einseitig parteiehrgeizigen Führern den Weg der Einflusslosigkeit und Selbstzerstörung geführt wird. Ob und wann dieser Zustand sich ändert, lässt sich nicht voraussagen. Trotz aller Nackenschläge werde ich dennoch meine Bemühungen um eine gesunde Entwicklung nach rechts nicht einstellen, in der Hoffnung, dass es möglich sein wird, nach den Preußenwahlen [...] neue Verhandlungen zur Bildung einer Konzentrationsregierung aufzunehmen. [...]

Ich weiß, dass ich durch den Erlass zahlreicher Notverordnungen dem deutschen Volke schwere Lasten zugemutet und mich der persönlichen Kritik sehr ausgesetzt habe. Da aber der Reichstag, der eigentliche Gesetzgeber, völlig versagte und selbst unfähig war, Maßnahmen zur Beseitigung unmittelbarer Gefahren für Wirtschaft, Staatsfinanzen und Währung zu treffen, musste ich einspringen und die Verantwortung übernehmen. Ich habe hierbei nach dem alten Grundsatz der preußischen Felddienstordnung gehandelt, der besagt, dass ein Fehlgriff in der Wahl der Mittel nicht so schlimm ist als das Unterlassen jeglichen Handelns.

Zit. nach: Politik und Wirtschaft in der Krise 1930–1932. Quellen zur Ära Brüning, bearb. v. Ilse Maurer u. a., Zweiter Teil, Düsseldorf: Droste 1980, S. 1307, 1309.

Der Weg in die Diktatur

M7 Eine Eingabe

Eine Eingabe führender Persönlichkeiten aus Landwirtschaft und Industrie an Reichspräsident von Hindenburg vom 19. November 1932. Die Initiative ging aus von Wilhelm Keppler, einem mittelständischen Fabrikanten aus Baden. Dieser bemühte sich seit März 1932 um eine Verbesserung der Beziehungen zwischen Wirtschaft und NSDAP. Er konnten allerdings nur wenige Berufskollegen dazu bewegen, sich der Eingabe anzuschließen, da eine Mehrheit der Unternehmer nicht Hitler, sondern Papen als Reichskanzler bevorzugte:

Ew. Exzellenz,
Hochzuverehrender Herr Reichspräsident!
Gleich Eurer Exzellenz durchdrungen von heißer Liebe zum deutschen Volk und Vaterland, haben die Unterzeichneten die grundsätzliche Wandlung, die Eure Exzellenz in der Führung der Staatsgeschäfte angebahnt haben, mit Hoffnung begrüßt. Mit Eurer Exzellenz bejahen wir die Notwendigkeit einer vom parlamentarischen Parteiwesen unabhängigeren Regierung, wie sie in dem von Eurer Exzellenz formulierten Gedanken eines Präsidialkabinetts zum Ausdruck kommt.
Der Ausgang der Reichstagswahl vom 6. November d. J. hat gezeigt, dass das derzeitige Kabinett, dessen aufrechten Willen niemand im deutschen Volke bezweifelt, für den von ihm eingeschlagenen Weg keine ausreichende Stütze im Volke gefunden hat, dass aber das von Eurer Exzellenz gezeigte Ziel eine volle Mehrheit im deutschen Volke besitzt, wenn man – wie es geschehen muss – von der staatsverneinenden kommunistischen Partei absieht. Gegen das bisherige parlamentarische Parteiregime sind nicht nur die Deutschnationale Volkspartei und die ihr nahestehenden kleineren Gruppen, sondern auch die Nationalsozialistische Deutsche Arbeiterpartei grundsätzlich eingestellt und haben damit das Ziel Eurer Exzellenz bejaht. Wir halten dieses Ergebnis für außerordentlich erfreulich und können uns nicht vorstellen, dass die Verwirklichung des Zieles nunmehr an der Beibehaltung einer unwirksamen Methode scheitern sollte.
Es ist klar, dass eine des öfteren wiederholte Reichstagsauflösung mit sich häufenden, den Parteikampf immer weiter zuspitzenden Neuwahlen nicht nur einer politischen, sondern auch jeder wirtschaftlichen Beruhigung und Festigung entgegenwirken muss. Es ist aber auch klar, dass jede Verfassungsänderung, die nicht von breitester Volksströmung getragen wird, noch schlimmere wirtschaftliche, politische und seelische Wirkungen auslösen wird.
Wir erachten es deshalb für unsere Gewissenspflicht, Eure Exzellenz ehrerbietigst zu bitten, dass zu Erreichung des von uns allen unterstützten Zieles Eurer Exzellenz die Umgestaltung des Reichskabinetts in einer Weise erfolgen möge, die die größtmögliche Volkskraft hinter das Kabinett bringt.
Wir bekennen uns frei von jeder engen parteipolitischen Einstellung. Wir erkennen in der nationalen Bewegung, die durch unser Volk geht, den verheißungsvollen Beginn einer Zeit, die durch Überwindung des Klassengegensatzes die unerlässliche Grundlage für einen Wiederaufstieg der deutschen Wirtschaft erst schafft. Wir wissen, dass dieser Aufstieg noch viele Opfer erfordert. Wir glauben, dass diese Opfer nur dann willig gebracht werden können, wenn die größte Gruppe dieser nationalen Bewegung führend an der Regierung beteiligt wird.
Die Übertragung der verantwortlichen Leitung eines mit den besten sachlichen und persönlichen Kräften ausgestatteten Präsidialkabinetts an den Führer der größten nationalen Gruppe wird die Schlacken und Fehler, die jeder Massenbewegung notgedrungen anhaften, ausmerzen und Millionen Menschen, die heute abseits stehen, zu bejahender Kraft mitreißen.
In vollem Vertrauen zu Eurer Exzellenz Weisheit und Eurer Exzellenz Gefühl der Volksverbundenheit begrüßen wir Euer Exzellenz mit größter Ehrerbietung.

Zit. nach: Nils Freytag (Hg.), Quellen zur Innenpolitik der Weimarer Republik 1918–1933, Darmstadt: WBG 2010, S. 232f.

1. a) ●●○ Arbeiten Sie die politischen Ziele des Reichspräsidenten Paul von Hindenburg heraus (M6).
b) ●●○ Beschreiben und erläutern Sie die einzelnen Elemente der Verordnung des Reichspräsidenten (M5).
c) ●●● Prüfen Sie, inwieweit Hindenburgs Verordnung mit den Bestimmungen der Weimarer Verfassung übereinstimmt.
→ Text, M5, M6

2. a) ●●○ Charakterisieren Sie die politischen Ziele der „Persönlichkeiten aus Landwirtschaft und Industrie" (M7).
b) ●●● Nehmen Sie ausgehend vom Einleitungstext zu M7 eine Einordnung der Quelle vor.
→ M7

Der 30. Januar 1933: Ein Betriebsunfall?

M 8 Eine zeitgenössische Stimme

Aus einer Rede des SPD-Politikers Rudolf Breitscheid auf der Sitzung des Parteiausschusses der SPD am 31. Januar 1933:

Genossinnen und Genossen! Was viele von uns aufgrund der Wahlergebnisse des letzten Jahres und aufgrund der ablehnenden Haltung, die der Reichspräsident im August und im November 1932 eingenommen hatte, für unmöglich gehalten hatten, ist Wirklichkeit geworden: Seit gestern ist Adolf Hitler Reichskanzer! Und zwar ist er Reichskanzler auf legalem Wege geworden, nicht durch einen Putsch, nicht durch einen Marsch auf Berlin. [...]
Wenn wir, Genossinnen und Genossen, die Dinge rückschauend betrachten, so glaube ich, dass die Entwicklung, die zu diesem Ergebnis geführt hat, eigentlich zwangsläufig gewesen ist. Von dem Augenblick an, als das Spiel mit den autoritären Kabinetten begann, war es fast unabwendbar, dass die Regierung zuletzt in die Hand des Mannes fallen musste, der sich selbst für den autoritärsten in Deutschland hielt und hält und der von einer großen Masse des Volkes ebenfalls für den autoritärsten gehalten wird. [...]
Die Entwicklung ist zwangsläufig gewesen, und doch muss eine Einschränkung gemacht werden. Bei aller Anerkennung der Notwendigkeit der Entwicklung dürfen wir nicht an der Schuld derjenigen vorübergehen, die an der Beschleunigung der Entwicklung mitgeholfen haben. Das haben einmal die Nationalsozialisten getan dadurch, dass sie die Demokratie bekämpft und die Diktatur proklamiert haben. Für sie hatte das, von ihrem Standpunkt aus gesehen, einen Sinn, es war die Politik, die zur Vorbereitung ihrer Sache nötig war. Verbrecherisch war aber, dass die Kommunisten dasselbe taten. Sie hatten ebenso wie die Nationalsozialisten gegen uns Front gemacht und den Willen zur Demokratie gelähmt mit dem Erfolg, dass die Gegner der Arbeiterschaft den Weg zur Macht für sich gebahnt fanden. [...]
Es ist begreiflich, dass man in Diskussionen jetzt in erster Linie spricht von den außerparlamentarischen Aktionen und die Frage ventiliert: Massenstreiks, Einzelstreiks, Demonstrationen mit dem Ziel, dass etwas anderes und mehr daraus wird als eine Manifestation in der Öffentlichkeit.
Wir stellen die Gegenfrage: Ist der Augenblick zu einer großen außerparlamentarischen Aktion gekommen? Welches Ziel soll eine solche außerparlamentarische Aktion haben, und wenn wir bereit sind, sie zu unternehmen, verspricht diese Aktion Erfolg?
Ich will meine Meinung dazu sagen. Wenn Hitler sich zunächst auf dem Boden der Verfassung hält, und mag das hundertmal Heuchelei sein, wäre es falsch, wenn wir ihm den Anlass geben, die Verfassung zu brechen, ihn vom Boden des Rechtes entfernen, abgesehen von dem Grund, dass wir in demselben Augenblick die widerstrebenden Kräfte innerhalb des Kabinetts zusammenschweißen.

Zit. nach: Klaus Schönhoven, Reformismus und Radikalismus. Gespaltene Arbeiterbewegung im Weimarer Sozialstaat, © dtv Verlagsgesellschaft, München 1989, S. 227ff.

M 9 *30. Januar 1933*

Propagandafoto mit Adolf Hitler (rechts) und seinem Parteifreund Hermann Göring an einem Fenster der Reichskanzlei

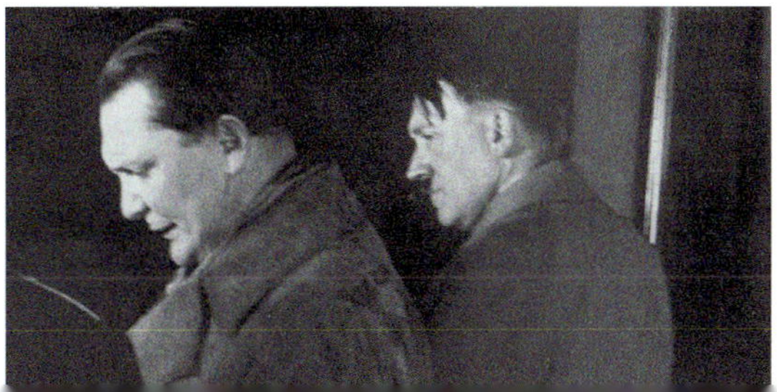

M 10 Das Urteil von Historikern

a) Detlef J. K. Peukert (1987):

Hitler gelang es dagegen, die durch die Krise der Moderne verstörten und aufgestöberten Massen in einer totalitären Sammlungsbewegung zu mobilisieren. Für die am Ende der Zwanzigerjahre so dramatisch aufgebrochenen Widersprüche der Massengesellschaft gab es nur die alternativen Lösungen der demokratischen und der totalitären Integration. Die historische Schuld der alten Eliten im Deutschland der Jahre von 1930 bis 1933 liegt darin, sich angesichts dieser Alternative zunächst gegen die Demokratie und dann, als die autoritäre Wende keinen Ausweg bot, für Hitler entschieden zu haben.
[...]
Jedes einzelne Krisensymptom in Deutschland findet sich auch in den anderen Ländern der modernen Industriegesellschaft. [...] Aber in Deutschland hatte sich der Modernisierungsprozess in den Zwanzigerjahren brutaler, unverblümter durchgesetzt als in anderen Ländern. Zugleich hatten sich nicht nur seine Lichtseiten besonders faszinierend ausgeprägt, sondern auch seine Schattenseiten besonders bedrü-

Der 30. Januar 1933: Ein Betriebsunfall?

ckend auf die ohnehin deprimierende Alltagserfahrung von Krieg, Niederlage, Legitimationsverlust der alten Werte, Inflation und Weltwirtschaftskrise gelegt. Die Verknüpfung dieser einzelnen Krisenfaktoren zu einer allumfassenden Krise der politischen Legitimation und der sozialen Wertsysteme ist in dieser Zeit und in diesem Land einzigartig gewesen.

Detlef J. K. Peukert, Die Weimarer Republik. Krisenjahre der klassischen Moderne, Frankfurt a. M.: Suhrkamp 1987, S. 265, 270f.

b) Eberhard Kolb (2002):

In ihrer 1919 konstituierten konkreten Gestalt wurde die parlamentarische Demokratie nur von einer Minderheit der Bevölkerung wirklich akzeptiert und mit kämpferischem Elan verteidigt, breite Bevölkerungsschichten verharrten in Distanz, Skepsis und offener Ablehnung [...]. Unter diesen Umständen muss es als ein kleines Wunder – und als beachtliche Leistung – gelten, dass es den republikanischen Politikern gelang, die Weimarer Republik durch die von komplexen innen- und außenpolitischen Gefährdungen erfüllten Anfangsjahre hindurchzuretten und schließlich einen bemerkenswerten Grad von politischer und wirtschaftlicher „Normalisierung“ zu erreichen. Aber schon in diesen Jahren einer relativen Stabilisierung setzte auch jene Entwicklung ein, die dann seit 1929 in eine rasch voranschreitende Desintegration des politischen Systems überging: die Abkehr großer Teile des Bürgertums und insbesondere der alten Führungseliten vom pluralistischen Sozialstaat Weimarer Prägung und damit vom „Gründungskompromiss“ der Jahre 1918/19, durch den der Staat von Weimar auf einem politischen Zusammengehen von sozialdemokratischer Arbeiterschaft und demokratischem Bürgertum aufgebaut wurde. [...]
Aber trotz aller Erfolge bei der Massenmobilisierung und an den Wahlurnen war die NSDAP nur deshalb schließlich siegreich, weil die alten Eliten in Großlandwirtschaft und Industrie, Militäraristokratie und Großbürgertum zur autoritären Abkehr von Weimar entschlossen waren und glaubten, die nationalsozialistische Massenbewegung für sich benutzen zu können.

Eberhard Kolb, Die Weimarer Republik, München: Oldenbourg 2013 (7. Auflage), S. 151.

c) Heinrich August Winkler (2007):

Brünings Entlassung war der entscheidende Wendepunkt in der deutschen Staatskrise. Wäre Brüning im Amt geblieben und der Reichstag erst am Ende der Legislaturperiode, im September 1934, neu gewählt worden, hätte die Wahl unter ganz anderen wirtschaftlichen und politischen Rahmenbedingungen stattgefunden: Vermutlich wäre im Zuge einer konjunkturellen Erholung die Zahl der Arbeitslosen gesunken und die Anziehungskraft der extremen Parteien zurückgegangen. Die Ablösung Brünings durch Papen bedeutete den Übergang vom gemäßigten, parlamentarisch tolerierten zum autoritären, offen antiparlamentarischen Präsidialsystem. [...] Zu den gesicherten Zusammenhängen der Machtübertragung an Hitler gehört jener deutsche Legalitätsglaube, den der sozialdemokratische Jurist Ernst Fraenkel [...] polemisch als „Verfassungsfetischismus“ bezeichnet hat. Er wollte damit die Neigung vieler Parteifreunde treffen, die Gefahr einer Abschaffung der gesamten Verfassung weniger ernst zu nehmen als die Verletzung eines ihrer Artikel – jenes Artikels 25, der die Fristen für die Neuwahl des Reichstags festlegte. [...]
Hitler verdankte seine Wahlerfolge nicht zuletzt seinem Geschick, an beides zu appellieren: an das verbreitete Ressentiment gegenüber der parlamentarischen Demokratie, die ja tatsächlich gescheitert war, und an den Teilhabeanspruch des Volkes, der von den Präsidialkabinetten um seine politische Wirkung gebracht wurde. Ein Zufall oder „Betriebsunfall“ war Hitlers Ernennung zum Reichskanzler also nicht. Es gab historische Gründe, die diese Krisenlösung über andere obsiegen ließen.

Heinrich August Winkler, Auf ewig in Hitlers Schatten? Über die Deutschen und ihre Geschichte, München: C. H. Beck 2007, S. 95, 101f.

1. a) ●●○ Charakterisieren Sie die Haltung Rudolf Breitscheids (M8) hinsichtlich der Ernennung Hitlers zum Reichskanzler und hinsichtlich des weiteren politischen Vorgehens der SPD.
b) ●●● Nehmen Sie mithilfe des Autorentextes sowie des Urteils von Heinrich August Winkler (M10c) Stellung, ob bzw. welche Alternativen sich zum Konzept Breitscheids ergeben hätten.
c) ●●○ Analysieren Sie die Gründe, die die Historiker (M10) für die „Machtübernahme“ Hitlers liefern.
d) ●●● Vergleichen Sie Heinrich August Winklers Analyse von 2007 (M10c) mit der des Schriftstellers Carl von Osssietzky aus dem Jahr 1929 (M6, Seite 22) und diskutieren Sie: Darf eine Regierung unter bestimmten Umständen die Verfassung brechen?
→ M10, M6 Seite 22, Text

„Weimarer Verhältnisse“ heute?

M 11 *Flugblatt zur Reichstagswahl am 06.11.1932*
Plakat, 1932

M 12 „Weimarer Verhältnisse“?

Der Historiker Andreas Wirsching schreibt über mögliche Vergleiche mit der Weimarer Republik (2018):

Auf leisen Sohlen schleicht sich ein Gespenst in die deutsche Debatte ein, das man auf immer in der Besenkammer der Geschichte abgelegt zu haben glaubte: Es ist das Gespenst der „Weimarer Verhältnisse“. Ist unsere Demokratie instabil geworden? Drohen ihr ähnliche Gefahren wie der gescheiterten Weimarer Republik? Steht der Rechtsextremismus vor der Tür? Das sind alte Fragen in neuem Gewand, die schon längst beantwortet zu sein schienen. Denn Bonn war nicht Weimar, und Berlin heute schon gar nicht. (Tatsächlich brauchte die Bundesrepublik Deutschland lange Zeit eine Art Negativfolie, um sich ihrer demokratischen Stabilität zu versichern. Weimar war ein paradigmatisches Lehrstück für Machtverlust und Selbstaufgabe der Demokratie. Spätestens nach 1989/90, der Wiedervereinigung, verlor dieses Weimar-Bild an Bedeutung. Angesichts gereifter Traditionen, gefestigter zivilgesellschaftlicher Fundamente, aber auch ganz neuer, globaler Herausforderungen verlor die Geschichte der Weimarer Republik ihre historisch-pädagogische Funktion. Die deutsche Demokratie schien sie nicht mehr für ihre eigene politische Legitimation zu benötigen.)
Seit rund drei Jahren ist Weimar wieder in aller Munde. „Weimarer Verhältnisse“ werden zum Schreckbild in einer Zeit, in der traditionelle Gewissheiten in Frage gestellt und neue Ängste erzeugt werden. Stimmbürgerschaft und Regierende, das Volk und seine Repräsentanten scheinen sich immer weiter einander zu entfremden. Begriffe wie „Volksverräter“ und „Lügenpresse“ wecken düstere Erinnerungen.

Andreas Wirsching, Appell an die Vernunft; in: Andreas Wirsching, Berthold Kohler, Ulrich Wilhelm (Hg.), Weimarer Verhältnisse? Historische Lektionen für unsere Demokratie, Ditzingen: Reclam 2018, S. 9.

1. a) ●●○ Stellen Sie ausgehend von der Darstellung M12 kritisch zusammen, welchen Gefahren unsere Demokratie heute ausgesetzt ist.
b) ●●● Das Flugblatt M11 kommentiert die politische Situation im Jahr 1932. Prüfen Sie, ob und wie ggf. ein derartiges Flugblatt für die politischen Verhältnisse heute gestaltet werden sollte.
c) ●●● Beurteilen Sie kritisch, ob die Weimarer Republik insgesamt „zum Scheitern verurteilt“ war? Stellen Sie dazu als Vorüberlegung in einer übersichtlichen Grafik politische Erfolge und Misserfolge in der Zeit von 1919 bis 1932 gegenüber.
→ M11, M12, Text

Webcode

Eine Zusammenfassung des gesamten Pflichtmoduls finden Sie unter dem Webcode: SDL-36879-005

M1 „Auf in den Kampf, mir juckt die Säbelspitze“
Deutsche Soldaten auf dem Weg zur Westfront, Foto, August 1914

M2 Im Schützengraben
Französische Soldaten an der Front in Lothringen, Foto, 1915

M3

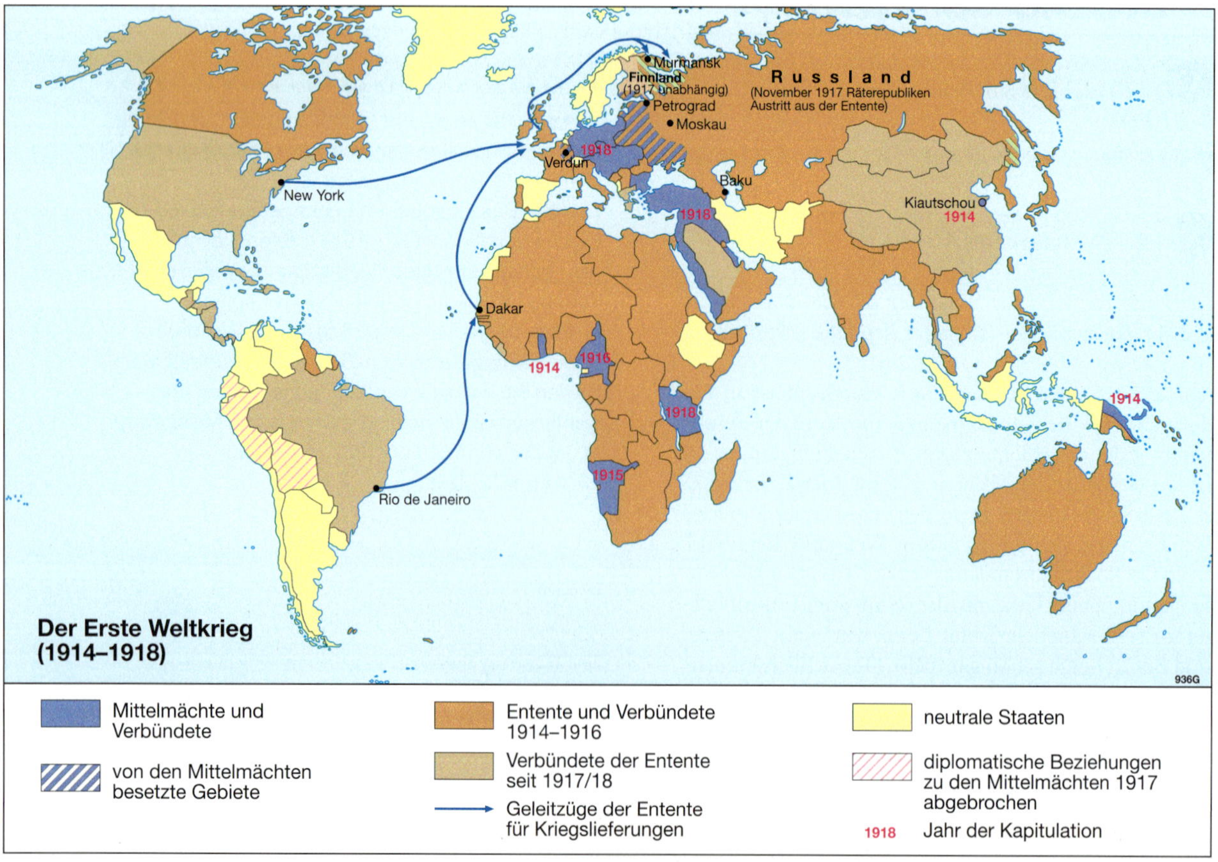

Der Erste Weltkrieg: nationale und internationale Perspektiven

Wenn heute in Großbritannien oder Frankreich vom „Großen Krieg“ die Rede ist, dann meint man dort den Ersten Weltkrieg. In Deutschland ist dieser Erste Weltkrieg von der NS-Diktatur und dem mit ihr unlösbar verknüpften Zweiten Weltkrieg erinnerungskulturell in den Hintergrund gedrängt worden.

Gleichwohl ist der Erste Weltkrieg die „Urkatastrophe“ des 20. Jahrhunderts, wie es ein amerikanischer Historiker formuliert hat. Dieser Erste Weltkrieg leitete eine neue Epoche der Weltgeschichte ein und brachte einen Einbruch kriegerisch-destruktiver Gewalt mit sich, wie sie vorher nicht geahnt wurde. Es war der erste hochmoderne Krieg, geführt mit modernster Technologie samt Massenvernichtungswaffen und mit Millionen von Opfern. Zum Symbol dieses Krieges wurde der Stellungskrieg im Westen, insbesondere an der Somme und vor Verdun. Hier starben in Grabenkämpfen um wenige Meter Land auf beiden Seiten Hunderttausende Menschen.

Zwischen 1914 und 1918 wurden die Weichen gestellt für sämtliche (Fehl-)entwicklungen des 20. Jahrhunderts. Das kommunistische Russland erlebte seine Geburtsstunde 1917. Und auch der Aufstieg Hitlers und seiner Bewegung war auf vielfältige Weise mit dem Ersten Weltkrieg verkettet. Manche Historikerinnen und Historiker sehen heute im Zweiten Weltkrieg eine Art Fortsetzung des Ersten Weltkrieges – lediglich unterbrochen durch einen Waffenstillstand (auch Zwischenkriegszeit genannt).

Wie einschneidend der Erste Weltkrieg historisch gewirkt hat, lässt sich auch daraus ermessen, dass vier Monarchien zerbrachen (Russland, Österreich-Ungarn, Deutschland und das Osmanische Reich). Diese und andere dramatische Änderungen lassen es angezeigt sein, im Ersten Weltkrieg die entscheidende Zäsur des 20. Jahrhunderts zu sehen.

Die Frage, wer an diesem Krieg und dem sinnlosen Massensterben schuld war, wird auch nach über einhundert Jahren noch diskutiert. War es Deutschlands „Griff nach der Weltmacht“ (Fritz Fischer), der im Kontext einer blinden Bündnistreue mit Österreich-Ungarn die Welt in den Abgrund trieb, oder sind die europäischen Staaten vielleicht einfach nur wie „Schlafwandler“ (Christopher Clark) in diesen Krieg hineingestolpert? Im Ergebnis des Ersten Weltkrieges brach das Deutsche Kaiserreich zusammen; der die Nachkriegsordnung regelnde Versailler Vertrag führte jedoch nicht zu einer Versöhnung der Völker.

Mögliche Leitfragen

- **Welche Strukturen und Ursachen waren für den Ausbruch des Krieges maßgeblich?**
- **Welche Auswirkungen hatte die Kriegsführung im Zeichen der Industrialisierung auf die Kämpfe an den Fronten und an der „Heimatfront“?**
- **Welche Ergebnisse und Auswirkungen hatte der Erste Weltkrieg?**
- **Wie wird in Europa an den Ersten Weltkrieg erinnert?**

Der Erste Weltkrieg: nationale und internationale Perspektiven

Der Weg in den Ersten Weltkrieg

Durch die Proklamation des Deutschen Kaiserreiches am 18. Januar 1871 im Spiegelsaal von Versailles war nicht nur ein deutscher Nationalstaat, sondern zugleich auch ein gewichtiger neuer Akteur innerhalb des europäischen Mächtesystems entstanden. Den Weg zur Reichseinigung hatten die europäischen Staaten aufmerksam verfolgt. Ihr vorausgegangen waren die sogenannten „Einigungskriege" gegen Dänemark (1864), Österreich (1866) und Frankreich (1870/71), in denen sowohl Preußen als auch die verbündeten deutschen Länder ihre militärische Überlegenheit bewiesen hatten.

Während nach 1871 innenpolitisch die Reichseinigung umgesetzt werden musste, stand außenpolitisch für den deutschen Kaiser Wilhelm I. und vor allem für den Reichskanzler Otto von Bismarck die Rückgewinnung des internationalen Vertrauens an erster Stelle. Bismarck betonte, dass von deutscher Seite keine Aggression ausgehen würde und dass das Deutsche Reich territorial saturiert („gesättigt") sei. Parallel dazu bemühte sich Bismarck, Bündnisse mit den anderen europäischen Großmächten zu schmieden, die folgenden außenpolitischen Überlegungen entsprachen: Da Deutschland eine Revanche Frankreichs für den verlorenen Krieg von 1870/71 und für die Eingliederung von Elsass und Lothringen in das Deutsche Reich befürchtete, wollte man Frankreich außenpolitisch isolieren. Überdies fürchtete das Deutsche Reich einen eventuellen Zweifrontenkrieg, das hieß gleichzeitige Angriffe aus Westen und Osten. In den ersten zwei Jahrzehnten des Bestehens des Deutschen Kaiserreiches gelang es Bismarck tatsächlich, durch verschiedene Verträge eine weitgehende außenpolitische Isolation Frankreichs herbeizuführen. Zudem wurde durch Bismarcks Bündnispolitik die Gefahr eines Zweifrontenkrieges gebannt. Deutschland fügte sich als verlässlicher Verhandlungspartner ins europäische Mächtesystem ein.

M1 Dropping the Pilot"
Karikatur aus der englischen Zeitschrift „Punch" von 1890, in Deutschland unter dem veränderten Titel „Der Lotse geht von Bord" veröffentlicht.

Wilhelm II. und der „Neue Kurs"

Mit der Thronbesteigung Wilhelms II. im Dreikaiserjahr 1888 und der Entlassung Bismarcks im Jahr 1890 änderte sich auch der außenpolitische Kurs des Deutschen Reiches. Während von der Generation Wilhelms I. und Bismarcks die Reichsgründung als Schlusspunkt einer Entwicklung gesehen worden war, nahm die Enkelgeneration unter Wilhelm II. diese als Ausgangspunkt und forderte für Deutschland eine neue weltpolitische Machtstellung ein. Dies hatte mehrere Gründe. Zum einen wuchs durch die zunehmende Industrialisierung die wirtschaftliche Stärke des Deutschen Reiches bedeutend an. Zum anderen war Deutschland auch an einer Ausdehnung seines globalen Einflussbereiches interessiert und strebte nach eigenen Kolonien. Die daraus resultierende Konkurrenzsituation zu den anderen europäischen Mächten – wirtschaftlich mit England und Russland, kolonial mit Frankreich und England – führte zu zahlreichen außenpolitischen Spannungen, die unter anderem in der Auflösung oder Nichtverlängerung der unter Bismarck geschlossenen Verträge mündeten. Das Deutsche Reich unter

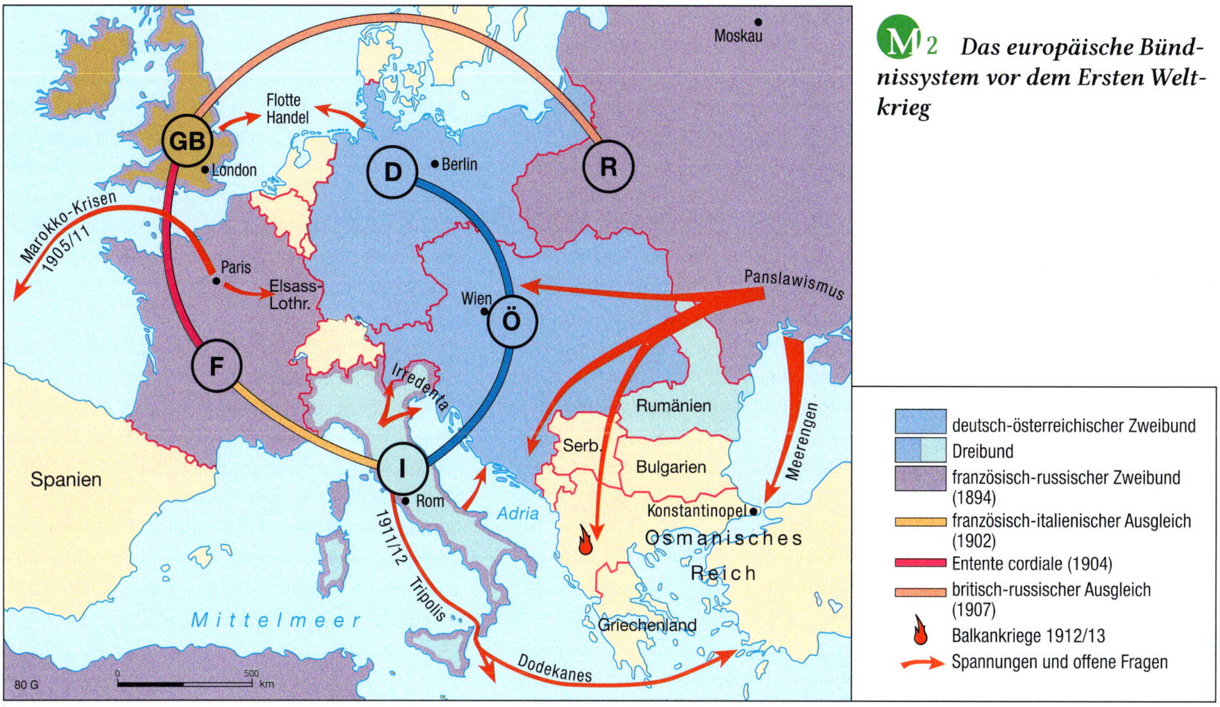

M2 ***Das europäische Bündnissystem vor dem Ersten Weltkrieg***

Wilhelm II. verfolgte zudem keinen klaren außenpolitischen Kurs mehr, sondern reagierte auf tagespolitische Herausforderungen nur noch mit oft provozierenden Aktionen. Da dies auch die Entsendung von Militär mit einschloss, wird diese Phase der deutschen Außenpolitik auch als „Kanonenbootpolitik" bezeichnet.

Nach der Jahrhundertwende verschärften sich die politischen Konflikte zwischen den europäischen Mächten. Ein allgemeines Wettrüsten in Erwartung eines bewaffneten Konfliktes in naher Zukunft heizte die Spannungen an. Der zunehmenden Militarisierung und der damit einhergehenden Kriegsgefahr standen allerdings auch pazifistische Strömungen und Organisationen gegenüber, deren Anstrengungen in den Internationalen Friedenskonferenzen von Den Haag (1889/1907) gipfelten, wo Vertreter aus zahlreichen europäischen Staaten über Abrüstung und die Möglichkeiten einer friedlichen Schlichtung von Konflikten berieten. Das hinderte dieselben Staaten jedoch nicht, zeitgleich Konzepte für einen zukünftigen Krieg zu verfassen. Auch in Deutschland gab es Überlegungen, möglichen Angriffen durch einen sogenannten Präventivkrieg zuvorzukommen. Mit dem Schlieffenplan glaubten deutsche Spitzenmilitärs sogar, eine Lösung für einen erfolgreichen Zweifrontenkrieg gefunden zu haben: Die deutschen Truppen sollten zuerst in knapp zwei Monaten Paris einnehmen und danach erst an die Ostfront verlegt werden, weil man Russland keine schnelle Mobilisierung zutraute.

Die Marokko-Krisen 1905 und 1911

Die Rivalität zwischen Deutschland und Frankreich um den Einfluss in Marokko löste im Jahrzehnt vor dem Ersten Weltkrieg zwei internationale Krisen aus. Frankreich, das mit Algerien in Nordafrika bereits eine wichtige Kolonie besaß, strebte nach einem französisch beherrschten Maghreb und versuchte, seinen Einfluss auf das Sultanat Marokko auszudehnen. Deutschland hingegen verfolgte gegenüber Marokko zwar eine „Politik der offenen Tür", war an territorialen Erwerbungen in Nordafrika jedoch vorerst nicht interessiert.

Am 31. März 1905 stattete Kaiser Wilhelm II. dem Sultan von Marokko zu dessen diplomatischer Aufwertung einen Staatsbesuch in Tanger ab. Mit seiner dort abgegeben Erklärung über die Souveränität Marokkos demonstrierte der Kaiser, dass Frankreich nur mit Einbindung des deutschen Kaiserreichs seine Interessen

M3 ***Kaiser Wilhelm II. (1859–1941)***
Postkarte (Ausschnitt), 1900

in Nordafrika verfolgen könne. Im Januar 1906 fand eine internationale Konferenz zur Marokko-Frage in Algeciras statt. Ergebnis der Verhandlungen war die am 7. April 1906 unterzeichnete Algeciras-Akte, die einerseits die allgemeine Handelsfreiheit garantierte, andererseits aber die marokkanische Staatsbank unter französische Kontrolle brachte und dafür sorgte, dass die marokkanische Polizei fortan von Frankreich organisiert wurde. Das Deutsche Reich hatte im Vorfeld der Konferenz den britisch-französischen Zusammenhalt und den großen Einfluss dieser beiden Länder auf die anderen Konferenzteilnehmer unterschätzt. In Algeciras war Deutschland mit seinem Bündnispartner Österreich-Ungarn isoliert und verlor international erheblich an Reputation.

Der „Panther-Sprung“ nach Agadir

Auch in der Folgezeit gab es weitere Interessenkollisionen zwischen Frankreich und Deutschland, die 1911 einen Höhepunkt fanden. Auslöser für die Eskalation war die Besetzung der marokkanischen Festungen Fes und Rabat durch französische Truppen. Offiziell erfolgten die Besetzungen auf der Grundlage einer Bitte des Sultans, der durch Aufstände von Berberstämmen in Bedrängnis geraten war. Frankreich nutzte die Lage jedoch auch dazu, mit seinen Truppen bis tief ins Landesinnere vorzudringen. Durch dieses Vorgehen, das einen Bruch der Algeciras-Akte darstellte, sah das Deutsche Reich seine Position bedroht und forderte von Frankreich als Kompensation die Abtretung des französischen Kolonialbesitzes im Kongo an Deutschland. Um dieser Forderung Nachdruck zu verleihen, entsandte die deutsche Regierung am 1. Juli 1911 das Kanonenboot „Panther“ in den Hafen der marokkanischen Stadt Agadir.
Großbritannien, das seit 1904 durch die „Entente Cordiale“ mit Frankreich verbunden war und den deutschen Flottenausbau als Provokation empfand, schlug sich auf die Seite Frankreichs und beanstandete die deutschen Forderungen als maßlos überzogen sowie den eigenen Sicherheitsinteressen zuwiderlaufend. Um einen Gesichtsverlust zu vermeiden, drohte das politisch weitgehend in Isolation geratene Deutschland immer unverhohlener mit Krieg. Auch die Entente-Mächte arbeiteten bereits Pläne für den Ernstfall aus, der jedoch im letzten Augenblick auf diplomatischem Wege noch abgewendet werden konnte.

M4 ***Kanonenboot SMS Panther***
Foto, um 1906

Letztlich musste sich das Deutsche Reich mit einem Kompromiss begnügen: In einem am 4. November 1911 unterzeichneten Abkommen verzichtete es auf jeglichen politischen Einfluss in Marokko. Frankreich, das seine Vorherrschaft über Marokko sichern konnte, musste im Gegenzug einen Teil des Kongo an Deutschland abtreten, wofür es aber wiederum Gebiete aus deutschem Kolonialbesitz in Togo und Kamerun erhielt.

Der Balkan als Krisenregion vor dem Krieg

In den Jahren vor dem Ersten Weltkrieg spitzte sich die Lage vor allem auf dem Balkan immer weiter zu und schuf mehrere brisante Situationen. Während die nationalen Unabhängigkeitsbewegungen der Balkanvölker ihr Selbstbestimmungsrecht durchsetzen wollten, versuchten sowohl Russland als auch Österreich-Ungarn und das Osmanische Reich, ihren Einfluss auf dem Balkan auszubauen.

Der Berliner Kongress hatte 1878 unter der Leitung des deutschen Reichskanzlers Otto von Bismarck eine Neuordnung des Balkans vorgenommen, nachdem das Osmanische Reich den Krieg gegen Russland 1877/78 verloren hatte und erheblich geschwächt worden war. Insbesondere Österreich-Ungarn konnte seine Interessensphäre dadurch vergrößern: Bosnien und Herzegowina sollten zukünftig zwar weiterhin völkerrechtlich zum Osmanischen Reich gehören, ihre Verwaltung ging aber an die Doppelmonarchie über. 1908 annektierte Österreich-Ungarn diese beiden Gebiete schließlich eigenmächtig, was einmal mehr die Machtlosigkeit des Osmanischen Reichs offenbarte und nationalistische Gefühle auf dem Balkan sowie den Expansionsdrang Russlands weckte – der Zar verstand sich und sein Land als „Protektor aller Slawen". Im März 1912 gründeten Bulgarien und Serbien unter russischer Schirmherrschaft den sogenannten Balkanbund, dem sich bald darauf auch Griechenland und Montenegro anschlossen.

Der erste Balkankrieg

Während sich das Osmanische Reich nach einem verlorenen Krieg gegen Italien noch in Verhandlungen zu einer endgültigen Friedensregelung befand, eröffnete König Nikita von Montenegro am 8. Oktober 1912 einen erneuten Krieg gegen das Osmanische Reich, dem sich am 17. Oktober der gesamte Balkanbund anschloss. Der militärische Zusammenbruch des Osmanischen Reiches erfolgte bereits nach wenigen Wochen, sodass die türkische Regierung die europäischen Großmächte um die Vermittlung eines Friedens bitten musste. Im Londoner Friedensabkommen vom Mai 1913 musste das Osmanische Reich seinen gesamten europäischen Besitz bis auf einen schmalen Landstreifen vor Konstantinopel an seine Kriegsgegner abtreten. Der Balkanbund stimmte auf Druck der Großmächte der Errichtung eines Herzogtums Albanien zu – Hauptgewinner des Krieges war vorerst Bulgarien.

Der zweite Balkankrieg

Die bisherigen Verbündeten Bulgariens wollten sich mit der Verteilung der eroberten Gebiete jedoch nicht zufriedengeben: Bereits Ende Juni kam es zu einem erneuten Krieg, diesmal zwischen Bulgarien einerseits und Serbien, Griechenland und Rumänien auf der anderen Seite. Kurz darauf griff auch das Osmanische Reich wieder gegen Bulgarien in den Krieg ein, um seine verlorenen Territorien wenigstens teilweise wieder zurückzuerobern.

Der zweite Balkankrieg endete mit einer Katastrophe für Bulgarien: Im Frieden von Bukarest vom 10. August 1913 verlor das Land den weitaus größten Teil seiner Gewinne aus dem ersten Balkankrieg wieder. Serbien sicherte sich den Löwenanteil und verdoppelte sein Territorium durch die Hinzufügung von Nordmakedonien und Kosovo. Rumänien nahm sich die Dobrudscha, Griechenland drang nach Südmakedonien vor und das Osmanische Reich erhielt Adrianopel zurück.

Vorboten des Ersten Weltkrieges

Das von Russland unterstützte Serbien war damit zur größten Regionalmacht auf dem Balkan aufgestiegen. Die Feindschaft zwischen Wien und Belgrad wurde weiter verschärft und die allgemeine Gefahr eines großen Krieges stieg an. Österreich-Ungarn, das ein Ausgreifen des slawischen Nationalismus unter der Führung Serbiens und unter dem Schutz Russlands befürchtete, war schon 1912 nur mit Mühe von Deutschland daran gehindert worden, in den ersten Balkankrieg einzugreifen. Ganz und gar unnachgiebig blieb Österreich aber in seinem Entschluss, Serbien den Weg an die Adria zu verlegen und deshalb die Errichtung eines selbstständigen Fürstentums Albanien zu fordern. In diesem Punkt besaß Österreich-Ungarn die Unterstützung Deutschlands, das eine Schwächung seines Bündnispartners auch auf sich selbst bezog. Überdies stimmten auch Italien und Großbritannien für die österreichische Position. Der Ausgang des zweiten Balkankrieges, aus dem Serbien als Hauptgewinner hervorging, ließ Wien neue militärische Interventionspläne erwägen. Man dachte nun an eine Revision des Bukarester Friedens von 1913 zugunsten des Verlierers Bulgarien, mit dessen Hilfe Serbien isoliert werden sollte.

M5 *Der Balkan 1913*

Die Kämpfe der Balkanstaaten untereinander um die Vormachtstellung in der Region bildeten jedoch nur die eine Seite des Problems. Daneben und damit verknüpft entwickelte sich der Konflikt zwischen den europäischen Großmächten, sodass das „Pulverfass Balkan" letztlich ein verdichtetes Abbild der europäischen Gegensätze darstellte.

Julikrise und Kriegsausbruch

Nach zwei Balkankriegen 1912/1913 eskalierte schließlich die Gesamtsituation, als am 28. Juni 1914 in Sarajevo der österreichische Thronfolger und seine Frau durch ein Attentat serbischer Nationalisten getötet wurden. In der darauf folgenden Julikrise zeitigten die engen Verflechtungen zwischen den europäischen Staaten fatale Folgen.

„Burgfriedenspolitik"

Im Juli und August 1914 herrschte große Aufregung in den europäischen Städten. Hatte es im Verlauf der Julikrise noch Demonstrationen und Kundgebungen gegen einen Krieg gegeben, so äußerten nach der deutschen Kriegserklärung an Russland am 1. August 1914 insbesondere bürgerliche Schichten nun unumwunden ihre Kriegsbegeisterung. Kaiser Wilhelm beschwor mit der Formel „Ich kenne keine Parteien mehr, ich kenne nur noch Deutsche" die nationale Einheit. Der Krieg sollte von der gesamten Bevölkerung als gemeinsame Sache verstanden werden, unabhängig von Klasse, Parteizugehörigkeit, Konfession oder Herkunft. Die deutsche Sozialdemokratie stimmte im Reichstag den Kriegskrediten zu und vertrat eine „Burgfriedenspolitik", die alle sozialen und innenpolitischen Forderungen zurückstellte. Die damit

Chronologie der „Julikrise" 1914

28. Juni	Ermordung des österreich-ungarischen Thronfolgers Erzherzog Franz Ferdinand durch serbische Attentäter in Sarajevo
5. Juli	Die deutsche Regierung versichert Österreich-Ungarn seine „Bündnistreue" und gibt damit einen „Blankoscheck" für österreich-ungarisches Handeln gegen Serbien
23. Juli	Österreich-Ungarn stellt ein Ultimatum an Serbien, das innerhalb von 48 Std. beantwortet werden muss. Österreich-Ungarn fordert u. a. die Mitwirkung an der Aufklärung des Attentates, was ein Eingriff in die serbische Souveränität bedeuten würde.
24. Juli	Russland erklärt sich zur Schutzmacht der serbischen Souveränität.
25. Juli	Serbien nimmt die Forderungen Österreich-Ungarns weitgehend an, verweist aber auf seine Souveränität. Österreich-Ungarn erklärt das Ultimatum für gescheitert und beendet die diplomatischen Beziehungen zu Serbien. Serbien befiehlt die Generalmobilmachung, Österreich-Ungarn die Teilmobilmachung. Russland leitet ebenfalls die Teilmobilmachung ein.
28. Juli	Österreich-Ungarn erklärt Serbien den Krieg.
30. Juli	Russland befiehlt die Generalmobilmachung.
31. Juli	Österreich-Ungarn befiehlt die Generalmobilmachung. Deutschland stellt ein Ultimatum an Russland zwecks Einstellung der Mobilmachung und ein Ultimatum an Frankreich zwecks Neutralitätserklärung.
01. August	Dt. und franz. Mobilmachung. Deutschland erklärt Russland den Krieg.
02. August	Deutschland stellt ein Ultimatum an Belgien, um Durchmarschrecht zu erzwingen.
03. August	Deutschland erklärt Frankreich den Krieg. Deutsche Truppen marschieren in das neutrale Belgien ein.
04. August	Großbritannien erklärt Deutschland wegen der Neutralitätsverletzung Belgiens den Krieg.
06. August	Österreich-Ungarn erklärt Russland, Deutschland Serbien den Krieg.
12. August	Kriegserklärung Großbritanniens an Österreich-Ungarn.
13. August	Kriegserklärung Frankreichs an Österreich-Ungarn.

einhergehende nationalistische Gefühlslage wurde in Deutschland zum sogenannten Augusterlebnis hochstilisiert. Männer erhielten ihre Einberufungsbefehle oder meldeten sich freiwillig und ließen ihre Familien zurück, aber auch ihre Arbeit und die Ernte auf den Feldern. In Frankreich beschwor die Regierung ebenfalls die nationale Einheit und forderte das Zurückstellen innenpolitischer Konflikte innerhalb einer „Union Sacrée".

Krieg im Westen

Schon nach wenigen Kriegswochen zeigte sich aber, dass der Schlieffenplan der deutschen Heeresführung nicht umgesetzt werden konnte: Trotz anfänglicher Erfolge blieb der deutsche Angriff vor Paris an dem Fluss Marne stecken. Die erfolgreiche französische Abwehr wurde als „Wunder an der Marne" bezeichnet. Bis Ende Oktober 1914 versuchten daraufhin beide Armeen, sich gegenseitig im sogenannten „Wettlauf zum Meer" zu umfassen, was aber keinem der Gegner gelang. Im November 1914 erstarrte die Front; der Bewegungskrieg war beendet. Die Soldaten hoben Gräben aus und es folgte ein verlustreicher Stellungskrieg.

Krieg im Osten

Im Osten wurde die deutsche Heeresführung durch schnelle Vorstöße der russischen Armee

M6 *Europa im Ersten Weltkrieg*

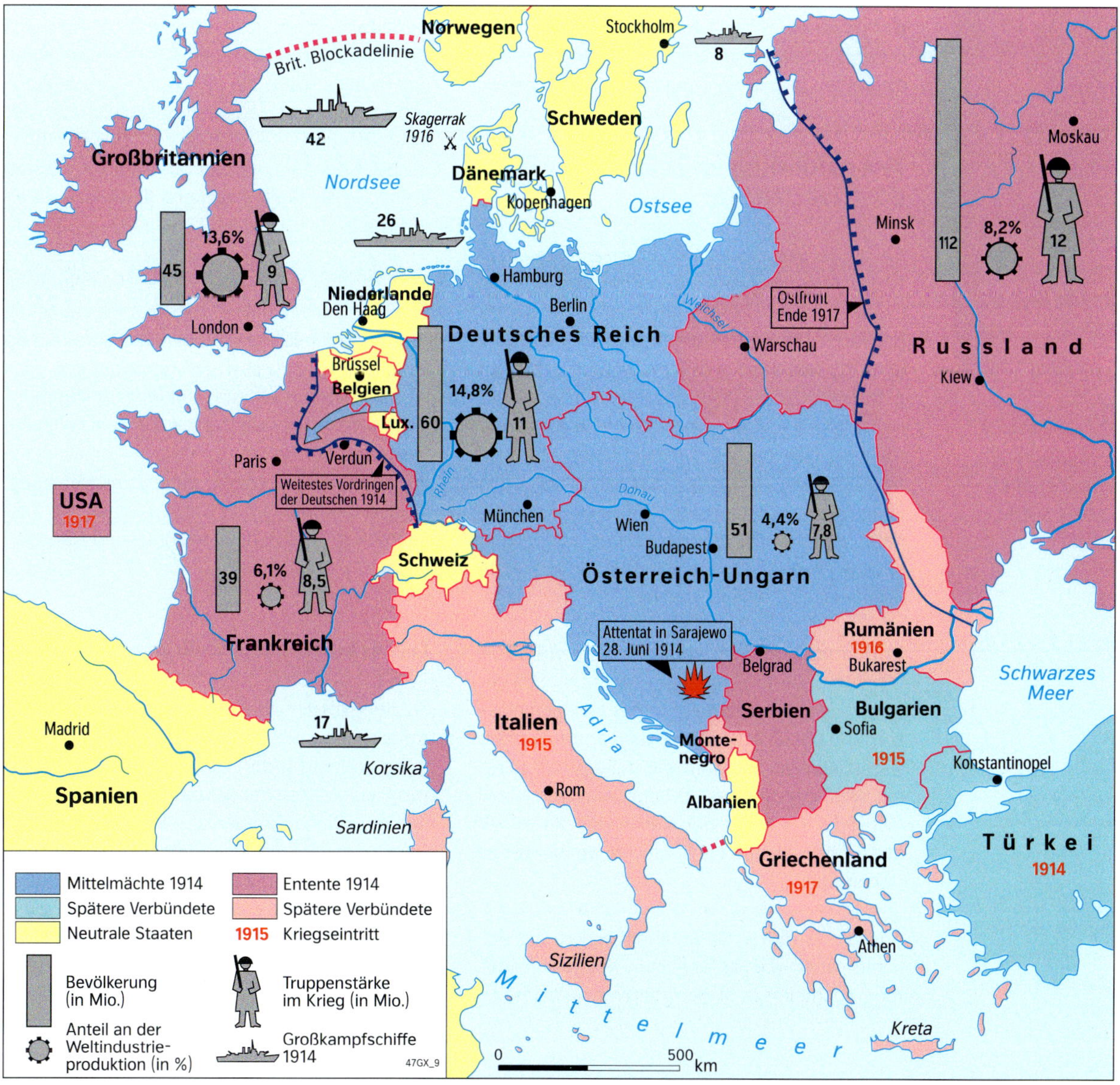

überrascht, die nur mit großen Opfern zum Halten gebracht werden konnten. Innerhalb weniger Monate breitete sich der Krieg über den gesamten Kontinent und sogar über die Kolonien der Kriegsparteien aus. Dabei blieben die Fronten in Europa weitgehend stabil. Die Schlacht um Verdun an der Westfront 1916 steht bis heute symbolisch für das Grauen des Ersten Weltkrieges. Im Osten endete der Krieg zwischen Deutschland und Russland bereits 1917 mit der Niederlage des von der Revolution innenpolitisch erschütterten ehemaligen Zarenreiches.

M7 ***Französische Soldaten im Schützengraben***
Lothringen, Foto, Juni 1915

Epochenjahr 1917 und Kriegsende

1917 traten die USA als Reaktion auf den „uneingeschränkten U-Boot-Krieg" der deutschen Marine in den Ersten Weltkrieg ein und verhinderten einen Erfolg der letzten großen deutschen Offensiven im Frühjahr 1918. Im Herbst desselben Jahres war Deutschland geschlagen.

Kriegsführung im Zeichen der Industrialisierung

Am Ende des Ersten Weltkrieges hatten fast 13 Millionen deutsche Männer als Soldaten gedient. Mehr als vier Millionen von ihnen waren auf den Schlachtfeldern verwundet worden, über 1,8 Millionen gefallen. Auch alle anderen beteiligten Länder beklagten hohe Opferzahlen, so starben 1,7 Millionen russische Soldaten und mehr als 1,2 Millionen Österreicher und Ungarn. In den Reihen Großbritanniens kämpften neben Engländern, Schotten und Walisern auch Soldaten aus allen Teilen des Empires, aus Indien, Kanada, Australien und Neuseeland. Von ihnen fielen fast eine Million Soldaten.

In Deutschland wurden die Verluste vor allem von den Geburtenjahrgängen 1889 bis 1899 getragen, die während des Krieges fast geschlossen zum Dienst in der Armee einberufen worden waren. Von den Soldaten, die zu Beginn des Ersten Weltkrieges kaum 20 Jahre alt waren, starb fast jeder Dritte. In der Nachkriegszeit erhielt diese Altersgruppe die Bezeichnung „verlorene Generation".

Angesichts dieser Opferzahlen wirken die Berichte über die anfängliche Kriegsbegeisterung aus heutiger Sicht irritierend. Dabei ist zu berücksichtigen, dass in der Gesellschaft des Deutschen Kaiserreiches und vor allem im Militär ein illusorisches Bild des bevorstehenden Krieges bestand. Die Erinnerung an die sogenannten „Einigungskriege" gegen Dänemark (1864), Österreich (1866) und vor allem gegen Frankreich (1870/71) war in Deutschland auch kurz vor dem Ersten Weltkrieg noch sehr lebendig. Jedes Jahr wurde am 2. September, dem „Sedantag", der deutsche Sieg über Frankreich im Jahr 1870 gefeiert. Obwohl auch in den Einigungskriegen auf allen Seiten mehrere Tausend Gefallene zu betrauern gewesen waren, erinnerte man sich nur an die schnellen Siege und an heldenhafte Heerführer und Soldaten. Der Tod auf dem Schlachtfeld wurde zu einem Heldentod für das Vaterland verklärt. Obwohl auch diese Kriege schon gezeigt hatten, dass die technischen Verbesserungen an Waffen und Gerät zu steigenden Opferzahlen unter den Soldaten führten, orientierten sich die Planungen der Militärs sowie die jährlichen „Kaisermanöver" weiterhin an den traditionellen Formen der Kriegsführung. Der Höhepunkt großer militärischer Übungen war und blieb bis zum Ersten Weltkrieg der Kavallerieangriff (Kavallerie = Reitertruppe).

Es gab aber auch bereits vor 1914 kritische Stimmen sowie eine Friedensbewegung in Deutschland. Ein eindrucksvolles literarisches Zeugnis stellt das 1912 erschienene Buch „Das Menschenschlachthaus – Bilder vom kommenden Krieg" des Hamburger Lehrers Wilhelm Lamszus dar. Der Autor beschreibt hier in vorausschauender Weise einen Zukunftskrieg, in dem die Soldaten in Gräben Schutz vor den feindlichen Maschinengewehren und Kanonen suchen.

Der traditionelle Krieg

Zu Kriegsbeginn bestanden die europäischen Armeen aus militärischen Einheiten für den Krieg an Land (Heer) und zu Wasser (Marine). Die große Masse der Soldaten diente als Infanteristen. Diese Truppenteile kämpften zu Fuß, waren in der Regel mit Gewehren bewaffnet und trugen ihre Ausrüstung am Mann. Die Kampfkraft der Infanterie ergab sich aus einer möglichst großen Anzahl von verfügbaren Soldaten und einer hohen Beweglichkeit. Daneben gab es noch die berittenen Einheiten der Kavallerie sowie die Kanonen der Artillerie. Da sich die Generäle bei ihren Planungen an den Kriegen der vorangegangenen Jahrzehnte orientierten, planten alle europäischen Staaten für einen schnellen Bewegungskrieg, dessen wesentliche Ziele die Vernichtung der feindlichen Armee in offenen Feldschlachten und die Besetzung der gegnerischen Hauptstadt waren.

Der moderne Krieg

Bereits in den ersten Wochen des Krieges zeigte sich jedoch, dass durch die Industrialisierung der europäischen Staaten auch der Krieg zunehmend zu einem Kampf der Massen und Maschinen werden sollte. Neben der Eisenbahn nutzten die Armeen erstmals Automobile und Lastkraftwagen für den Transport von Soldaten, Waffen, Verpflegung, Ausrüstung und Munition. Flugzeuge und Zeppeline erweiterten den Aktionsradius der Armeen, halfen bei der Aufklärung und Erkundung, bombardierten Städte und feindliche Stellungen und erweiterten so das Schlachtfeld erstmals in die Luft. Einen weiteren Raum erschlossen die U-Boote der kaiserlichen Marine. Auch die militärische Kommunikation erfuhr eine Technisierung: Mit Feldtelefonen und Funkanlagen konnten Nachrichten bedeutend schneller übermittelt werden als durch Meldegänger, Reiter oder Brieftauben.

Die Planungen der deutschen Militärs gingen gleichwohl nicht auf. Obwohl die deutschen Soldaten schnell über Belgien nach Frankreich einmarschierten, konnten sie die französische Armee nicht schlagen. Angriffe der Infanterie

M 8 ***Im Sumpf steckengebliebener Tank***
Auf einem Schlachtfeld bei Ypern in Flandern, Foto, März 1918

und Kavallerie blieben im feindlichen Maschinengewehrfeuer stecken, die Einheiten erlitten hohe Verluste. Aufgrund der neuartigen Waffen konnten nun auch wenige Verteidiger eine große Anzahl von Angreifern aufhalten. Nachdem der deutsche Vormarsch Anfang September 1914 an der Marne von den Franzosen gestoppt und der deutsche Schlieffenplan endgültig gescheitert war, versuchten die Armeen in einem „Wettlauf ans Meer" sich gegenseitig zu umfassen und einander in den Rücken zu fallen. Da auch dies nicht gelang, gruben sich die Soldaten im Oktober 1914 auf beiden Seiten der Front ein. Der Bewegungskrieg an der Westfront war beendet, es begann der Stellungskrieg. Die zunächst einfachen Schützengräben wuchsen bis zum Kriegsende 1918 zu weitverzweigten Stellungssystemen mit Stacheldrahtsperren, Minen, Verbindungsgräben, Stollen, Unterständen, Munitionslagern, Feuerstellungen, Maschinengewehrnestern und Reservegräben heran. Zwischen den feindlichen Linien lag das „Niemandsland".

Auf beiden Seiten der Front suchten die Generäle fortan nach Möglichkeiten, sich aus der festgefahrenen Situation zu befreien. Dazu wurden Materialschlachten geführt, bei denen die eigene Artillerie die feindlichen Stellungen stunden- oder tagelang mit Trommelfeuer belegte. Auf diese Weise sollten möglichst viele gegnerische Soldaten getötet und deren zuvor aus der Luft aufgeklärte Schützengräben und Stacheldrahtsperren zerstört werden. Ziel war es, der eigenen Infanterie die Eroberung der feindlichen Stellungen in einem Sturmangriff zu ermöglichen. Trotz eines immensen Einsatzes von Munition und Soldaten gelang keiner Seite ein entscheidender Durchbruch. Allein in der Schlacht in der Nähe der französischen Stadt Verdun starben 1916 über eine halbe Million französischer und deutscher Soldaten, ohne einen Geländegewinn verzeichnen zu können.

Die Industrie entwickelte auf beiden Seiten der Front immer neue Waffen. Dabei wurden alle technischen und wirtschaftlichen Möglichkeiten ausgenutzt, ohne Rücksicht auf das damit verbundene Leid für die Soldaten. 1915 setzte die deutsche Armee bei der belgischen Stadt Ypern zum ersten Mal Giftgas ein, um vor dem eigenen Angriff auch diejenigen gegnerischen Soldaten zu töten, die den Artilleriebeschuss in den Gräben überlebt hatten. Das Gas wirkte besonders heimtückisch, da es in vielen Fällen weder zu sehen noch zu riechen war. Neben Handgranaten und Flammenwerfern wurden im Laufe des Krieges auch immer mehr Panzer (Tanks) eingesetzt. Gelang der Einbruch in einen feindlichen Graben, wurde auf engstem Raum ein brutaler Nahkampf mit Messern, Schlagstöcken, Pistolen, Gewehren und Grabenkeulen ausgetragen. Die eroberten Gräben konnten zumeist nur kurz gehalten werden, da es schwierig war, Nachschub, Munition, Verpflegung und weitere Soldaten zuzuführen. Oft mussten die erschöpften Angreifer die soeben eroberten Gräben gleich wieder räumen.

„Heimatfront" und Kriegsindustrie

Im Laufe des Krieges zeichnete sich immer mehr ab, dass nicht die Soldaten über Sieg oder Niederlage entscheiden würden, sondern die Durchhaltefähigkeit und Produktivität der Industrie. Damit wurde das gesamte Hinterland zur „Heimatfront" und der Krieg zu einer gesamtgesellschaftlichen Erfahrung, die in alle Lebensbereiche eindrang. Um die an die Front eingezogenen Männer in den Fabriken zu ersetzen, wurden ungelernte Hilfskräfte und im Kriegsverlauf auch vermehrt Frauen zur Arbeit herangezogen. Die Industrie stellte vorrangig Rüstungsgüter – also Waffen, Munition, Fahrzeuge, Treibstoffe, Gas und Uniformen – her. Dies führte zu einer Verknappung von zivilen Gütern. Nahrungsmittel und Rohstoffe wie Kohle wurden rationiert, das Leben und Handeln der Gesellschaft dem Krieg untergeordnet. Nach vier Jahren standen die beteiligten Staaten am Rande der Erschöpfung, die Leidensfähigkeit der Soldaten und Zivilisten war am Ende. Der „moderne Krieg" war zum „totalen Krieg" geworden und schließlich durch den Eintritt der Wirtschaftsmacht USA endgültig zugunsten der Alliierten entschieden.

M9 ***Produktion von Granaten***
Foto, Berlin, 1916

Kriegsziele

Als die Soldaten der europäischen Nationen im August 1914 ins Feld marschierten, lagen in kaum einem der beteiligten Staaten fest definierte Kriegsziele vor. Zwar hatte das weitverbreitete Gefühl einer drohenden Kriegsgefahr in den vorangegangenen Jahren bei den europäischen Staaten zu immensen Aufrüstungen und militärischen Planungen geführt, jedoch stand dies im Allgemeinen noch unter der Prämisse des Schutzes der eigenen Interessen. Der Schlieffenplan sah die Missachtung der belgischen Neutralität vor, um nach einem schnellen Sieg über Frankreich den Kampf gegen Russland zu führen. Er wurde als Strategie entwickelt, einen zukünftigen Zweifrontenkrieg erfolgreich führen und gewinnen zu können. Die schnellen Erfolge der ersten Kriegswochen verleiteten verschiedenste Akteure, Akteursgruppen und Institutionen aus Politik, Militär, Wissenschaft und Wirtschaft, konkrete Kriegsziele zu formulieren. Anfang September 1914 legte der deutsche Reichskanzler Bethmann Hollweg ein sogenanntes Septemberprogramm vor, in dem erstmals die deutschen Kriegsziele verkündet wurden, die neben der Schwächung Frankreichs auch territoriale Forderungen beinhalteten. Die zeitgleich tobende Schlacht an der Marne bremste allerdings die Forderungen des Septemberprogramms aus. Es folgten weitere Veröffentlichungen von Kriegszielen, die bei fortwährender Kriegsdauer in einem immer stärkeren Gegensatz zur tatsächlichen Kriegslage standen.

Österreich-Ungarn war an einer Stabilisierung und Ausweitung seines Einflusses auf dem Balkan und an einer Schwächung Russlands interessiert. Russland wiederum strebte ebenfalls eine Ausweitung seines Einflussbereiches an. Während in Frankreich bereits zu Kriegsbeginn die Rückkehr der 1870/71 an Deutschland verlorenen Gebiete von Elsass und Lothringen

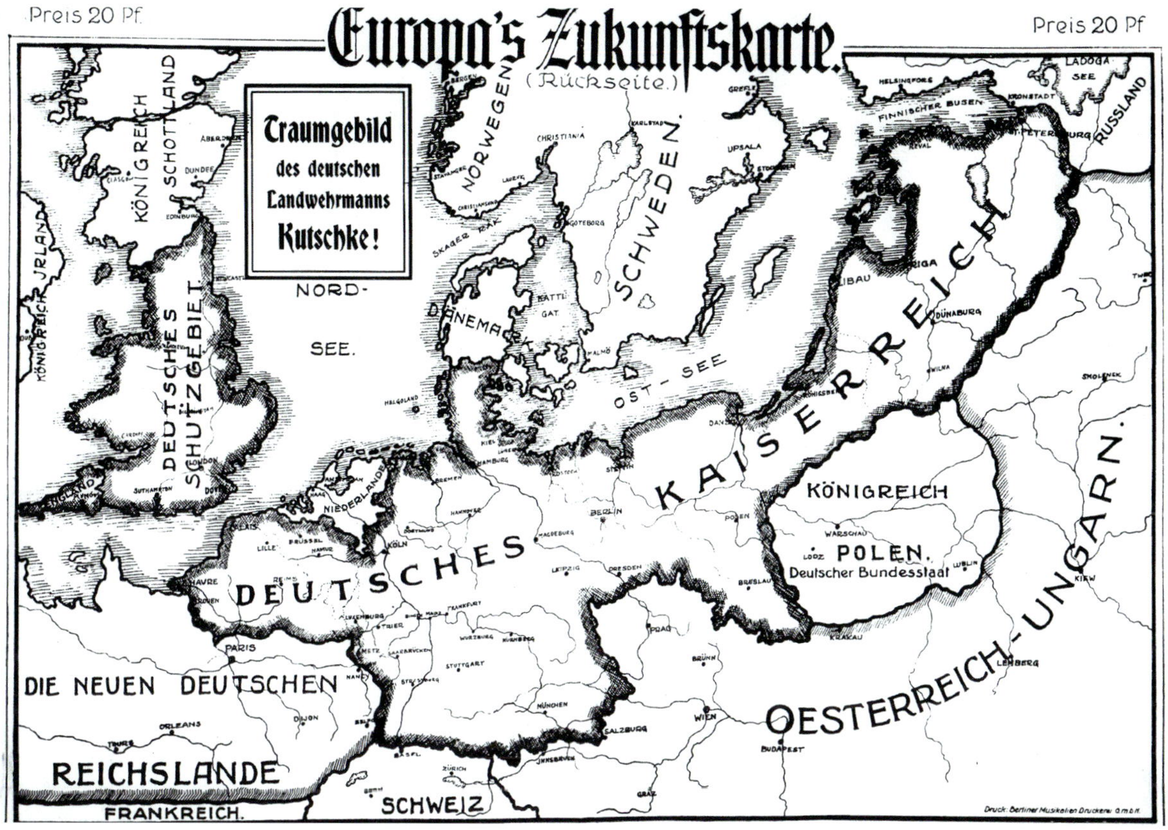

M10 ***„Europas Zukunftskarte"***
Deutsche Propaganda-Postkarte, 1916

gefordert wurde, stand Großbritannien für die Wiederherstellung Belgiens und im weiteren Kriegsverlauf auch für die Schwächung des deutschen Militarismus ein.

Die europäischen Nationen wollten mit ihren Kriegszielen vor allem nationale Bedürfnisse befriedigen. Im Gegensatz dazu strebten die „14 Punkte" des US-amerikanischen Präsidenten Woodrow Wilson vom Januar 1918 eine stabile Nachkriegsordnung an. Wilson ging es vor allem um die Sicherung der Demokratie in Mittel- und Westeuropa, die er durch die Sowjetisierung Russland als gefährdet ansah. Wilsons zentrales Anliegen war die Schaffung einer Nachkriegsordnung auf der Grundlage des Selbstbestimmungsrechtes der Völker. Zwar schlossen auch seine Überlegungen territoriale Veränderungen mit ein, jedoch handelte es sich dabei zumeist um die Begrenzung neuer Konflikträume.

Kriegsschuldfrage

Eng verbunden mit der Frage nach den Kriegszielen ist die Frage nach der Kriegsschuld. Formal wurde die Schuld 1919 im Versailler Vertrag dem Deutschen Reich und seinen Verbündeten zugewiesen. Bereits im unmittelbaren Anschluss an die Vertragsunterzeichnung richtete das Auswärtige Amt in Berlin jedoch ein sogenanntes Kriegsschuldreferat ein, das im Verlauf der Weimarer Republik verschiedenste Publikationen förderte, in denen sich Publizisten und Historiker mit der Kriegsschuldfrage auseinandersetzten. In der deutschen Öffentlichkeit herrschte Konsens darüber, dass es sich bei dem sogenannten Kriegsschuldparagrafen des Versailler Vertrages um eine „Schmach" für Deutschland handelte. Deutschland sah sich als zu Unrecht beschuldigt an und forderte dementsprechend eine Revision des Versailler Vertrages. In der Bevölkerung gründete diese Überzeugung vor allem auf dem Umstand, dass man durch die Ereignisse der Julikrise und die deutsche Kriegspropaganda davon überzeugt war, einen Verteidigungskrieg geführt zu haben. Die Kriegsschuldfrage nahm in der politischen Debatte der Weimarer Republik einen großen Stellenwert ein. Die NSDAP machte damit offensiv Wahlkampf und erklärte die Revision des Versailler Vertrages zu einem zentralen politischen Ziel.

Selbst nach dem Zweiten Weltkrieg dauerte die wissenschaftliche Diskussion um die Kriegsschuld am Ersten Weltkrieg an. Bis 1961 galt die Aussage des britischen Premierministers Lloyd George, dass alle Beteiligten in den Krieg „hineingeschlittert“ seien, als wesentliche Quelle gegen die Alleinschuld Deutschlands. 1961 veröffentlichte der deutsche Historiker Fritz Fischer seine Studie „Griff nach der Weltmacht“, die betonte, dass der Erste Weltkrieg von Deutschland als Eroberungskrieg im Rahmen einer aggressiven „Weltpolitik“ geführt worden sei. In der sich daran anschließenden „Fischer-Kontroverse“ zeigte sich, dass unter den Historikern auch viele Jahrzehnte nach Kriegsende keine Einigkeit über die Schuldfrage herrscht. Der jüngste Beitrag zu dieser Diskussion stammt von dem Australier Christopher Clark, der als in England tätiger Historiker 2012 sein Buch „Die Schlafwandler“ vorlegte. Vor allem in Deutschland gab es ein starkes Interesse an dem Buch, das von Historikern und Journalisten kontrovers diskutiert wurde.

Erinnerung an den Ersten Weltkrieg

Das Ende des Ersten Weltkrieges markiert zugleich den Beginn der Erinnerung an diesen Krieg. Doch obwohl dieser Krieg als „Weltkrieg“ bezeichnet wurde, war er letztlich ein Krieg zwischen Nationen. Deren Motive für den Kriegseintritt unterschieden sich ebenso wie ihre Wahrnehmungen des Ersten Weltkrieges. Diese Unterschiede spiegeln sich auch in den national geprägten Erinnerungskulturen der Nachkriegszeit.

Mit dem geschichtswissenschaftlichen Begriff „Erinnerungskultur“ beschreiben Historikerinnen und Historiker den bewussten Umgang einer gesellschaftlichen Gruppe mit ihrer Vergangenheit und Geschichte. Erinnerungskulturen dienen vor allem den Zwecken der jeweiligen Gegenwart. Die Erinnerung an ausgewählte Ereignisse oder Personen kann der Vergangenheit einen Sinn zuweisen, einer Gesellschaft Gemeinschaftsgefühle geben oder Identitäten stiften. Sichtbar wird die Erinnerung beispielsweise in Texten, Bildern, Filmen, Denkmälern, politischen Reden, Symbolen oder Jahrestagen. Erinnerungskulturen können sich stetig verändern, bestimmte Aspekte der Geschichte betonen oder auch wieder vergessen – immer abhängig von den aktuellen Bedürfnissen der Erinnerungsgemeinschaften und ihrem Umgang mit der Vergangenheit.

Nationale Erinnerungskulturen

Dass der Erste Weltkrieg bis in die heutige Zeit vor allem mit Schützengräben, Maschinenge-

M11 *Friedhof in Douaumont nahe Verdun*
Bei den zweijährigen Kämpfen um das Gebiet bei Verdun starben etwa 700 000 Soldaten. Im Inneren des sogenannten Beinhauses sind die Gebeine von geschätzten hunderttausend Toten aufbewahrt, die nicht mehr identifiziert werden konnten, aktuelles Foto.

M12 Gedenken in London
Der Tower in London mit etwa 900 000 Mohnblumen aus Keramik. Dies entspricht der Zahl der im Ersten Weltkrieg Gefallenen des Empire, Foto, 11. November 2014.

wehren, Gasangriffen, dem Trommelfeuer der Artillerie und Orten wie Verdun, Ypern, Passchendaele oder Arras in Verbindung gebracht wird, liegt an der Dominanz der belgischen, französischen und britischen Erinnerungskulturen. In Frankreich und Großbritannien ist die Erinnerung an den „Grande Guerre" oder „Great War" seit 1918 ungebrochen und mit festen Ritualen in der Gesellschaft verankert. Seit Kriegsende finden rund um den 11. November unter breiter öffentlicher Anteilnahme Erinnerungszeremonien mit Kranzniederlegungen statt. Viele Briten tragen rote Mohnblüten als Zeichen der Erinnerung an ihrer Kleidung. Entlang des ehemaligen Frontverlaufs in Frankreich und Belgien sind die zahlreichen Soldatenfriedhöfe, Denkmäler und Museen seit Jahrzehnten vielbesuchte Ziele von Familienangehörigen Gefallener, Schulklassen und Schlachtfeldtouristen. Weiterhin halten Darstellungen des Ersten Weltkrieges in der populären Erinnerungskultur – in Sachbüchern, Spielfilmen, Dokumentarfilmen oder Comics – die Erinnerung über die Generationen hinweg lebendig.

In Deutschland und Russland fiel das Kriegsende mit revolutionären Umbrüchen zusammen. Hinzu kam, dass sowohl Deutschland als auch Russland den Krieg verloren hatten. Die neuen politischen und gesellschaftlichen Ordnungen erschwerten in beiden Ländern die Entwicklung von Erinnerungskulturen mit gesamtgesellschaftlicher Wirkung. Die nun kommunistische Sowjetunion distanzierte sich vom Ersten Weltkrieg und erinnerte die Revolution von 1917/18 als identitätsstiftendes Ereignis. Die Erinnerung an die gefallenen Soldaten fand in der demokratischen Weimarer Republik dezentral statt. In fast jeder Ortschaft entstanden Denkmäler, an denen seit 1925 am Volkstrauertag Kränze niedergelegt wurden. Die nationalsozialistische Gewaltherrschaft, der Zweite Weltkrieg und der Holocaust überlagerten nach 1945 die Erinnerung an den Ersten Weltkrieg. Eine neue Erinnerungskultur an den Ersten Weltkrieg bildete sich in Deutschland mit dem 100. Jahrestag des Ausbruchs des Ersten Weltkrieges 2014 aus. In dem geeinten Europa der Gegenwart sind sich die ehemaligen Kriegsgegner (trotz Brexit) sehr nahe und suchen nach Verbindungen zwischen den Erinnerungskulturen, um eine gemeinsame Geschichte des Ersten Weltkrieges erzählen zu können.

1. a) ●●○ Erläutern Sie anhand der Karte „Das europäische Bündnissystem vor dem Ersten Weltkrieg" (M2) die Entwicklung der europäischen Mächtekonstellation.
   b) ●●○ Stellen Sie den Verlauf der Julikrise 1914 dar.
   c) ●●○ Beschreiben und erläutern Sie (anhand der Karte M5 und des Autorentextes) die Probleme und Entwicklungen auf dem Balkan vor dem Ersten Weltkrieg.
   → Text, M2, M5

Der Erste Weltkrieg – Rechtfertigungen und Ziele

M 13 „An das deutsche Volk“

Aufruf Kaiser Wilhelms II. am 6. August 1914:

An das deutsche Volk!
Seit der Reichsgründung ist es durch 43 Jahre Mein und Meiner Vorfahren heißes Bemühen gewesen, der Welt den Frieden zu erhalten und in Frieden unsere kraftvolle Entwicklung zu fördern. Aber die Gegner neiden uns den Erfolg unserer Arbeit. Eine offenkundige und heimliche Feindschaft von Ost und West, von jenseits der See haben wir zu ertragen im Bewusstsein unserer Verantwortung und Kraft. Nun aber will man uns demütigen. Man verlangt, dass wir mit verschränkten Armen zusehen, wie unsere Feinde sich zu tückischem Überfall rüsten. Man will nicht dulden, dass wir in entschlossener Treue zu unserem Bundesgenossen stehen, der um sein Ansehen als Großmacht kämpft und mit dessen Erniedrigung auch unsere Macht und Ehre verloren ist. So muss denn das Schwert entscheiden. Mitten im Frieden überfällt uns der Feind. Darum auf zu den Waffen! Jedes Schwanken, jedes Zögern wäre Verrat am Vaterlande. Um Sein oder Nichtsein unseres Reiches handelt es sich, das unsere Väter sich neu gründeten. Um Sein oder Nichtsein deutscher Macht und deutschen Wesens.

Zit. nach: Ernst Johann, (Hg.), Reden des Kaisers, München 1966, S. 158.

M 14 *„Ich habe den Krieg nicht gewollt!“*

Deutsche Postkarte (Ausschnitt), 1914

M 15 Kriegsziele der Beteiligten

Der Historiker Volker Berghahn schreibt (2014):

Für Paris war das Hauptanliegen, gegen eine erneute Invasion von Osten her absolute Sicherheit zu erringen. Das 1871 verlorene Elsass sollte zurückgewonnen und die Grenze auch weiter im Norden durch die Schaffung kleiner Vasalleneinheiten bis an den Rhein vorgeschoben werden. Die französischen Militärs wollten Deutschland gar in neun Gebiete zerlegen. Schließlich dachte man noch an hohe Reparationszahlungen. Dabei spielte nicht nur die Erinnerung an jene Zahlungen eine Rolle, die die Deutschen Paris 1871 auferlegt hatten, sondern auch an den Wiederaufbau der zerstörten Gebiete und die Zahlungen der Kriegsversehrten-, Witwen- und Waisenrenten, die nach dem Kriege anfielen. Im Dezember 1917 wurde in Paris schließlich beschlossen, auch in Osteuropa einen Staatengürtel zu schaffen, um eine erneute deutsche Expansion im Osten zu verhindern.
Anders als Frankreich entwickelte Großbritannien auf dem europäischen Kontinent keine territorialen Ambitionen. Umso nachdrücklicher visierte es aber den Erwerb der deutschen Kolonien und von Teilen des Osmanischen Reichs an. Die Wiederherstellung eines souveränen Belgiens war ebenso selbstverständlich wie die Notwendigkeit, den preußisch-deutschen Militarismus ein für alle Mal in seine Schranken zu weisen. Im Jahre 1917 kamen noch Vorschläge zu einer Restauration Serbiens und Polens hinzu, und im Januar 1918 erweiterte Premierminister Lloyd George die Liste durch Forderungen, in denen den Nationalitäten des Osmanischen und Habsburger Reiches zumindest eine größere Selbstbestimmung versprochen wurde. Den Italienern waren 1915 beim Übertritt in das alliierte Lager Südtirol, der Trentino, Territorien um Triest und an der Dalmatinischen Küste, das nördliche Albanien sowie die Dodekanesischen Inseln zugesagt worden.
Das Zarenreich hatte nach der Niederlage im russisch-japanischen Krieg von 1904 seine einstigen Expansionsversuche im Fernen Osten aufgegeben. Der Abschluss der Entente mit England im Jahre 1907 bedeutete eine Einigung über die jeweiligen Interessenssphären in Zentral- und Südasien, wo sich London bisher durch die Ambitionen des Zaren unter Druck gesetzt fühlte. Hiernach richtete sich die Aufmerksamkeit von Nikolaus II. auf den Südwesten und den alten Traum eines Zugangs zum Mittelmeer. […]

Das Habsburger Reich visierte relativ bescheidene territoriale Zugewinne an, vor allem an der nordöstlichen Grenze mit Russland und im Süden gegenüber Italien. Es verlangte auch eine Neuordnung der Grenzen auf dem Balkan. Dagegen entwickelte das Deutsche Reich recht exorbitante territoriale Ziele. Dabei konzentrierten sich Berlins Forderungen weniger auf zusätzliche Kolonialerwerbungen in Übersee als auf die Errichtung eines „blockadefreien" Raums auf dem europäischen Kontinent. [...]
In Erwartung eines schnellen Sieges im Westen, fasste der Reichskanzler am 9. September diese Pläne in einer Denkschrift zusammen. Nach seinen Überlegungen sollten Luxemburg und die östlichen Teile Belgiens dem Reich einverleibt werden. Das übrige Belgien war als eine Art Vasallenstaat konzipiert. Frankreich sollte vor allem das Schwerindustriegebiet von Longwy-Briey verlieren. Des Weiteren sah die Denkschrift vor, alle westeuropäischen Länder in einer Zollunion unter deutscher Führung zusammenzuschließen, die Skandinavien und später auch Polen umfasste.

Volker R. Berghahn, Der Erste Weltkrieg, München: C. H. Beck 2014, S. 48–52.

M16 Wilsons 14-Punkte-Programm

Am 8. Januar 1918 formulierte der amerikanische Präsident Woodrow Wilson in seiner Jahresbotschaft Grundsätze für eine Friedensordnung nach dem Krieg:

Abermals, wie verschiedentlich zuvor, haben die Wortführer der Mittelmächte [Deutschland und seine Verbündeten]den Wunsch ausgedrückt, die Kriegsziele und die möglichen Grundlagen eines allgemeinen Friedens zu erörtern.
Was wir in diesem Krieg verlangen, ist nichts für uns Besonderes. Die Welt soll geeignet und sicher gemacht werden, um in ihr leben zu können; besonders aber soll sie für jede friedliebende Nation sicher gemacht werden, welche, wie unsere eigene, ihr eigenes Leben zu leben, ihre Einrichtungen selbst zu bestimmen wünscht und sich darauf verlassen möchte, dass ihr von den übrigen Völkern der Welt eine gerechte und anständige Behandlung zuteil werde und dass sie gegen Gewalt und selbstsüchtigen Angriff geschützt sei.
Alle Völker der Welt sind daran interessiert, und wir für unser Teil sehen sehr klar, dass, wenn anderen gegenüber Gerechtigkeit nicht geübt wird, sie auch uns gegenüber nicht geübt werden wird. Das Programm des Friedens der Welt ist daher unser Programm, und dieses Programm, das unseres Erachtens einzig mögliche Programm, ist folgendes:

1. Öffentliche Friedensverträge, die in öffentlicher Verhandlung zustande gekommen sind; künftig soll es keine geheime internationale Abmachung irgendwelcher Art geben; die diplomatischen Verhandlungen sollen immer offen und im Lichte der Öffentlichkeit sich vollziehen.
2. Vollkommene Freiheit der Schifffahrt auf dem Meere außerhalb der territorialen Gewässer, im Frieden sowohl wie im Kriege [...].
3. Beseitigung aller wirtschaftlichen Schranken und Schaffung gleicher Handelsbedingungen für alle Nationen, die sich zum Frieden bekennen und sich zu seiner Aufrechterhaltung zusammenschließen.
4. Ausreichende Garantien dafür, dass die Rüstungen der Länder bis zu dem Mindestmaße, das mit der eigenen inneren Sicherheit noch vereinbar ist, eingeschränkt werden. [...]

Wir sind nicht eifersüchtig auf Deutschlands Größe, und in diesem Programm ist nichts, das ihr zu nahe tritt. Wir missgönnen ihm keine Leistung, keine hervorragende Tat der Wissenschaft oder friedlichen Unternehmung, die es zu einem sehr glänzenden und sehr beneidenswerten Rang erhoben haben. Wir beabsichtigen nicht, es zu schädigen oder seinen berechtigten Einfluss oder seine berechtigte Machtstellung irgendwie zu hemmen. Wir wünschen nicht, es mit Waffen oder feindlichen Handelsabkommen zu bekämpfen, wenn es bereit ist, sich uns und den anderen friedliebenden Nationen der Welt mit Abkommen zuzugesellen, die sich auf Gerechtigkeit, Gesetz und Wohlverhalten gründen.

Übers. zit. n.: Thilo Koch (Hg.), Nordamerika: Texte – Bilder – Dokumente, München/Wien/Basel: Desch 1972, S. 82ff.

1. a) ●●● Prüfen Sie die Aussagen des Kaisers und setzen Sie sich kritisch mit den in den Quellen M13 und M14 zum Ausdruck kommenden Rechtfertigungen auseinander.

b) ●●○ Arbeiten Sie – ausgehend von der Darstellung des Historikers Volker Berghahn (M15) – die Kriegsziele der beteiligten Großmächte heraus.

c) ●●● Beurteilen Sie die Kriegsziele aus verschiedenen Perspektiven.

d) ●●○ Erläutern Sie die einzelnen Punkte der Rede des amerikanischen Präsidenten Wilson vom 8. Januar 1918 (M16) und charakterisieren Sie seine angestrebte Friedensodnung.

→ M13 – M16, Text

Propaganda – Feindbilder analysieren

M 17 ***„Destroy This Mad Brute – Enlist"***
Amerikanisches Plakat, um 1917

M 18 ***„Die Zivilisierung Europas"***
Zeichnung von Arthur Johnson in der deutschen Zeitschrift „Kladderadatsch", 23.07.1916

M 19 ***„Le Dieu Thor la plus barbare"***
Französisches Flugblatt, 1915

1. a) ●○○ Beschreiben Sie die vorliegenden Bildquellen M17 – M19.
b) ●●○ Erläutern sie einzelne Bildelemente im historischen Zusammenhang.
c) ●●● Prüfen Sie den propagandistischen Charakter der Bildquellen und setzen Sie sich mit den vermittelten „Feindbildern" kritisch auseinander.
→ M17 – M19, Text

Alltag der Soldaten an der Front im Spiegel von Briefen

M20 Fronterfahrungen

In ihren Briefen nach Hause berichteten deutsche Soldaten vom Kriegsalltag:

a) Adolf A., Unteroffizier, Longuyon, 25. August 1914:

Hier sieht es schrecklich aus. Tausende von Toten + Verwundeten. Alle Dörfer, die wir durchziehen oder erobern, werden niedergebrannt, weil die Einwohner uns hinterrücks erschießen. Nunmehr wurden wir etwas zurückgeschoben in die hintere Linie, so dass für uns keine Gefahr besteht. Heute habe ich auch meine Post erhalten + mein Testament.

b) Adolf A., Unteroffizier, 21. September 1914:

Hier mussten wir nun den ganzen Tag gekrümmt liegen u. nur bei Nacht konnte man raus zum Essen usw. Schlaf findet man da natürlich keinen, denn tagsüber krachte es ringsum u. bei Nacht war man froh sich etwas regen zu können. Nun, solange wir trockenes Wetter hatten, ging die Sache schon an; aber wie mal ein starker Regen einsetzte, da wurde es ungemütlich. Im Nu war da der Graben mit Wasser voll u. wir natürlich mit [...]. So hat man manches Erlebnis. Auch kann man viel Feuer u. Elend mit ansehen in dem Dorf hier. Da sind noch viele arme Frauen mit vielen kleinen Kindern. Wenn ich da hingehe u. ein kleines Stückchen Brot hingebe, da solltet Ihr diesen Jubel sehen.

c) Paul K., Feldpostsekretär, Meurchin, 20. November 1914:

Wer übrigens glaubt, unsere Soldaten benähmen sich als Konfirmanden, ist ein Kindskopf. In den Häusern, die von den Besitzern verlassen sind, hausen sie fürchterlich. Alle Schlösser werden erbrochen, der Inhalt der Kästen und Schubladen auf der Suche nach brauchbaren Gegenständen herausgeworfen und darauf herumgetreten. Andere folgen nach, stöbern ebenfalls alles durch und so sieht es schließlich entsetzlich aus.

d) Hermann U., Unteroffizier, Tagebuch, Flandern, 6. und 7. August 1915:

Ich bekomme den Auftrag, in der Stellung oben vier Tote zu holen mit 16 Mann, eben setzt die Kanonade ein, da will keiner mitgehen [...].
Um 1/2 9 Uhr marschiere ich ab. Der Laufgraben ist z.T. mit Baumstämmen voll, die abgeschossen hereinfielen, also rasch über die Deckung. Wir sind noch im Schlosspark, dorthin führt auch die Rollbahn der Pioniere. In der Stellung finden wir noch die Toten. 2 sitzen noch wie im Gespräch da, sie werden in Zelte gewickelt an langen Stangen getragen. Meine Leute sind auseinander gekommen, sodass für den 4. niemand mehr da ist, ich suche vergeblich. Also bleibt er da, es ist mir leid, der Eltern wegen, dass wir ihn selber nicht bergen können. Ich gehe zurück, verfehle den Weg und komme mit anderen nach gefährlichen Irrfahrten endlich zum Laufgraben. Man ist wie geschlagen, wenn man aus diesem Getriebe herunterkommt, mit halbem Bewusstsein finde ich meinen Stall, er ist aber von z.T. fremden Leuten belegt, die ihren Unterstand auch räumen mussten. Diese Enttäuschung, dazu nasse Füße, voll Schmutz.

e) Hugo F., Kanonier, Kriegsfreiwilliger, 24.10.1915:

Ob ich dieses Hundeleben noch länger ertragen kann, weiß ich wahrlich nicht. Unsere wackeren Feldgrauen werden, bei Gott, schlimmer behandelt wie Tiere! All dies geschieht unter: Disziplin, Militarismus! [...] Man sieht sich tatsächlich in einen Staat mit absoluter Despotie versetzt; der freie Mensch ist einfach rechtlos, sobald er den Fahneneid geleistet!

Zit. nach: Stephan Burgdorff und Klaus Wiegrefe (Hg.), Der Erste Weltkrieg, die Ur-Katastrophe des 20. Jahrhunderts, © dtv Verlagsgesellschaft, München 2008, S. 273ff.

1. **a)** ●●● Arbeiten Sie aus den Briefen (M20) die Einstellung einzelner Soldaten zum Krieg heraus und erörtern Sie mögliche Folgen der Fronterfahrungen.
b) ●●● Überprüfen Sie, ob ein Brief als Traditionsquelle anzusehen ist, die zu dem Zweck geschrieben wurde, um Zeitgenossen und Nachwelt über die Gegenwart und Vergangenes zu informieren, oder als Überrest, der nur eine praktische, zeitgebundene Funktion hat.
→ M20, Text

2. ●●● Erstellen Sie auf Grundlage der u.a. Internetseite eine Präsentation zum Thema „Feldpostkarten im Ersten Weltkrieg". Entscheiden Sie sich für eine Feldpostkarte, die Sie präsentieren wollen. Ordnen Sie die Karte in den historischen Zusammenhang ein und tragen Sie Informationen über den Verfasser zusammen. Feldpostkarten unterlagen einer Zensur, d.h. die Inhalte wurden kontrolliert. Beurteilen Sie angesichts dieses Sachverhalts die Brauchbarkeit solcher Karten für die historische Forschung.
→ www.digada.de/wk1/kap1/dokumentekap1.htm

Kriegsschuldfrage in der historischen Forschung – wissenschaftliche Positionen vergleichen

M 21 „Die Schlafwandler“

Der australische Historiker Christopher Clark (geb. 1960) lehrt Moderne Europäische Geschichte an der Universität Cambridge. Sein Buch „Die Schlafwandler“ wurde in Deutschland ein Bestseller (2013):

Und wie steht es nun um die Frage der Schuld? Mit der Behauptung, dass das Deutsche Reich und seine Bündnispartner moralisch für den Ausbruch des Krieges verantwortlich seien, sorgte Artikel 231 des Versailler Vertrages dafür, dass die Frage der Kriegsschuld im Mittelpunkt der Diskussion um den Ursprung des Krieges blieb. Die gegenseitigen Schuldzuweisungen haben niemals ihre Anziehungskraft verloren.

[...]

Eine Darstellung, die sich in erster Linie mit der Schuldfrage befasst, ist nicht deswegen problematisch, weil sie am Ende eventuell der falschen Partei die Schuld gibt, sondern weil ein schuldorientiertes Untersuchungsmodell oft mit Vorurteilen einhergeht. Vor allem neigt eine solche Darstellung zu der Prämisse, dass in konfliktreichen Interaktionen ein Protagonist letztlich Recht und der andere Unrecht haben muss. [...] Ferner hat dieser anklägerische Ansatz den Nachteil, dass das Blickfeld eingeengt wird, indem man sich auf das politische Temperament und die Initiativen eines bestimmten Staates konzentriert, statt auf einen multilateralen Prozess der wechselseitigen Beeinflussung. Dann stellt sich das Problem, dass die Ermittler bei der Schuldsuche dazu neigen, die Aktionen der Entscheidungsträger als geplant und von einer kohärenten [= zusammenhängenden, in sich stimmigen] Absicht getrieben zu konstruieren. Man muss den Beweis erbringen, dass jemand den Krieg wollte und darüber hinaus verursachte. In der Extremform bringt diese Vorgehensweise Konspirationsnarrative [= Verschwörungserzählungen] hervor, in denen eine Clique mächtiger Einzelpersonen wie die Bösewichte mit Samtjackett in James-Bond-Filmen die Ereignisse hinter den Kulissen nach einem bösen Plan steuert. Die moralische Befriedigung, die dieser Ansatz bereitet, ist nicht zu bestreiten, und es ist natürlich logisch gesehen nicht ausgeschlossen, dass der Krieg im Sommer 1914 auf diese Weise zustande kam, aber hier wird die Ansicht vertreten, dass die vorliegenden Quellen eine derartige Argumentation nicht erhärten. Der Kriegsausbruch von 1914 ist kein Agatha-Christie-Thriller, an dessen Ende wir den Schuldigen im Konservatorium über einen Leichnam gebeugt auf frischer Tat ertappen. In dieser Geschichte gibt es keine Tatwaffe als unwiderlegbaren Beweis, oder genauer: Es gibt sie in der Hand jedes einzelnen wichtigen Akteurs. So gesehen, war der Kriegsausbruch eine Tragödie, kein Verbrechen. Wenn man dies anerkennt, so heißt das keineswegs, dass wir die kriegerische und imperialistische Paranoia der österreichischen und deutschen Politiker kleinreden sollten, die zu Recht die Aufmerksamkeit Fritz Fischers und seiner historischen Schule auf sich zog. Aber die Deutschen waren nicht die einzigen Imperialisten, geschweige denn die einzigen, die unter einer Art Paranoia litten. Die Krise, die im Jahr 1914 zum Krieg führte, war die Frucht einer gemeinsamen politischen Kultur. Aber sie war darüber hinaus multipolar und wahrhaft interaktiv – genau das macht sie zu dem komplexesten Ereignis der Moderne, und eben deshalb geht die Diskussion um den Ursprung des Ersten Weltkriegs weiter, selbst ein Jahrhundert nach den tödlichen Schüssen Gavrilo Princips an der Franz-Joseph-Straße.

[...]

So gesehen waren die Protagonisten von 1914 Schlafwandler – wachsam, aber blind, von Albträumen geplagt, aber unfähig, die Realität der Gräuel zu erkennen, die sie in Kürze in die Welt setzen sollten.

Christopher Clark, Die Schlafwandler. Wie Europa in den Ersten Weltkrieg zog (übers. v. Norbert Juraschitz), München: DVA 2013, S. 715–718.

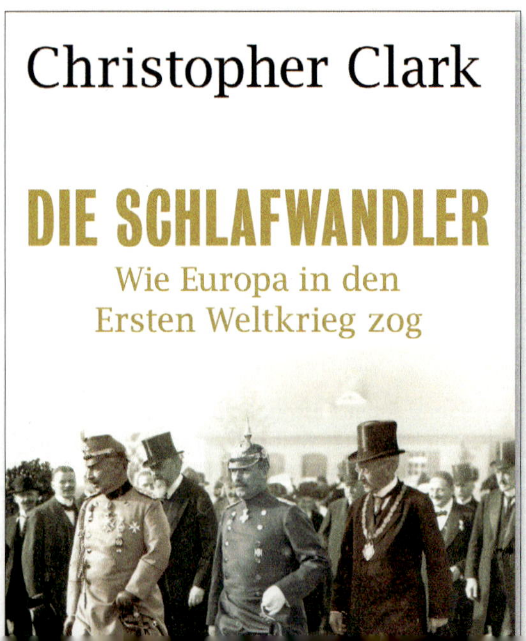

M22 Die Julikrise

Die Historikerin Annika Mombauer (geb. 1967) lehrt an der Geschichtsfakultät der Open University in Milton Keynes, Großbritannien (2014):

Zum hundertsten Jahrestag des Kriegsausbruchs wird diese Frage nach der Ursache der „Urkatastrophe des 20. Jahrhunderts" wieder verschärft gestellt. Historiker sprechen dabei heute nur noch selten von Kriegsschuld. Es wird auch kaum noch die Verantwortung einer einzigen Regierung hervorgehoben. Stattdessen wissen wir heute, dass in allen Hauptstädten der Großmächte wichtige und zum Teil verhängnisvolle Entscheidungen getroffen wurden. Wir wissen auch, dass vor allem den Militärs überall ein Krieg nicht ungelegen kam und es dem militärischen Denken der Zeit entsprach, einen solchen führen zu wollen. Dennoch muss der Hauptteil der Verantwortung für den Kriegsausbruch nach wie vor in den Entscheidungen Österreich-Ungarns und Deutschlands verortet werden. Die Dokumente, auf die wir uns stützen können, beweisen eindeutig, dass diese beiden Großmächte es auf einen Krieg abgesehen hatten, bevor die Regierungen der anderen Großmächte überhaupt wussten, dass ein europäischer Konflikt bevorstand. Während man in Petersburg und Paris durchaus bereit und vielleicht sogar erfreut war, die Gunst der Stunde zu nutzen, sollte sich der Konflikt zwischen Österreich-Ungarn und Serbien nicht ohne Krieg lösen lassen, zeigte man in Wien und Berlin an einer friedlichen Lösung von vornherein nicht das geringste Interesse, und als man Ende Juli doch noch Furcht vor der eigenen Courage [=Mut] bekam, war es zu spät, die Julikrise noch in andere Bahnen zu leiten.

[...]

Die Quellen zeigen auch, dass die Konsequenzen der in Wien und Berlin getroffenen Entscheidungen fatal waren, dass hier intrigiert und absichtlich getäuscht wurde und dass Entscheidungen getroffen wurden, die bewusst darauf abzielten, eine friedliche Lösung der Julikrise zu sabotieren. Natürlich ist es auch wichtig, den Grad der Verantwortung der Staatsmänner in Paris, Petersburg und London zu beleuchten; auch hier können wir uns auf ungewöhnlich reiche Quellenfunde berufen. Es gab in der Julikrise 1914 nicht nur eine „schuldige" Regierung unter den Großmächten; alle trugen durch ihre Entscheidungen absichtlich oder unabsichtlich zur Verschlechterung der Situation bei. Aber die Verantwortung einiger Regierungen war gravierender als die anderer, die Folgen der Entscheidungen verhängnisvoller, die Absicht, einen Krieg vom Zaun zu brechen, stärker und daher auch letztendlich ausschlaggebender. Wenn wir den Fokus neuerdings wieder auf die Handlungen aller Großmächte legen, heißt das nicht, wie es in der Zwischenkriegszeit von David Lloyd George beschwichtigend behauptet wurde, Europas Mächte seien hilflos in einen Krieg geschlittert, den niemand gewollt habe.

[...]

Der Krieg war kein „Unfall", er war nicht das Resultat von Fehlern oder Versäumnissen, und die Verantwortlichen von 1914 waren keine „Schlafwandler" (Christopher Clark), sondern sie wussten im Gegenteil ganz genau, was sie taten. Der Krieg brach aus, weil einflussreiche Kreise in Wien und Berlin ihn herbeiführen wollten und ihn absichtlich riskierten und weil man in Paris und Petersburg bereit war, diesen Krieg zu führen, wenn er denn käme. Gewiss, es gab auch in Paris und Petersburg und zu einem viel geringeren Teil sogar in London im Juli 1914 Befürworter des Krieges, vor allem unter den Militärs. Aber die Entscheidung, im Sommer 1914 einen Krieg zu führen, war in Wien und Berlin getroffen worden.

Annika Mombauer, Die Julikrise. Europas Weg in den Ersten Weltkrieg, München: C. H. Beck 2014, S. 117ff.

1. **a)** ●○○ Geben Sie Inhalt und Gedankengang der beiden Texte wieder.
b) ●●○ Erläutern Sie die zum Verständnis der beiden Texte notwendigen historischen Sachverhalte.
c) ●●● Vergleichen Sie die beiden Positionen in Bezug auf die Verantwortung für den Kriegsausbruch 1914.
→ M21 – M22, Text

Auswirkungen des Krieges – Beispiel „Heimatfront“

M23 Was hat sich für Frauen verändert?

Der Historiker Gerd Krumeich schreibt (2014):

Lange hat man angenommen, dass die Emanzipation der Frauen durch den Ersten Weltkrieg entscheidend vorangetrieben worden sei, denn durch den massiven Einsatz für die Kriegsindustrie und die vielfältigen Tätigkeiten an der „Heimatfront“ sei ihr Selbstbewusstsein auf Dauer erheblich gewachsen. Auch die Tatsache, dass sie wegen der Abwesenheit der Männer allein verantwortlich wurden für die Erziehung der Kinder, habe zu einem neuen Bild der Frau in der Gesellschaft geführt. Ergebnis dieses Prozesses sei dann schließlich das Wahlrecht für Frauen gewesen. Ganz so gradlinig ist die Entwicklung allerdings nicht verlaufen. Zunächst aus dem Grund, dass damals soziale Schichtung eine viel größere Bedeutung hatte als „gender“. Bürgerliche Frauen betrachteten den Krieg als patriotische Aufgabe und setzten sich individuell oder im Rahmen ihrer Vereine und Verbände für soziale Zwecke ein. Sie verstanden sich als „Mütter des Vaterlandes“. Dabei kamen ihnen ohne weiteres auch Kontroll- und Steuerungsfunktionen zu, etwa beim Einsammeln von „Liebesgaben“ für die Front, bei den Rohstoff-Sammelaktionen („Gold gab ich für Eisen“) oder aber beim Einsatz als Hilfslehrerinnen anstelle der eingezogenen Lehrer. Die „Vaterländischen Frauenvereine“ organisierten auch die sog. „Nagelungen“ und andere patriotische Aktivitäten. Sie fanden sich mit den konfessionellen Frauenverbänden im „Nationalen Frauendienst“ zusammen, der die Auszahlung der Familienunterstützung und andere Zuteilungen der Kriegsfürsorge für die Mehrheit der mit solchen bürokratischen Dingen meist überforderten Frauen koordinierte. Die Masse der Arbeiterfrauen war höchstens einmal Nutznießerin dieser Aktivitäten. Die Klassenschichtung war in Deutschland noch so ausgeprägt, dass es nicht einmal zu Versuchen kam, Arbeiterfrauen in den Wohlfahrts-Kriegspatriotismus einzubinden. Sie waren in der Kriegsgesellschaft eigentlich wenig mehr als billige Arbeitskräfte, die in dem Maße, wie ihre Männer zum Kriegsdienst eingezogen wurden, die leerstehenden Plätze in den Fabriken füllen mussten. Im Unterschied zu den qualifizierten Arbeitern, die im Krieg doch recht starke Lohnerhöhungen erkämpfen konnten, stellten die Arbeiterinnen eine industrielle Reservearmee mit immer mehr Pflichten und wenig Rechten dar. Ihre Löhne lagen weit unter denen der männlichen Beschäftigten. Mit dem schwer verdienten Geld konnte man ab 1916 auch nicht mehr für den Bedarf an Lebensmitteln aufkommen. Hauptaufgabe der meisten Frauen war es nunmehr, täglich stundenlang Schlange vor Geschäften zu stehen, in der vagen Hoffnung, noch etwas ergattern zu können. Ohnehin gab es für die Soldatenfrauen in Deutschland, bei denen der Arbeitslohn auf die Familienunterstützung angerechnet wurde, „nur eine geringe materielle Motivation, Lohnarbeit aufzunehmen“ (Ute Daniel). In dem Maße, wie nach dem Waffenstillstand die Arbeiter wieder in die Fabriken strömten, verloren die Frauen ihren Arbeitsplatz auch wieder – wobei die meisten anstelle der karg entlohnten Fabrikfronarbeit die Aufgaben der Hausfrau und Mutter gerne wieder aufnahmen. Einem Teil der Frauen gelang es, in die im Krieg neu entstandene Mittelschicht der Angestellten im öffentlichen und privaten Bereich aufzusteigen. Die bisher vor allem als Dienstboten fungierenden „Mädchen vom Lande“ wurden durch den Krieg sowohl in die Industrie als auch in traditionell männliche Verwaltungsberufe geschwemmt. Während beispielsweise vor 1914 Büroarbeit fast ausschließlich Männern vorbehalten war, wurden hierfür nun zunehmend Frauen eingestellt, und dies ist seither so geblieben.

Gerd Krumeich, Der Erste Weltkrieg. Die 101 wichtigsten Fragen, München: Beck 2014, S. 92 f.

1. a) ●●○ Erläutern Sie auf Grundlage des Textes (auf Seite 128) den Begriff „Heimatfront“.

b) ●●○ Charakterisieren Sie anhand der Darstellung M23 die Veränderung, die der Krieg für das Alltagsleben, insbesondere im Hinblick auf die gesellschaftliche Stellung der Frauen, verursacht hat.
→ M23, Text

Erinnerung an „The Great War“ in Großbritannien

M24 Mohnblumen auf Flanderns Feldern

In Großbritannien steht die Mohnblume für den Ersten Weltkrieg. Im November tragen viele Briten künstliche Mohnblumen an ihrer Kleidung. Seinen Ursprung hat dieses Ritual in dem Gedicht „In Flanders Fields“, dass der kanadische Offizier John McGrae (1872–1918) 1915 für einen gefallenen Kameraden bei Ypern (einer belgischen Stadt in Flandern) geschrieben hat. Es ist heute eines der bekanntesten englischsprachigen Gedichte:

M25 *Stilisierte Mohnblume aus Papier*
Foto, 2010

In Flanders Fields

In Flanders fields the poppies blow
Between the crosses, row on row,
That mark our place; and in the sky
The larks, still bravely singing, fly
Scarce heard amid the guns below.

We are the dead. Short days ago
We lived, felt dawn, saw sunset glow,
Loved, and were loved, and now we lie
In Flanders fields.

Take up our quarrel with the foe:
To you from failing hands we throw
The torch; be yours to hold it high.
If ye break faith with us who die
We shall not sleep, though poppies grow
In Flanders fields

Auf Flanderns Feldern

Auf Flanderns Feldern blüht der Mohn
Zwischen den Kreuzen, Reihe um Reihe,
Die unseren Platz markieren; und am Himmel
Fliegen die Lerchen noch immer tapfer singend
Unten zwischen den Kanonen kaum gehört.

Wir sind die Toten. Vor wenigen Tagen noch
Lebten wir, fühlten den Morgen und sahen den leuchtenden Sonnenuntergang,
Liebten und wurden geliebt, und nun liegen wir
Auf Flanderns Feldern.

Nehmt auf unseren Streit mit dem Feind:
Aus sinkender Hand werfen wir Euch
Die Fackel zu, die Eure sei, sie hoch zu halten.
Brecht Ihr den Bund mit uns, die wir sterben
So werden wir nicht schlafen, obgleich Mohn wächst
Auf Flanderns Feldern.

1. a) ●●○ Das Gedicht „In Flanders Fields“ (M24) entstand im Frühjahr 1915 an der Westfront. John McCrae sah Mohnblumen (M25) auf dem frischen Grab eines gefallenen Freundes wachsen. Erläutern Sie, wie die Beziehung zwischen den Toten und den Lebenden dargestellt und welche Perspektive in dem Gedicht eingenommen wird.
b) ●●○ Ordnen Sie das Gedicht in den historischen Zusammenhang des industrialisierten oder „modernen Krieges“ ein.
c) ●●● Erörtern Sie, warum sich das Gedicht und die Mohnblumenblüte als Symbole für eine Erinnerungskultur an den Ersten Weltkrieg anbieten. Berücksichtigen Sie dabei, dass die Toten in dem Gedicht als namenlose Gruppe dargestellt werden.
→ M24–M25, Text

2. a) ●●● Zum 100. Jahrestag 2014 gab es in London die künstlerische Installation (M12) „Blood swept Lands and Seas of Red“ (Blutgetränke Länder und rote Meere). 888 246 Mohnblumen aus Keramik sollten am Remembrance Day an die Gefallenen des Vereinigten Königreiches und des Commonwealth erinnern. Trotz öffentlicher Zustimmung gab es auch Kritik – die Aktion wurde in der britischen Presse u. a. als „falsch, banal und selbstbezogen“ bezeichnet. Nehmen Sie Stellung zu der Kritik an der Kunstaktion als Teil der britischen Erinnerungskultur und formulieren Sie Argumente für und gegen diese Form der Erinnerung an den Ersten Weltkrieg.
b) ●●● Beurteilen Sie, ob die nationalen Erinnerungskulturen an den Ersten Weltkrieg in einem vereinten Europa noch zeitgemäß sind.
c) ●●● Entwickeln Sie Ideen für eine europäische Erinnerung an den Ersten Weltkrieg.
→ M12, Text

Kriegerdenkmäler als historische Quellen

M26 ***Kriegerdenkmal in Berlin (Friedhof Columbiadamm)***
Denkmal für das „Königin Augusta Garde-Grenadier-Regiment Nr. 4" von Franz Dorrenbach aus dem Jahr 1925, Foto, 2020

M27 ***Kriegerdenkmal in Bad Pyrmont (Niedersachsen)***
Foto, 2009

1. a) ●●● Prüfen Sie, ob es in Ihrem Heimatort oder in Ihrer Heimatgemeinde ein Kriegerdenkmal gibt. Untersuchen Sie dieses Denkmal.
b) ●●● Führen Sie eine Befragung durch, ob das Denkmal weiter beibehalten, nach bestimmten Vorgaben verändert oder ganz beseitigt werden soll. Formulieren Sie Ihre eigene Position in Form eines Leserbriefs an die lokale Presse.
→ M26 – M27, Text

Kriegerdenkmäler als historische Quellen

Kriegerdenkmäler

Kriegerdenkmäler sind in fast jeder deutschen Stadt oder Gemeinde zu finden. Sie besitzen unterschiedliche Formen und stammen aus unterschiedlichen Zeiten. Meist erinnern sie an den Deutsch-Französischen Krieg von 1870/71, an den Ersten Weltkrieg 1914/18 oder den Zweiten Weltkrieg 1939/45.

Die meisten Kriegerdenkmäler in Deutschland entstanden im und nach dem Ersten Weltkrieg. Häufig wurden später Gedenktafeln für die Opfer anderer Kriege hinzugefügt. Eine Sonderform stellen Soldatenfriedhöfe dar.

Kriegerdenkmäler repräsentieren die Denkweise und Werte einer bestimmten Epoche und sind damit immer auch Ausdruck eines speziellen Geschichtsbewusstseins. Bis heute ist es so zum Beispiel möglich, an ihnen „abzulesen", wie die Gesellschaft im frühen 20. Jahrhundert den Ersten Weltkrieg interpretierte.

Arbeitsschritte zur Analyse von Kriegerdenkmälern

1. Das ausgewählte Denkmal dokumentieren:

- Wo genau befindet sich das Denkmal?
- Wie sieht das Denkmal aus?
- Welche Maße besitzt das Denkmal?
- Welche Materialien wurden verwendet?
- Welcher (religiösen oder nationalen) Symbole bedient sich das Denkmal?
- Gibt es Inschriften, sind Namen auf dem Denkmal verzeichnet?
- In welchem Zustand befindet sich das Kriegerdenkmal? Ist es gut erhalten, verunstaltet, beschädigt, verwittert?
- Lässt sich das Denkmal einem bestimmten Denkmalstyp zuordnen (Mahnmal, Siegesdenkmal, Erinnerungsdenkmal)?

Zur Dokumentation können Zeichnungen und/oder Fotos des Denkmals und seiner Einzelteile angefertigt werden.

2. Die Geschichte des Denkmals erkunden:

- Aus welcher Zeit stammt das Denkmal?
- Wann genau wurde es aus welchem Anlass errichtet?
- Von wem wurde es in Auftrag gegeben?
- Wer hat es angefertigt?
- In welcher Form wurde es eingeweiht?
- Wurde es zu einem späteren Zeitpunkt restauriert? Wann, von wem?

Diese und weitere Fragen können oft mithilfe von Stadt- oder Gemeindearchiven oder durch Zeitungsrecherchen geklärt werden.

3. Das Denkmal in der gegenwärtigen Geschichtskultur verorten:

- Findet das Kriegerdenkmal bei den Bewohnern der Stadt oder der Gemeinde irgendeine Beachtung?
- Kommt dem Kriegerdenkmal eine öffentliche Bedeutung zu, beispielsweise anlässlich des Volkstrauertages, in Form von Kranzniederlegungen, Gedenkfeiern, Ansprachen?

4. Sich mit dem Denkmal auseinandersetzen:

- Welche Wirkung war ursprünglich mit dem Denkmal beabsichtigt?
- Welche Wirkung übt es auf den heutigen Betrachter aus?
- Wie sind die künstlerischen Mittel oder die sprachliche Form zu beurteilen, mit denen die Themen Krieg, Gewalt und Tod aufgegriffen und vermittelt werden?

M1 Warschauer Getto-Aufstand, Mai 1943
Abtransport einer Gruppe von Jüdinnen und Juden aus Warschau zum KZ Bergen-Belsen

M2 Berliner Denkmal für die während der NS-Zeit ermordeten Juden Europas
Foto, 2010

Wahlmodul: Nationalsozialismus und deutsches Selbstverständnis

Wie keine andere Epoche der deutschen Geschichte haben die zwölf Jahre der nationalsozialistischen Herrschaft Auswirkungen auf das Selbstverständnis der Deutschen sowohl zwischen 1933 und 1945 als auch darüber hinaus gezeitigt. Die NS-Diktatur hat im damaligen Deutschen Reich, in Europa und in der Welt Konsequenzen mit sich gebracht, die bis heute nachwirken. Jede Generation nach 1945 hat sich auf ihre eigene Weise mit der NS-Geschichte auseinandergesetzt. Dabei wurden familiäre, soziale und politische Identitäten herausgefordert, umdefiniert und neu ausgebildet. Diese Vorgänge vollzogen sich immer unter dem Einfluss der jeweiligen Haltung Deutschlands gegenüber anderen Staaten als auch umgekehrt der Haltung anderer Staaten gegenüber Deutschland.

Kaum eine Epoche der deutschen Geschichte ist so präsent in unserer Erinnerungs-, Gedenk- und Geschichtskultur wie die Zeit des Nationalsozialismus. 2010 wurde im Deutschen Historischen Museum die Ausstellung „Hitler und die Deutschen – Volksgemeinschaft und Verbrechen" gezeigt. Die Ausstellung hatte im Laufe ihrer viereinhalbmonatigen Laufzeit über 265 000 Besucher aller Generationen, von Zeitzeugen bis hin zu Schulklassen, und sie erzielte nationale und internationale Aufmerksamkeit. Doch auch wenn das Interesse für „Hitler und die Deutschen" ungebrochen ist, stellen sich doch die Fragen nach dem „Wie" und dem „Warum" dieser Auseinandersetzung immer wieder aufs Neue – nicht zuletzt auch in Bezug auf den Schulunterricht.

Diktatur, Ideologie, Krieg, Verbrechen und Vernichtung sind die Angelpunkte, um die sich sowohl die Fragen der Historikerinnen und Historiker als auch die medialen Auseinandersetzungen drehen. Es stellt sich nach wie vor die Frage, wie es dazu kommen konnte, dass NS-Diktatur und NS-Ideologie, Krieg, Verbrechen und Vernichtung bis kurz vor Ende des Zweiten Weltkrieges von einem Großteil der deutschen Bevölkerung geduldet, unterstützt und getragen wurden: Wie konnte die oft beschworene „Volksgemeinschaft" entstehen und warum löste sie sich angesichts der Gräueltaten erst so spät auf? Sowohl die Identifikationsangebote, die den Deutschen im Laufe der Zeit gemacht worden sind, als auch der Grad der Anpassung und die Möglichkeiten des Widerstandes sind zu untersuchen. Es ist nach denen zu fragen, die aus der „Volksgemeinschaft" ausgeschlossen worden sind, nach der Bedeutung, die Hitler für die Deutschen hatte und nach den Folgen und Konsequenzen von Krieg, Terror, Verbrechen und Vernichtung.

Um zu verstehen, wie sich die Auseinandersetzung mit Krieg und Verbrechen nach 1945 gewandelt hat und wo wir heute stehen, gilt es, zunächst den Umgang der beiden deutschen Staaten mit der NS-Zeit zu erfassen, um anschließend die Frage nach dem eigenen Standort zu stellen und den Einfluss der jüngeren Vergangenheit auf die eigene und auf die kollektive gegenwärtige Identität zu analysieren.

Leitfragen

- **Wie ist die Unterstützung des nationalsozialistischen Regimes durch die „Volksgemeinschaft" zu erklären, welche Rolle spielten Ideologie, Integration, Ausgrenzung, „Führerprinzip", Krieg, Terror und Vernichtung in diesem Zusammenhang?**
- **Welche Formen von Widerstand gab es? Bot er alternative Identifikationsangebote?**
- **Wie ist der Umgang mit Schuld und Verantwortung in Justiz, Gesellschaft, Politik und Kultur nach 1945 zu bewerten?**
- **Welche Auswirkungen hat der Umgang mit der nationalsozialistischen Vergangenheit auf das Selbstverständnis der Deutschen in Gegenwart und Zukunft?**

M1 ***Nach dem Pogrom***
wird das Inventar der Synagoge von Mosbach verbrannt, Foto, November 1938

Nationalsozialismus und deutsches Selbstverständnis

Ideologie und Programm der NSDAP

Im Oktober 1941, auf dem Höhepunkt der deutschen Expansion in Osteuropa, rühmte sich Hitler im vertrauten Kreis, dass es ihm gelungen sei, „dem Rasse-Gedanken als der Grundlage des Lebens zum Sieg verholfen zu haben". Dies wäre sein vorrangiges „Lebenswerk". Ähnlich hatte Hitler schon 1925 in seinem Buch „Mein Kampf" argumentiert: Der völkische Staat hätte „die Rasse in den Mittelpunkt des allgemeinen Lebens zu setzen [...]. Ein Staat, der im Zeitalter der Rassenvergiftung sich der Pflege seiner besten rassischen Elemente widmet, muss eines Tages zum Herrn der Erde werden." Neben dem „Rasse-Gedanken" lassen sich auch Hitlers „Lebensraum"-Vorstellungen bereits sehr früh nachweisen, tendenziell im Programm der NSDAP von 1920, deutlicher dann in „Mein Kampf" von 1925/1926.

Am 24. Februar 1920 verkündete Hitler im Münchner Hofbräuhaus das Parteiprogramm der NSDAP. Die 25 Punkte dieses Programms vereinten völkisch-großdeutsche, nationalistische, antisemitische, antikapitalistische und antimarxistische Forderungen mit radikal-revisionistischen Wendungen gegen die Friedensverträge von Versailles und Saint-Germain. Grundgedanke war die Einigung aller Deutschen unter einem „nationalen Sozialismus" zu einer geschlossenen „Volksgemeinschaft" – unter Ausschluss der jüdischen Bevölkerung. Hitlers Rolle bei der Verkündung des Programms konzentrierte sich im Wesentlichen darauf, die teilweise verschwommenen und einander widersprechenden Zielsetzungen schlagwortartig zusammenzufassen, sodass sie leicht verstanden, aber je nach Bedarf verschieden ausgelegt werden konnten.

Eine wichtige Forderung war die Errichtung eines kolonialen Imperiums in Gebieten, die östlich des Deutschen Reiches lagen, denn dies wäre nach Hitler „zur Ernährung unseres Volkes und Ansiedlung unseres Bevölkerungsüberschusses" unabdingbar. Er propagierte einen „Kampf um Lebensraum“ für das deutsche Volk, der nur „im Osten“ zu finden wäre. Rassenantisemitismus und „Lebensraum“-Politik bildeten den Kern von Hitlers Weltanschauung. Wie sehr die kriegerische Lösung der angeblichen „Raumnot“ Hitlers außenpolitisches Programm bestimmte, zeigt seine vertrauliche Besprechung mit den Befehlshabern der Reichswehr wenige Tage nach der Machtübernahme. Am 3. Februar 1933 erklärte Hitler die Aufgabe der neu aufzubauenden Wehrmacht u.a. mit den Worten: „Eroberung neuen Lebensraumes im Osten und dessen rücksichtslose Germanisierung.“ Die Wiedereinführung der allgemeinen Wehrpflicht und die Aufrüstung wären wichtigste Voraussetzungen für die „Wiedererringung der politischen Macht“. Diese Absichtserklärung, verbunden mit Zusagen über die Monopolstellung der Reichswehr, entsprach den Wünschen der militärischen Befehlshaber. Hitler konnte sich im Gegenzug darauf verlassen, dass seine innenpolitischen Vorhaben, insbesondere die Ausschaltung der Kommunisten, Sozialisten und Pazifisten, die Zustimmung der Reichswehrführung fanden – ein Arrangement in beiderseitigem Interesse.

„Führerprinzip“ und „Volksgemeinschaft“

Neben dem radikalen Antisemitismus und einer imperialistischen „Lebensraum“-Politik gehörten das „Führerprinzip“ mitsamt Führerkult sowie die „Volksgemeinschaft“ als zentrale Elemente zur nationalsozialistischen Ideologie.

Hitler wurde als „Erlöser“ präsentiert, der von der „Vorsehung“ mit quasi religiösem Auftrag dazu berufen wäre, das deutsche Volk zu einigen, es von den „Fesseln“ des Versailler „Schandvertrages“ zu befreien und zur Weltherrschaft zu führen. Die Praxis des „Führerprinzips“ verlangte bedingungslosen Gehorsam, den man nur dem „Führer“, nicht aber dem eigenen Gewissen schuldete. Die frag- und kritiklose Unterordnung des Individuums unter die behauptete Unfehlbarkeit des „Führers“ sollte das deutsche Volk in allen gesellschaftlichen Bereichen und auf allen politischen Ebenen bestimmen.

Seit der Machtübernahme 1933 propagierte das NS-Regime die „Volksgemeinschaft“ als Vereinigung aller „Volksgenossen“, durch die und in der

M2 *Adolf Hitler auf dem Reichsparteitag 1938*
Propagandafoto

alle Standesunterschiede und Klassengegensätze überwunden wären. Ausgeschlossen waren die sogenannten Gemeinschaftsfremden, d.h. vor allem Juden, politische Gegner, Sinti und Roma sowie Behinderte und Homosexuelle. Ausgeschlossen wurden zudem auch jene, die sich gegen die Diskriminierung bestimmter Bevölkerungsgruppen wandten. Das Leitbild der „Volksgemeinschaft“ begleitete die „Volksgenossen“ bei Ferienreisen der NS-Organisation „Kraft durch Freude“, bei den jährlichen „Reichsparteitagen“, beim öffentlichen Eintopfessen der „Führer“ mit ihrer „Gefolgschaft“ sowie bei Sammlungen des „Winterhilfswerkes“. Der trauliche Schein der „Volksgemeinschaft“ konnte indes die menschenverachtende Politik der NS-Machthaber nicht verschleiern, die ihre Gegner willkürlich verhaften ließen und auch vor Misshandlung und Mord nicht zurückschreckten.

Der Aufbau der NS-Diktatur

Nach der Ernennung Hitlers zum Reichskanzler strebten die Nationalsozialisten umgehend die Sicherung ihrer Macht und die Ausschaltung ihrer politischen Gegner an. Wichtige Grundlagen zur Etablierung des Regimes waren die sogenannte „Reichstagsbrandverordnung“ („Verordnung des Reichspräsidenten zum Schutz von Volk und Staat“) vom 28. Februar 1933, die

M3

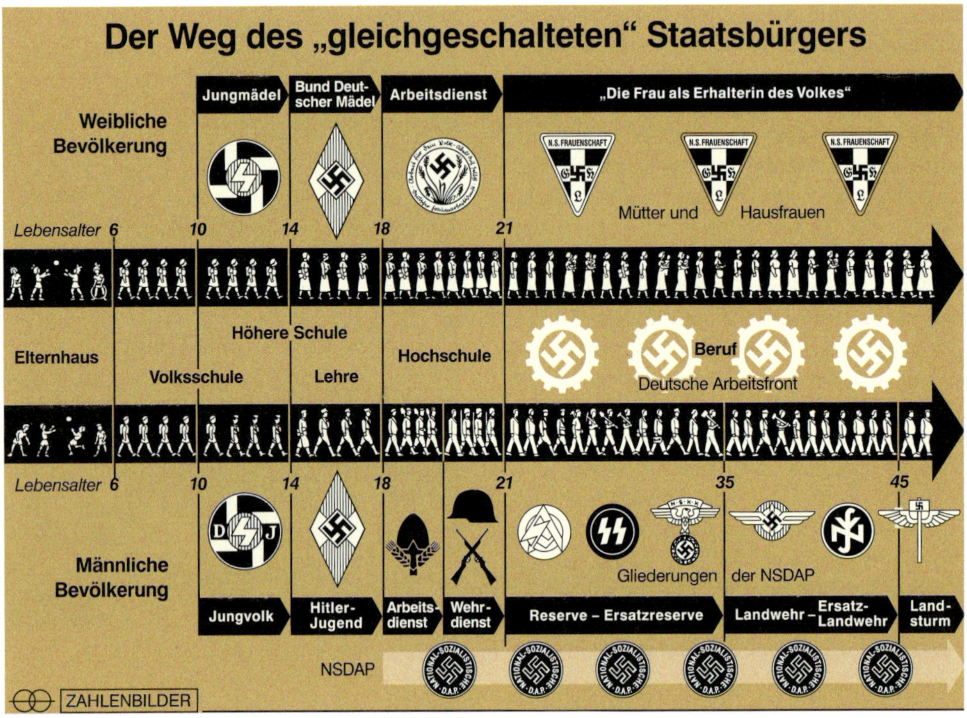

die demokratischen Grund- und Freiheitsrechte suspendierte, und das sogenannte „Ermächtigungsgesetz" vom 24. März 1933, das die legislative Gewalt, also die Rechte des Reichstags, auf die Regierung übertrug. Das „Ermächtigungsgesetz" war auf vier Jahre angelegt, es wurde jedoch immer wieder verlängert und blieb, ebenso wie die „Reichstagsbrandverordnung", bis 1945 in Kraft. Beide Gesetze schufen eine scheinlegale Basis für die Willkürherrschaft der Nationalsozialisten; der Ausnahmezustand wurde so zum „Grundgesetz" des „Dritten Reiches".

Eine Reihe von Maßnahmen führte dazu, dass die Nationalsozialisten ihre Macht rasch festigen konnten. So wurden die Gewerkschaften entmachtet und durch die „Deutsche Arbeitsfront" ersetzt. Die politischen Parteien außerhalb der NSDAP lösten sich unter Druck selbst auf oder sie wurden verboten. Die Länder verloren ihre Selbstständigkeit und wurden „gleichgeschaltet". Nach Hindenburgs Tod (1934) eignete sich Hitler schließlich auch die Befugnisse des Reichspräsidenten an und ließ die Reichswehr, deren Eidesformel zuvor der Weimarer Verfassung galt, auf seine Person vereidigen. Begünstigt wurde dieser verfassungswidrige Akt durch die opportunistische Zustimmung einiger Generäle, die Hitler noch fester an die Reichswehr binden wollten. Wenige Jahre später sollten die zur Loyalität erzogenen Offiziere „durch diesen Eid in schwere Gewissenskonflikte gestürzt werden, die ihnen den Weg zu Verweigerung und Widerstand erschwerten" (Hans-Ulrich Thamer).

Außenpolitik zwischen Verschleierung und Expansion

Bei Hitlers Machtübernahme war das Deutsche Reich außenpolitisch isoliert und infolge des Versailler Vertrages militärisch geschwächt. Da Deutschland 1933 noch keine Bündnispartner hatte, wären Expansionspläne zu diesem Zeitpunkt auch auf den aktiven Widerstand der übrigen Großmächte gestoßen. Um seine langfristigen Zielsetzungen zu verschleiern, verfolgte Hitler daher eine Doppelstrategie: In öffentlichen Erklärungen vor dem Reichstag und im Rundfunk warb er zwischen 1933 und 1938 für eine „Friedenspolitik" und für die militärische Gleichberechtigung Deutschlands mit den europäischen Mächten. Insgeheim aber traf er Maßnahmen zur Aufrüstung und Kriegsbereit-

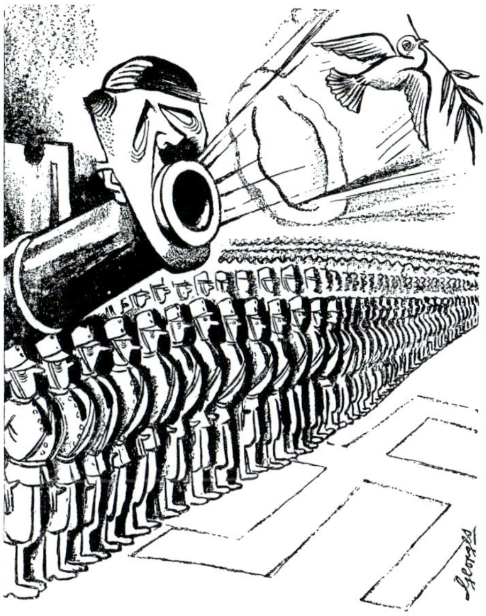

M4 ***US-amerikanische Karikatur zu Hitlers Außenpolitik***
„The Nation", Frühjahr 1933

schaft. Im August 1936 verlangte Hitler in einer geheimen Denkschrift, dass innerhalb von vier Jahren die deutsche Armee einsatzbereit und die Wirtschaft kriegsfähig sein sollte. Zur gleichen Zeit pries Propagandaminister Goebbels die Olympischen Spiele in Berlin 1936 als „Fest des Friedens": Es „möge einmal von ihnen gesagt werden, dass sie mitgeholfen haben, eine neue Epoche des wirklichen Friedens auf allen Gebieten einzuleiten".

Ausgrenzung und Entrechtung der jüdischen Bevölkerung

Der rassenbiologisch motivierte Antisemitismus wurde ein zentraler Bestandteil der Politik. Dabei gab es willkürliche Aktionen der antisemitischen Parteibasis ebenso wie administrative Maßnahmen der Behörden. Am 1. April 1933 organisierte die NSDAP einen „Judenboykott", der sich vor allem gegen jüdische Waren- und Kaufhäuser sowie gegen Ärzte und Rechtsanwälte richtete. Begründet wurde der Boykott mit der Behauptung, dass es im Ausland eine „jüdische Hetze" gegen das „neue Deutschland" gäbe. Der Boykott verlief weder friedlich noch diszipliniert, wie die nationalsozialistische Propaganda behauptete, vielmehr waren Nötigung, Körperverletzung, Diebstahl und Freiheitsberaubung an der Tagesordnung. Die Polizei blieb zumeist untätig; Jüdinnen und Juden besaßen keinen Rechtsschutz mehr.

Mit dem „Gesetz zur Wiederherstellung des Berufsbeamtentums" vom 7. April 1933 schufen sich die neuen Machthaber eine Handhabe, neben politischen Gegnern auch jüdische Richter, Beamte und Angestellte aus allen Bereichen des öffentlichen Dienstes zu entfernen. Weitere Bestimmungen schränkten die Tätigkeit jüdischer Ärzte und Rechtsanwälte sukzessive ein.

Die „Nürnberger Gesetze" von 1935 schieden die Bevölkerung in „Reichsbürger deutschen oder artverwandten Blutes", die „alleinige Träger der vollen politischen Rechte" wurden, und übrige „Staatsangehörige". Damit wurden Jüdinnen und Juden zu Bürgerinnen und Bürgern minderen Rechts deklassiert. Das „Gesetz zum Schutze des deutschen Blutes und der deutschen Ehre" verbot Eheschließungen und außerehelichen „Verkehr" zwischen Juden und Nichtjuden. Die rechtliche Diskriminierung zog die gesellschaftliche Isolierung der Jüdinnen und Juden nach sich.

M5 ***„Ich bin am Ort das größte Schwein und lass mich nur mit Juden ein!"***
Foto, Cuxhaven, 1935

Nachdem sich das NS-Regime während der Olympischen Spiele von Berlin (1936) in seiner Politik gegenüber der jüdischen Bevölkerung zurückgehalten hatte, kam es ab 1937 zu einer Radikalisierung. Es folgten Berufsverbote für jüdische Ärzte und Anwälte, Verbote des Betriebes von Einzelhandels- und Versandgeschäften sowie die Erfassung jüdischer Vermögenswerte. Ziel war die Vertreibung auch derjenigen Jüdinnen und Juden aus Deutschland, die allen Demütigungen zum Trotz noch immer hofften, in ihrem Vaterland überleben zu können.

Die Novemberpogrome 1938

1938 benutzten die Nationalsozialisten ein Attentat als Vorwand für reichsweite Pogrome gegen die jüdische Bevölkerung. Ein junger polnischer Jude, dessen Familie Opfer der deutschen Vertreibungen geworden war, hatte in Paris einen deutschen Diplomaten erschossen. Das die Pogrome verharmlosende Schlagwort „Reichskristallnacht" entstand nach dem 10. November 1938 im Berliner Volksmund, da viele Straßen im Berliner Westen mit Kristallglas und Schaufensterscheiben aus demolierten Wohnungen und Geschäften jüdischer Eigentümer überhäuft waren. Der Begriff bagatellisiert jedoch die Gewalttaten der Nationalsozialisten, da nicht nur Sachwerte zerstört und zahlreiche Synagogen niedergebrannt, sondern auch Menschen verletzt und getötet wurden. Etwa 30000 Juden – überwiegend Personen, an deren Eigentum man interessiert war – wurden ohne Rechtsgrundlage in „Schutzhaft" genommen bzw. in Konzentrationslager gesperrt, um sie so zur Auswanderung zu zwingen. Ihre Freilassung wurde von der Bereitschaft zur „Arisierung" ihrer Betriebe und Vermögenswerte abhängig gemacht.

Nach Absprache mit Hitler erließ Hermann Göring in seiner Eigenschaft als „Beauftragter für den Vierjahresplan" am 12. November 1938 drei Verordnungen: Durch eine Verordnung über eine „Sühneleistung" für das Attentat auf den Diplomaten Ernst vom Rath wurde der deutschen jüdischen Bevölkerung die Zahlung von einer Milliarde Reichsmark abverlangt. Die „Verordnung zur Ausschaltung der Juden aus dem deutschen Wirtschaftsleben" untersagte Juden betriebliche Unternehmungen in Handel, Handwerk und Gewerbe. Schließlich mussten die Jüdinnen und Juden auch noch für die Beseitigung aller Schäden aufkommen, die während der Pogrome am 9. und 10. November 1938 entstanden waren.

Zwischen Anpassung und Widerstand

Widerstand gegen die nationalsozialistische Herrschaft gab es vom Beginn des Unrechtsstaates 1933 an bis zu seinem Untergang 1945. Was aber bedeutet Widerstand? Die meisten Historikerinnen und Historiker unterscheiden heute verschiedene Formen: den bewusst geführten politischen Kampf gegen das NS-Regime, die alltägliche Verweigerung gegenüber den Erwartungen der Nationalsozialisten, religiös motivierte Kritik an der nationalsozialistischen Ideologie, Protest gegen Maßnahmen der Machthaber und schließlich Attentate auf führende Repräsentanten des NS-Regimes.

Erschwert wurde der Widerstand im totalitären System vor allem dadurch, dass das Regime von Anfang an rigoros mit Zwang und Terror durch Polizei und Justiz gegen seine Gegner vorging. Zudem ließ sich die Mehrheit der Deutschen durch die außenpolitischen und militärischen Erfolge bis in die ersten Kriegsjahre hinein beeindrucken. Angesichts der Popularität Hitlers nach den „Blitzkriegen" gegen Polen 1939 und Frankreich 1940 fanden widerständige Aktionen kaum Zustimmung im deutschen Volk.

Auf der anderen Seite ist festzuhalten, dass Einzelne (z. B. der Handwerker Georg Elser) und auch Gruppen (z. B. die „Weiße Rose") bereit waren, einen höchst couragierten und risikoreichen Beitrag zum Sturz des nationalsozialistischen Regimes und zur Beendigung des Krieges zu leisten.

Für die traditionellen Eliten lassen sich Positionen zwischen Anpassung und Widerstand besonders gut am Beispiel des Militärs nachweisen. Das Verhältnis der Armeeführung zu Hitler und zur NSDAP hatte zahlreiche Aspekte und durchlief mehrere Stadien. Das Versagen des Militärs gipfelte während des Krieges in der willfährigen Haltung der militärischen Oberbefehlshaber, die Hitler frei gewähren ließen. Demgegenüber versuchten militärische Kreise um Graf Stauffenberg am 20. Juli 1944, Hitler zu töten und die Macht im Staat zu übernehmen.

Info: Widerstand im Überblick

1933, Mai	Beginn des Kirchenkampfes in der evangelischen Kirche
1933–1936	politisch motivierter Widerstand, insbesondere der KPD, SPD und SAP
1938, Herbst	Putschpläne einer Offiziersgruppe um General Beck während der Sudetenkrise
1939, November	Attentat Georg Elsers auf Hitler in München
1941	Predigten des Bischofs von Galen in Münster gegen Euthanasie (Ermordung der Behinderten)
1942, Mai	Attentat auf SS-Obergruppenführer Heydrich in Prag
1942/43	Flugblatt-Aktionen der „Weißen Rose" (Geschwister Scholl), Zerschlagung der kommunistischen Widerstands- und Spionageorganisation „Rote Kapelle"
1943, Juli	Gründung des „Nationalkomitees Freies Deutschland" in Moskau
1944, 20. Juli	Attentat auf Hitler im Führerhauptquartier

Die Vernichtung der Jüdinnen und Juden in Europa

Eine wie auch immer geartete „Lösung der Judenfrage", wie sich die Nationalsozialisten verschleiernd ausdrückten, war von Anfang an beabsichtigt, aber erst die überraschend schnellen militärischen Erfolge in Polen und in der UdSSR sowie die abgeschirmte Machtentfaltung der Wehrmacht im Osten schufen sukzessive die Voraussetzungen und die Realisierungsmöglichkeiten für die von der NS-Führung gewollte „Gesamtlösung der europäischen Judenfrage", das heißt für den systematischen Massenmord an den Juden in Europa.

Zu ersten Massentötungen kam es schon bei der Besetzung Polens 1939 und der UdSSR 1941: Den militärischen Verbänden folgten sogenannte „Einsatzgruppen" der Sicherheitspolizei. Dabei handelte es sich um mobile Tötungseinheiten der SS, die weit über eine Million Jüdinnen und Juden und Kommunisten durch Exekutionen und mithilfe mobiler Gaswagen ermordeten, darunter auch Kinder. Einige Befehlshaber dieser Einsatzgruppen waren Akademiker, insbesondere Juristen, die nach 1933 in der SS und in der Polizei Karrieren gemacht hatten. Militärische Traditionen, antisemitische Einstellungen und ein rascher beruflicher Aufstieg förderten die Bereitschaft zum Einsatz bei den Mordkommandos in den besetzten Ostgebieten.

Im Spätsommer 1941, auf dem Höhepunkt der Siegeseuphorie im Vernichtungsfeldzug gegen die Sowjetunion, schienen „Lebensraum" und „Endlösung", Hitlers langfristige Zielsetzungen, in greifbare Nähe zu rücken. Auch wenn kein schriftlicher Befehl Hitlers überliefert ist, zeigen die vorliegenden Quellen doch, dass der Entscheidungsprozess zum Völkermord an der jüdischen Bevölkerung im Herbst 1941 abgeschlossen war. Am 8. Januar 1942 lud Reinhard Heydrich, der Chef der Sicherheitspolizei und des SD, Spitzenvertreter der Reichsministerien, der NSDAP und der SS zu einer Konferenz in das Gästehaus der SS am Großen Wannsee in Berlin ein. Zweck der sogenannten Wannsee-Konferenz am 20. Januar war die Koordinierung aller Maßnahmen zur Vernichtung der europäischen Juden unter Federführung der SS. Ein in den Akten des Auswärtigen Amtes überliefertes Protokoll belegt, dass die grundsätzliche Entscheidung zur planmäßigen Vernichtung der

M6 ***Jüdische Frauen und Kinder vor ihrer Ermordung in Auschwitz***
Foto, 1944

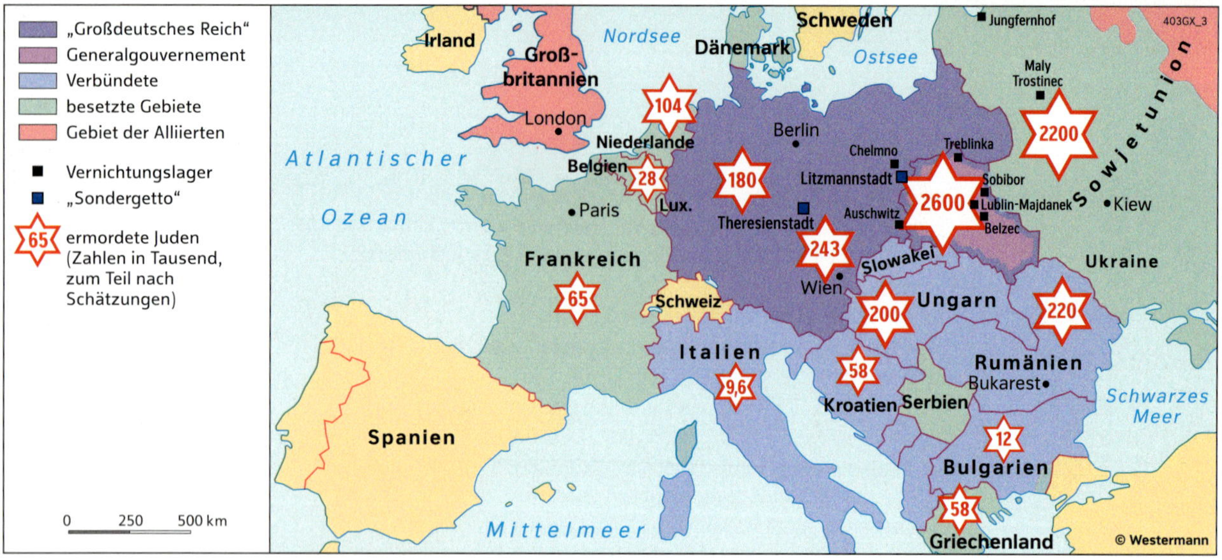

M7 *Ermordung der jüdischen Bevölkerung in Europa*

europäischen Juden bereits gefallen war. Aus Gründen der Geheimhaltung enthält das Dokument noch keinen Hinweis auf die Tötung durch Gas, es zeigt aber unmissverständlich, dass die beschlossenen Maßnahmen einen millionenfachen Tod herbeiführen sollten. Kein Vertreter der beteiligten Zentralinstanzen erhob Einspruch gegen diese Mordpläne.

Zwischen Frühjahr 1942 und Herbst 1944 wurden Jüdinnen und Juden aus ganz Europa in Vernichtungslager wie Auschwitz, Belzec, Chelmno, Maidanek, Sobibor oder Treblinka deportiert. Man hatte diese Lager in den besetzten und abgeschiedenen Ostgebieten errichtet, um die menschenverachtenden Verbrechen geheim zu halten. Auschwitz war Arbeits- und Vernichtungslager zugleich. Nach ihrer Ankunft in Auschwitz wurden die Menschen „selektiert“. Wer nicht arbeitsfähig schien, kam sofort in die Gaskammern, die man als Duschräume getarnt hatte. Nachdem die Menschen ihren persönlichen Besitz abgegeben hatten, wurden sie mit Giftgas getötet. Ihren Leichen wurde das Zahngold herausgebrochen, das die SS bei der Reichsbank einschmelzen ließ, dann wurden die Opfer in Krematorien verbrannt. Die noch arbeitsfähigen Häftlinge mussten unter unmenschlichen Bedingungen Zwangsarbeit verrichten. Viele starben an Unterernährung, Erschöpfung, Krankheiten oder Seuchen, nicht wenige an sadistischer Quälerei oder medizinischen Experimenten. Zuverlässige Schätzungen gehen davon aus, dass bis zum Kriegsende 1945 insgesamt etwa sechs Millionen Jüdinnen und Juden umgekommen sind.

Das Ende des „Dritten Reiches“

Hitler beging am 30. April 1945 im Bunker der Reichskanzlei in Berlin Selbstmord. Zuvor, am 29. April, hatte er in seinem politischen Testament erneut das „internationale Judentum“ für den Zweiten Weltkrieg verantwortlich gemacht.

Das Kriegsende beschreibt der Historiker Hans Mommsen so: „Am 8. Mai 1945 brach das nationalsozialistische Herrschaftssystem sang- und klanglos zusammen. Es überlebte Hitlers Selbstmord um weniger als acht Tage in Gestalt des von Großadmiral Dönitz gebildeten Nachfolgekabinetts, das die Abwicklung der militärischen Niederlage besorgte. Die Vorgänge der letzten Wochen verdeckten, dass das ‚Dritte Reich‘ seit Jahren in innerer Auflösung begriffen war. Der Absturz von 1945 beendete eine einzigartige Hybris der Macht, und er trug nicht, wie die nationalsozialistische Durchhaltepropaganda suggerierte, Züge des Heroismus und der Götterdämmerung. Die propagandistische Fassade des Regimes zerfiel zu Staub, und dahinter öffnete sich eine Welt ungehemmter Korruption und persönlichen Versagens.“ (Der 8. Mai 1945: Endpunkt einer Hybris, in: Das Parlament Nr. 18/19, 5. Mai 1995).

M8 **„Rad der Geschichte“**
Zeichnung von Hans-Georg Rauch, 1985

Schuld und Verantwortung nach 1945 – Die „Zweite Geschichte“

Neben der Vorgeschichte des „Dritten Reiches“ gibt es auch eine Nachgeschichte, die inzwischen um ein Vielfaches länger ist als jene zwölf Jahre der NS-Herrschaft von 1933 bis 1945. Schon bei der Gründung der beiden deutschen Staaten 1949 zeigte sich, wie stark die Auseinandersetzung mit der nationalsozialistischen Vergangenheit das Selbstverständnis der Deutschen bestimmt. Diese „Zweite Geschichte“ hat das Nachkriegsdeutschland wie kein anderes Thema herausgefordert. Dabei spielten verschiedene Aspekte eine Rolle, z. B.

die juristische Ahndung der NS-Verbrechen,
die politische Auseinandersetzung mit der nationalsozialistischen Diktatur,
das Gedenken an die Opfer und
die Verarbeitung der nationalsozialistischen Gewaltherrschaft in Wissenschaft und Kultur.

„Deutsches Selbstverständnis“?

Doch was bedeutet „deutsches Selbstverständnis“? Ein einheitliches, einvernehmliches und zeitlos gültiges Selbstverständnis kann es aus verschiedenen Gründen nicht geben. Wer das nationalsozialistische Regime im Gefängnis, in einem Konzentrationslager oder auf der Flucht in die Emigration erlebt hat, erinnert sich an diese Zeit anders als jene, die im „Dritten Reich“ Karriere machten oder sich durch Hitlers Dotationen korrumpieren ließen. Die Erinnerungen und Geschichtsbilder der Zeitzeugen variierten zum Kriegsende 1945 zwischen Befreiung und Untergang, zwischen Erlösung und Internierung. Auch für Historikerinnen und Historiker sind Analyse und Deutung der Zeitgeschichte einem Wandel unterworfen. So führen neue Quellenfunde, z. B. nach der Öffnung von Archiven, häufig zu neuen Fragestellungen und Befunden, bisweilen auch zu Kontroversen.

Bundesrepublik Deutschland und DDR

Auf verfassungsrechtlicher Ebene fällt es dagegen leichter, das Selbstverständnis der deutschen Teilstaaten seit 1949 zu definieren. Die Bundesrepublik Deutschland legitimierte sich aus der Negation und Überwindung des nationalsozialistischen Regimes. Das Grundgesetz bildete – vornehmlich durch die Artikel 1 bis 21 (u. a. Meinungs- und Pressefreiheit, Gewaltenteilung, Volkssouveränität, demokratische Rechtsstaatlichkeit, Parteienpluralismus, Widerstandsrecht) – ein deutliches Gegenmodell zum nationalsozialistischen Unrechtsregime. Dennoch verstand sich die Bundesrepublik als Rechtsnachfolgerin des Deutschen Reiches, das die Alliierten 1945 aufgelöst hatten. Infolgedessen sah sich die Bundesrepublik von Anfang an mit der Erblast der nationalsozialistischen Diktatur konfrontiert. Zu nennen sind dabei vor allem die Rentenzahlungen und Entschädigungen sowie die Leistungen zur Wiedergutmachung für Opfer des Zweiten Weltkrieges und des Völkermordes an den europäischen Juden.

Die DDR verstand sich hingegen als antifaschistische Neugründung und lehnte eine unmittelbare Verantwortung für die Folgen der Hitler-Diktatur ab. Die Verfassung von 1968 verwies darauf, „auf ihrem Gebiet den deutschen Militarismus und Nazismus ausgerottet“ zu haben

M 9 ***Berliner Denkmal für die während der NS-Zeit ermordeten Juden Europas***
Foto, 2010

M 10 ***Einweihung des Denkmals für die im Nationalsozialismus ermordeten Sinti und Roma in Berlin***
Foto, 24. Oktober 2012

(Art. 6). Die offizielle Lehre, dass der Faschismus eine extreme Form des Kapitalismus sei, ließ der Geschichtsschreibung in der DDR keinen Raum für die zentrale Rolle des Antisemitismus in der nationalsozialistischen Politik. Erst 1990 hat die frei gewählte, also demokratisch legitimierte Volkskammer der DDR diese ideologische Blockade aufgehoben und mit einer sehr bemerkenswerten Erklärung korrigiert, die in der deutschen Nachkriegsgeschichte ihresgleichen sucht: „Durch Deutsche ist während der Zeit des Nationalsozialismus den Völkern der Welt unermessliches Leid zugefügt worden. Nationalismus und Rassenwahn führten zum Völkermord, insbesondere an den Juden aus allen europäischen Ländern, an den Völkern der Sowjetunion, am polnischen Volk und am Volk der Sinti und Roma." Zugleich bekannte sich die Erklärung „im Namen der Bürgerinnen und Bürger dieses Landes zur Mitverantwortung für die Demütigung, Vertreibung und Ermordung jüdischer Frauen, Männer und Kinder. [...] Wir bitten die Juden in aller Welt um Verzeihung. Wir bitten das Volk in Israel um Verzeihung für Heuchelei und Feindseligkeit der DDR-Politik gegenüber dem Staat Israel und für die Verfolgung und Entwürdigung jüdischer Mitbürger auch nach 1945 in unserem Lande."

Deutschland nach 1990

Inzwischen ist in dem wieder vereinten Deutschland nach 1990 der Umgang mit dem Nationalsozialismus nach wie vor in vielfältiger, doch veränderter Hinsicht Bestandteil der Geschichts- und Erinnerungskultur. Die Erinnerung an die Opfer des Nationalsozialismus ist in Teilen institutionalisiert worden. So findet am 27. Januar der Holocaust-Gedenktag statt (seit 1996), die Hauptstadt Berlin weist u. a. mit dem „Denkmal für die ermordeten Juden Europas" (2005) und dem Denkmal für die ermordeten Sinti und Roma (2012) eine Topografie der Erinnerung auf. Mit dem Ableben vieler Zeitzeugen steht die Erinnerung auf der Schwelle vom kommunikativen zum kulturellen Gedächtnis – das direkte Gespräch mit Zeitzeugen ist bald nicht mehr möglich, eine neue Generation geht mit den zwölf Jahren von Diktatur, Terror und Vernichtung nunmehr auf andere Weise um, stellt neue Fragen.

Die Aufarbeitung von Schuld und Verantwortung war und ist eine große Herausforderung für die deutsche Bevölkerung. Sie geht weit über die juristische Ahndung der Verbrechen hinaus und berührt psychologische, philosophische und theologische Aspekte.

Nach dem Ende des „Dritten Reiches" stellten sich auch beide Kirchen die Frage der Mitschuld. In einem Hirtenbrief der katholischen Bischöfe vom 23. August 1945 ist zu lesen: „Viele Deutsche auch aus unseren Reihen haben sich von den falschen Lehren des Nationalsozialismus betören lassen, sind bei den Verbrechen gegen menschliche Freiheit und Würde gleichgültig geblieben; viele leisteten durch ihre Haltung den Verbrechen Vorschub, viele sind selber Verbrecher geworden." Der Rat der evangelischen Kirchen in Deutschland erklärte am 19. Oktober 1945: „Mit großem Schmerz sagen wir: durch uns ist unendliches Leid über viele Völker und Länder gebracht worden. [...] Wir klagen uns an, dass wir nicht mutiger bekannt, nicht treuer gebetet, nicht fröhlicher geglaubt und nicht brennender geliebt haben."

Beide kirchlichen Erklärungen brachten die Mitschuld nur in allgemeinen Worten zum Ausdruck; die Leiden der Jüdinnen und Juden, der sowjetischen Kriegsgefangenen, der politisch Verfolgten sowie der Sinti und Roma wurden nicht einmal erwähnt.

Pastor Martin Niemöller, der selbst KZ-Häftling gewesen war und der die Erklärung der evangelischen Kirchen angeregt hatte, benannte hingegen die konkrete Schuld gerade auch der Christen: „Erst brannten die Synagogen, Wohnhäuser und Geschäftshäuser wurden geplündert, und die Konzentrationslager konnten die Fülle der Neuzugänge nicht mehr fassen. Was ist daraus geworden? Fünf bis sechs Millionen Juden wurden ausgerottet und alles, was vom jüdischen Volk in Mitteleuropa übrig blieb, sind Millionen kleiner Tonkrüge mit einer Handvoll Asche darin: Und der Berg der Schuld wuchs in den Himmel. [...] Es gab 1933 und in den darauf folgenden Jahren 14000 evangelische Pfarrer und annähernd ebenso viele Gemeinden. [...] Wenn wir gesehen hätten, dass beim Beginn der Judenverfolgung der Herr Christus es war, der in den Geringsten unserer menschlichen Brüder verfolgt, geschlagen und umgebracht wurde, wenn wir da zu ihm gestanden und uns zu ihm bekannt hätten, ich weiß nicht, ob dann nicht das ganze Geschehen einen anderen Lauf hätte nehmen müssen."

Inhalte der NS-Ideologie

M 11 Hitlers Antisemitismus

Im Auftrag des Reichswehrgruppenkommandos 4 in München, für das er als Vertrauensmann und Redner arbeitete, nahm Hitler am 16. September 1919 erstmals in einem Brief zum „Judenproblem" Stellung. Dieses Schreiben ist das älteste Zeugnis, in dem sich Hitler nachweislich zum Antisemitismus äußerte:

Wenn die Gefahr [,] die das Judentum für unser Volk heute bildet [,] seinen [ihren] Ausdruck findet in einer nicht wegzuleugnenden Abneigung großer Teile unseres Volkes, so ist die Ursache dieser Abneigung meist nicht zu suchen in der klaren Erkenntnis des bewusst oder unbewusst planmäßig verderblichen Wirkens der Juden als Gesamtheit auf unsere Nation, sondern sie entsteht meist durch den persönlichen Verkehr, unter dem Eindruck, den der Jude als Einzelner zurücklässt und der fast stets ein ungünstiger ist. Dadurch erhält der Antisemitismus nur zu leicht den Charakter einer bloßen Gefühlserscheinung. Und doch ist dies unrichtig. Der Antisemitismus als politische Bewegung darf nicht und kann nicht bestimmt werden durch Momente des Gefühls, sondern durch die Erkenntnis von Tatsachen. Tatsachen aber sind: Zunächst ist das Judentum unbedingt Rasse und nicht Religionsgenossenschaft. Und der Jude selbst bezeichnet sich nie als jüdischen Deutschen, jüdischen Polen oder etwa jüdischen Amerikaner, sondern stets als deutschen, polnischen oder amerikanischen Juden. Noch nie hat der Jude von fremden Völkern [,] in deren Mitte er lebt [,] viel mehr angenommen als die Sprache. Und so wenig ein Deutscher [,] der in Frankreich gezwungen ist [,] sich der franz. Sprache zu bedienen, in Italien der italienischen und in China der chinesischen, dadurch zum Franzosen, Italiener oder gar Chinesen wird, so wenig kann man einen Juden, der nunmal unter uns lebt und, dadurch gezwungen, sich der deutschen Sprache bedient, deshalb einen Deutschen nennen. Und selbst der mosaische Glaube kann, so groß auch seine Bedeutung für die Erhaltung dieser Rasse sein mag, nicht als ausschließlich bestimmend für die Frage, ob Jude oder Nichtjude [,] gelten. Es gibt kaum eine Rasse, deren Mitglieder ausnahmslos einer einzigen bestimmten Religion angehören.

Durch tausendjährige Innzucht [sic], häufig vorgenommen in engstem Kreise, hat der Jude im Allgemeinen seine Rasse und ihre Eigenarten schärfer bewahrt als zahlreiche der Völker, unter denen er lebt. Und damit ergibt sich die Tatsache, dass zwischen uns eine nichtdeutsche fremde Rasse lebt, nicht gewillt und auch nicht imstande, ihre Rasseneigenarten zu opfern, ihr eigenes Fühlen, Denken und Streben zu verleugnen, und die dennoch politisch alle Rechte besitzt wie wir selber. Bewegt sich schon das Gefühl des Juden im rein Materiellen, so noch mehr sein Denken und Streben. Der Tanz ums goldene Kalb wird zum erbarmungslosen Kampf um alle jene Güter, die nach unserm inneren Gefühl nicht die höchsten und einzig erstrebenswerten auf dieser Erde sein sollen.

Der Wert des Einzelnen wird nicht mehr bestimmt durch seinen Charakter, der [die] Bedeutung seiner Leistungen für die Gesamtheit, sondern ausschließlich durch die Größe seines Vermögens, durch sein Geld.

Die Höhe der Nation soll nicht mehr gemessen werden nach der Summe ihrer sittlichen und geistigen Kräfte, sondern nur mehr nach dem Reichtum ihrer materiellen Güter.

Aus diesem Fühlen ergibt sich jenes Denken und Streben nach Geld, und Macht, die dieses schützt, das den Juden skrupellos werden lässt in der Wahl der Mittel, erbarmungslos in ihrer Verwendung zu diesem Zweck. Er winselt im autokratisch regierten Staat um die Gunst der „Majestät" des Fürsten, und missbraucht sie als Blutegel an seinen Völkern. Er buhlt in der Demokratie um die Gunst der Masse, kriecht vor der „Majestät des Volkes" und kennt doch nur die Majestät des Geldes. [...]

Alles [,] was Menschen zu Höherem streben lässt, sei es Religion, Sozialismus, Demokratie, es ist ihm alles nur Mittel zum Zweck, Geld und Herrschgier zu befriedigen. Sein Wirken wird in seinen Folgen zur Rassentuberkulose der Völker. Und daraus ergibt sich Folgendes: Der Antisemitismus aus rein gefühlsmäßigen Gründen wird seinen letzten Ausdruck finden in der Form von Pogromen. Der Antisemitismus der Vernunft jedoch muss führen zur planmäßigen gesetzlichen Bekämpfung und Beseitigung der Vorrechte des Juden [,] die er zum Unterschied der anderen zwischen uns lebenden Fremden besitzt (Fremdengesetzgebung).

Sein letztes Ziel aber muss unverrückbar die Entfernung der Juden überhaupt sein. Zu beidem ist nur fähig eine Regierung nationaler Kraft und niemals eine Regierung nationaler Ohnmacht.

Zit. nach: Ernst Deuerlein (Hg.), Der Aufstieg der NSDAP in Augenzeugenberichten, 2. Aufl., München 1976, S. 91–94.

Aussagen in „Mein Kampf" analysieren

M 12 „Lebensraum"

a) Hitlers Bekenntnisschrift „Mein Kampf" erschien in zwei Bänden 1925 und 1926. Im ersten Band schreibt er über seine Vorstellungen zum „Lebensraum":

Wollte man in Europa Grund und Boden, dann konnte dies im Großen und Ganzen nur auf Kosten Russlands geschehen, dann musste sich das neue Reich auf der Straße der einstigen Ordensritter in Marsch setzen, um mit dem deutschen Schwert dem deutschen Pflug die Scholle, der Nation aber das tägliche Brot zu geben. [...]
Wir Nationalsozialisten haben jedoch noch weiter zu gehen. Das Recht auf Grund und Boden kann zur Pflicht werden, wenn ohne Bodenerweiterung ein großes Volk dem Untergang geweiht erscheint. Noch ganz besonders dann, wenn es sich dabei nicht um ein x-beliebiges Negervölkchen handelt, sondern um die germanische Mutter all des Lebens, das der heutigen Welt ihr kulturelles Bild gegeben hat. Deutschland wird entweder Weltmacht oder überhaupt nicht sein. Zur Weltmacht aber braucht es jene Größe, die ihm in der heutigen Zeit die notwendige Bedeutung und seinen Bürgern das Leben gibt.
Damit ziehen wir Nationalsozialisten einen Strich unter die außenpolitische Richtung unserer Vorkriegszeit. Wir setzen dort an, wo man vor sechs Jahrhunderten endete. Wir stoppen den ewigen Germanenzug nach dem Süden und Westen Europas und weisen den Blick nach dem Land im Osten. Wir schließen endlich ab die Kolonial- und Handelspolitik der Vorkriegszeit und gehen über zur Bodenpolitik der Zukunft.

Adolf Hitler, Mein Kampf, München: Eher 1940, S. 154 u. 741 f.

b) Auszug aus Hitlers „Zweitem Buch" von 1928:

Deutschland entschließt sich [sein Zukunftsziel], zu einer klaren weitschauenden Raumpolitik überzugehen. Es wendet sich damit von allen weltindustriellen und welthandelspolitischen Versuchen ab und konzentriert stattdessen alle seine Kräfte, um unserem Volk durch die Zuweisung eines genügenden Lebensraumes für die nächsten 100 Jahre auch einen Lebensweg vorzuzeichnen. Da dieser Raum nur im Osten liegen kann, tritt auch die Verpflichtung zu einer Seemacht in den Hintergrund. Deutschland versucht erneut, auf dem Wege der Bildung einer ausschlaggebenden Macht zu Lande seine Interessen zu verfechten.

Adolf Hitler, Hitlers zweites Buch. Ein Dokument aus dem Jahr 1928, eingel. u. komment. v. Gerhard L. Weinberg, Stuttgart: DVA 1961, S. 163.

M 13 „Rassenlehre"

Auszug aus „Mein Kampf":

Die Sünde wider Blut und Rasse ist die Erbsünde dieser Welt und das Ende einer sich ihr ergebenden Menschheit. [...]
Demgegenüber erkennt die völkische Weltanschauung die Bedeutung der Menschheit in deren rassischen Urelementen. Sie sieht im Staat prinzipiell nur ein Mittel zum Zweck und fasst als seinen Zweck die Erhaltung des rassischen Daseins der Menschen auf. Sie glaubt somit keineswegs an eine Gleichheit der Rassen, sondern erkennt mit ihrer Verschiedenheit auch ihren höheren oder minderen Wert und fühlt sich durch diese Erkenntnis verpflichtet, gemäß dem ewigen Wollen, das dieses Universum beherrscht, den Sieg des Besseren, Stärkeren zu fördern, die Unterordnung des Schlechteren und Schwächeren zu verlangen. Sie huldigt damit prinzipiell dem aristokratischen Grundgedanken der Natur und glaubt an die Geltung dieses Gesetzes bis herab zum letzten Einzelwesen. Sie sieht nicht nur den verschiedenen Wert der Rassen, sondern auch den verschiedenen Wert der Einzelmenschen. Aus der Masse schält sich für sie die Bedeutung der Person heraus, dadurch aber wirkt sie gegenüber dem desorganisierenden Marxismus organisatorisch. Sie glaubt an die Notwendigkeit einer Idealisierung des Menschentums, da sie wiederum nur in dieser die Voraussetzung für das Dasein der Menschheit erblickt. Allein sie kann auch einer ethischen Idee das Existenzrecht nicht zubilligen, sofern diese Idee eine Gefahr für das rassische Leben der Träger einer höheren Ethik darstellt; denn in einer verbastardierten und vernegerten Welt wären auch alle Begriffe des menschlich Schönen und Erhabenen sowie alle Vorstellungen einer idealisierten Zukunft unseres Menschentums für immer verloren. Menschliche Kultur und Zivilisation sind auf diesem Erdteil unzertrennlich gebunden an das Vorhandensein des Ariers.

Adolf Hitler, Mein Kampf, München: Eher 1936, S. 272 und S. 420 f.

Führermythos und „Führerprinzip“

M 14 „Führerprinzip“

Aus einer am 21. Februar 1934 gehaltenen Rede von Werner Willikens (1893 bis 1961), NS-Agrarfunktionär und SS-Gruppenführer:

Jeder, der Gelegenheit hat, das zu beobachten, weiß, dass der Führer sehr schwer von oben her alles das befehlen kann, was er für bald oder für später zu verwirklichen beabsichtigt. Im Gegenteil, bis jetzt hat jeder an seinem Platz im neuen Deutschland dann am besten gearbeitet, wenn er sozusagen dem Führer entgegen arbeitet.
Sehr oft und an vielen Stellen ist es so gewesen, dass schon in den vergangenen Jahren Einzelne immer nur auf Befehle und Anordnungen gewartet haben. Leider wird das in Zukunft wohl auch so sein; demgegenüber ist es die Pflicht eines jeden, zu versuchen, im Sinne des Führers ihm entgegen zu arbeiten. Wer dabei Fehler macht, wird es schon früh genug zu spüren bekommen. Wer aber dem Führer in seiner Linie und zu seinem Ziel richtig entgegen arbeitet, der wird bestimmt wie bisher so auch in Zukunft den schönsten Lohn darin haben, dass er eines Tages plötzlich die legale Bestätigung seiner Arbeit bekommt.

Zit. nach: Ian Kershaw, Hitler 1889–1936 (übers. v. Jürgen Peter Krause u. Jörg W. Rademacher), Stuttgart: DVA 1998 (2. Aufl.), S. 665.

M 15 *„Ja! Führer wir folgen Dir!“*

Eine Volksabstimmung sollte Hitler am 19. August 1934 die Vereinigung der Ämter von Reichspräsident und Reichskanzler in seiner Person zusätzlich durch Volkswillen „bestätigen“, Propagandaplakat, 1934.

1. a) ●●○ Erläutern Sie die wesentlichen Elemente der NS-Ideologie.
b) ●●○ „Wir wollen den Zünder ausbauen, wie bei einer alten Granate“, so der Historiker Christian Hartmann (2014) zur 2016 veröffentlichten Ausgabe von „Mein Kampf“, die mit einem wissenschaftlich-kritischen Kommentar versehen wurde. Nehmen Sie Stellung zu der Frage, ob es sich bei einer wissenschaftlich-kritischen Ausgabe von „Mein Kampf“ um literarischen „Zündstoff“ handelt.
→ Text, M11–M13

2. a) ●●○ Analysieren Sie die visuelle Propagandadarstellung Adolf Hitlers (M15).
b) ●●● Interpretieren Sie das von Werner Willikens (M14) aufgestellte Gebot „dem Führer entgegen arbeiten“. Entwickeln Sie Hypothesen, wie Zeitgenossen diese Aufforderung verstanden haben könnten.
c) ●●● Beurteilen Sie die Bedeutung Adolf Hitlers für die Herrschaftsstruktur des NS-Staates.
→ Text, M14, M15

„Volksgemeinschaft" – einen Begriff definieren

M 16 ***„Ich bin aus der Volksgemeinschaft ausgestoßen"***
Auf dem Marktplatz von Schmölln (Thüringen) werden Frauen kahl geschoren. Die drei deutschen Frauen hatten mit polnischen Zwangsarbeitern Freundschaften begonnen. Die Polen wurden getötet, Foto, November 1940.

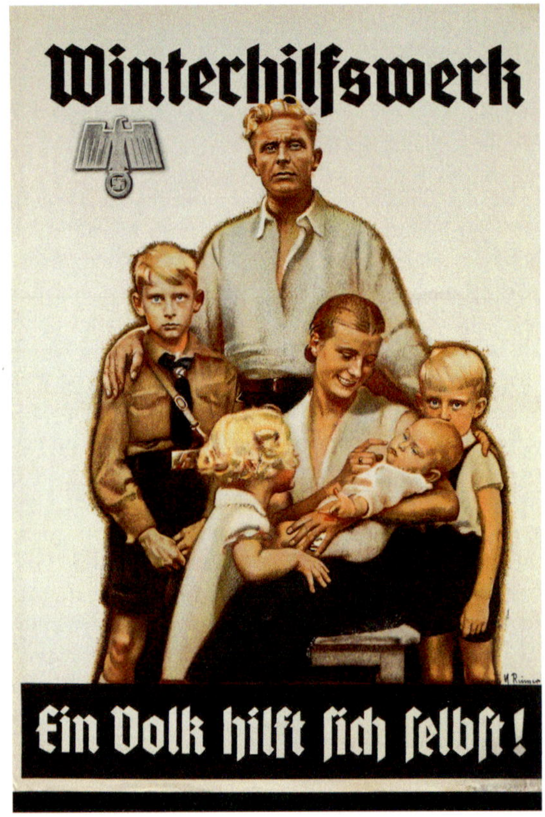

M 17 ***„Winterhilfswerk – Ein Volk hilft sich selbst!"***
Plakat des im September 1933 gegründeten „Winterhilfswerks", das dem Reichspropagandaminister Joseph Goebbels unterstand, nach 1933

M 18 Inklusion und Exklusion

Der Hamburger Historiker Frank Bajohr schreibt (2009):

In Deutschland jedoch konnte sich mit dem politischen Sieg der Nationalsozialisten deren auf Rassereinheit basierende Vorstellung von „Volksgemeinschaft" durchsetzen. Ohne Zweifel war das Versprechen der Inklusion aller „Volksgenossen", das die Nationalsozialisten wie die meisten übrigen Parteien der Weimarer Republik herausstrichen, das entscheidende Moment vieler Millionen Deutscher, NSDAP zu wählen. Hitler versprach „Arbeit und Brot", und im Unterschied zu den anderen Parteien, die jeweils spezifischen „sozialmoralischen Milieus" (M. Rainer Lepsius) zugeordnet wurden, konnte sich die junge NSDAP erfolgreich als klassenübergreifende Volkspartei präsentieren, die glaubwürdig die Schaffung einer „Volksgemeinschaft" zu versprechen imstande war. [...]

Neben der Inklusionsverheißung führte die nationalsozialistische „Volksgemeinschaft" stets die rassistische und antisemitische Exklusion mit sich. Nicht so sehr, wer zur Volksgemeinschaft zugehören sollte, stand im Zentrum nationalsozialistischer Politik als vielmehr die Frage, wer auf jeden Fall aus ihr ausgeschlossen werden müsse. „Staatsbürger kann nur sein, wer Volksgenosse ist. Volksgenosse kann nur sein, wer deutschen Blutes ist, ohne Rücksichtnahme auf Konfession. Kein Jude kann daher Volksgenosse sein." – so hieß es klar und deutlich im Parteiprogramm der NSDAP aus dem Jahre 1920. Bei aller Gleichheitsrhetorik bestand der Kern nationalsozialistischer Volksgemeinschaftspolitik in der Herstellung von rassistischer Ungleichheit.

Frank Bajohr und Michael Wildt (Hg.), Volksgemeinschaft. Neue Forschungen zur Gesellschaft des Nationalsozialismus, Frankfurt a. M.: Fischer Taschenbuch Verlag 2009, S. 16 f.

Gewalt und Terror – ein Beispiel aus Köln

Hauptamt Sicherheitspolizei

Reichsführer-SS Chef der Sipo und des SD						
Ämter						
Verw. Recht	Polit. Polizei (Geheimes Staatspolizeiamt)					Kriminal-polizei
Abteilungen						
	I: Organisation, Personal, Etat, Verw. Recht	II: Innerpolit. Angelegen-heiten	III: Abwehr			
Unterabteilungen Abt. II						
Kommu-nismus	Konfes-sionen, Juden[1]	Reaktion, Opposition	Schutz-haft	Wirt-schaft	Kartei	Presse
Überwachung, Attentate	Partei-angelegen-heiten	Verkehr mit ausländ. Politikern	Homosexuelle, Abtreibung			

[1] Das Referat Judentum im Gestapo-Amt in Berlin arbeitete zunächst parallel zum Judenreferat des SD, bis im Sept. 1939 beide Stellen im neu gegründeten RSHA zusammengefasst wurden.

2297G

M 19 ***Schaubild Sipo/Gestapo (1939):***
Die Polizei ist das wichtigste innenpolitische Machtinstrument moderner Staaten. Ihre Hauptaufgabe besteht darin, die öffentliche Sicherheit und Ordnung als Voraussetzung für ein geregeltes Staatsleben aufrechtzuerhalten. Die nationalsozialistischen Machthaber bedienten sich zielbewusst der Polizei zur Ausweitung ihres Terrorsystems. Mit der Ernennung des Reichsführer-SS Himmler zum „Chef der Deutschen Polizei" setzte eine organisatorische Straffung und Verstärkung der Politischen Polizei ein. Nach der Verschmelzung mit der SS wurde der Polizeiapparat die eigentliche Zentrale der nationalsozialistischen Vernichtungspolitik.

M 20 Bericht über ein Gefängnis in Köln

Der ehemalige Zentrums-Politiker Leo Schwering (1883–1971) wurde im August 1944 von der Gestapo in Köln verhaftet und im Kölner Hausgefängnis, im sogenannten „EL-DE-Haus", verhört. Er berichtet darüber in seinen Erinnerungen:

Die Mitgefangenen behaupteten, und dies ist mir auch von anderer Seite bestätigt worden, es habe im Keller einen separaten Raum für „schwere" Fälle gegeben. Ich lasse dies dahingestellt, obwohl ich damals schon davon überzeugt war. Denn warum ging der Mann fort? Heute weiß ich, dass es tatsächlich eine reguläre Folterkammer gab. [...] Nach einiger Zeit tauchte der Kerl wieder auf, nahm seinen Platz ein, und das Verhör ging weiter. Dasselbe Spiel, dieselbe Art, dieselben Methoden. Aber das Opfer war schon weicher geworden, müder klang die Stimme, selbst dies Jammern, das immer noch ertönte. Dieses Flehen! Es zerriss mir das Herz. Nur ein bis zum Äußersten gebrachtes Opfer kann so flehen, so fassungslos betteln. [...] Welche Verbrechen! Noch zwei Mal wurde das Verhör in die „Chambre séparée" verlegt, dann – war das Werk vollendet. Dieses Scheusal konnte zufrieden sein. Sein Opfer war gefügig, vermutlich gab es alles zu, was der Schurke wollte. Er konnte das Protokoll aufnehmen, das ihm seine ausgezeichnete Eignung für solche Fälle erneut bezeugte! Der Ärmste war zerbrochen. Ich hatte alle Stufen der geistigen Zermürbung eines Menschen miterlebt.

Zit. nach: NS-Dokumentationszentrum der Stadt Köln (Hg.), Köln im Nationalsozialismus. Ein Kurzführer durch das EL-DE-Haus, Köln: Emons 2011, S. 50f.

1. **a)** ●●○ Informieren Sie sich über die NS-Organisation „Winterhilfswerk".
b) ●●○ Analysieren Sie die Fotografie M16 und das Propagandaplakat M17 und arbeiten Sie in einem zweiten Schritt heraus, auf welche Weise hier für die zeitgenössischen Betrachterinnen und Betrachter Inklusion in die und Exklusion aus der „Volksgemeinschaft" veranschaulicht wurde.
→ Text, Internet, M16–M18

2. **a)** ●●○ Erklären Sie die Struktur und den Aufbau des nationalsozialistischen Polizeiapparats (M19) vor dem Hintergrund Ihrer Kenntnisse der NS-Ideologie.
b) ●●○ Informieren Sie sich, wie die Aufgabe der Polizei im gegenwärtigen Landesgesetz von Niedersachsen beschrieben wird, und erläutern Sie Rechte, die festgehaltene Personen haben.
c) ●●● Das Hausgefängnis der Kölner Gestapo im sogenannten EL-DE-Haus lag in zentraler Stadtlage und war nicht abgeschottet vor Passanten. Schildern Sie die Behandlung von Gefangenen in Gestapo-Haft und diskutieren Sie die Außenwirkung einer derart präsenten Institution.
→ Text, M19–M20

„Hitlers Volksstaat"? – eine Kontroverse

M 21 ***„Mit ‚Kraft durch Freude' nach Italien"***
Propagandaplakat, 1938

M 22 „Hitlers Volksstaat"

Der Historiker Götz Aly schreibt in seinem Buch „Hitlers Volksstaat" (2006):

Wie konnte ein im Nachhinein so offenkundig betrügerisches, größenwahnsinniges und verbrecherisches Unternehmen wie der Nationalsozialismus ein derart hohes, den Heutigen kaum erklärbares Maß an innenpolitischer Integration erreichen? Um zu einer überzeugenden Antwort beizutragen, betrachte ich die NS-Herrschaft aus einem Blickwinkel, der sie als Gefälligkeitsdiktatur zeigt. Die insoweit wichtigen Fragen lassen sich am besten für die Zeit des Krieges beantworten, in der auch die anderen Charakteristika des Nationalsozialismus besonders deutlich hervortreten. Hitler, die Gauleiter der NSDAP, ein Gutteil der Minister, Staatssekretäre und Berater agierten als klassische Stimmungspolitiker. Sie fragten sich fast stündlich, wie sie die allgemeine Zufriedenheit sicherstellen und verbessern könnten. Sie erkauften sich den öffentlichen Zuspruch oder wenigstens die Gleichgültigkeit jeden Tag neu. Auf der Basis von Geben und Nehmen errichteten sie eine jederzeit mehrheitsfähige Zustimmungsdiktatur. Die kritischen Punkte, an denen sich ihre Politik der volksnahen Wohltaten zu bewähren hatte, ergaben sich aus der Analyse des inneren Zusammenbruchs am Ende des Ersten Weltkriegs.

Folglich versuchte die NS-Führung im Zweiten Weltkrieg, erstens die Lebensmittel möglichst so zu verteilen, dass die Vergabe namentlich von den einfachen Leuten als gerecht empfunden wurde. Zweitens tat sie alles, um die Reichsmark wenigstens äußerlich stabil zu halten. So sollte skeptischen Hinweisen auf die Kriegsinflation von 1914 bis 1918 wie auf den Zusammenbruch der deutschen Währung im Jahr 1923 der Boden entzogen werden. Drittens ging es darum, die Familien der Soldaten – im klaren Gegensatz zum Ersten Weltkrieg – mit genug Geld zu versorgen. Sie erhielten an die 85 Prozent dessen, was der eingezogene Soldat zuletzt netto verdient hatte. Die entsprechenden britischen und amerikanischen Familien bekamen im Vergleich weniger als die Hälfte.

[...]

Wie aber wurde der kostspieligste Krieg der Weltgeschichte bezahlt, wenn die Mehrheit davon so wenig wie nur möglich spüren sollte? Die Antwort liegt auf der Hand: Hitler schonte den Durchschnittsarier auf Kosten der Lebensgrundlagen anderer. Um das eigene Volk bei Laune zu halten, ruinierte die Reichsregierung die Währungen Europas, indem sie ständig höhere Kontributionen erzwang. [...] In die deutsche Kriegskasse flossen auch die Milliardenbeträge, die aus der Enteignung der Juden Europas gewonnen wurden.

Götz Aly, Hitlers Volksstaat. Raub, Rassenkrieg und nationaler Sozialismus, Frankfurt a. M.: Fischer Taschenbuch-Verlag 2006, S. 36 ff.

M 23 „Engstirniger Materialismus“

Der Bielefelder Historiker Hans-Ulrich Wehler schreibt im „Spiegel“ über das Buch von Götz Aly (2005):

Aly hält es, völlig zu Recht, für irreführend, die „Volksgemeinschaft“ als NS-Propagandaformel abzutun. Vielmehr will er erkunden, wie und warum sich die Regierung Hitler derart schnell in eine „mehrheitsfähige Zustimmungsdiktatur“ verwandeln konnte, wodurch die „Volksgemeinschaft“ für Millionen zu dem die Klassenschranken glaubwürdig überwindenden politischen Verband der „Volksgenossen“ aufstieg, der auch im Krieg so lange zusammenhielt. Wichtige Aspekte dieser Frage haben nicht gerade wenige Historiker diskutiert. Aly, der ein pointiertes Urteil liebt, hat eine dezidiert andere Meinung zu den Vorbedingungen des NS-Regimes. Ein Beispiel: „Die Deutschen waren in den Jahrzehnten“ vor 1933, glaubt er, „nicht ressentimentbeladener als die übrigen Europäer, ihr Nationalismus war nicht rassistischer als der anderer Nationen. Es gab keinen deutschen Sonderweg, der sich in eine plausible Beziehung zu Auschwitz setzen ließe“.

Das klingt markant und selbstbewusst, ist aber durchweg falsch. Mit der Ausnahme Österreichs hat kein europäisches Volk derart massiv wie das deutsche nach 1918 unter dem Trauma der Niederlage, dem Versailler Frieden, der „Reparationsknechtschaft“, der Hyperinflation und der großen Weltwirtschaftskrise seit 1929 gelitten. Der rassistische Antisemitismus hatte seit dem Ersten Weltkrieg weithin an Boden gewonnen, und immer wieder entlud er sich in militanter Aggressivität.

Vor allem aber: Deutschland ist das einzige westliche Industrie- und Kulturland gewesen, das einen Radikalfaschismus in Gestalt des Nationalsozialismus hervorgebracht und den Holocaust ausgeführt hat. Diese Entwicklung muss, eine simple theoretische oder methodische Notwendigkeit, primär aus deutschen Sonderbedingungen erklärt werden. Zu diesen gehört die Bereitschaft, die charismatische Herrschaft des „Führers“ erst über seine radikalnationalistische Massenbewegung, dann über den Staat zu fordern und zu unterstützen, damit aber auch den gesamten Staatsapparat in den Dienst seiner mörderischen Ideologie zu stellen. Wenn das kein fataler Sonderweg ist!

Aly setzt nach diesem Fehlstart mit der Machtübertragung auf Hitler ein und fragt, wie das Regime so verblüffend schnell die Loyalität der Mehrheit gewinnen konnte. Diesen Effekt haben viele Historiker aus den spektakulären Erfolgen Hitlers abgeleitet, die seine charismatische Sonderstellung zu bestätigen schienen.

Da waren die in ihrer Wirkung kaum zu überschätzende Vollbeschäftigung seit 1935/36, die Befriedigung des tief gekränkten Nationalismus durch die Aufrüstung, die Rheinlandbesetzung, der Austritt aus dem Völkerbund, aber auch das Spektakel der glanzvollen Olympischen Spiele. Und da waren zum anderen der Friedfertigkeit demonstrierende Ausgleich mit Polen, den kein Weimarer Politiker hätte riskieren können, die unbehinderte Militarisierung, der „Anschluss“ Österreichs und die Realisierung des Traums vom „Großdeutschen Reich“, die Annexion des Sudetengebiets und die Zerschlagung der „Resttschechei“. Diese Erfolgsserie wirkte berauschend, wie das Hitlers bombastisch gefeierter 50. Geburtstag am 20. April 1939 demonstrierte.

Hans-Ulrich Wehler: „Engstirniger Materialismus. Der Historiker Hans-Ulrich Wehler kritisiert Götz Alys Darstellung von ‚Hitlers Volksstaat‘“; in: Der Spiegel 14/2005 (03.04.2005), S. 50–54; https://www.spiegel.de/politik/engstirniger-materialismus-a-b6b2bc96-0002-0001-0000-000039916224 [letzter Zugriff: 02.03.2022].

1. a) ●●● Informieren Sie sich über die NS-Organisation „Kraft durch Freude“. Interpretieren Sie das Propagandaplakat M21 unter der Fragestellung, worin die Anziehungskraft solcher Angebote bestand.
b) ●○○ Fassen Sie die Texte von Götz Aly (M22) und Hans-Ulrich Wehler (M23) zusammen.
c) ●●○ Vergleichen Sie die Darstellung von Götz Aly mit der Kritik von Hans-Ulrich Wehler. Arbeiten Sie heraus, welche Aspekte die Historiker jeweils hervorheben, und stellen Sie die Schlussfolgerungen einander gegenüber.
d) ●●○ Erläutern Sie die unterschiedlichen Deutungen, zu denen Götz Aly und Hans-Ulrich Wehler hinsichtlich der NS-Herrschaft als „mehrheitsfähiger Zustimmungsdiktatur“ gelangen.
e) ●●● Beurteilen Sie, welche Rolle der nationalsozialistische Ultranationalismus für die Zustimmung unterschiedlicher Bevölkerungsgruppen gespielt hat.

→ Text, M21–M23

Charismatische Herrschaft oder Überwachungsdiktatur? – eine Kontroverse

M 24 Eine Kontroverse

In jüngerer Zeit hat sich um die Frage, ob die tatsächliche oder propagierte Ausstrahlung Hitlers, sein Charisma, oder Terror die nationalsozialistische Herrschaft stabilisierte, eine Kontroverse entzündet. Inwiefern die nationalsozialistische Herrschaft mit Hitler als Person und seiner Ausstrahlung verknüpft ist, ist umstritten. Die Historiker Hans-Ulrich Wehler und Ludolf Herbst nehmen Stellung:

a) Der Historiker Hans-Ulrich Wehler schreibt (2011):

Zuletzt hat Ian Kershaw in seiner zweibändigen Hitler-Biographie den Weberschen Idealtypus der charismatischen Herrschaft effektiv genutzt, um mit einer schlüssigen Interpretation Hitlers Sonderstellung in einer rational kontrollierbaren Form zu erfassen. [...] Webers Idealtypus der charismatischen Herrschaft besitzt wie eine Ellipse zwei Brennpunkte. Im ersten Zentrum steht das kriegerische, rhetorische, religiöse, politische Sondertalent des Charismaträgers, der dank einer existentiellen Krise aufsteigt und sich dann als Retter in der Not bewähren muss. Sein Personalcharisma prägt die durch eine „Gesinnungsrevolution", die Metanoia [griechisch: Sinnesänderung], zusammengeführte, auf persönlicher Loyalität beruhende charismatische Gemeinschaft seiner gläubigen Anhänger. Die Verwaltungsstäbe werden nicht auf der Grundlage sachlicher Qualifikation, sondern durch das persönliche Vertrauen des Charismatikers gebildet. Der Konkurrenzkampf rivalisierender Machtzentren erzeugt ein polykratisches System, in dem er die letztinstanzliche Entscheidungskompetenz gewinnt oder doch die Schiedsrichterrolle besetzt. Das zweite Zentrum besteht aus der Zuschreibung charismatischer Fähigkeiten durch die Gesellschaft (jedenfalls wachsender Segmente von ihr), die dank der politischen Kultur des Landes die Neigung gespeichert hat, großen Persönlichkeiten ihr politisches Geschick namentlich in Krisensituationen anzuvertrauen. Diese Zuschreibungsbereitschaft ist mindestens ebenso wirksam wie die Aura des charismatischen Sondertalents. Insofern kommt es bei der Interpretation charismatischer Herrschaft stets darauf an, die erwartungsvolle, durch einen Vertrauensvorschuss gestützte Zuschreibung hoch zu gewichten. Darauf zielt auch Kershaws Schlüsselzitat ab, dem „Führer entgegenzuarbeiten". [...]

Tatsächlich konnte [...] nur die charismatische Herrschaft Hitlers die Destruktivkräfte der Epoche auf so fatale Weise bündeln – fast bis zum Ende von der Zustimmung einer Mehrheit in der deutschen Gesellschaft getragen. Die These von der Messias-Erfindung durch einige strategisch platzierte Helfershelfer, damit auch von der erfolgreichen manipulatorischen Propaganda verfehlt das Phänomen Hitler und den Nationalsozialismus ganz und gar. Sie lenkt nicht nur von einer begriffsscharfen Analyse der Führerdiktatur ab, sondern auch von der unverändert irritierenden Zustimmungsbereitschaft all jener, die das Charisma beharrlich, ja fanatisch zuzuschreiben bereit waren. Dass so viele Deutsche in erster Linie von einer geschickten Propaganda für den Messias verführt worden seien, läuft daher letztlich auf eine verblüffende Verharmlosung der politischen Antriebskräfte der deutschen Gesellschaft in den fatalen Jahren zwischen 1920 und 1945 hinaus.

Hans-Ulrich Wehler, „Kräfte einer trübseligen Figur. Die Diktatur fand reale Zustimmung", in: Frankfurter Allgemeine Zeitung vom 20. Juli 2011.

b) Ludolf Herbst lehrte bis 2009 Neuere und Neueste Geschichte an der Humboldt-Universität zu Berlin. Er schreibt (2011):

Für die Historiker stellte sich in Bezug auf die Person Hitlers die Frage, wie ein so durchschnittlich begabter und nach allen bürgerlichen Leistungskriterien zu wenig Hoffnungen berechtigender Mensch eine so große, wenn auch verhängnisvolle Wirkung hatte entfalten können. Die Antwort suchten sie in einer Analyse der komplexen wechselseitigen Beziehungen zwischen der Person Hitlers und den bürokratischen Apparaten, die den totalen Staat, an dessen Spitze Hitler seit 1933 stand, in allen Lebensbereichen prägten und durchdrangen. Im Rahmen der Totalitarismusforschung wurde die Aufmerksamkeit auf den Propaganda- und Terrorapparat gelenkt. Strukturgeschichte wurde mit biographischen Ansätzen verknüpft, denn so viel lässt sich in der Moderne für jedes Gesellschafts- und Staatssystem sagen: Auf sich allein gestellt, bleibt selbst der mächtigste Politiker machtlos. Die Charakterisierung Hitlers als „schier omnipotenter charismatischer Führer" (Wehler) haben NS-Forscher wie Karl Dietrich Bracher,

Martin Broszat oder Hans Mommsen aus gutem Grund vermieden.

[...]

Die Charakterisierung der Hitler-Diktatur als charismatische Herrschaft geht in die Irre, weil sie die Propagandafassade, die die NSDAP zur Legitimierung ihrer Herrschaft errichtete, für die Wirklichkeit nimmt. Die von der Propaganda behauptete und heute vielfältig nachgebetete unmittelbare emotionale Beziehung zwischen Führer und Volk war doch gerade darauf angelegt, die komplexe und mit gravierenden Problemen behaftete gesellschaftliche Wirklichkeit im sogenannten „Dritten Reich" zu überblenden. Wenn der Historiker diesem Trugbild folgt, entgeht ihm – um das Mindeste zu sagen – der zentrale Aspekt des nationalsozialistischen Herrschaftssystems: die Bürokratisierung und Durchdringung aller Lebensbereiche mit Kommandostrukturen. Sie sollten sicherstellen, dass die politische Führung ihre irrwitzigen, jeder Vernunft und Humanität widersprechenden und weit über die Kraft Deutschlands hinausgehenden Ziele verfolgen konnte. Dieser Widerspruch zwischen Anspruch und Leistung zwang die NS-Führung dazu, alle Lebensbereiche mit einem Netz von Lenkungsbehörden zu überziehen. Hitler persönlich spielte in diesem Netzwerk gewiss eine zentrale Rolle – nicht aber als Person und Charismaträger, sondern als Appellationsinstanz. Das Funktionieren eines solchen komplexen Systems ließ sich nur gewährleisten, wenn Hitlers Rolle vollständig entpersönlicht wurde. Der Führer wurde zum Prinzip. Das „Dritte Reich" war eine Führer-Diktatur nicht, weil „der" Führer an ihrer Spitze stand, sondern weil auf allen Ebenen das Führerprinzip galt. Das Gesamtsystem ist daher gerade nicht von dem einen Führer her zu verstehen, sondern von der Vielzahl der Führer und Unterführer her, die an allen Knotenpunkten plaziert waren.

[...]

Das nationalsozialistische Herrschaftssystem mit seiner monolithischen Fassade war ebenso komplex wie labil. Es wäre daher völlig falsch anzunehmen, darin habe nur ein Wille, nämlich der Adolf Hitlers, gegolten und man habe diesem „entgegengearbeitet". Vielmehr wies diese Machtstruktur eine Tendenz auf, sich zu einem Diadochensystem zu entwickeln. Wenn man daher vom „Führerstaat" spricht, ist dies nur gerechtfertigt, wenn man den Plural mitdenkt und den Blick auf das Führer-Prinzip richtet und nicht auf die Person des Führers an der Spitze.

Ludolf Herbst, „Nicht Charisma, sondern Terror. Der Propagandafassade entsprach keine Wirklichkeit", in: Frankfurter Allgemeine Zeitung vom 20. Juli 2011.

M25 ***„The Great Dictator" (1940)***

Charlie Chaplins Film parodiert Hitler und entlarvt den Führermythos.

1. a) ●○○ Geben Sie die Aussagen der beiden Historiker (M24) wieder.

b) ●●○ Erläutern Sie, was mit „charismatischer Herrschaft" und mit „Überwachungsdiktatur" gemeint ist.

c) ●●● Vergleichen Sie die beiden Positionen im Hinblick auf ihre Vereinbarkeit und nehmen Sie Stellung.

→ Text, M24

Verfolgung und deutsche Gesellschaft 1933 – 1937

M 26 „Nürnberger Gesetze"

a) „Reichsbürgergesetz" (15. September 1935):

Der Reichstag hat einstimmig das folgende Gesetz beschlossen, das hiermit verkündet wird:

§ 1. (1) Staatsangehöriger ist, wer dem Schutzverband des Deutschen Reiches angehört und ihm dafür besonders verpflichtet ist.

(2) Die Staatsangehörigkeit wird nach den Vorschriften des Reichs- und Staatsangehörigkeitsgesetzes erworben.

§ 2. (1) Reichsbürger ist nur der Staatsangehörige deutschen oder artverwandten Blutes, der durch sein Verhalten beweist, dass er gewillt und geeignet ist, in Treue dem Deutschen Volk und Reich zu dienen.

(2) Das Reichsbürgerrecht wird durch Verleihung des Reichsbürgerbriefes erworben.

(3) Der Reichsbürger ist der alleinige Träger der vollen politischen Rechte nach Maßgabe der Gesetze.

§ 3. Der Reichsminister des Innern erlässt im Einvernehmen mit dem Stellvertreter des Führers die zur Durchführung und Ergänzung des Gesetzes erforderlichen Rechts- und Verwaltungsvorschriften.

b) „Gesetz zum Schutze des deutschen Blutes und der deutschen Ehre" (15. September 1935):

Durchdrungen von der Erkenntnis, dass die Reinheit des deutschen Blutes die Voraussetzung für den Fortbestand des Deutschen Volkes ist, und beseelt von dem unbeugsamen Willen, die Deutsche Nation für alle Zukunft zu sichern, hat der Reichstag einstimmig das folgende Gesetz beschlossen, das hiermit verkündet wird:

§ 1

(1) Eheschließungen zwischen Juden und Staatsangehörigen deutschen oder artverwandten Blutes sind verboten. Trotzdem geschlossene Ehen sind nichtig, auch wenn sie zur Umgehung dieses Gesetzes im Ausland geschlossen sind.

(2) Die Nichtigkeitsklage kann nur der Staatsanwalt erheben.

§ 2

Außerehelicher Verkehr zwischen Juden und Staatsangehörigen deutschen oder artverwandten Blutes ist verboten.

§ 3

Juden dürfen weibliche Staatsangehörige deutschen oder artverwandten Blutes unter 45 Jahren in ihrem Haushalt nicht beschäftigen.

§ 4

(1) Juden ist das Hissen der Reichs- und Nationalflagge und das Zeigen der Reichsfarben verboten.

(2) Dagegen ist ihnen das Zeigen der jüdischen Farben gestattet. Die Ausübung dieser Befugnis steht unter staatlichem Schutz.

§ 5

(1) Wer dem Verbot des § 1 zuwiderhandelt, wird mit Zuchthaus bestraft. (2) Der Mann, der dem Verbot des § 2 zuwiderhandelt, wird mit Gefängnis oder mit Zuchthaus bestraft.

(3) Wer den Bestimmungen der §§ 3 oder 4 zuwiderhandelt, wird mit Gefängnis bis zu einem Jahr und mit Geldstrafe oder mit einer dieser Strafen bestraft.

§ 6

Der Reichsminister des Innern erlässt im Einvernehmen mit dem Stellvertreter des Führers und dem Reichsminister der Justiz die zur Durchführung und Ergänzung des Gesetzes erforderlichen Rechts- und Verwaltungsvorschriften.

§ 7

Das Gesetz tritt am Tage nach der Verkündung, § 3 jedoch erst am 1. Januar 1936 in Kraft.

Nürnberg, den 15. September 1935

Zit. nach: Ingo von Münch (Hg.), Gesetze des NS-Staates. Dokumente eines Unrechtssystems, Paderborn 1994, S. 119f.

M 27 *Hetze gegen Juden in Greifenberg (Pommern)*

Foto von 1935

M 28 ***Ein jüdischer Student wird von der SA durch Marburg getrieben***
Foto vom 24. August 1933

M 29 „Nachbarlosigkeit“

Joachim Prinz schrieb im April 1935 in der „Jüdischen Rundschau“ über die soziale Isolierung der jüdischen Bevölkerung. Joachim Prinz war Rabbiner in Berlin und emigrierte 1937 in die USA:

Des Juden Los ist: nachbarlos zu sein. Vielleicht gibt es das nur einmal auf der Welt, und wer weiß, wie lange man es ertragen kann: das Leben ohne Nachbarn. Überall kennt das Leben den nachbarlichen Menschen. Das ist nicht der Freund, aber einer, der gewillt ist, mit dem anderen das Leben zu tragen, es ihm nicht zu erschweren, sein Mühen und sein Hasten mit freundlichen Augen zu betrachten. Das fehlt. Die Juden der großen Stadt spüren das nicht so, aber die Juden der kleinen Städte, die am Marktplatz wohnen ohne Nachbarn, deren Kinder in die Schule gehen ohne Nachbarkinder, spüren die Isolierung, welche die Nachbarlosigkeit bedeutet, die grausamer ist als alles andere, und es ist vielleicht für das Zusammenleben von Menschen das härteste Los, das einen treffen kann. Wir würden das alles nicht so schmerzlich empfinden, hätten wir nicht das Gefühl, dass wir einmal Nachbarn besessen haben.

Joachim Prinz, in: Jüdische Rundschau, Nr. 31/32 vom 17. April 1935, S. 3.

M 30 „Judengegner und Judenfreunde“

Bericht des Bezirksamtes Bad Kissingen über Reaktionen auf die „Nürnberger Gesetze“ (27.9.1935):

Die in Nürnberg erlassenen Gesetze gegen die Juden werden im Allgemeinen von der Bevölkerung begrüßt; doch fehlt es auch weiterhin nicht an Personen, die glauben, die Juden in Schutz nehmen zu müssen. Besonders in der Gemeinde Steinach scheint sich die Bevölkerung in zwei Lager gespalten zu haben: Judengegner und Judenfreunde.

Zit. nach: Otto Dov Kulka, Eberhard Jäckel, Die Juden in den geheimen NS-Stimmungsberichten 1933–1945, Düsseldorf: Droste 2004, S. 163.

M 31 ***Karnevalsumzug in Marburg***
Als „Juden“ verkleidete Teilnehmer amüsieren sich über die Auswanderung nach Palästina, Foto, Februar 1936.

Die Novemberpogrome von 1938 im Spiegel zeitgenössischer Quellen

M 32 ***Gaffer (Foto unten) vor der brennenden Synagoge in Bielefeld (Foto oben) während der Novemberpogrome 1938***

Nach dem Attentat eines Juden, dessen Eltern deportiert worden waren, auf einen deutschen Diplomaten in Paris löste die NS-Spitze im ganzen Reich schwere Ausschreitungen aus, die schließlich zum Tod von etwa 100 Juden führten. Die systematische Zerstörung fast aller Synagogen vollzog sich vor den Augen der deutschen Öffentlichkeit.

M 33 Ein Bericht

Aus dem Tagebuch der jüdischen Ärztin Hertha Nathorff:

10. November 1938. Gestern ist in Paris ein Mord geschehen, ein polnischer Jude hat einen Sekretär der deutschen Botschaft erschossen. [...]

Heute früh erzählte mir dann mein Mädchen: „Heute Nacht haben sie wohl wieder allerhand angestellt. Im Pelzgeschäft nebenan sind die Schaufenster eingeschlagen und alles gestohlen.“ Ich hörte nur mit halbem Ohr zu. Man ist ja schon an solche Dinge hier gewöhnt. Kurz darauf machte ich mich auf den Weg in die Klinik. Komisch, so viele Glassplitter auf der Straße! In dem schönen, eleganten Modegeschäft sind ja sämtliche Scheiben eingeschlagen, die Schaukästen leer. Auch im nächsten Geschäft und gegenüber bei Etam, in dem feinen Strumpfgeschäft ist es das Gleiche. Was haben sie bloß wieder gemacht?, denke ich. Da höre ich eine gut angezogene Dame im Vorbeigehen zu ihrem Mann sagen: „Recht geschieht es der verdammten Judenbande, Rache ist süß!“

Jetzt erst beginne ich zu erfassen, was geschehen ist, und sehe mich richtig um. Scherben, Scherben, demolierte Geschäfte, soweit in der Kaiserallee überhaupt jüdische Geschäfte noch sind. Voller Ekel wende ich mich ab und gehe wieder nach Hause. Wohl höre ich einige unwillige Bemerkungen über diese Vorgänge aus den Reihen der Passanten; die meisten aber gehen scheu und still durch die Straßen. [...]

Halb 10 Uhr abends. Es klingelt zweimal kurz und scharf hintereinander. Ich gehe an die Tür: „Wer ist da?“ – „Aufmachen! Kriminalpolizei!“ Ich öffne zitternd, und ich weiß, was sie wollen. „Wo ist der Herr Doktor?“ – „Nicht zu Hause“, sage ich. – „Was? Die Portierfrau hat ihn doch nach Hause kommen sehen." – „Er war zu Hause, aber er ist wieder weggerufen worden." – Sie gehen auf die erste Tür zu. Geschlossen. Die zweite Tür. Geschlossen. „Hier sind unsere Praxisräume", erkläre ich. „Ich schließe abends immer zu, wenn ich allein zu Hause bin, seit wir einmal bestohlen worden sind." Sie gehen an die nächste Tür. „Bitte nicht rütteln", sage ich. „Hier schläft mein Kind." – „Den jüdischen Dreh kennen wir." Und – mir den Revolver unter die Nase haltend – „noch ein Wort, und die Kugel sitzt Ihnen im Hirn. Wo haben Sie Ihren Mann versteckt?" Meine Knie zittern. Nur ruhig bleiben, ruhig bleiben, sage ich zu mir selber. „Ich lüge nicht. Mein Mann ist nicht zu Hause. Aber bitte erst mein Kind, dann mich. Und treffen Sie gut." Und ich öffne die Tür, die ins Zimmer des schlafenden Kindes führt. Schon schicken die beiden Kerle sich an zu gehen. Endlich scheinen sie mir ja Glauben zu schenken. Doch in diesem Augenblick höre ich, wie die Türe zu unserer Wohnung aufgeschlossen wird. Mein Mann kommt – er kommt, der Unglückselige, in dem Augenblick, da ich ihn gerettet wähne. Und wie er geht und steht, führen sie ihn ab.

Zit. nach: Hans-Jürgen Döscher, „Reichskristallnacht". Die Novemberpogrome 1938, München: Econ Ullstein List 2000, S. 115 f.

M34 Reaktionen auf die Pogrome

a) Aus [dem] Monatsbericht des Oberbürgermeisters von Ingolstadt (Oberbayern), 1.12.1938:

Die Aktion gegen die Juden wurde rasch und ohne besondere Reibungen zum Abschluss gebracht. Im Verfolg dieser Maßnahme hat sich ein jüdisches Ehepaar in der Donau ertränkt [...].

b) Aus [dem] Monatsbericht des Regierungspräsidenten von Ober- und Mittelfranken, 8.12.1938:

Die freche Herausforderung des Weltjudentums durch den feigen Mord in Paris war für zahlreiche Lehrer des Regierungsbezirks Veranlassung, aufgrund ihrer nationalsozialistischen Einstellung zur Judenfrage den Religionsunterricht niederzulegen. Im Verlauf der Protestaktion gegen die Juden wurden in Wunsiedel auch zwei evangelische Geistliche und vier katholische Pfarrer, die als „Judenknechte" gelten, durch die empörte Volksmenge auf die Polizeiwache verbracht und dort vorübergehend festgehalten. In den Pfarrhäusern wurde eine Anzahl Fensterscheiben zertrümmert. [...] Im Zuge der Protestaktion gegen das jüdische Mördergesindel wurden im Regierungsbezirk 772 Juden festgenommen, von denen sich noch 389 in Haft befinden. Außerdem wurden nach dem Bericht der Staatspolizeistelle Nürnberg-Fürth 17 Synagogen ausgebrannt, 25 Synagogen demoliert, 115 jüdische Geschäfte zerstört; weitere 39 jüdische Geschäfte wurden nur geschlossen. In 594 jüdischen Wohnungen wurde die Inneneinrichtung zerstört bzw. beschädigt. Außerdem wurde das Geschäft einer Deutschblütigen beschädigt, weil der Bevölkerung bekannt war, dass die Inhaberin mit einem Juden Rassenschande getrieben hatte [...]. Judenfrei sind bereits die Städte Dinkelsbühl, Eichstätt, Schwabach, Zirndorf und die Bezirke Hersbruck, Neustadt a. d. Aisch, Nürnberg, Pegnitz, Rothenburg o. d. Tauber und Staffelstein.

Zit. nach: Hans-Jürgen Döscher, „Reichskristallnacht". Die Novemberpogrome 1938, München: Econ Ullstein List 2000, S. 111.

1. **a)** ●●○ Stellen Sie die Stufen der Judenverfolgung zwischen 1933 und 1937 zusammen und erläutern Sie die jeweiligen Reaktionen der Bevölkerung.
b) ●●○ Arbeiten Sie die Rolle, die die Propaganda für die „Volksgemeinschaft" spielte, heraus.
→ Text

2. **a)** ●●○ Erläutern Sie die einzelnen Bestimmungen der „Nürnberger Gesetze" (M26).
b) ●○○ Fassen Sie zusammen, wie Joachim Prinz (M29) die Lage der Juden beurteilt.
c) ●●○ Analysieren Sie anhand des Berichts des Bezirkamtes Bad Kissingen (M30), wie die Bevölkerung reagierte. Achten Sie dabei auf die Art der Quelle.
→ M26, M29, M30

3. ●●○ Beschreiben und erläutern Sie die Abbildungen M27, M28, M31 und erklären Sie, welche Rückschlüsse daraus auf die Einstellung der Bevölkerung gezogen werden können.
→ M27, M28, M31

4. **a)** ●●○ Erläutern Sie, was auf den beiden Fotografien (M32) zu sehen ist.
b) ●●● Diskutieren Sie die Bedeutung dieser fotografischen Quellen.
c) ●●○ Arbeiten Sie die Einstellung von Hertha Nathorff (M33) gegenüber den Novemberpogromen heraus.
d) ●●○ Stellen Sie dar, wie sich die Bevölkerung gegenüber den Pogromen verhielt. Berücksichtigen Sie die Herkunft der Quellen.
→ M32 – M34

Polen unter deutscher Besatzung im Zweiten Weltkrieg

M 35

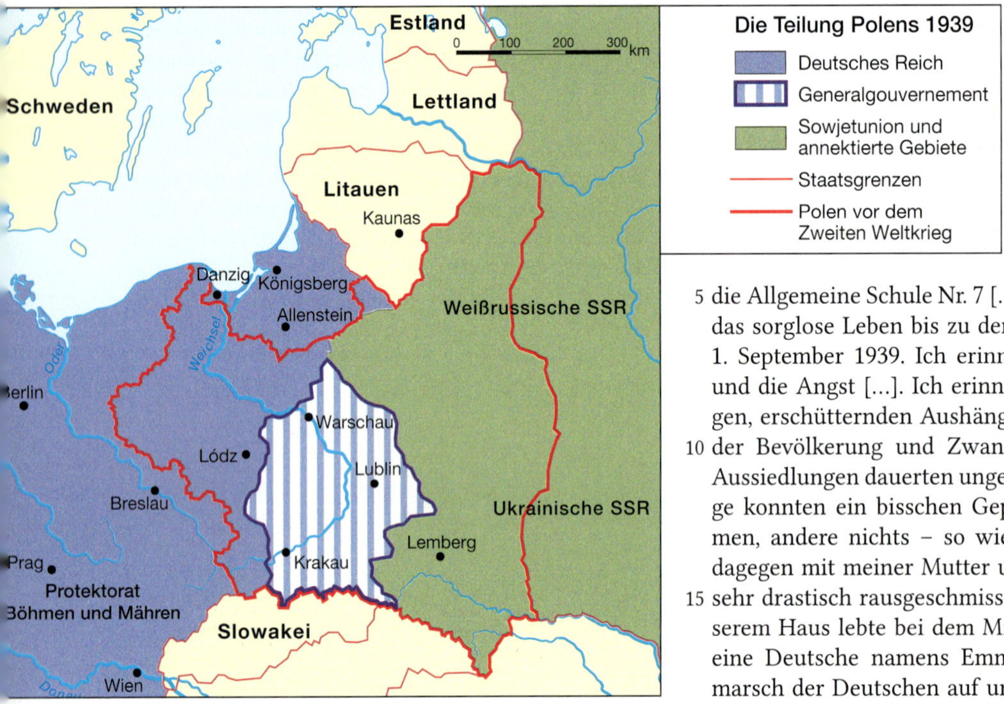

M 36 Vertreibung 1939

Im geheimen Zusatzprotokoll zum deutsch-sowjetischen Nichtangriffspakt vom 23./24. August 1939 hatten Hitler und Stalin Osteuropa in ihre jeweiligen Interessensphären aufgeteilt. Nach dem deutschen Angriff auf Polen am 1. September 1939 und der Aufteilung des Landes in einen deutsch und einen sowjetisch besetzten Teil wurden Hunderttausende der sogenannten Volksdeutschen aus ihren bisherigen Wohngebieten in Ost- und Südosteuropa umgesiedelt, „heim ins Reich geholt“, gemäß NS-Terminologie. Sie sollten zur „Germanisierung“ der ehemals polnischen Gebiete beitragen, die vom Deutschen Reich Ende 1939 annektiert, das heißt ins deutsche Staatsgebiet eingegliedert worden waren. Etwa 450 000 Polen mussten ihre Heimat in den neuen „Reichsgauen“ Danzig-Westpreußen und Wartheland verlassen und in das deutsch beherrschte Generalgouvernement in Zentralpolen übersiedeln. Helena Szwichtenberg berichtet nach 1945 von ihrer Vertreibung aus Gdynia/Gdingen (bei Danzig) 1939:

Ich lebe seit meiner Kindheit in Gdynia/Gdingen. […] Meine Eltern lebten […] in der Drzymała-Straße 12. Sie hatten sich ein Haus erarbeitet, sechs Wohnungen, die wir teilweise vermietet haben. Ich besuchte die Allgemeine Schule Nr. 7 […]. Ich erinnere mich an das sorglose Leben bis zu den Bombardierungen am 1. September 1939. Ich erinnere mich an die Panik und die Angst […]. Ich erinnere mich an die ständigen, erschütternden Aushänge über die Aussiedlung der Bevölkerung und Zwangsräumungen […]. Die Aussiedlungen dauerten ungefähr zwei Monate. Einige konnten ein bisschen Gepäck bis 25 kg mitnehmen, andere nichts – so wie sie waren. Ich wurde dagegen mit meiner Mutter und meiner Großmutter sehr drastisch rausgeschmissen, und zwar so: In unserem Haus lebte bei dem Mieter Herrn Wisniewski eine Deutsche namens Emma, die nach dem Einmarsch der Deutschen auf unserem Haus eine deutsche Hakenkreuzflagge und an den Türen die Ankündigung der sofortigen Zwangsräumung und Aussiedlung anbrachte. Später, am 25.10.1939, drang besagte Bewohnerin am frühen Morgen, als wir schliefen, mit zwei Gestapomännern ein. Mit Raus-Rufen wurden wir hinausgezerrt und aus dem Haus geworfen (man erlaubte uns gerade noch, sich anzuziehen). Man führte uns zur Kolonne der Vertriebenen in der Morska-Straße und brachte uns, von Karabinerschützen bewacht, zum Bahnhof in Gdynia. Der Schlüssel musste in der Tür stecken bleiben. Wir waren ganz ohne Gepäck, weil wir nichts mitnehmen durften. Wir waren durchgefroren und hungrig. Es war Ende Oktober. Meine Eltern ließen alles zurück, was sie in ihrem Leben erworben hatten: das Grundstück, das Haus und alles, was sich darin befand. Dann wurden wir mit Gewalt in dreckige, fensterlose Viehwaggons gestopft, so viele, wie die Deutschen mit Gewalt hineinzwängen konnten.

Wir wurden ständig von der Gestapo in Verschlägen an der Seite des Waggons bewacht. Wir wussten nicht, wohin sie uns bringen, wurden häufig auf ein Nebengleis gestellt und bewacht. Man öffnete die Türen nicht. Die Fahrt dauerte ungefähr sieben bis zehn Tage. Es war sehr kalt, wir waren sehr hungrig. Weinen, Panik. Es gab Leichen, vor allem Säuglinge und Alte. Es war schon November 1939. Schließlich ließ man uns in Lublin hinaus. Dort wussten wir nicht, was wir mit uns machen sollten, wie weiter, wohin gehen – Hunger. Wir hatten nichts, um uns umzuziehen. Wir lagerten auf dem Bahnhof und in Tunneln, bettelten um Essen und etwas zum Zudecken. Dieses Bild habe ich immer lebendig vor Augen, und es wird niemals aus meiner Erinnerung verschwinden.

Helena Szwichtenberg, Fragmenty wspomnien z wysiedlenia z Gdyni, in: Association of Displaced Gdynia Inhabitants (Hg.), Wysiedlenia Polaków z Gdyni, Gdynia 2003, S. 53ff. (Auszüge übersetzt von Andreas Warneck, Berlin).

M37 Deportation 1941

Aus den Erinnerungen von Jósef Szczupak aus Lwów (heutige Ukraine), das nach dem Hitler-Stalin-Pakt 1939 zunächst in die ukrainische Sowjetrepublik eingegliedert wurde, dann 1941 nach dem deutschen Überfall auf die Sowjetunion unter dem Namen Lemberg zum deutschen Generalgouvernement gehörte:

Ich hatte von den deutschen Behörden eine Aufforderung bekommen, mich beim Arbeitsamt in Lwów zu melden. Ich muss anmerken, dass unter der städtischen Bevölkerung Hunger herrschte, die Menschen machten schlapp und starben. Von Lwów wurde ich zusammen mit anderen mit dem Zug nach Wien gebracht. In Wien wurde eine Selektion vorgenommen, wir wurden in Gruppen eingeteilt. Ich wurde einer Gruppe von Arbeitern zugeteilt, die zur Arbeit in einer Rüstungsfabrik bei Wien vorgesehen war. [...]
Nachdem ich zur Arbeit eingeteilt war, bekam ich einen Passagierschein, der damals das einzige Dokument zur Feststellung der Identität und der Arbeitserlaubnis war. [...] Ich wohnte in einem Lager, das zum Betrieb gehörte. In jedem Lagergebäude gab es sechs Säle. In jedem Saal wohnten vierzehn Zwangsarbeiter. Das ganze Lager war umzäunt, am Tor stand eine Wache. Wir schliefen auf Etagenfeldbetten. In der Fabrik habe ich drei Schichten zu acht Stunden gearbeitet, sechs Tage in der Woche. Während der Arbeitszeit wurden wir von der Werkspolizei beobachtet. Oft wurde ich von diesen Polizisten zur Arbeit gezwungen, sie schlugen uns mit Knüppeln. Für die Arbeit bekam ich ein paar Mark, die für ein Bier, Seife und Nähgarn reichten. [...]
Verpflegt wurden wir bescheiden, dreimal täglich in der Werkskantine. Die Köchinnen waren sehr gut, sie gaben uns nach dem Essen einen Nachschlag [...].
Zur Arbeit gingen wir querfeldein zu Fuß über die Felder der einheimischen Bauern. Oft habe ich auf den Feldern Kartoffeln geklaut, die wir in der Fabrik in der Asche bei den Hüttenöfen gebacken haben. Die Kartoffeln haben wir gegessen, um unseren Hunger zu stillen. Es kam vor, dass wir abends sogar vier Kilometer auf Seitenstraßen und Wegen auf die Felder der Bauern gingen und Kartoffeln klauten, oder wir schlichen uns nachts an die Gebäude heran und wenn die Bauern schliefen, klauten wir Kartoffeln aus dem Keller. Die Kartoffeln haben wir mit elektrischem Strom gekocht. Wir haben Tauchsieder aus Draht gemacht, den wir in ein Gefäß mit Wasser getaucht haben. [...]
Ich habe nicht versucht, aus Österreich nach Hause zu fliehen, weil ich dort niemanden hatte. Vater, Mutter, auch mein Bruder waren von den Sowjets nach Sibirien deportiert worden.

Jósef Szczupak; zit. n.: Grzegorz Hryciuk u. a., Umsiedlungen, Vertreibungen und Fluchtbewegungen 1939–1945. Atlas zur Geschichte Ostmitteleuropas, Bonn: bpb 2013, S. 77f.

M38 Polen unter deutscher Besatzung 1941 bis 1944

- Deutsches Reich und eingegliederte Gebiete
- Generalgouvernement
- Besetzte Gebiete unter deutscher Zivilverwaltung
- △ KZ-Hauptlager
- □ Vernichtungslager
- Staatsgrenzen
- Republik Polen vor dem Zweiten Weltkrieg

Polen unter deutscher Besatzung im Zweiten Weltkrieg

M39 Grundsätze der Besatzungspolitik

Mittelpolen wurde nach der Niederlage Polens zum „Generalgouvernement“ unter der Leitung des „Generalgouverneurs“ Hans Frank erklärt. Dieser fasste in seinem Diensttagebuch eine Rede des Propagandaministers Joseph Goebbels zusammen (31. Oktober 1939 und 19. Januar 1940):

[31. Oktober 1939]
Ganz klar müsse der Unterschied zwischen dem deutschen Herrenvolk und den Polen herausgestellt werden.
[...]
Den Polen dürfen nur solche Bildungsmöglichkeiten zur Verfügung gestellt werden, die ihnen die Aussichtslosigkeit ihres völkischen Schicksals zeigten. Es könnten daher höchstens schlechte Filme oder solche, die die Größe und Stärke des Deutschen Reiches vor Augen führen, in Frage kommen. Es werde notwendig sein, dass große Lautsprecheranlagen einen gewissen Nachrichtendienst für die Polen vermitteln.

Reichsminister Dr. Goebbels führt aus, dass das gesamte Nachrichtenvermittlungswesen der Polen zerschlagen werden müsse. Die Polen dürften keine Rundfunkapparate und nur reine Nachrichtenzeitungen, keinesfalls eine Meinungspresse behalten. Grundsätzlich dürfen sie auch keine Theater, Kinos und Kabaretts bekommen, damit ihnen nicht immer wieder vor Augen geführt werden würde, was ihnen verloren gegangen sei. [...]
[19. Januar 1940]

Am 15. September 1939 erhielt ich den Antrag, die Verwaltung der eroberten Ostgebiete aufzunehmen, mit dem Sonderbefehl, diesen Bereich als Kriegsgebiet und Beuteland rücksichtslos auszupowern, es in seiner wirtschaftlichen, sozialen, kulturellen, politischen Struktur sozusagen zu einem Trümmerhaufen zu machen.
[...]
Entscheidend wichtig ist nunmehr auch der Neuaufbau der Produktion im Generalgouvernement.
[...] Den Polen, die in die Betriebe eingestellt werden, muss Hören und Sehen vergehen, sodass sie vor lauter Arbeit – disziplinierter Arbeit! – zu Sabotageakten gar nicht mehr kommen. [...] Mein Verhältnis zu den Polen ist dabei das Verhältnis zwischen Ameise und Blattlaus. Wenn ich den Polen förderlich behandele, ihn sozusagen freundlich kitzele, so tue ich das in der Erwartung, dass mir seine Arbeitsleistung zugute kommt. Hier handelt es sich nicht um ein politisches, sondern um ein rein taktisch-technisches Problem.

Zit. nach: Imanuel Geiss, Die deutsche Politik im Generalgouvernement Polen 1939–1945. Aus dem Diensttagebuch des Generalgouverneurs Hans Frank, in: Bundeszentrale für politische Bildung (Hg.), ApuZ – Aus Politik und Zeitgeschichte. Beilage zur Wochenzeitung „Das Parlament“ Nr. 34/1978, S. 16ff.

1. a) ●●○ Erstellen Sie auf Basis der Informationen zur deutschen Besatzung in Polen ein Fließdiagramm, das wesentliche Ereignisse der Geschichte Polens zwischen 1939 und 1945 erfasst.
b) ●●○ Erläutern Sie die Umsiedlungsmaßnahmen im besetzten Polen mit Bezug auf M36 und M39.
c) ●●○ Setzen Sie die Umsiedlungsmaßnahmen und den Umgang mit den betroffenen Polen in Beziehung zur nationalsozialistischen Ideologie.
d) ●●○ Identifizieren Sie aus den Schilderungen Helena Szwichtenbergs (M36) die Beteiligten an der Vertreibung aus Gdynia und beschreiben Sie deren Verhalten der polnischen Bevölkerung gegenüber.
e) ●●● Nehmen Sie Stellung zum Verhalten Emmas, einer deutschstämmigen Bewohnerin Gdynias.
f) ●●○ Ordnen Sie die Schilderungen Jósef Szczupaks (M37) in den Kontext deutscher und sowjetischer Deportationsmaßnahmen ein.
g) ●●○ Arbeiten Sie aus dem Tagebuch Hans Franks (M39) den geplanten Umgang mit Polen im Generalgouvernement heraus.
h) ●●● Beurteilen Sie die Konsequenzen für die polnische Bevölkerung unter der deutschen Besatzung.
→ Text, M35–M39

„Krieg im Osten" 1941

M40 Massenerschießungen

Viele deutsche Soldaten konnten die Massenmorde der SS- und Polizeieinheiten an Juden in der besetzten Sowjetunion mit ansehen. Die Geheimhaltung war hier nur begrenzt. Hier ein Beispiel von Franz Josef Strauß, der als Offizier der Wehrmacht im Juli 1941 Augenzeuge bei einer Massenerschießung war. Aus seinen Memoiren von 1988:

Wenige Tage später – wir liegen noch in der gleichen Stellung, neben uns ein größeres Waldstück – krachen ununterbrochen Feuerstöße aus einer Maschinenpistole. Wir machen uns auf, wollen sehen, was los ist im Wald. Hinter den Bäumen eine Szene des Schreckens: Zusammengetriebene Juden, kommunistische Funktionäre, unschuldige Menschen mussten mit dem Spaten eine Grube ausheben, vielleicht 50 Meter in der Länge und zwei in der Breite. Die Gefangenen standen da zu vielen Hunderten, vielleicht auch Tausenden – die Erschießungen erstreckten sich über mehrere Tage. Sie mussten sich hinknien vor der Grube, dann ging ein junger SS-Mann, vielleicht 18 Jahre und sternhagelblau, mit der Maschinenpistole von Kopf zu Kopf, drückte ab, die Toten fielen in die Grube. War eine Lage voll, wurde Erde darauf geworfen, das Morden ging weiter.

Franz Josef Strauß, Die Erinnerungen, Berlin: Siedler 1988, S. 48.

M41 Rechtfertigung

Als die Massenmorde an Juden in der besetzten Sowjetunion im Sommer 1941 auf Frauen und Kinder ausgeweitet wurden, regte sich unter den deutschen Soldaten vereinzelt Kritik. Deshalb erließen mehrere Oberbefehlshaber Anweisungen, die die Verbrechen rechtfertigen sollten, wie der Befehl des Oberbefehlshabers der 6. Armee, Walter von Reichenau, vom 10. Oktober 1941. Reichenau war ein überzeugter Nationalsozialist:

Hinsichtlich des Verhaltens der Truppe gegenüber dem bolschewistischen System bestehen vielfach noch unklare Vorstellungen. Das wesentlichste Ziel des Feldzuges gegen das jüdisch-bolschewistische System ist die völlige Zerschlagung der Machtmittel und die Ausrottung des asiatischen Einflusses im europäischen Kulturkreis. Hierdurch entstehen auch für die Truppe Aufgaben, die über das hergebrachte einseitige Soldatentum hinausgehen. Der Soldat ist im Ostraum nicht nur ein Kämpfer nach den Regeln der Kriegskunst, sondern auch Träger einer unerbittlichen völkischen Idee und der Rächer für alle Bestialitäten, die deutschem und artverwandtem Volkstum zugefügt wurden. Deshalb muss der Soldat für die Notwendigkeit der harten, aber gerechten Sühne am jüdischen Untermenschentum volles Verständnis haben. Sie hat den weiteren Zweck, Erhebungen im Rücken der Wehrmacht, die erfahrungsgemäß stets von Juden angezettelt wurden, im Keime zu ersticken.

Zit. nach: Gerd R. Ueberschär/Wolfram Wette (Hg.), Unternehmen Barbarossa. Der deutsche Überfall auf die Sowjetunion 1941. Berichte, Analysen, Dokumente, Paderborn: Schöningh 1984, S. 339 f.

M42 *Zuschauer beim Massenmord*
Die Originalbeschriftung des Fotos lautete: „Juden beim Grabschaufeln." Die Massenmorde an Jüdinnen und Juden in der besetzten Sowjetunion fanden oft in aller Öffentlichkeit statt. Viele Soldaten fotografierten die Verbrechen sogar, Foto von 1941, vermutlich in der Ukraine.

1. a) ●●○ Erläutern Sie, welche Rückschlüsse die Quellen M40 – M42 auf die Täterschaft bzw. die Mitwisserschaft von Deutschen erlauben.
   b) ●●● Beurteilen Sie anhand des Befehls des Oberbefehlshabers der 6. Armee (M41) die Rolle der Wehrmacht beim Massenmord.
   → Text, M40 – M42
2. ●●● Nehmen Sie Stellung zur Haltung der Wehrmacht und Wehrmachtsangehöriger zum nationalsozialistischen Regime zwischen Gehorsam und Widerstand.
   → Text, M40 – M41

Die Vernichtung der europäischen Juden

M 43 Die Ermordung der Juden

Die Historikerin Sybille Steinbacher schreibt in ihrem Buch „Auschwitz. Geschichte und Nachgeschichte" (2004):

Ende März 1942 trafen die ersten vom Reichssicherheitshauptamt organisierten Massentransporte in Auschwitz-Birkenau ein: In der Nacht vom 25. auf den 26. März kamen 1000, zwei Tage später rund 800 Jüdinnen aus der Slowakei an, am 30. März folgten mehr als 1100 jüdische Männer und Frauen verschiedener Staatsangehörigkeit aus französischen Internierungslagern. Die Juden, deren Arbeitseinsatzfähigkeit vom Reichssicherheitshauptamt ausdrücklich verlangt worden war, wurden nicht sofort ermordet, sondern registriert und in das Lager aufgenommen. Systematische Vernichtungsaktionen setzten im Mai 1942 ein – Opfer waren Juden aus Ostoberschlesien, der Slowakei, Frankreich, Belgien und den Niederlanden – und wurden ab Juli 1942 zur Regel.

Dass Massentransporte aus Westeuropa ab Sommer 1942 nach Auschwitz-Birkenau geleitet wurden, hatte vermutlich pragmatische Gründe, denn nach der Frühjahrsoffensive der Wehrmacht behinderte eine Transportsperre den Weg nach Majdanek und in die Lager der „Aktion Reinhardt". Auschwitz-Birkenau diente allem Anschein nach als Ausweichstätte. Die Mordtechnik wurde nun ausgeweitet und die Tötungskapazität vergrößert.

Am 17. und 18. Juli 1942 kam Himmler zu einer zweitägigen Inspektion ins Lager. Er besichtigte die landwirtschaftlichen Betriebe und genehmigte einige Bauvorhaben, im Mittelpunkt aber stand die Vorführung einer Massenvernichtung. An einem Transport aus den Niederlanden ließ er sich die Etappen demonstrieren: von der Selektion bis zur Tötung in der Gaskammer von „Bunker 2" und dem Einsatz des Sonderkommandos. Beim Abendempfang im Haus des Gauleiters von Oberschlesien, Fritz Bracht, soll sich der Reichsführer SS höchst zufrieden geäußert haben. Ehe er am nächsten Tag mit führenden IG-Farben-Managern die Baustelle in Monowitz besichtigte, beförderte er Lagerkommandant Höß zum SS-Obersturmbannführer. Kurz darauf bestimmte Himmler, dass das Generalgouvernement, mit Ausnahme einiger Sammellager, bis Jahresende „judenfrei" zu sein habe.

In Auschwitz stieg die Zahl der Massentransporte von Juden aus ganz Europa von Monat zu Monat. Hatten Juden bis zum Beginn der Vernichtungsaktionen nur einen kleinen Teil der Häftlinge gebildet, stellten sie fortan die größte Gruppe. Ankommende Transporte wurden nun nicht mehr registriert und nummeriert, sondern unmittelbar nach der Selektion ermordet. Auf die Transporte aus Westeuropa folgten Juden aus Ländern, mit denen Deutschland verbündet war und deren Regierungen in die Deportation eingewilligt hatten: Kroatien, Norwegen, später Italien und Ungarn. Weitere Länder und Regionen kamen hinzu, darunter zur Jahreswende 1942/43 Jugoslawien, Griechenland und der südliche Teil Frankreichs.

Deutsche Juden trafen in einem vom Reichssicherheitshauptamt organisierten Transport erstmals Mitte Juli 1942 aus Wien ein. Im November und Dezember 1942 folgten aus Berlin die ersten Massentransporte des Altreichs. Nachdem im Oktober 1942 der Befehl ergangen war, die im Altreich gelegenen Konzentrationslager „judenrein" zu machen, wurden die knapp 2000 dort inhaftierten Juden nach Auschwitz-Birkenau gebracht. Wegen drastischen Arbeitskräftemangels revidierte das Regime diese Maßnahme im März 1944; jüdische Häftlinge kamen dann zurück in die Lager, um für die Rüstungsindustrie zu arbeiten, vor allem im Untertagebau (insbesondere in Mittelbau-Dora, das zu Buchenwald gehörte, und Kaufering, ein Außenlager-Komplex von Dachau).

Ein Durchgangslager in die Massenvernichtung von Auschwitz-Birkenau war das Getto Theresienstadt. Inhaftiert wurden hier alte Juden aus dem Reichsinneren, auch jüdische Soldaten des Ersten Weltkriegs mit ihren Familien, ferner „Mischlinge", die nach den Nürnberger Gesetzen als Juden galten, sowie jüdische Ehegatten aufgelöster sogenannter Mischehen und Juden aus dem Protektorat Böhmen und Mähren. Die Deportationen aus Theresienstadt begannen am 8. September 1943. Knapp 18 000 Männer und Frauen wurden in das sogenannte Familienlager gebracht, den gesonderten Lagerabschnitt BIIb in Birkenau. Ungewöhnlich war – zumindest vorläufig – ihre Behandlung: Die Theresienstädter Juden wurden weder nach Geschlechtern getrennt noch selektiert, auch ihr Gepäck mussten sie nicht abgeben, ihre Zivilkleidung durften sie behalten, und die Kinder konnten bei den Erwachsenen bleiben. Sie erhielten allerlei Vergünstigungen, und nur einige wurden in Arbeitskommandos eingeteilt. Es gab eine Schule und einen

Kindergarten, untergebracht in einer Baracke, die mit Märchenszenen ausgemalt werden durfte.

Ähnlich wie das Getto Theresienstadt diente das „Familienlager“ in Birkenau den Propagandazwecken des Regimes. Ziel war es, weltweit kursierende Nachrichten über die Ermordung der Juden zu entkräften. Etwa ein halbes Jahr lang währten die Privilegien der Juden aus Theresienstadt, dann löste die SS das „Familienlager“ in zwei Etappen auf; fast alle Insassen wurden im März und Juli 1944 ermordet, etwa 3000 in andere Lager überstellt.

Im Sommer 1944 erreichte die Massenvernichtung einen letzten Höhepunkt. Bis zu 10 000 ungarische Juden traten täglich an der neu errichteten „Judenrampe“ zur Selektion an. Zwischen 15. Mai und 9. Juli trafen insgesamt etwa 430 000 Menschen ein, etwa 20 Prozent wurden in das Lager aufgenommen, alle anderen sofort getötet. Ihre Ermordung war eine der größten Vernichtungsaktionen überhaupt. Ungarn hatte die Deportationen trotz massiven deutschen Drucks lange verweigert. Nachdem das Land aber militärisch besetzt und eine Satrapenregierung gebildet worden war, begannen die Vernichtungstransporte auch dort – geleitet von Adolf Eichmann, dem Organisator der Judentransporte im Reichssicherheitshauptamt. Hochrangig besetzt war die Koordination des Massenmords auch im Lager selbst: Rudolf Höß kam für diese Sonderaufgabe nach Auschwitz zurück. Innerhalb weniger Wochen hatte Höß seine Mission erfüllt; ausgezeichnet mit dem Kriegsverdienstkreuz erster und zweiter Klasse verließ er das Lager am 29. Juli 1944 wieder in Richtung Berlin.

Die schwierige Transportlage hinderte das Reichssicherheitshauptamt nicht, noch im Sommer 1944 Juden von Rhodos, Korfu, Kreta und anderen griechischen Inseln nach Auschwitz-Birkenau zu deportieren. 60 000 bis 70 000 Juden aus Lodz, dem letzten aufgelösten Getto im besetzten Polen, kamen im September und Oktober 1944 ins Lager, außerdem Juden aus der Slowakei. Ein Zug mit rund 2000 Juden aus Theresienstadt war am 30. Oktober 1944 der letzte jüdische Massentransport, vermutlich auch der letzte, der selektiert wurde.

Sybille Steinbacher, Auschwitz. Geschichte und Nachgeschichte, München: C. H. Beck 2015 (3. Auflage), S. 84ff.

M 44 ***Ankunft von ungarischen Jüdinnen und Juden an der Rampe von Auschwitz-Birkenau***
Foto, Juni 1944

Der Holocaust – ein öffentliches Verbrechen?

M 45 Deportationen

Bericht des Sicherheitsdienstes der SS über die Reaktion der Bevölkerung auf den Abtransport der Jüdinnen und Juden aus dem Raum Detmold vom 31. Juli 1942:

Aus Lemgo wird berichtet, dass der Abtransport der letzten Juden innerhalb der Bevölkerung größtes Aufsehen erregt habe. Die Juden wurden vor ihrem Abtransport auf dem Marktplatz in Lemgo gesammelt. Diese Tatsache gab der Bevölkerung Veranlassung, sich recht zahlreich hierzu auf dem Marktplatz einzufinden. Es konnte beobachtet werden, dass ein großer Teil der älteren Volksgenossen (darunter sollen sich auch Parteigenossen befunden haben) die Maßnahme des Abtransportes der Juden aus Deutschland allgemein negativ kritisierte [...].

Gegen den Abtransport wurde mehr oder weniger offen mit allen möglichen Begründungen Stellung genommen. So wurde gesagt, dass die Juden in Deutschland ja sowieso zum Aussterben verurteilt seien und diese Maßnahme, die für die Juden eine besondere Härte bedeutete, sich daher erübrige. Selbst solche Volksgenossen, die bei jeder passenden und unpassenden Gelegenheit früher ihre nationalsozialistische Gesinnung herausgestellt hätten, hätten in dieser Hinsicht Partei für die Interessen der Juden bzw. kirchlich gebundenen Volksgenossen genommen. Innerhalb kirchlich gebundener Kreise wurde geäußert: „Wenn das deutsche Volk nur nicht eines Tages die Strafe Gottes zu gewärtigen hat. Sie täten ja keiner Fliege etwas zuleide".

Auch seien sehr viele Juden dabei, die viel Gutes getan hätten und die noch lange nicht so schlecht seien, als die „Weißen Juden". Diese müsse man dann auch abtransportieren und in ein Lager stecken. Ein bezeichnender Fall der Stellungnahme für die Juden ereignete sich bei dem Abtransport derselben in Sabbenhausen. Hier hatte die Frau des Lehrers H. versucht, den Juden Wurst und andere Lebensmittel zu bringen. Nach Mitteilung des Ortsgruppenleiters Sch. wurde Frau H. polizeilich festgenommen. Eine Überprüfung dieses Vorfalls ist eingeleitet und es erfolgt nach genauen Feststellungen weitere Berichterstattung.

Zit. n.: Institut für Zeitgeschichte, München, MA 1534, 736 f.

M 46 *Deportation der Jüdinnen und Juden aus Wiesbaden*

Am 29. August 1942 müssen sich Wiesbadener Jüdinnen und Juden in der Synagoge in der Friedrichstraße versammeln und registrieren lassen (oben). Am nächsten Tag werden sie vom Schlachthofgelände aus deportiert (Mitte und unten). Der Fotograf war vermutlich Beamter der Sicherheits- oder Ordnungspolizei, Fotos vom 29. und 30. August 1942.

M 47 Eine Rundfunkansprache

Der deutsche Schriftsteller Thomas Mann ging 1933 ins amerikanische Exil. Der britische Rundfunk BBC brachte regelmäßig deutschsprachige Sendungen für die Bevölkerung im Reich, darunter auch Ansprachen von Mann. Seit Herbst 1941 behandelte Thomas Mann dabei auch die Massenverbrechen des Nationalsozialismus. Dabei waren zwar die grundsätzlichen Informationen richtig, man kannte aber noch nicht alle Details der Massenmorde (Sendung vom 27. September 1942):

In Paris wurden binnen weniger Tage 16000 Juden zusammengetrieben, in Viehwagen verladen und abtransportiert. Wohin? Das weiß der deutsche Lokomotiv-Führer, von dem man sich in der Schweiz erzählt. Er ist dorthin entflohen, weil er mehrmals Züge voller Juden zu fahren hatte, die auf offener Strecke hielten, hermetisch verschlossen und dann durchgast wurden. Der Mann hatte es nicht mehr ausgestanden. Aber seine Erfahrungen sind keineswegs außerordentlich. Ein genauer und authentischer Bericht liegt vor über die Tötung von nicht weniger als 11000 polnischen Juden mit Giftgas. Sie wurden auf ein besonderes Exekutionsfeld bei Konin im Distrikt Warschau gebracht, in luftdicht verschlossene Wagen gesteckt und binnen einer Viertelstunde in Leichen verwandelt. Man hat die eingehende Beschreibung des ganzen Vorganges, der Schreie und Gebete der Opfer und des gutmütigen Gelächters der SS-Hottentotten, die den Spaß zur Ausführung brachten.

Thomas Mann, Deutsche Hörer! 55 Radiosendungen nach Deutschland, Stockholm: Bermann-Fischer 1945, S. 73.

M 48 Information der „Partei-Kanzlei“

Seit Spätsommer 1942 kursierten immer mehr Gerüchte über die Massenmorde, die im besetzten Osteuropa begangen wurden, auch innerhalb des Deutschen Reiches. Deshalb versuchte die Führung der NSDAP, mit einer Sprachregelung dem entgegenzutreten, 9.10.1942:

Im Zuge der Arbeiten an der Endlösung der Judenfrage werden neuerdings innerhalb der Bevölkerung in verschiedenen Teilen des Reichsgebiets Erörterungen über „sehr scharfe Maßnahmen“ gegen die Juden besonders in den Ostgebieten angestellt. Die Feststellungen ergaben, dass solche Ausführungen – meist in übertriebener und entstellter Form – von Urlaubern der verschiedenen im Osten eingesetzten Verbände weitergegeben werden, die selbst Gelegenheit hatten, solche Maßnahmen zu beobachten. [...] Um jeder Gerüchtebildung in diesem Zusammenhang, die oftmals bewusst tendenziösen Charakter trägt, entgegentreten zu können, werden die nachstehenden Ausführungen zur Unterrichtung über den derzeitigen Sachstand wiedergegeben: [...] Beginnend mit dem Reichsgebiet und überleitend auf die übrigen in die Endlösung einbezogenen europäischen Länder werden die Juden laufend nach dem Osten in große, zum Teil vorhandene, zum Teil noch zu errichtende Lager transportiert, von wo aus sie entweder zur Arbeit eingesetzt oder noch weiter nach dem Osten verbracht werden. Die alten Juden sowie Juden mit hohen Kriegsauszeichnungen (E.K.I., Goldene Tapferkeitsmedaille usw.) werden laufend nach der im Protektorat Böhmen und Mähren gelegenen Stadt Theresienstadt umgesiedelt.

Vertrauliche Informationen der Partei-Kanzlei, München, Folge 66/42, 5.10.1942.

1. **a)** ●●○ Charakterisieren Sie die Täter, die für den Massenmord verantwortlich bzw. daran beteiligt waren.

b) ●●● Während der Historiker Christopher R. Browning zum Reserve-Polizeibataillon 101 die These aufstellt, es habe sich um „ganz gewöhnliche Deutsche“ (1993) gehandelt, kritisiert ihn der Historiker Daniel J. Goldhagen in einer umstrittenen Fallstudie und behauptet, die an den Tötungen Beteiligten seien „willige Vollstrecker“ gewesen, motiviert von der antisemitischen Ideologie, die die „eliminatorischen Ideale ihrer Führung“ (1996) geteilt hätten. Diskutieren Sie beide Thesen.

→ Text

2. **a)** ●○○ Fassen Sie anhand der Darstellung M43 zusammen, wie der Massenmord in Auschwitz ablief.

b) ●●○ Charakterisieren Sie den Stil der Darstellung von Sybille Steinbacher (M43).

c) ●●● Halten Sie die Darstellungsweise für angemessen? Begründen Sie Ihre Meinung.

→ M43

3. ●●○ Analysieren Sie die Bild- und Textquellen M45 – M46 im Hinblick auf den Ablauf der Deportationen und die Reaktionen der Bevölkerung“.

→ M45, M46

4. **a)** ●●○ Wer hatte Kenntnis vom Massenmord? Beantworten Sie diese Frage mithilfe der Quellen M45 – M48.

b) ●●○ Arbeiten Sie heraus, wie die Informationen über den Massenmord verbreitet bzw. wie sie staatlich gelenkt wurden. Berücksichtigen Sie dabei die Art der jeweiligen Quelle.

c) ●●● Beurteilen Sie den entsprechenden Aussagewert der jeweiligen Quelle.

→ Text, M45 – M48

Träger des Widerstands gegen den Nationalsozialismus: „Die weiße Rose“

Kommilitoninnen! Kommilitonen!

Erschüttert steht unser Volk vor dem Untergang der Männer von Stalingrad. Dreihundertdreissigtausend deutsche Männer hat die geniale Strategie des Weltkriegsgefreiten sinn- und verantwortungslos in Tod und Verderben gehetzt. Führer, wir danken dir!

Es gärt im deutschen Volk: Wollen wir weiter einem Dilettanten das Schicksal unserer Armeen anvertrauen? Wollen wir den niedrigen Machtinstinkten einer Parteiclique den Rest der deutschen Jugend opfern? Nimmermehr

Der Tag der Abrechnung ist gekommen, der Abrechnung unserer deutschen Jugend mit der verabscheuungswürdigsten Tyrannis, die unser Volk je erduldet hat. Im Namen der ganzen deutschen Jugend fordern wir von dem Staat Adolf Hitlers die persönliche Freiheit, das kostbarste Gut des Deutschen zurück, um das er uns in der erbärmlichsten Weise betrogen hat.

In einem Staat rücksichtsloser Knebelung jeder freien Meinungsäusserung sind wir aufgewachsen. HJ, SA, SS haben uns in den fruchtbarsten Bildungsjahren unseres Lebens zu uniformieren, zu revolutionieren, zu narkotisieren versucht. „Weltanschauliche Schulung" hiess die verächtliche Methode, das aufkeimende Selbstdenken und Selbstwerten in einem Nebel leerer Phrasen zu ersticken. Eine Führerauslese, wie sie teuflischer und bornierter zugleich nicht gedacht werden kann, zieht ihre künftigen Parteibonzen auf Ordensburgen zu gottlosen, schamlosen und gewissenlosen Ausbeutern und Mordbuben heran, zur blinden, stupiden Führergefolgschaft. Wir „Arbeiter des Geistes" wären gerade recht, dieser neuen Herrenschicht den Knüppel zu machen. Frontkämpfer werden von Studentenführern und Gauleiteraspiranten wie Schuljungen gemassregelt, Gauleiter greifen mit geilen Spässen den Studentinnen an die Ehre. Deutsche Studentinnen haben an der Münchner Hochschule auf die Besudelung ihrer Ehre eine würdige Antwort gegeben, deutsche Studenten haben sich für ihre Kameradinnen eingesetzt und standgehalten. Das ist ein Anfang zur Erkämpfung unserer freien Selbstbestimmung, ohne die geistige Werte nicht geschaffen werden können. Unser Dank gilt den tapferen Kameradinnen und Kameraden, die mit leuchtendem Beispiel vorangegangen sind!

Es gibt für uns nur eine Parole: Kampf gegen die Partei! Heraus aus den Parteigliederungen, in denen man uns politisch weiter mundtot halten will! Heraus aus den Hörsälen der SS- Unter- oder Oberführer und Parteikriecher! Es geht uns um wahre Wissenschaft und echte Geistesfreiheit! Kein Drohmittel kann uns schrecken, auch nicht die Schliessung unserer Hochschulen. Es gilt den Kampf jedes einzelnen von uns um unsere Zukunft, unsere Freiheit und Ehre in einem seiner sittlichen Verantwortung bewussten Staatswesen.

Freiheit und Ehre! Zehn lange Jahre haben Hitler und seine Genossen die beiden herrlichen deutschen Worte bis zum Ekel ausgequetscht, abgedroschen, verdreht, wie es nur Dilettanten vermögen, die die höchsten Werte einer Nation vor die Säue werfen. Was ihnen Freiheit und Ehre gilt, haben sie in zehn Jahren der Zerstörung aller materiellen und geistigen Freiheit, aller sittlichen Substanz im deutschen Volk genugsam gezeigt. Auch dem dümmsten Deutschen hat das furchtbare Blutbad die Augen geöffnet, das sie im Namen von Freiheit und Ehre der deutschen Nation in ganz Europa angerichtet haben und täglich neu anrichten. Der deutsche Name bleibt für immer geschändet, wenn nicht die deutsche Jugend endlich aufsteht, rächt und sühnt zugleich, seine Peiniger zerschmettert und ein neues, geistiges Europa aufrichtet.

Studentinnen! Studenten! Auf uns sicht das sieht das deutsche Volk! Von uns erwartet es, wie 1813 die Brechung des Napoleonischen, so 1943 die Brechung des nationalsozialistischen Terrors aus der Macht des Geistes.

Beresina und Stalingrad flammen im Osten auf, die Toten von Stalingrad beschwören uns!

„Frisch auf, mein Volk, die Flammenzeichen rauchen!"

Unser Volk steht im Aufbruch gegen die Verknechtung Europas durch den Nationalsozialismus, im neuen gläubigen Durchbruch von Freiheit und Ehre!

M 49 ***Flugblatt der „Weißen Rose“***

Faksimile des letzten Flugblattes vom Februar 1943

„Resistenz" – ein begrifflicher Zugriff auf „Widerstand"

M 50 Resistenz

Der Historiker Martin Broszat und die Historikerin Elke Fröhlich schreiben über den Begriff „Resistenz" (1987):

Der zweite Haupttypus des Widerstandes im Dritten Reich lässt sich im Begriff der Resistenz zusammenfassen. Darunter fallen alle jenen Formen der Verweigerung, des individuellen oder kollektiven Protests bzw. der Dissidenz oder Nonkonformität, die sich gegen bestimmte weltanschauliche, disziplinare oder organisatorische Maßnahmen und Zumutungen des NS-Regimes richteten. Von der politischen Fundamentalopposition unterschied sich diese Resistenz dadurch, dass sie sich nicht grundsätzlich gegen das NS-Regime richtete oder jedenfalls solche grundsätzliche Gegnerschaft nicht erkennen ließ, dass sie in der Regel nur aus partieller Opposition bestand, keineswegs immer politisch motiviert war und häufig primär der Wahrung individueller und sozialer Interessen, der Aufrechterhaltung relativer Autonomie in kirchlich-religiösen, geistig-kulturellen, wirtschaftlich-sozialen oder in sonstigen beruflichen oder privaten Lebensbereichen diente. Ihre Bedeutung bestand darin, dass sie gegenüber der tendenziell totalitären Ausdehnung des nationalsozialistischen Weltanschauungs- und Organisationsanspruchs Bezirke relativer Immunität und Selbstbestimmung zu erhalten vermochte, in denen nicht-nationalsozialistische Wertetraditionen weiterhin zur Geltung kamen.

Auch diese Form des Widerstandes gab es während der gesamten Dauer des Dritten Reiches. Aber sie war doch am typischsten in der Konsolidierungs- und Erfolgsphase des NS-Regimes zwischen 1934/35 und 1940/41, als die Formen konspirativer Verschwörung quantitativ nur noch eine geringe Rolle spielten. In gewisser Weise kann man, auch in Analogie zu den begrenzten Möglichkeiten und Artikulationsformen der Opposition unter anderen totalitären Systemen, die Resistenz als die eigentliche typologische Entsprechung des erfolgreichen nationalsozialistischen Totalitarismus bezeichnen.

Die Erscheinungsformen der Resistenz waren außerordentlich vielfältig. Zu ihr gehörte auch das Verhalten derjenigen demokratischen Politiker und Aktivisten der Weimarer Zeit, die nach 1933 in die innere Emigration gingen, ohne aktive Beteiligung am NS-Regime in eine unauffällige beruflich-soziale Existenz flüchteten und unter Aufrechterhaltung ihrer Gesinnung und zum Teil auch des Kontakts mit Gesinnungsfreunden im Wesentlichen nur noch eine attentive [aufmerksame] Haltung des Überleben- und Überdauernwollens einnahmen. Manche von ihnen figurierten später in den Plänen der Verschwörer vom 20. Juli als politische Beauftragte für ein Deutschland nach Hitler, obwohl sie in die Verschwörung gar nicht eingeweiht waren und sich auch am aktiven Widerstand gar nicht beteiligt hatten. Die Nazis selbst registrierten dieses Resistenzpotenzial auf ihre Weise, indem sie im August 1944 im Rahmen der sogenannten „Aktion Gewitter" einige Tausend dieser ehemaligen Mandatare und Spitzenfiguren der früheren demokratischen Parteien prophylaktisch für einige Wochen oder Monate in Schutzhaft nahmen.

Zur Resistenz gehörten schließlich vor allem die zahlreichen kirchlich-religiösen Formen des Widerstands auf katholischer und evangelischer Seite aus den verschiedensten Anlässen und in den verschiedenen Phasen des Kirchenkampfes. Hier vor allem nahm die Resistenz oft kollektive Formen des massiven Volksprotestes oder demonstrativer Nonkonformität an, wenn beispielsweise fränkische protestantische Bauern 1934 anlässlich der Arrestierung des evangelischen Landesbischofs unter Führung ihrer Geistlichen zu Massenprotestkundgebungen zusammenkamen, wenn im Rheinland oder in Westfalen die Mitglieder verbotener katholischer Laienorganisationen unter Beteiligung von Zehntausenden von Gläubigen Massenwallfahrten nach Köln, Mainz, Münster oder Osnabrück veranstalteten oder wenn die stillschweigende Versammlung Tausender frommer Katholiken vor dem Domplatz in Münster im Jahre 1941 den mutigen regimekritischen Predigten ihres Bischofs Graf Galen demonstrative Unterstützung lieh. Gerade auf kirchlich-religiösem Gebiet war die Resistenz vielfach erfolgreich. Sie zwang das NS-Regime verschiedentlich zurückzustecken. Spektakulärstes Beispiel ist die vor allem aufgrund der kirchlichen Proteste 1941 erfolgte Einstellung zwar nicht aller, aber doch der grauenhaftesten Tötungsaktionen im Rahmen der sogenannten Euthanasie. Gerade bei diesem kirchlich-religiösen Widerstand zeigte sich jedoch oft auch die Problematik nur partieller Resis-

„Resistenz" – ein begrifflicher Zugriff auf „Widerstand"

tenz und auch manche Ambivalenz ihrer Wirkung. Kritische Predigten von Pfarrern oder Bischöfen, die sich unter Berufung auf Hitler gegen Alfred Rosenberg oder die Deutschen Christen wandten, vermochten mittelbar auch dazu beizutragen, den falschen Nimbus Hitlers als obersten neutralen Schiedsrichters zu stärken, bischöfliche Kritik am gottlosen Bolschewismus vermochte mittelbar z.B. die faschistische Intervention im Spanischen Bürgerkrieg zu rechtfertigen. Durch die vorsichtige Beschränkung kirchlicher Hilfe auf getaufte Juden beraubte sich die Kirche selbst der Möglichkeit grundsätzlichen Protests gegen die nationalsozialistische Judenverfolgung. In der kirchlich-religiösen Kritik an manchen nationalsozialistischen Bestrebungen und Aktivitäten mischten sich im Übrigen häufig berechtigte religiöse mit obsoleten sozialkonservativen Beharrungskräften. Das fand z.B. Ausdruck im Sozialkonflikt zwischen Pfarrer und Lehrer im katholischen Dorf oder in der Auseinandersetzung zwischen Hitlerjugend und Kirche bzw. kirchlich gebundener Eltern- und Lehrerschaft.

Martin Broszat/Elke Fröhlich, Alltag und Widerstand – Bayern im Nationalsozialismus, München/Zürich: Piper 1987, S. 61ff.

1. ●●○ Vergleichen Sie die Träger des Widerstands hinsichtlich ihres Aktionszeitraumes, ihrer Motive und Ziele sowie der gewählten politischen Aktionsformen.
→ Text

2. a) ●●○ Arbeiten Sie aus dem Flugblatt M49 die Begründungen für Widerstand und die Forderungen heraus.
b) ●●○ Erläutern Sie, welche Rückschlüsse auf die Bedingungen des Widerstandes sich aus der äußeren Form ergeben.
c) ●●● Erörtern Sie, ob die Ansprache der Mitstudenten („Kommilitoninnen! Kommilitonen!") Erfolg versprechend war.
d) ●●● Sophie Scholl wird in Filmen immer wieder als Heldin des Widerstandes gezeigt. Erläutern Sie anhand eines selbst gewählten Filmes, wie sie in diesem dargestellt wird. Überprüfen Sie, ob das filmische Bild dabei ihrem Wirken gerecht wird.
→ Text, M49, Internet

3. a) ●●○ Erläutern Sie anhand des Textes von Martin Broszat und Elke Fröhlich (M50), was unter dem Begriff „Resistenz" zu verstehen ist.
b) ●●○ Arbeiten Sie Begriffe und Beispiele heraus, die sich auf den Widerstand gegen den Nationalsozialismus beziehen. Erstellen Sie daraus eine Übersicht, aus der die verschiedenen Verhaltensweisen gegenüber der NS-Diktatur deutlich werden.
→ Text, M50

Widerstand – ein Denkmal für Deserteure

M51 ***Denkmal für Deserteure und Opfer der NS-Militärjustiz in Köln***
Das 2009 errichtete Denkmal für Deserteure ist das erste in Deutschland, das von der öffentlichen Hand finanziert wurde. 104 Kölner Soldaten wurden als Deserteure von der NS-Militärjustiz verurteilt. Text in farbigen Buchstaben: „Hommage den Soldaten, die sich weigerten zu schießen auf die Soldaten, die sich weigerten zu töten die Menschen, die sich weigerten zu foltern die Menschen, die sich weigerten zu denunzieren die Menschen, die sich weigerten zu brutalisieren die Menschen, die sich weigerten zu diskriminieren die Menschen, die sich weigerten auszulachen die Menschen, die Zivilcourage zeigten, als die Mehrheit schwieg und folgte.“

1. **a)** ●●● In der Diskussion über die Rehabilitierung von Deserteuren wird oft zwischen „Fahnenflucht“ und „Verratshandlung“ unterschieden. „Fahnenflucht“ bedeutet, ein Soldat entscheidet sich, am Krieg nicht mehr teilzunehmen. Bei einer „Verratshandlung“ verrät der Soldat militärische Geheimnisse, die dazu führen können, dass andere zu Schaden kommen. So ist zum Beispiel aus der Ardennenoffensive 1944 bekannt, dass deutsche Überläufer den Amerikanern Stellungen der Wehrmacht verraten haben. Daraufhin haben die Amerikaner die Stellungen beschossen, wobei zahlreiche Soldaten starben. Nehmen Sie Stellung zu der Unterscheidung zwischen „Fahnenflucht“ und „Verratshandlung“.

b) ●●● Analysieren Sie die Aussage des Denkmals für Deserteure und Opfer der NS-Militärjustiz in Köln und setzen Sie sich damit auseinander.
→ Text, M51

Umgang mit Schuld und Verantwortung nach 1945

M 52 Juristischer Umgang mit Schuld und Verantwortung

Der Bielefelder Historiker Hans-Ulrich Wehler bilanziert im fünften Band seiner „Deutschen Gesellschaftsgeschichte“ (2008):

Zunächst hatten die Alliierten die Abrechnung mit dem NS-Regime in die Hand genommen. Der spektakuläre Nürnberger Prozess, der vom November 1945 bis zum Oktober 1946 vor dem „Internationalen Militär-Tribunal“ stattfand, führte zur Verurteilung von 22 prominenten nationalsozialistischen und militärischen Führungsfiguren, den „Hauptkriegsverbrechern“. Im Verlauf dieser Verhandlung wurde die deutsche Öffentlichkeit zum ersten Mal ausführlich mit den Schreckenstaten der Diktatur bekannt gemacht. Dadurch wurde der aufkommende Eindruck der Rachejustiz in den Augen der Mehrheit zurückgedrängt. Nach dem Nürnberger Großverfahren hörte die justizielle Ahndung aber keineswegs auf. Von 1946 bis 1949 wurden von den westlichen Alliierten noch zwölf Militärgerichtsprozesse veranstaltet, die zur Verurteilung von 5025 Personen führten; 4000 wurden verurteilt, 806-mal wurde auf die Todesstrafe erkannt, 486-mal wurde sie auch vollstreckt. In den sogenannten Nürnberger Nachfolgeprozessen wurden von den 184 angeklagten Vertretern der Funktionseliten 80 Prozent verurteilt, von den 24 Todesstrafen wurde die Hälfte vollstreckt.

Insgesamt stellten diese Gerichtsverfahren zwischen 1945 und 1949 eine große Leistung der westlichen Alliierten, insbesondere der amerikanischen Besatzungsmacht dar. Der allergrößte Teil der Verurteilten wurde aber aufgrund der frühen Amnestiegesetze der Bundesrepublik nach wenigen Jahren aus der Haft entlassen. Zum guten Teil war diese Freilassung das Ergebnis förmlicher Kampagnen, bei denen die Kirchen, die sich soeben noch durch ihre Schweigsamkeit im „Dritten Reich“ kompromittiert hatten, mit großer Beredsamkeit eine führende Rolle spielten. Namentlich der offenbar noch immer unbelehrbare nationalprotestantische Flügel der Evangelischen Kirche stilisierte den Ruf nach Freilassung zu einer Frage der nationalen Ehre. Dem konnten sich unter ihren Gesichtspunkten auch die Sprecher der Veteranenverbände, erst recht im Zeichen des Wiederaufbaus deutscher Truppen, anschließen, da die Inhaftierung zahlreicher Offiziere als damit unvereinbar galt. In der Sowjetischen Besatzungszone wurden übrigens in alles andere als rechtsstaatlichen Verfahren gut 45 000 Fälle abgewickelt; im Ausland beliefen sie sich auf 50 – 60 000, die gefangen genommene oder ausgelieferte, echte oder vermeintliche Täter umfassten. Abgesehen von den Gerichtsverfahren, die vor allem die amerikanische Besatzungsmacht anstrengte, wurden in den Westzonen rund 200 000 belastete Personen in Internierungslagern zusammengeführt, aus denen sie, je nach dem Ergebnis des Untersuchungsverfahrens, nach einigen Wochen oder aber erst nach drei Jahren (1946: 125 000, 1947: 40 000) entlassen wurden. Auch gegen weniger verdächtige Mitläufer gingen vor allem die amerikanischen Militärbehörden ziemlich rigoros vor: So wurden etwa viele von den Beamten, die vor dem Mai 1937 Parteigenossen geworden waren, zunächst entlassen, nach relativ kurzer Zeit freilich meistens wieder eingestellt.

Mit der Staatsgründung übernahm dann die Bundesrepublik auch die justizielle Aufarbeitung der jüngsten Vergangenheit. Die folgenden Jahre sind durch eine tiefe Ambivalenz und Widersprüchlichkeit im Umgang mit ihr gekennzeichnet. Auf der einen Seite dehnte sich unübersehbar eine „Schlussstrichmentalität“ aus, welche die westdeutsche „Vergangenheitspolitik“ (N. Frei) zeitweilig prägte. Beschleunigte Reintegration der Diskriminierten und großzügige Amnestiegesetze rückten in den Vordergrund. Beamte und Berufsoffiziere wurden durch das 131er-Gesetz gefördert, die Entnazifizierungsverfahren abgeschlossen. Die Kollektivschuldthese, die von den westlichen Alliierten nie formell vorgebracht worden war, wurde empört zurückgewiesen. Seit der Mitte der 1950er-Jahre schien der Eifer der deutschen Justiz bei der Verfolgung von NS-Tätern zu erlahmen. Auf der anderen Seite führt die pauschale Deutung dieser Zeit als einer Phase der stetig verweigerten Schuldanerkennung und der stillgelegten Auseinandersetzung mit dem Nationalsozialismus in die Irre. Die scharfe Abkehr von der Diktatur dominierte in Presse und Rundfunk, durchaus auch in den Berichten über die zahlreichen Prozesse. Am deutlichsten spiegelten wahrscheinlich die neuen kulturpolitischen Zeitschriften diese Fundamentalkritik wider. Im „Aufbau“ und „Ruf“, in der „Gegenwart“ und „Wandlung“, im „Merkur“, in der „Sammlung“ und in den „Frankfurter Heften“ wurde eine scharfe Klinge geschlagen. Die Theaterstücke von Wolfgang Borchert und Carl Zuckmayer wurden lebhaft besucht. Seit dem November 1947 regelten erste Gesetze die Rückerstattung des „arisierten jüdischen Vermögens“; im Sommer 1949 trat ein erstes Entschädigungsgesetz in

Kraft. Bereits im März 1946 hatten die Ministerpräsidenten der Westzonen gefordert, dass deutsche Gerichte endlich Nationalsozialisten aburteilen sollten, zumal sie es sachkundiger könnten als die Alliierten. Daraufhin kamen zahlreiche Prozesse in Gang, z.B. gegen Täter der „Reichskristallnacht", und sie wurden seit 1949 durchaus fortgesetzt, wie auch die 1950er-Jahre eine permanente gesetzgeberische Aktivität aufweisen, gegen die jede Opposition sich letztlich als „chancenlos" erwies.

Hans-Ulrich Wehler, Deutsche Gesellschaftsgeschichte 1949–1990, München: C. H. Beck 2009, S. 19f.

M 53 *Szene aus dem Werbespot „MCP" von Tobias Haase*

Der Werbespot „MCP" („Mercedes Collision Prevent", 2013; 1'19", Produktion: Filmakademie Baden-Württemberg) des jungen Regisseurs Tobias Haase wurde 2013 mit dem First Steps Award, dem deutschen Nachwuchspreis im Wettbewerb für Abschlussfilme deutschsprachiger Filmschulen, in der Kategorie Werbefilm ausgezeichnet, während sich die Firma Mercedes Benz davon distanziert. Der Film steht in der Tradition der kontrafaktischen Geschichtsschreibung, in der Adolf Hitler in Attentaten vor seinem Suizid am 30. April 1945 zu Tode kommt.

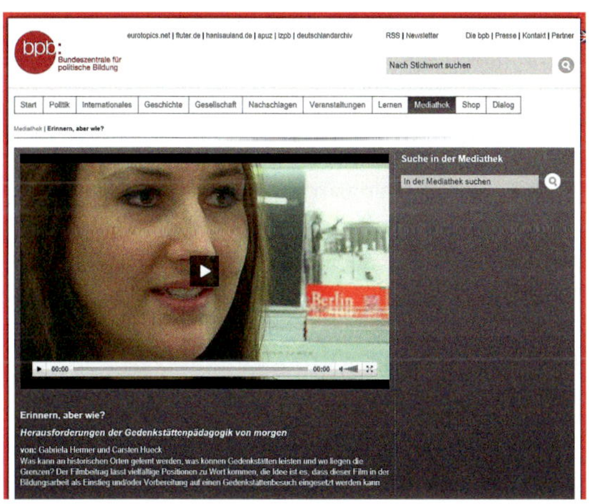

M 54 *Die junge Generation lese sich nicht „meterdicke Bücher" durch*

In einem dokumentarischen Kurzfilmbeitrag (2012; 10'54") werden Vergangenheitsdeutung, Gegenwartsbezug und Zukunftsorientierung in der Frage vereint, wie in Zukunft mit der NS-Zeit umgegangen werden, wie und wozu sich erinnert werden soll:
Gabriele Hermer und Carten Hueck. Erinnern – aber wie? Herausforderungen der Gedenkstättenpädagogik von morgen, hrsg. von der Bundeszentrale für politische Bildung, Bonn 2012
http://www.bpb.de/mediathek/143108/erinnern-aber-wie (Stand: 16.02.2022).

1. a) ●○○ Fassen Sie Hans-Ulrich Wehlers Ausführungen zum Umgang mit Schuld und Verantwortung (M52) mit eigenen Worten zusammen.
   b) ●●● Diskutieren Sie, ob der Nürnberger Prozess seinem selbst gesetzten Anspruch gerecht wurde.
   → Text, M52
2. a) ●●○ Analysieren Sie den (unautorisierten) Werbespot M53 (bzw. Filmclip auf Internet-Videoportal) unter besonderer Berücksichtigung der anachronistischen Elemente und der Darstellung des getöteten Adolf Hitler.
   b) ●●● Der Regisseur des Werbespots, Tobias Haase, stellt fest, dass der Film provoziere und Fragen aufwerfe. Formulieren Sie Fragen, die der Film aufwirft.
   c) ●●● Nehmen Sie Stellung zu der Frage, ob solch ein „Werbespot" gezeigt werden sollte.
   → Text, M53
3. a) ●●○ Analysieren Sie den Filmbeitrag M54 hinsichtlich der angesprochenen Mittel und Ziele des gegenwärtigen und zukünftigen Umganges mit der NS-Zeit.
   b) ●●● Mit jeder Generation ändert sich der Umgang mit der NS-Vergangenheit. Entwickeln Sie Ihre Position zu einem zukünftigen Umgang. Formulieren Sie dazu eine Stellungnahme, die Ihre Gedanken zu Mitteln und Zielen eines zukünftigen Umganges mit einschließt.
   → Text, M54

Kernmodul: Sonderweg oder Krise der Moderne? Zwei Erklärungsmodelle für die „deutsche Katastrophe“

Der 30. Januar 1933 gilt gemeinhin als ein Schicksalsdatum der deutschen und europäischen Geschichte. An jenem 30. Januar 1933 nämlich ernannte der Reichspräsident der in Weimar gegründeten „Deutschen Republik“, Paul von Hindenburg (1847–1934), den Führer der Nationalsozialistischen Deutschen Arbeiterpartei (NSDAP) Adolf Hitler (1889–1945) zum Reichskanzler. Mit dieser Entscheidung waren die Weichen gestellt für die Errichtung einer Diktatur, die den Deutschen nach ihrer Niederlage im Ersten Weltkrieg den nationalen Wiederaufstieg und ein „Drittes Reich“ versprach. Tatsächlich aber hat die nationalsozialistische Diktatur Minderheiten schikaniert, ausgeschlossen und gewaltsam verfolgt, politische Gegner mundtot gemacht, einen blutigen Weltkrieg vom Zaun gebrochen und an der jüdischen Bevölkerung sowie anderen Gruppen in Deutschland und Europa einen rassistisch motivierten Völkermord begangen, der in Ausmaß und Brutalität alles bisher Dagewesene weit in den Schatten stellte.

Nach der verheerenden Niederlage im Zweiten Weltkrieg wurde Deutschland 1945 von den vier alliierten Siegermächten besetzt: Als Staat hatte Deutschland 1945 aufgehört zu existieren; das Land lag in Trümmern, politisch und moralisch waren die Deutschen vollständig diskreditiert. Unter dem frischen Eindruck dieser Vorgänge prägte der liberale Historiker Friedrich Meinecke 1946 dafür die vielsagende Vokabel von der „Deutschen Katastrophe“.

M1 ***„To the Dark Ages“***
Amerikanische Karikatur zum „Ermächtigungsgesetz“, New York Times, 2. April 1933

Wie konnte es dazu kommen, dass eine führende Industrienation, die sich auf ihre kulturellen Leistungen und ihre Bildung, auf ihre Wissenschaft und ihren Erfindungsgeist viel zu Gute gehalten hatte, alle Maßstäbe von Humanität und Zivilisation fallen ließ, um ein Menschheitsverbrechen sondergleichen zu begehen? In den Jahrzehnten nach 1945 hatten Historikerinnen und Historiker in Deutschland und weltweit allen Grund, dieser Frage nachzugehen. War Hitler, so die eine Vermutung, etwa die Folge einer unglücklichen Verkettung falscher Entscheidungen, also eine Art Betriebsunfall? War die nationalsozialistische Diktatur, wie manche meinten, Ausdruck des deutschen Nationalcharakters? Oder waren die Deutschen von einer Clique skrupelloser Ideologen verführt und damit selbst Opfer eines politischen Verbrechens geworden – wie es in der deutschen Öffentlichkeit gerne hieß?

In den vergangenen fünfzig Jahren schälten sich zwei Erklärungsmodelle heraus, die zu grundlegend anderen als den eben angedeuteten Antworten führten.

Die These vom „deutschen Sonderweg“

Wenn ausschließlich Deutschland im 20. Jahrhundert den Weg zum radikalen Völkermord eingeschlagen hat, dann liegt es nahe, zu überlegen, ob es vielleicht in der deutschen Geschichte besondere Umstände gab, die die Deutschen am Ende auf diesen Weg gebracht haben. Diese Überlegung stand im Zentrum, als seit den 1970er-Jahren zahlreiche Historikerinnen und Historiker die langfristigen Strukturen und Besonderheiten, die die Geschichte der Deutschen von der der „westlichen Demokratien“ unterscheiden, unter die Lupe genommen haben. So stießen sie auf die Tatsache, dass sich die Deutschen über Jahrhunderte hin bis 1806 im „Heiligen Römischen Reich Deutscher Nation“ organisiert hatten, in einem komplizierten, altertümlichen Gebilde also, das mit einem Kaiser an der Spitze eine Vielzahl mittlerer, kleiner und kleinster geistlicher und weltlicher „Herrschaften" lose miteinander verband.

Als zweite deutsche Besonderheit fand die seit dem 16. Jahrhundert bestehende konfessionelle Spaltung zwischen katholischen, protestantischen und reformierten Territorien Aufmerksamkeit, wie sie im Westfälischen Frieden 1648 festgeschrieben wurde.

Als dritte Grundtatsache der deutschen Geschichte sollte sich der „deutsche Dualismus", d.h. der sich im 18. und 19. Jahrhundert verschärfende machtpolitische Gegensatz zwischen Preußen und der Habsburgermonarchie, erweisen. Alle drei Faktoren zusammen, Reichstradition, konfessionelle Spaltung und „deutscher Dualismus", hatten – unter anderem – zur Folge, dass sich die Strukturen moderner Staatlichkeit, etwa eine Bürokratie, ein stehendes Heer, ein professionelles Finanz- und Rechtswesens, zwar nach und nach in den deutschen Einzelterritorien ausbildeten und dort Ansätze einer modernen Staatlichkeit ermöglichten, nicht aber auf der Ebene des Reiches. Die Ausbildung eines einheitlichen Nationalstaats, wie sie etwa in England und Frankreich zwischen dem 16. und 18. Jahrhundert erfolgt war, war in Deutschland aus den genannten Gründen ausgeblieben. Anläufe zu einer revolutionären Nationalstaatsgründung durch das Volk, wie sie liberale und demokratische Kräfte 1848/49 unternommen hatten, mussten daher an eben diesen Problemen scheitern.

In eine entscheidende Phase trat der „deutsche Sonderweg" diesem Erklärungsmodell zufolge mit der Gründung des Deutschen Kaiserreichs 1870/71 unter preußischer Führung. Diese „verspätete" Nationalstaatsgründung war gerade nicht revolutionär „von unten", sondern als „Revolution von oben" erfolgt, indem Preußen die Führungsrolle in der deutschen Einigungsfrage an sich gerissen und im Zuge dessen – und mit der zögernden Unterstützung anderer deutscher Staaten – drei Kriege geführt hatte, die 1870/71 mit dem Sieg über Frankreich in die Gründung des Deutschen Kaiserreichs einmündeten. Die Art und Weise dieser späten Nationalstaatsgründung war – nach dem Modell vom deutschen Sonderweg – überaus folgenreich.

Denn entsprechend seiner prominenten, siegreichen Rolle, die die Armeen (und insbesondere die preußische) beim Zustandekommen des neuen Staates gespielt hatten, kam dem durchwegs von Adeligen geführten Militär im neuen Staat eine außerhalb oder über der Verfassung stehende Sonderposition zu. So unterlag das preußische Militär im Kaiserreich keiner parla-

M 2 ***Die Proklamierung des Deutschen Kaiserreiches (18. Januar 1871)***
Historiengemälde von Anton von Werner, Friedrichsruher Fassung, 1885

mentarischen Kontrolle, es unterstand vielmehr direkt dem Monarchen, der das Amt des preußischen König und des deutschen Kaisers in einer Person vereinte. Militär und Armee genossen in der Gesellschaft und Öffentlichkeit des neuen Nationalstaats eine hohe Wertschätzung, in weiten Kreisen des Bürgertums und des Adels war das Denken in militärischen Kategorien ausgeprägt, der Einfluss des Militärs auf außenpolitische Entscheidungen beträchtlich. Ein besonders ausgeprägter, aggressiver Militarismus galt deshalb im Modell vom deutschen Sonderweg als eine deutsche Besonderheit.

Eine Besonderheit sahen die Historikerinnen und Historiker auch im Verhältnis von Regierung und Parlament. Die Verfassung des neuen Reiches sah als Legislativorgan zwar einen in Berlin tagenden Reichstag vor, der – für damalige Verhältnisse sehr fortschrittlich – nach einem direkten, gleichen Männerwahlrecht gewählt wurde. Doch blieb die Ernennung und Entlassung des Reichskanzlers allein dem preußischen König und deutschen Kaiser vorbehalten; der Einfluss des Reichstags blieb auf die Gesetzgebung und die Haushaltsbewilligung beschränkt. Dies unterschied, so die These vom deutschen Sonderweg, das deutsche Kaiserreich als konstitutionelle Monarchie grundlegend von der parlamentarischen Monarchie in England und der dritten französischen Republik. Dort hingen die Regierungen vom Vertrauen des Parlaments ab und die politischen Parteien übernahmen aktiv politische Verantwortung, indem sie an der Regierung mitwirkten.

Anläufe zu einer Reform des Regierungssystems, zu einer Parlamentarisierung der Reichsleitung hat das vorwiegend in den liberalen Parteien politisch organisierte Bürgertum im deutschen Kaiserreich nicht unternommen. Seit der „konservativen Wende" in der Politik des Reichskanzlers Otto von Bismarck in den Jahren 1878/79 befand sich der politische Liberalismus, durch die Spaltung in mehrere Parteien ohnehin geschwächt, in der Defensive – auch gegenüber der katholischen Zentrumspartei und der stetig wachsenden Sozialdemokratie. Die politische Führung des Reiches lag vielmehr in den Händen einer schmalen Gruppe hochadeliger Gutsbesitzer und Militärs, die, befangen in den Denkkategorien einer Welt von gestern, eine zusehends dynamische, sich „modernisierende" Gesellschaft zu steuern suchten.

M3 ***Das Reichstagsgebäude in Berlin***
Architekt: Paul Wallot, errichtet 1884 bis 1894, Foto, um 1895

Der These vom „deutschen Sonderweg" zufolge bestand das Kernproblem darin, dass in Deutschland der „verspätete" und „von oben" gegründete Nationalstaat drei gewaltige Probleme zugleich zu lösen hatte – und prompt dabei scheiterte: Zum einen galt es die nationale Frage der Integration des Reiches nach innen zu lösen, d.h. die sehr unterschiedlichen Regionen, Klassen und Konfessionen zu einer nationalen Verantwortungsgemeinschaft zusammenzuführen. Dieses Problem versuchte Reichskanzler Otto von Bismarck durch eine Politik der „negativen Integration" zu lösen, indem er wahlweise die katholische Kirche, die sozialistische Arbeiterbewegung und nationale Minderheiten zu „Reichsfeinden" erklärte und verfolgte, um über diese Feindbilder die übrige Bevölkerung zu einem starken Nationalgefühl zu verbinden. Doch konnte der zunehmend aggressive Nationalismus, den diese Politik hervorbrachte und den nationale Agitationsverbände wie der „Flottenverband" gegen Ende des 19. Jahrhunderts weiter schürten, die schweren inneren Konflikte bestenfalls überspielen.

Ungelöst blieb, nach dem Modell vom „deutschen Sonderweg", auch die offene Verfassungsfrage, da die Parlamentarisierung des Reiches, die auf eine Entmachtung der adeligen und militärischen Eliten hinausgelaufen wäre, unterblieben ist, ja nicht einmal ernsthaft versucht wurde. Somit blieb das politische System des Kaiserreichs im Kern autoritär, starr und unelastisch; Kritiker sprachen schon damals von einem „Obrigkeitsstaat".

Die Industrialisierung schließlich, die in Deutschland spät, dafür besonders stürmisch verlief, führte zu schweren sozialen Konflikten und Verwerfungen, die damals als „Soziale Frage" diskutiert wurden. Die politische Führung im Kaiserreich reagierte darauf nach dem Prinzip von „Zuckerbrot und Peitsche": Nachdem die Unterdrückung der sozialdemokratischen Arbeiterbewegung durch das „Gesetz gegen die gemeingefährlichen Bestrebungen der Sozialdemokratie" von 1878 gescheitert war, brachte die kaiserliche Regierung ein neuartiges System einer durch Beiträge finanzierten Sozialversicherung auf den Weg, das sich langfristig zwar als sozialpolitisches Erfolgsmodell erweisen sollte, von den Theoretikern des „deutschen Sonderwegs" jedoch als Instrument des patriarchalischen Obrigkeitsstaats gedeutet wurde. Mit der Lösung dieser drei Fragen – der nationalen Frage, der Verfassungsfrage und der Sozialen Frage – war das politische System des Kaiserreichs, so die These, überfordert.

Obwohl die Arbeiterbewegung und die fortschrittlichen Teile des Bürgertums im Reichstag an Einfluss gewannen, scheiterten die fälligen Reformen, etwa die des preußischen Wahlrechts oder der Reichsfinanzen immer wieder am Einfluss und an der Hartnäckigkeit vorindustrieller Eliten, insbesondere der ostelbischen Gutsbesitzer, der preußischen Militärs und eines auf seiner Souveränität beharrenden Monarchen. Als nach 1900 die inneren Konflikte nicht nachließen und die politische Macht der Arbeiterbewegung immer weiter zunahm, breitete sich bei den politischen Eliten des Kaiserreichs ein zunehmendes Gefühl der inneren Bedrohung aus, bis die Reichsleitung unter Kaiser Wilhelm II. und seinem Reichskanzler Theobald von Bethmann-Hollweg im Sommer 1914 die Flucht nach vorne antrat: Die Ermordung des österreichischen Thronfolger Franz Ferdinand und seiner Frau am 28. Juni 1914 in Sarajewo durch serbische Nationalisten veranlassten die Regierung und einen nervös agierenden Kaiser zu einem dilettantischen und hoch riskanten Krisenmanagement, das schließlich im August 1914 zur Entfesselung des Ersten Weltkrieges führte.

Obwohl die Niederlage im Ersten Weltkrieg in Deutschland 1918/19 eine Revolution auslöste, die den Sturz der Monarchien im Deutschen Reich wie in den Einzelstaaten sowie die Etablierung einer demokratischen Republik herbeiführte, lagen die Probleme des „deutschen Sonderwegs" auch nach 1919 wie ein Schatten über der jungen Republik: die Macht der alten Eliten war zwar zurückgegangen, aber nicht gebrochen, ein radikaler Nationalismus trieb weiter die Politik vor sich her und eine obrigkeitsstaatliche Mentalität hielt die Deutschen davon ab, sich in ihrer Mehrheit zur Demokratie zu bekennen. Mehr noch: Durch die erheblichen Folgelasten des verlorenen Weltkrieges wurden die Probleme des „deutschen Sonderwegs" noch verstärkt. Ab 1930 überlagerten sich schließlich heftige politische, ökonomische und gesellschaftliche Krisen so sehr, dass maßgebliche Kräfte der alten Eliten in Politik, Wirtschaft und Militär sich veranlasst sahen, den Staat an die nationalsozialistische Bewegung unter ihrem „Führer" Adolf Hitler auszuliefern. Soweit in groben Zügen die Argumentation im Rahmen des Modells vom deutschen Sonderweg.

M 4 *Revolution in Deutschland*
Soldaten am Brandenburger Tor, koloriertes Foto, Berlin, 9. November 1918

Kritik an der „Sonderwegsthese"

Das Modell vom „deutschen Sonderweg", das lange im Schulunterricht gelehrt wurde, ist in den letzten drei Jahrzehnten vielfach diskutiert und kritisiert worden. Vor allem führten die Kritiker ins Feld, dass es den einen westlichen „Normalweg", von dem sich der deutsche „Sonderweg" grundlegend unterscheiden würde, nicht gegeben habe, weder in England noch in Frankreich oder in den USA. Auch in diesen Ländern lag die Macht in der Hand Weniger, auch dort herrschten Formen von Nationalismus und Rassismus, auch dort spielte das Militär für den Zusammenhalt des Nationalstaats eine wichtige Rolle. Und das Wahlrecht und die Praxis des Wählens seien in diesen Ländern bei Weitem nicht so demokratisch und professionell gewesen wie im deutschen Kaiserreich, das immerhin das gleiche Männerwahlrecht kannte. Auch die selbstbewusste Arbeit der Abgeordneten in den Parlamenten auf der Ebene des Reiches und der Länder fand zunehmend Beachtung. Das Kaiserreich sei als militaristischer Obrigkeitsstaat ganz unzureichend charakterisiert, argumentierten die Kritiker, denn es sei vor allem ein Rechtsstaat gewesen, in dem die Bürgerinnen und Bürger immer selbstbewusster ihre Rechte in Anspruch genommen hätten. Weniger der Militarismus als vielmehr soziale Reformbewegungen, auch Frauenbewegungen verschiedenster Art, seien die treibenden Kräfte der Gesellschaft gewesen, in der sich Bürgerinnen und Bürger in Vereinen organisierten und mit neuen Lebensformen experimentierten. Die Kritik am Modell des deutschen Sonderwegs ging so weit, dass die US-amerikanische Historikerin Margret Lavinia Anderson die These vom militaristischen Obrigkeitsstaat ganz zurückwies und stattdessen von „Lehrjahren der Demokratie" sprach. Kurzum: Dieser Kritik zufolge taugt das Modell vom „deutschen Sonderweg" kaum als Antwort auf die Frage, warum die Weimarer Republik gescheitert ist und die Deutschen nach 1933 einen Rückfall in die Barbarei erlebten.

Das Janusgesicht [Doppelgesicht] der Moderne: Ein alternatives Erklärungsmodell

Angeregt durch globalgeschichtliche Forschungen, die den engen Rahmen der deutschen Geschichte weit hinter sich ließen, entwickelten Historikerinnen und Historiker sowie Sozialwissenschaftlerinnen und Sozialwissenschaftler um die Jahrtausendwende herum ein ganz anders angelegtes Modell, das als mögliche Erklärung des „Zivilisationsbruchs" der 1930er- und 1940er-Jahre dienen könnte. Weniger die besonderen deutschen Probleme, wie sie die These vom Sonderweg so scharf herausgestellt hatte, als vielmehr grundlegende Merkmale, Prozesse und Krisen der Epoche der „Moderne" seien, so das Argument, für die politischen Katastrophen im 20. Jahrhundert verantwortlich. Zu diesen Katastrophen gehören zunächst das Scheitern zahlreicher Demokratien in Europa während der ersten Jahrhunderthälfte, sodann die Etablierung totalitärer Diktaturen etwa in Deutschland und in der Sowjetunion und schließlich vor allem der Massenmord an den europäischen Juden. Legen wir diese Sichtweise zugrunde, was ist dann unter dem viel diskutierten Begriff der „Moderne" historisch zu verstehen?

Viele Historikerinnen und Historiker stimmen darüber überein, dass in Europa die Epoche der Moderne während des Zeitalters der Aufklärung im späten 18. Jahrhundert einsetzte, als Philosophen, Staatstheoretiker und Künstler die autonome Vernunft als ein Vermögen des Menschen entdeckten, das in der Lage sei, alle überlieferten Strukturen in Staat, Gesellschaft und Wirtschaft einer mehr oder weniger radikalen Kritik zu unterziehen, den Menschen also aus seiner „selbstverschuldeten Unmündigkeit", wie es der Philosoph Immanuel Kant formulierte, zu befreien. Im Kampf zwischen den neu entdeckten Prinzipien der Vernunft einerseits und den herkömmlichen der religiösen Offenbarung bzw. Tradition andererseits habe sich die Vernunft letztlich als eine revolutionäre Kraft erwiesen, die als Leitschnur des Denkens und Handelns alle gegebenen menschlichen Verhältnisse nicht nur theoretisch in Frage zu stellen, sondern auch ganz praktisch zu verändern vermochte.

In aller Deutlichkeit trat die Sprengkraft des neuen Prinzips im Verlauf der Französischen Revolution (1789–1799) zutage, als mit der Hinrichtung König Ludwigs XVI. von Frankreich im Jahr 1793 etwas ganz Unerhörtes geschah und mit der Ersetzung der Monarchie durch eine Republik etwas Neues am Horizont der Möglichkeiten erschien: ein nur auf rationale, „vernünftige" Prinzipien gegründetes Staatswesen. Allerdings erschraken nicht nur die Anhänger der alten Ordnung, als diese neue revolutionäre Republik der Vernunft sich ab 1792 daran mach-

M5 ***Hinrichtung des französischen Königs 1793***
Zeitgenössischer kolorierter Stich (Ausschnitt)

te, ihre Gegner auf blutige Weise zu verfolgen und Terror und Schrecken zu verbreiten. Terror und Schrecken als Begleiterscheinungen der neuen „Vernunftreligion“ führten aufmerksamen Beobachtern schon damals ein markantes Charakteristikum der heraufziehenden Moderne vor Augen: Ihre tiefe Zweischneidigkeit nämlich, ihre Ambivalenz, ihr „Janusgesicht“. Diese Zweischneidigkeit brachte Maximilien Robespierre, einer der führenden Revolutionäre, in einer Rede 1794 in der Formel vom „Despotismus der Freiheit“ (vom Schreckensregiment der Freiheit) ebenso treffend wie paradox auf den Punkt.

Neben ihrem Janusgesicht ließ die Französische Revolution auch bereits einige weitere Merkmale der Epoche der Moderne erkennen:

Da ist zum einen das euphorische Selbstbewusstsein eines radikalen Neubeginns, der bewusst und mit voller Absicht mit allen überkommenen Verhältnissen bricht, um etwas gänzlich Neues zu erschaffen. Um dieses Selbstbewusstsein zu unterstreichen, hatten die Revolutionäre 1792 sogar den traditionellen christlichen Kalender als Maß der Zeit vorübergehend abgeschafft und neue Monatsnamen eingeführt. Während zuvor jede Veränderung allenfalls unter Berufung auf Tradition, Glaube und herkömmliche Autoritäten denkbar erschien, gewann das von keiner Tradition mehr legitimierte, gänzlich Neue von nun an einen besonderen Reiz, nämlich den Reiz der Verheißung einer besseren und ganz anderen Zukunft. „Modern“ sein, das hieß von nun an vor allem: Sich vom Gestern und seinen leitenden Ideen loszureißen.

Was im späten 18. Jahrhundert vielleicht manchem noch als eigentümlich französisches Phänomen erscheinen mochte, sollte sich im Europa des 19. Jahrhundert nach und nach als eine Erfahrung erweisen, der sich keiner mehr entziehen konnte: die Erfahrung nämlich, einer zwar nicht immer revolutionären, aber doch permanenten und beschleunigten Veränderung aller Verhältnisse in Politik und Wirtschaft, Gesellschaft und Kultur ausgesetzt zu sein. Waren Veränderungen in früheren Jahrhunderten noch als gottgewollt, als Werke eines blind waltenden Schicksals oder einer unverständlichen Natur interpretiert worden, so gewann seit dem späten 18. Jahrhundert die Überzeugung immer mehr an Boden, dass gesellschaftliche Veränderungen von Menschen hervorgebracht werden, ja sogar regelrecht machbar und planbar sind. Was Menschen in ihrem jeweiligen Umfeld als ihre persönliche Erfahrung registrierten, geriet in Spannung zu den Erwartungen an eine offene Zukunft, von der sich diejenigen, die an den stetigen Fortschritt glauben, stets etwas Besseres als die Gegenwart erhofften. Der Historiker Reinhart Koselleck hat daher die These aufgestellt, dass das Auseinandertreten vom „Erfahrungsraum“ der Menschen einerseits und ihrem „Erwartungshorizont“ andererseits zu den zentralen Kennzeichen der Moderne gehöre. Wie sah der Erfahrungsraums der Menschen im Europa des 19. Jahrhunderts aus? Er war, verkürzt gesagt, in entscheidender Weise bestimmt durch die Industrielle Revolution und ihre Folgen und durch die Entfaltung des Kapitalismus, der alle überkommenen Verhältnisse auf den Kopf zu stellen schien. Die maschinelle, massenhafte Produktion von Gütern, die Gewinnung einer wachsenden Zahl von Arbeitskräften auf einem zunächst kaum regulierten Arbeitsmarkt, die Orientierung an Profit und Expansion: All diese Kennzeichen der neuen Wirtschaftsordnung haben das Leben der Menschen in Europa vom 19. Jahrhundert an bis zum heutigen Tag grundlegend verändert. Nicht überall zur gleichen Zeit und im gleichen Tempo, aber doch auf so nachhaltige Weise, dass viele Sozialwissenschaftlerinnen und Sozialwissenschaftler in der entfalteten Industriegesellschaft mit ihrem hohen Maß an Arbeitsteilung und Spezialisierung, ihrer gewaltigen Dynamik, mit den durch sie ausgelösten Migrationsbewegungen und ihren besonderen sozialen Konflikten geradezu den Glutkern der Moderne sehen.

Zu den unbestreitbaren Kennzeichen der Moderne gehört auch der Umstand, dass sich die Menschen in dieser Epoche – anders als früher – unablässig selbst beobachten, ihre Zeit interpretieren und daraus Folgerungen ziehen. So hat die Moderne neue Berufe hervorgebracht wie den des Sozialwissenschaftlers, des Journalisten oder des Intellektuellen, die das spezifisch „Moderne“ ihrer Zeit analysieren, debattieren und in eine Medienöffentlichkeit tragen, die nach Erklärungen und Deutungen für den raschen Wandel der Zeitläufte verlangt. So hat der in Freiburg, Heidelberg und München lehrende Soziologe Max Weber (1864–1920) nach der Wende zum 20. Jahrhundert in seinen Forschungen die spezifisch „modernen“ Züge seiner Gegenwart in Begriffen wie „Rationali-

M 6 ***Max Weber (1864–1920)***
Foto, undatiert

sierung“, „Bürokratisierung“ und „Entzauberung der Welt“ zu fassen versucht. Zudem hat er bahnbrechende Überlegungen zur „modernen Lebensführung“ und zum Kapitalismus als einem „stahlharten Gehäuse“ angestellt – und damit Debatten angestoßen, die bis heute anhalten.

Zur Moderne gehören ihre Krisen. An den schweren ökonomischen und sozialen Krisen und Konflikten, aber auch an den Kriegen, die die europäische Moderne des 19. und 20. Jahrhunderts geprägt haben, entzündete sich regelmäßig scharfe Kritik, die entweder die Moderne in einer bestimmten Weise weiterzutreiben, zu radikalisieren und zu vollenden suchte, oder aber in radikalen Gegenbewegungen den Auszug aus der verhassten Moderne predigte. Damit kam freilich auch die typisch moderne Vorstellung eines radikalen Neubeginns wieder ins Spiel. Diese Vorstellung war und ist eng verwoben war mit der Idee, das menschliche Zusammenleben nach utopischen Entwürfen gestalten zu können. Gesellschaftliche Utopien waren zwar bereits in vormodernen Zeiten entwickelt worden. Aber erst in der Epoche der Moderne gewinnen Utopien auf historisch folgenreiche Weise an Attraktivität. Sie werden zum Kristallisationspunkt politischer Bewegungen, die einen radikalen Bruch, einen Neubeginn, zuweilen sogar die Schaffung eines „neuen Menschen“ fordern. Radikale Utopien wie etwa die kommunistische Vision einer klassenlosen Gesellschaft von Gleichen oder die faschistische einer homogenen, von allen „fremden“ Elementen „gereinigten“ Nation, fanden im Umfeld des Ersten Weltkrieges in ganz Europa zahlreiche Anhänger. Der von radikalen Überzeugungen und Feindbildern bestimmte Kampf der Ideologien und ihrer jeweiligen Utopien gehört daher auch zu den Kennzeichen der Moderne. Um den Erlösungscharakter dieser Ideologien zu unterstreichen, sprechen manche Historikerinnen und Historiker auch von „politischen Religionen“.

M 7 *„Lenin auf der Tribüne“*
Wladimir Iljitsch Lenin, russischer Revolutionär, Gemälde von Alexander Michailowitsch Gerassimow, 1930

Eine besondere Rolle spielen im Gefüge der Moderne die Wissenschaften. Denn zum einen treiben sie den technischen Fortschritt und damit auch die industrielle Entwicklung und den rapiden Wandel voran. Zum anderen aber haben die Wissenschaften die typisch „moderne“ Vorstellung der „Machbarkeit“ der Geschichte, der Planung und Realisierung von gesellschaftlichen Ordnungsentwürfen sowie der Verfolgung politischer Utopien Vorschub geleistet. Die Steuerung und Veränderung der Gesellschaft, ja die rationale Gestaltung sämtlicher sozialer Beziehungen – beginnend bei der Ehe und Familie über die Organisation von Betrieben, die Anlage und Planung von Städten bis hin zum Aufbau des Staates, der Nation oder der sozialen Klasse – werden in modernen Zeiten als Thema der Wissenschaft und Aufgabe der Politik begriffen. Manche Historikerinnen und Historiker sprechen daher von der „Verwissenschaftlichung des Sozialen“, andere von „social engineering“ (zu übersetzen etwa als „sozialtechnische Steuerungsutopie“) und sehen darin besonders markante Merkmale der entwickelten Moderne seit der ersten Hälfte des 20. Jahrhunderts. Tatsächlich machten nicht nur Demokratien wie die Weimarer Republik (1919–1933) oder die USA in den 1930er-Jahren von wissenschaftlichen Methoden zur Steuerung der Gesellschaft Gebrauch. Es waren auch und vor allem totalitäre Diktaturen wie die bolschewistische in der Sowjetunion (1917–1989) oder die nationalsozialistische in Deutschland (1933–1945), die sich bei der gewaltsamen Durchsetzung ihrer Ordnungsentwürfe vielfach auf (pseudo-)wissenschaftliche Argumente und Erkenntnisse etwa der modernen Rassentheorien, der Ökonomie, der Soziologie und der Bevölkerungsstatistik stützten und dabei willige Helfer fanden.

Dem zweiten Erklärungsmodell zufolge spielten „moderne“ Methoden und Denkweisen somit auch bei der Ausübung von Menschheitsverbrechen wie der systematischen Ermordung der europäischen Juden durch das nationalsozialistische Deutschland in den 1940er-Jahren eine maßgebliche Rolle. Handelt es sich hier um vermeidbare Fehlentwicklungen der Moderne, etwa einen Missbrauch ihrer Methoden? Oder zeichnen Menschheitskatastrophen wie diese die Moderne als Epoche und Denkstil im Kern geradezu aus? Kann man auch die gewaltsame Ausbeutung und Ausplünderung von Kolonien durch die europäischen Kolonialmächte im gesamten 19. und 20. Jahrhundert in diesem Licht interpretieren, nämlich als Verbrechen, die den geschilderten Besonderheiten der Moderne geschuldet sind? Über diese Fragen führen Sozialwissenschaftlerinnen und Sozialwissenschaftler inzwischen weltweit eine intensive Debatte.

Erklärungsmodelle für die „deutsche Katastrophe“

M 8 Merkmale des „deutschen Sonderwegs“

Zu den entschiedensten Vertretern der These vom „deutschen Sonderweg“ gehört der Historiker Heinrich August Winkler. In seinem Standardwerk „Der lange Weg nach Westen“ argumentiert er wie folgt (2004):

Im Verhältnis zu Westeuropa, und nur im Hinblick auf dieses Verhältnis ist in der wissenschaftlichen und in der allgemeinen Diskussion von einem „deutschen Sonderweg“ die Rede, fällt eine doppelte Verspätung ins Auge: Deutschland wurde sehr viel später als beispielsweise England und Frankreich ein Nationalstaat und noch viel später eine Demokratie. Das Alte Reich, das Heilige Römische Reich Deutscher Nation, war kein Staat und schon gar kein Nationalstaat, der Deutsche Bund der Jahre 1815 bis 1866 ebensowenig. Der erste Versuch der Deutschen, einen freiheitlich verfassten Nationalstaat zu schaffen, scheiterte 1848 an einer Überforderung des deutschen Liberalismus: Es erwies sich als unmöglich, Einheit und Freiheit zugleich zu erringen. [...]

Bismarck löste die Einheitsfrage auf seine Weise: Unter preußischer Führung und gegen Österreich. Für Europa war die „kleindeutsche“ Lösung allemal erträglicher als jedwede „großdeutsche“ Lösung [unter Einschluss Österreichs und weiterer Habsburgischer Territorien], die das europäische Gleichgewicht noch sehr viel stärker zugunsten Deutschlands verändert hätte. Die Einheitsfrage musste gelöst werden: So sah es jedenfalls die öffentliche Meinung Deutschlands im Jahrzehnt vor 1871. Die Gründung eines deutschen Nationalstaats bedeutete zunächst einmal ein Stück Verwestlichung oder Normalisierung [...]. In anderer Hinsicht aber waren die Unterschiede zum Westen nach wie vor tief. Denn Bismarcks „Revolution von oben“ hatte nur die Einheitsfrage, nicht aber die Freiheitsfrage gelöst. Das deutsche Kaiserreich war eine konstitutionelle, keine parlamentarische Demokratie, und selbst der Konstitutionalismus war begrenzt: In Gestalt der militärischen Kommandogewalt des Königs von Preußen, der seit 1871 der Deutsche Kaiser war, ragte ein Stück Absolutismus in die Gegenwart hinein. [...]

Die Parlamentarisierung erfolgte erst im Zeichen der Niederlage im Ersten Weltkrieg – jener „Urkatastrophe“ des 20. Jahrhunderts, für die das Deutsche Reich und Österreich-Ungarn die Hauptverantwortung trugen. Die Revolution von unten wurde durch den späten Verfassungswandel vom Oktober 1918 nicht verhindert: Teile der alten Eliten, darunter die Seekriegsleitung, weigerten sich, das neue Verfassungsrecht und die neue Verfassungswirklichkeit zu akzeptieren, und lösten damit jene Matrosenerhebung an der Nord- und Ostseeküste aus, die sich rasch zur revolutionären Massenerhebung erweiterte. Die Folge war der Sturz der Monarchie am 9. November 1918. Eine große oder klassische Revolution aber konnte in Deutschland nach dem Ende des Ersten Weltkrieges nicht stattfinden: Deutschland war wirtschaftlich, gesellschaftlich und politisch zu entwickelt, um mit seiner Vergangenheit radikal zu brechen. [...]

Zu den Vorbelastungen der jungen Republik [von Weimar] gehörte vieles von dem, was die Republik mit der Monarchie verband: ein hohes Maß an Elitenkontiuität in Großgrundbesitz und Schwerindustrie, in Militär, Bürokratie und Justiz; das Erbe des Obrigkeitsstaates im gebildeten Bürgertum, an Universitäten und Gymnasien [...]. Der Obrigkeitsstaat lebte nicht nur in den Köpfen der Monarchisten, sondern auch vieler Republikaner nach. [...]

Deutschland war nicht das einzige Land, das nach 1929 schwer unter der Weltwirtschaftskrise litt. Eine Krise des parlamentarischen Systems erlebten in der Zwischenkriegszeit auch alte Demokratien wie Frankreich und, in geringerem Maß, England. Frankreich und England aber waren Siegermächte, was einer Mobilisierung nationalistischer Ressentiments wie im besiegten Deutschland entgegenstand. Nationalismus als „rechte“ Integrationsideologie war besonders attraktiv in einem Land, wo die konfessionellen Trenn-

M 9 ***Heinrich August Winkler (*1938)***
Foto, 2015

Erklärungsmodelle für die „deutsche Katastrophe“

linien ähnlich scharf ausgeprägt waren wie die Klassengrenzen, einigende Sammlungsparolen also einem verbreiteten Bedürfnis entsprachen [...]. Was die westliche Demokratie am meisten festigte, war ihre Tradition, ihre Verwurzelung bei Massen und Eliten, oder, anders gewendet, der demokratische Grundkonsens – und der war in England und Frankreich stark, in Deutschland hingegen so gut wie gar nicht vorhanden.

Fast alle neuen, erst nach 1918 entstandenen Demokratien Europas gingen in der Zwischenkriegszeit zu rechtsautoritären Regimen über. Als erster Staat errichtete Italien, das man nur sehr bedingt eine junge Demokratie nennen kann, eine Diktatur neuen Typs, die faschistische. Wäre das Regime Hitlers lediglich eine faschistische Diktatur nach Art von Mussolinis Italien gewesen, gäbe es vermutlich keine Diskussion über einen „deutschen Sonderweg“. Aber das „Dritte Reich“ war eben nicht nur, wie es auf der Linken heute vielfach noch heißt, „der deutsche Faschismus“. Es war das Regime, das den Zweiten Weltkrieg entfesselte und für ein Jahrhundertverbrechen steht: die Ermordung der europäischen Juden.

Heinrich August Winkler, Der lange Weg nach Westen II., Deutsche Geschichte 1933 –1990, Bonn: bpb 2004, S. 640 – 644.

1. a) ●●○ Fassen Sie die zentralen Aspekte zusammen, mit denen Heinrich August Winkler (M8) den „deutschen Sonderweg“ charakterisiert. Stellen Sie dabei insbesondere die Unterschiede heraus, die Winkler zwischen Deutschland und den westlichen Demokratien beobachtet.

b) ●●○ Arbeiten Sie die kurzfristigen und die langfristigen Faktoren heraus, mit denen Winkler die besondere Labilität der Demokratie der Weimarer Republik begründet.

c) ●●● Erörtern Sie die Rolle, die der Faktor „Zeit“ in Winklers Argumentation spielt.

→ M8

M10 Ausprägungen und Folgen der „Hochmoderne“

Der Historiker Ulrich Herbert über die Phase der „Hochmoderne“ ab etwa 1890 und ihre politischen Folgen (2007):

Das Neue im Vergleich zu den vorangegangenen Jahrzehnten bestand darin, dass in den am weitesten entwickelten Ländern die Tendenzen, die die moderne Industriegesellschaft prägten, nicht mehr auf bestimmte Gruppen und nur einige Regionen beschränkt waren, sondern dass sich das Leben fast der gesamten Bevölkerung in diesen Ländern veränderte. Das Leben der Massen und die allgemeinen Lebensbedingungen veränderten sich durch die Prozesse fortgeschrittener Industrialisierung, der Verstädterung und der Massenauswanderung, der umfassenden Technisierung und Rationalisierung fast aller Lebensbereiche, der Anwendung der Wissenschaft auf alle Bereiche, insbesondere des Siegeszuges der Naturwissenschaften, die mit ihrem umfassenden Erklärungsmodell des Universums den Religionen Konkurrenz machten. Nicht zuletzt bildete sich eine neuartige Massenkultur und Massenöffentlichkeit heraus. Und all dies geschah innerhalb nur einer Generation, und zwar so grundlegend wie nie zuvor in der Geschichte. Ich werde die Periode, die hier beginnt und das 20. Jahrhundert prägt, als „fortgeschrittene“ oder als „Hochmoderne“ bezeichnen. [...]

In den Jahrzehnten um 1900 war das augenfälligste und oft wiederkehrende Merkmal [der Hochmoderne] die außergewöhnliche Schnelligkeit der wirtschaftlichen, sozialen und kulturellen Veränderungen. Der zunehmende Verlust traditioneller religiöser Orientierungen, die Abwanderung vom Land in die Städte, der rasche Wandel der Geschlechterrollen und Generationenverhältnisse, die Herausbildung der Arbeiterklasse, die Zerstörung der überkommenen sozialen Hierarchien sowie die außerordentlichen Fortschritte in Technik, Wissenschaft und Medizin vollzogen sich in einer Zeitspanne von weniger als 30 Jahren. Sie setzten die Menschen einer Dynamik der Veränderung aus, die in Kraft und Ausmaß beispiellos war und von vielen als Schock empfunden wurde. Innerhalb einer Generation schuf sie einen scharfen Kontrast zwischen den traditionellen Lebensweisen in weitgehend agrarischen und kleinstädtischen Welten einerseits und der städtischen und bürokratisch organisierten Industriegesellschaft andererseits. [...]

Die „Moderne", wie sie hier beschrieben wird, ist also kein Ensemble fester Prinzipien, sondern eher ein offener Prozess transformativer Dynamik, ausgelöst und vorangetrieben durch all die umfassenden Veränderungen in Wissenschaft, Technik, Kultur und Gesellschaft im Zuge des Vordringens des Industrialismus in den Jahrzehnten um 1900. Die nachfolgenden Entwicklungen, insbesondere die Reihe katastrophaler politischer Ereignisse, die Entstehung radikaler Massenbewegungen und die Versuche von Politik und Wirtschaft, die Ereignisse unter Kontrolle zu bekommen, können als Reaktionen auf diese Explosion von Modernität etwa im Sinne von „challenge" und „response" verstanden werden. Die Tatsache, dass es keine Vorerfahrungen mit diesen neuen Bedingungen und den sie bestimmenden Tendenzen, keine bewährten Traditionen oder Muster gab, erklärt den heftigen Charakter dieser Reaktionen, die in einem abstrakteren Sinne als ein Prozess des Lernens und der Erkundung, der Suche nach neuen Antworten verstanden werden können.

Die Antworten betrafen die soziale Frage, den fragwürdigen Charakters des Nationalstaats und der multiethnischen Imperien, den Umgang mit neuen wissenschaftlichen Erkenntnissen sowie die Konfrontation mit der modernen Kunst, mit der Massenkultur, mit den modernen Massenmedien. In den Bereichen des Rechts, der Wirtschaft, der Literatur, ja überall kam es zu einer rastlosen Aktivität, einem nie gekannten Ausmaß und eine nie gekannten Intensität der Politisierung und einer Vielzahl von politischen und sozialen Experimenten. Sie alle müssen als Ausdruck dieser fieberhaften Suche nach angemessenen Antworten auf die neue Lawine von Herausforderungen verstanden werden. [...]

Die Flucht in rückwärtsgewandte Utopien eines Agrarstaates, die eskapistischen Formen der Esoterik, die Suche nach Schutz im Schoß der Nation oder des Volkes oder in der Solidarität der Arbeiterbewegung – sie alle waren Teil dieser Suche nach Rückversicherung in den Strudeln der Hochmoderne. [...]

Darüber hinaus übertraf dieser erste moderne Massenkrieg [der Erste Weltkrieg 1914–1918] alles, was die Geschichte an Brutalität, Opferzahlen und Zerstörungsintensität zu bieten hatte. Die Explosion der Gewalt veränderte das Leben der Zivilbevölkerung auf tiefgreifende Weise. Sie verwischte die Grenzen zwischen Zivilbevölkerung und Kombattanten und damit auch zwischen Krieg und Frieden und trug die Gewalt auch in die politischen Auseinandersetzungen hinein. Die Militarisierung von Politik und Gesellschaft wurde offenkundig zu einem probaten Mittel, um auch zivile Probleme zu lösen und ganz allgemein mit der Moderne und den Unzufriedenheiten, die sie hervorbrachte, umzugehen. Die Moderne hatte sich nun in ihren vielfältigen Auswirkungen als eine so zerstörerische Kraft erwiesen, dass sie nur noch mit totalitären Mitteln bekämpft und gebändigt werden zu können schien. In jedem Fall schienen die traditionellen Formen sozialer und politischer Organisation offensichtlich versagt zu haben.

Diese Dimension der Krise können wir in ganz Europa beobachten, aber sie fiel bei weitem härter und weitreichender in denjenigen Ländern aus, die den Krieg verloren hatten, als bei der siegreichen Entente [...]. Zwischen 1922 und 1939 wurde der Kontinent von drei Wellen heimgesucht, die zur Errichtung antidemokratischer Systeme führte – außer in West- und Nordeuropa. Mit Ausnahme der revolutionären, 1917 gegründeten Sowjetunion waren dies alles rechtsnationalistische Regime. [...] Die Demokratie schien gegenüber Diktaturen, die sich am Modell militärischer Organisationen orientierten und die Opposition sowie die freie Öffentlichkeit ausschalteten, hoffnungslos unterlegen. [...]

Nationalsozialismus und Bolschewismus verkörperten somit als Regime die Alternative zum liberal-kapitalistischen Weg in die Mo-

Erklärungsmodelle für die „deutsche Katastrophe“

derne – keine „antimodernen“ Gesellschaftsformationen, sondern alternative Entwürfe für die angestrebte Neuordnung der modernen Welt. In diesem Entwurf wurde die liberale Dreiecksbeziehung von freiem Markt, offener Gesellschaft und einem wertgebundenen Universalismus auf spezifische Weise aufgebrochen. Sowohl der Nationalsozialismus als auch der Bolschewismus lassen sich als dichte Antworten verstehen auf die radikale Dynamik der Veränderung, die mit der Hochmoderne rund um die Jahrhundertwende eingesetzt hatte.

Ulrich Herbert: "Europe in High Modernity. Reflections on a Theory of the 20th century"; in: Journal of Modern European History 5 (2007/1), S. 10–13 (dt. Thomas Hertfelder).

1. a) ●○○ Geben Sie die Kernaussagen von Ulrich Herberts Text (M10) über die europäische „Hochmoderne“ in eigenen Worten wieder.

b) ●●○ Erklären Sie, warum sich die „Hochmoderne“ nach Herberts Auffassung nicht anhand bestimmter Prinzipien erklären lässt.

c) ●●● Legen Sie dar, inwiefern sich Herberts Theorie der „Hochmoderne“ vom Modell des „deutschen Sonderwegs“, wie es Heinrich August Winkler in M8 vertritt, unterscheidet.

d) ●●● Erörtern Sie Herberts Erklärung für das Auftreten totalitärer Diktaturen im 20. Jahrhundert und formulieren Sie mögliche Einwände aus der Sicht des Modells vom „deutschen Sonderweg“.

→ M10, M8, Text

M11 Europa als „Labor der Moderne“

Der Historiker Lutz Raphael variiert das Modell der europäischen „Hochmoderne“, indem er gegenüber Herbert andere Aspekte in den Vordergrund rückt (2011):

Europas Geschichte bewegte sich spätestens seit der Französischen Revolution vor einem Horizont offener Zukunftsmöglichkeiten. Europas Gesellschaften begannen ihre eigene Kultur, Politik und Wirtschaft als „moderne“, historisch veränderbare Ordnungen zu deuten und zu entwerfen. Dabei vergrößerte sich im Verlauf des 19. Jahrhunderts der Raum des Mach- und Sagbaren immer mehr. Seit den 1880er-Jahren wuchsen die Gestaltungsspielräume angesichts der industriellen Produktionsdynamik, der technisch-wissenschaftlichen Innovationen und der wachsenden Beteiligung der Bevölkerung am politischen Geschehen noch einmal deutlich rascher als in den 100 Jahren zuvor. Beides, die Verdichtung der kulturellen sowie politischen Gestaltungsentwürfe und die Beschleunigung des sozioökonomischen Wandels, machen die Jahrzehnte seit 1880 zur unmittelbaren Vorgeschichte der Weltkriegsepoche.

Europa wurde – wie nur wenige Regionen der Welt in dieser Zeit – zum Labor der Moderne, hier entwarfen Sozialexperten und Intellektuelle, Künstler und Politiker, Ingenieure und Unternehmer neue Ordnungsmuster, Politikformen, Lebensentwürfe und Umwelten. Planung und Utopie wurden wichtige Ausdrucksformen dieser intensiven Wechselwirkung zwischen den anonymen Entwicklungstrends und den modernen Ordnungsentwürfen, die nun überall in Europa diskutiert wurden, dabei aber zugleich auch die spezifischen regionalen bzw. nationalen Umstände reflektierten. Auch deshalb muss den enormen Unterschieden zwischen den Großregionen Rechnung getragen werden.

[...]

In allen Regionen lassen sich jedoch die gleichen Basisprozesse der Modernisierung beobachten, die man beschleunigen oder verlangsamen, vor allem jedoch im Sinne der eigenen Ordnungsentwürfe manipulieren wollte.

[...]

Entgegen dem älteren Bild, das den Höhepunkt des Nationalismus und der Nationalbewegungen im 19. Jahrhundert verortete, wird hier die These vertreten, dass in einer europäischen Perspektive der Durchbruch der Nation zuerst zum primären und kulturellen Bezugspunkt für die wirtschaftlichen und sozialen Ordnungen erst zwischen 1910 und 1945 erfolgte. Erst jetzt entwickelten sich aus den kulturellen Nationalbewegungen und dem Nationalismus von Intellektuellen im östlichen und südlichen Europa nationale Gemeinschaften, und die 1918 neu entstandenen Nationalstaaten setzten alles daran, den Prozess der inneren Nationsbildung voranzutreiben. Sie versuchten, die etablierte Ordnung ihrer multiethnischen Territorien in Richtung auf sprachlich und kulturell homogene Nationalstaaten zu verändern. Gleichzeitig verdichteten sich in den älteren Nationalstaaten im Westen, Norden und in der Mitte Europas nationale Gemeinsamkeit und Zugehörigkeit durch Schulbildung, Konsum, Sozialpolitik und politische Partizipation. Gerade die gesteigerte nationale und imperiale Konkurrenz und die wachsenden Ansprüche an die Integrationsleistungen der nationalen Staaten beflügelte die Fantasien sozialreformerischer Planer und machten aus dem Europa der ersten Hälfte des 20. Jahrhunderts ein Experimentierfeld neuer Formen sozialer Steuerung und Kontrolle. Dies geschah im Geiste der neuen Sozialwissenschaften und mit dem Ziel, die nationale Leistungsfähigkeit zu steigern. Aber erst die Vertreibungen und Völkermorde des Zweiten Weltkriegs schufen jene Homogenisierungen, welche die europäischen Gesellschaften in der zweiten Hälfte des 20. Jahrhunderts für relativ kurze Zeit zu sprachlich und kulturell homogenen Nationalgesellschaften machten. Die Öffnung der Grenzen nach 1989 und die neuen Wellen der Arbeitsmigration im Zuge von Globalisierung und Europäisierung stellten dieses politische Trug- und Traumbild durchnationalisierter Gesellschaften allerdings erneut in Frage.

Lutz Raphael, Imperiale Gewalt und mobilisierte Nation Europa 1914–1945, München: C. H. Beck 2011, S. 11 f., 17 f.

1. a) ●●○ Arbeiten Sie heraus, inwiefern nach Lutz Raphael (M11) der Nationalismus in der ersten Hälfte des 20. Jahrhunderts in ganz Europa seinen Höhepunkt erreichte.
b) ●●○ Erläutern Sie die Gemeinsamkeiten und die Unterschiede in den Argumentationen von Ulrich Herbert (M10) und Lutz Raphael (M11). Welche Aspekte hebt Raphael gegenüber Herbert als charakteristisch für die Moderne des 20. Jahrhunderts hervor?
→ M11, M10, Text

2. ●●● Historikerinnen und Historiker sowie Sozialwissenschaftlerinnen und Sozialwissenschaftler diskutieren seit etwa 1990 über die Frage, ob wir immer noch im Zeitalter der Moderne leben oder ob diese Epoche schon überwunden ist. Nehmen Sie zu dieser Frage Stellung, indem Sie eigene Beobachtungen und Erfahrungen heranziehen.
→ Text, M8 – M11

action press, Hamburg: 187.1. |akg-images GmbH, Berlin: 9.1, 9.2, 18.1, 21.1, 28.1, 34.1, 36.1, 41.1, 45.1, 52.1, 67.2, 72.1, 80.1, 81.3, 82.1, 100.1, 102.1, 105.1, 127.1, 142.1, 149.1, 171.1, 180.1, 181.1, 182.1, 184.1; akg-images 185.1; arkivi 122.1; Asemissen, Hans 164.1, 164.2; Ballhause, Walter 94.1; Bildarchiv Pisarek 79.1; Hoffmann 36.2; IAM 122.2; TT News Agency 62.1; Verney, Jean-Pierre 134.3; © VG Bild-Kunst, Bonn 2022, Dix, Otto, Großstadt, Triptychon, 1927 44.1; © VG Bild-Kunst, Bonn 2022, Klein, Cesar: Plakat „Arbeiter Bürger Bauern..." 13.1; © VG Bild-Kunst, Bonn 2022/Gerasimov, Aleksander, Michailowitsch, Lenin auf der Tribüne/ 186.1. |Alamy Stock Photo (RMB), Abingdon/ Oxfordshire: Gollop, John 139.1; K. Sriskandan 131.1; Pictorial Press Ltd 72.2; The Advertising Archives 47.1. |Archiv der sozialen Demokratie, Bonn: Quelle: AdsD/FES 81.1. |Bergmoser + Höller Verlag AG, Aachen: Zahlenbilder 146.1. |bpk-Bildagentur, Berlin: 4.1, 10.1, 24.1, 29.1, 40.1, 50.1, 54.2, 72.3, 76.1, 96.1, 103.1, 112.1, 115.1, 120.1, 174.1; (farbig bearbeitet) 65.1; Bayerische Staatsbibliothek/Archiv Heinrich Hoffmann 147.2; Deutsches Historisches Museum 79.2, 156.2; Deutsches Historisches Museum / Psille, Arne 132.1; Deutsches Historisches Museum/Psille, Arne 21.2; Franz Tellgmann 118.1; Grosz, George: Stützen der Gesellschaft, 1926 © Estate of George Grosz, Princeton, N.J. / VG Bild-Kunst, Bonn 2022 48.1; Hoffmann, Herbert 90.1; Katz, Dietmar 117.1; Kunstbibliothek, SMB / Katz, Dietmar 27.1; Kunstbibliothek, SMB, Photothek Willy Römer 20.1; Seidenstücker, Friedrich 58.2; SMB/Kunstbibliothek 155.1; SMB/Kunstbibliothek/K. Petersen 72.4; SMB/ Kunstbibliothek/Knud Petersen 46.2; Staatsbibliothek zu Berlin 134.1; © VG Bild-Kunst, Bonn 2022/Arnold, Karl, Deutsche Zauber-Werke AG 109.1, 109.2; © VG Bild-Kunst, Bonn, 2022/Olaf Gulbransson 87.1. |Das Bundesarchiv, Koblenz: 32.1; Bild 183-J0908-0600-002 7.1; Plak 003-018-025 158.1. |Filmakademie Baden-Württemberg, Ludwigsburg: Tobias Haase 179.1. |Hauptstaatsarchiv Stuttgart, Stuttgart: EA 99/001 Bü 305 144.1. |Imago, Berlin: Imagebroker 140.2. |Interfoto, München: Friedrich 71.1; imagebroker/Frohn, Simon 142.2, 152.1. |Magistrat der Universitätsstadt Marburg, Marburg: 163.2; Stadtarchiv Marburg S 3/4, 156 163.1. |Magnus-Hirschfeld-Gesellschaft e.V., Berlin: 81.4. |Max Ernst Museum Brühl des LVR, Brühl: 81.2. |Opel Automobile GmbH, Rüsselsheim: 60.1. |Penguin Random House Verlagsgruppe GmbH, München: Coverartwork und Klappentext nach Christopher Clark, Die Schlafwandler, erschienen in der Deutschen Verlags-Anstalt, München, in der Penguin Random House Verlagsgruppe GmbH 136.1. |Picture-Alliance GmbH, Frankfurt a.M.: akg-images 91.1; akg-images/Paul W. John 58.1; AP 162.1; dpa-infografik GmbH 99.1; dpa-zentralbild/ Deutsche Fotothek/ Meinhold 66.1; dpa/Kremming, Rolf 140.1; dpa/Kumm, W. 152.2; Haid, Rolf 39.1; ZB/Berliner Verlag/Archiv 129.1. |Rauch, Hans Georg, Worpswede: 151.1. |Roy Export S.A.S., Paris: The Great Dictator Copyright © Roy Export S.A.S. 161.1. |Sammlung R. Sterz: Süpple 169.1. |Shutterstock.com, New York: Paternolli, Philippe 130.1. |Shutterstock.com (RM), New York: Moviestore 47.2; Photo by Max Munn Autrey/Chaplin/United Artists/ Kobal/Shutterstock 61.1. |Simplicissimus (Online-Edition), Weimar: © VG Bild-Kunst, Bonn 2022/Arnold, Karl, Die Deutschen sind schuld, 29. Jahrgang, Nr. 13 30.1. |Stadtarchiv München, München: DE-1992-FS-WREP-0041/ Sammlung des Historischen Bildarchivs 54.1. |Süddeutsche Zeitung – Photo, München: 68.1; Caro / Eckelt 57.1; Scherl 38.1, 53.1, 64.1, 75.1, 75.2, 92.1, 98.1; SZ Photo/Scherl 156.1. |Tonn, Dieter, Bovenden-Lenglern: 22.1. |ullstein bild, Berlin: 25.1, 45.2, 46.1, 74.1, 78.1, 84.1, 104.1, 110.1, 111.1, 113.1, 183.1; (P/F/H) 69.1; Archiv Gerstenberg 8.1, 67.1, 147.1; Brill 177.1; Gircke 33.1; Gircke, Walter 16.1; Granger, NYC 134.2; Haeckel Archiv 128.1; Photo 12 118.2, 126.1; Roger-Viollet 83.1; Stary 110.2; Süddeutsche Zeitung Photo 145.1; ullstein bild 70.1, 87.2; Zander & Labisch Titel. |VG BILD-KUNST, Bonn: Arnold, Karl/Deutschland über alles, 1920 /(c) VG Bild-Kunst 2022 59.1; Arnold, Karl/Deutschland, Deutschland über alles, 1920 /(c) VG Bild-Kunst 2022 59.2; Heartfield, John © The Heartfield Community of Heirs/VG Bild-Kunst, Bonn 2022 106.1, 106.2; © VG Bild-Kunst, Bonn 2022/Arnold, Karl, Parlamentarisches 107.1. |Yad Vashem Photo Archive, Jerusalem: Hesse, Klaus, Springer, Philipp: Vor aller Augen: Fotodokumente des nationalsozialistischen Terrors in der Provinz, Klartext Verlagsgesellschaft mbH 172.2; Jerusalem. 1046/1 172.3; Jerusalem. 1046/3 172.1. |© Bundeszentrale für politische Bildung/www.bpb.de, Bonn: bpb, http://www.bpb.de/mediathek/143108/erinnern-aber-wie 179.2.